看地球 2010

Regards sur la Terre 2010
Villes: changer de trajectoire

城市:改变发展轨迹

Regards sur la Terre 2010. L'annuel du développement durable.
Villes: changer de trajectoire
Sous la direction de Pierre Jacquet, Rajendra K. Pachauri et Laurence Tubiana.
© 2010 PRESSES DE LA FONDATION NATIONALE DES SCIENCES POLITIQUES

本书根据巴黎政治学院出版社 2010 年版译出

Photo credits: Cover © Guillaume Corpart Muller
www.gcmfoto.com

Laurence Tubiana's photo: © Peter Allan / Interlinks Image

L'ANNUEL DU DÉVELOPPEMENT DURABLE

看地球 2010
Regards sur la Terre 2010
Villes: changer de trajectoire

城市：改变发展轨迹

皮埃尔·雅克　　拉金德拉·K. 帕乔里　　劳伦斯·图比娅娜／主编
Pierre Jacquet　　Rajendra K. Pachauri　　Laurence Tubiana

潘革平／译

社会科学文献出版社
SOCIAL SCIENCES ACADEMIC PRESS (CHINA)

目录

9　总论　2009年可持续发展概况：全球的视角
　　皮埃尔·雅克，拉金德拉·K.帕乔里，
　　劳伦斯·图比娅娜

19　引言　城市：改变发展轨迹
　　卡里纳·巴比尔，拉斐尔·若藏，樊尚·勒纳尔，
　　桑杰维·孙达尔

1 经济

27　第一章　全球化：城市的机遇？
　　皮埃尔·韦尔茨

35　第二章　全球金融逻辑与城市的打造
　　路易斯·戴维，卢尔维克·哈尔伯特

49　聚焦　证券化的危险
　　樊尚·勒纳尔

51　第三章　圣保罗：碎片化是不可避免的吗？
　　塞尔吉奥·托雷斯·莫赖斯

2 环境

61　第四章　印度：当城市生活方式决定气候变化时
　　帕塔·穆霍帕迪亚

70　聚焦　美国：可再生能源进入城市
　　斯蒂芬·哈默，迈克尔·许亚姆斯

75　第五章　重新思考城市：形态与流量的结合
　　瑟奇·萨拉，卡罗琳·诺瓦茨基

82　聚焦　中国：努力提高能源利用率
　　尼尔斯·德韦尔努瓦

85　第六章　非洲：改善环境和人类健康
　　弗洛朗斯·富尔内，奥德·默尼耶—尼基耶马，
　　布莱斯·温根德，荣西，热拉尔·萨利姆

93　聚焦　香港、澳门与珠江三角洲地区：大气污
　　　　　染代价沉重
　　陆恭蕙

99　第七章　城市：回归水资源的腹地
　　贝尔纳·巴拉凯，斯特凡纳·潘塞

107　聚焦　中国：大型项目保障城市供水
　　夏尔·鲍比翁

3 社会

113　第八章　供水与城市建设
　　西尔韦·哈格林

122　聚焦　市政服务：一个信条的终结
　　奥利维耶·古塔尔

125　聚焦　南亚：一种有限资源的质量管理
　　阿纳米卡·巴鲁阿，阿肖克·杰伊特利

129　第九章　调节土地交易，创建包容城市
　　阿兰·迪朗—拉塞尔夫

138　聚焦　突尼斯：何以住房条件如此糟糕
　　莫尔歇·沙比

141　第十章　非洲：城里人住在哪儿，都怎么住？
　　玛丽·许赫泽迈尔

151 **聚焦** 亚洲与非洲：支持贫民窟居民联合会
戴安娜·米特林，戴维·萨特里韦特

155 第十一章 不安全与割裂：
拒绝令人恐惧的城市化
吕卡·帕塔罗尼，伊夫·佩德拉齐尼

4 治理

167 第十二章 打造可持续的城市融资方式
蒂埃里·波莱

177 **聚焦** 发展援助：城市规模的综合管理方略
纳塔莉·勒·丹马

181 第十三章 全球生态危机：城市给出的答案
萨斯基亚·萨森

187 **聚焦** 东南亚：开创环境合作
黄大志

191 第十四章 当新兴城市创建自己的标准时
热雷米·卡韦，若埃尔·吕埃

203 第十五章 城市网络：表达需求，强化职能
受访者：伊丽莎白·加托

可持续发展的 20 项参照标准

平等的要求

208	人口 (1)：人口众多、流动频繁	参照标准之一
209	人口 (2)：老龄化	参照标准之二
211	能源模式：明天是哪一种？	参照标准之三
214	生物燃料 (1)：回归农田	参照标准之四
216	生物燃料 (2)：评估对气候的影响	参照标准之五
219	农业：2050 年能养活整个地球？	参照标准之六
221	电力：发展之能源	参照标准之七
223	能源：能用得起、多样化、洁净与安全	参照标准之八
225	环境：要不要给大自然付报酬？	参照标准之九
227	气候、生物多样性：公正、公平与谈判	参照标准之十
230	绿色经济：政策调控的时代	参照标准之十一

全球角色，地方挑战

233	城市：可持续发展的学习网络	参照标准之十二
241	城市增长：对治理的挑战	参照标准之十三
243	统计：全世界人口有 50% 住在城市	参照标准之十四
245	非洲：非正规城市	参照标准之十五
247	粮食：南方国家的城市如何反饥饿？	参照标准之十六
250	城市交通：控制供应与需求	参照标准之十七

应对危险

252	流行病：国际化的、城市的治疗方法	参照标准之十八
253	危险：预防的目标	参照标准之十九
255	海平面上升：对城市的威胁	参照标准之二十

> 在可预见的将来,城市网络不可能取代众多的国家,国家仍是这个世界最基本的架构。

总 论

2009年可持续发展概况：
全球的视角

皮埃尔·雅克
法国开发署战略总监兼首席经济学家

劳伦斯·图比娅娜
法国可持续发展与国际关系研究院创始人兼院长、巴黎政治学院可持续发展中心主任

拉金德拉·K.帕乔里
联合国政府间气候变化委员会主席（2007年诺贝尔和平奖得主）、印度能源与资源研究所所长

2009年，国际集体行动在两个相互补充的领域所面临的种种挑战暴露无遗：一个领域是危机处理；另一个领域是危机预防——从更广的范围看，这个问题将触及全球治理的转变。第一个层面既表现在各国为应对经济和社会危机而采取的振兴计划上，也表现在国际金融机构的作用得到加强、二十国集团峰会成为协商和协调机制等新趋势上。第二个层面的集体行动，亦即危机预防领域，则充分体现了《看地球》系列丛书中过去曾提到过的一个反常现象，即语言与行动之间的落差：一方面人们的各种言论都在强调其中的紧迫性，甚至许多国家的公共政策都制定出了明确的目标；而另一方面，无论是各国政府所计划的行动还是全球性的行动，都存在着可行性缺乏的问题。

正因为如此，那些曾寄予厚望的人们每每以失望而告终，其中最典型的例子便是2009年12月召开的哥本哈根气候变化会议。它是这个全球化与信息化时代，集体行动所面临的种种困扰的典型代表：一方面，人们期望值的增加使相关集体行动变得更加迫切；另一方面，这种集体行动注定将落空——由于各方的要求过于苛刻，最终导致一事无成。事实上，这种集体行动虽然看起来是可行的，但它无法确保人们会为此而努力采取行动。这种现状不仅在国际多边贸易谈判中十分常见，而且很容易使人对政治承诺的可信度产生质疑——如果人们只以下这种简单的方法（这种做法至今十分常见）来理解公共行动的话：政府必须做到言出必行，而且那些既定目标有没有实现是衡量一切政策成败的标准。这种"结果决定一切"的解读方式固然有助于提高效率，但也容易使人们忽视在目标与结果这一进程之间存在的种种复杂因素。这些目标是各方行为体怀着各自不同的目的，经过复杂的互动而达成的，而政府在其中的作用不过是帮助确定集体行动的优先目标（这些优先目标处于不断变化之中），并通过法律、规章制度以及国际协定等方式明确下一步的行动。领袖地位与付诸行动之间存在着落差，这固然令人失望，但对于动态前景而言，这一切似乎是不可避免的。

> 建设"可持续发展"城市将是未来几年人们面临的最大挑战之一。

建设可持续发展的城市

在这种情况下，人们必然会关注政府以外的其他行为体，尤其会关注各个不同层级（个人、地方、国家以及全世界）行为体之间的互动。在编纂2010

城市：改变发展轨迹

年版《看地球》的时候，我们将重点放在了城市上：它们既是行为体，又代表着可持续发展方面存在的诸多挑战。目前，全球一半以上的人口生活在城市，而且大部分温室气体排放集中在这里。目前的人口、经济和政治现状决定了社会的财富和权力主要集中在城市区域，城市已成为促进全球化、社会、经济增长、气候变化以及环境保护等各因素之间互动的"节点"。

城市通常被视为各种危害的源头。能源需求的增长与城市化之间的确存在某种联系[a]，但这个问题需要用一种辩证的方法来看。地理经济学的一些研究[b]表明，尽管自19世纪中叶以来交通运输的成本一直不断下降，而且如今通信的成本几乎降为零，但经济仍呈现出了极化的趋势。对收益的追求——有时甚至达到了极限状态——导致了极化状态的形成。城市由此成了增长、创新和可持续发展等进程的核心。城市也是观察政治和经济动态的实验室，甚至是一些新技术和新公共政策的试验地。因此，可持续发展方面的决定性因素并不是城市本身，而是城市化的性质。然而，在世界许多地区，城市的发展现状与生态、社会和经济等方面的迫切需要恰恰是背道而驰的。比如，正是许多经济、制度和法律等因素加剧了城市的割裂。而且在许多城市，设施齐全、现代化且具有生产能力的所谓"合法"城市，与非法或者说"非正规"城区之间泾渭分明，这些"非正规"城区被称为贫民窟、贫民区或棚户区等。这种可能导致社会碎片化以及生态危机的变化趋势如今有进一步加剧的迹象，本书将有许多章节谈到这一现象。在当今世界，一半以上的新建筑是没有任何法律保障的，而且通常没有产权，是未经规划而私搭乱建成的。在那些最不发达国家，城市化问题显得尤为突出：人口的增长以及农村人口流入城市加剧了城市化步伐——这一点在撒哈拉以南非洲尤为明显，而那些城市根本无力接纳那么多新增人口，甚至无法向他们提供最基本的服务。正因为这些原因，建设"可持续发展"的城市将是未来几年人们面临的最大挑战之一。也正是出于这些原因，我们把它作为2010年版《看地球》的主题。

全球危机

2007～2009年的经济危机发端于美国：当房地产泡沫破裂之后，次级贷款（风险抵押贷款）市场上机构客户这一环节出了问题[c]。危机很快影响到了全球金融体系，在全球引发了自1929年美国股市大崩盘以来最严重的经济危机，国际贸易额直线下降，降幅超过了20世纪30年代大萧条时期[d]。在美国，各个家庭的财产在不到一年的时间里缩水了1/5[e]。美国

---

[a] 城市化的比例每提高1%，就意味着能源消耗将增加2.2%。根据相关预测，1990～2025年间，城市化比例将提高150%，这就意味着能源的消费将增加3倍，由此产生的二氧化碳排放将占温室气体排放量的一半。(S. SALAT, "Energy Loads, CO_2 Emissions and Building Stocks Morphologies, Typologies, Energy Systems and Behaviour", *Building Research and Information*, 37(5-6), 2009, pp. 598-609.)

[b] 尤其是2008年诺贝尔经济学奖获得者保罗·克鲁格曼（Paul R. Krugman）所作的研究。2009年，普拉格（J.-C. Prager）和蒂斯（J. F. Thisse）在一篇名为《经济发展中的地理问题》的论文中对此进行了探讨，见《公告与文献》，2009年，法国开发署。

[c] 最初，次级贷款的出现是为了使那些低收入、支付能力不强的家庭也能买得起住房。尽管这些借款人是高风险人群，但银行还是愿意把钱借给他们，因为他们所购买的房屋就是很好的担保。当时人们认为，随着房价的不断上涨，这些人最终将有钱还贷，或通过借新债的方式来还旧账。

[d] 艾肯格林（B. Eichengreen）和奥劳尔克（K. H. O' Rourke）的"A Tale of Two Depression"，2009年6月，文章见网站www.woxeu.org。

[e] 根据美联储2009年3月22日的一份公报。

劳工部的行业就业统计数据显示，美国的失业率在2009年12月达到了10%。

最初打算进行"脱钩"的种种努力最后都证明无济于事。危机迅速超越美国国界以及西方经济和金融中心，向世界各地蔓延开来。它通过各种不同的传播途径迅速波及全球经济：贷款收缩、财富蒸发、信心丧失、内需以及对外贸易双双下降。人们一度认为新兴国家，尤其是中国、印度等亚洲新兴国家能够躲过此劫，因为这些国家自1997~1998年金融危机以来便着手进行金融改革，并积累起了巨额的外汇储备。然而，事实上这些国家也因为国际信贷危机、资本流入的减少、国际贸易量的下降以及对美国出口减少等遭到重创[f]。

也有人认为那些穷国，尤其是非洲国家能够在这场危机中幸免，因为它们的金融市场还很不发达，尚未完全融入全球经济。然而，这些穷国以及生活在这里的穷人受到了这场危机的沉重打击。最近15年来，非洲国家逐步融入了全球贸易，这使它们极易受到国际资金流动的影响。由于美国和欧洲经济的衰退，这些资金流——既包括外国直接投资也包括在外国的非洲侨民汇回的资金——大量减少[g]。此外，非洲国家向国际市场的主要出口产品，如棉花、铜和锡等，则出现了价量齐跌的现象，这使相关出口国家的外来资金大幅减少。

其结果是，许多非洲国家出现了信贷危机，许多工程被迫下马，其中包括过去五年间开展的住房建设项目、基础设施项目、生产项目，甚至一些矿产项目也因为国际市场原材料价格的下降而放弃。价格的波动对非洲经济的打击尤其严重，因为非洲的农业市场自2006年以来与金融市场的关系变得十分密切。农产品在2006~2008年那阵狂飙中被当成了避险品种，从而使价格扶摇直上，随后农产品价格开始下跌。从实际情况看，非洲地区自2000年以来出现的持续增长势头戛然而止。这场危机何以会突然爆发？把导致这些危机的一系列事件串在一起进行综合分析，这毫无疑问需要很长的时间。不过，这场危机不仅让某些金融家的欺诈行为——如前纳斯达克主席麦道夫的庞氏金字塔骗局——大白于天下，而且还让人们看到了全球经济以及实际监管方面所存在的缺陷。危机还让人们看到了过度纵容所产生的危害。不过，这场危机本质上说是一系列与国际宏观经济有关的因素相互作用的结果，即过多的储蓄导致了全球日常收支的失衡，而各国中央银行，尤其是美国自1987年危机以来对于货币过于宽松的管理又助长了这种失衡。石油及天然气等碳氢燃料出口国以及众多新兴国家为了阻止本国货币的升值，也为给了美国维持宽松的货币政策创造条件，大幅度提高了货币的流动性，从而使资产泡沫进一步扩大。此外，证券化加剧了全球的失衡，因为这些证券使全球越来越多的储蓄得以在美国进行"可靠"的投资，并满足外国投资者，尤其是各国中央银行的投资需求[h]。最后，一些国家将大量外汇储备用于购买没有风险的美国国债，使其他人面临种种风险[i]，而又使美国

---

[f] 沙波尼埃尔（J. R. Chaponnière），《新兴的亚洲面对全球危机》，载于于贡（P. Hugon）和萨拉马（P. Salama）主编的《危机中的南方国家》，巴黎，阿尔芒·科林出版社，2010，第127~156页。

[g] 国际货币基金组织认为，移民工作所在国家的经济增长率下降1个百分点，他们汇往原籍国家的资金将减少4%。国际货币基金组织，《世界经济展望》，华盛顿特区，2009，第21页。

[h] 请参阅阿德里安（T. Adrian）、辛（H.S. Shin），"The Shadow Banking System Implications for Financial Regulation"，载于 Federal Reserve Bank of New York Staff Reports，2009年7月，第382期。

[i] 请参阅布伦德（A. Brender）、皮萨尼（F. Pisani），《全球化金融的危机》，巴黎，发现出版社，2009。

人得以继续过入不敷出的日子[j]。这种"平衡"被称为是"新布雷顿森林体系"[k]。

自20世纪90年代以及进入21世纪以来，人们一度认为放宽对国际资本流动的监管以及取消一些实现收支平衡的限制措施会加快发达国家的储蓄向发展中国家以及新兴市场的流动。然而，实际情况恰恰相反：亚洲的储蓄无限度地支撑了西方的消费。这些宏观经济因素与一些微观的经济缺陷之间又相互作用，产生了新影响。投资者因此而低估了金融领域的风险，错误地估计了投资收益的预期。经济学家加里·戈登（Gary Gorton）详细分析了"影子银行"（是指房地产贷款被加工成有价证券，交易到资本市场。——译者注）是如何成为企业通过发行有价证券而获得现金的手段的[l]。那些经过包装后显得有保障的资产很容易受人追捧，因此越来越多的美国抵押贷款被债券化，因为此举可使那些资产变成评级最高的资产抵押债券。在整个体系不出现任何危机的情况下，这些资产的资质不会受到任何质疑。不过，这些次级贷款债券的价格会随着房产价格的波动而波动。在房地产市场的泡沫即将破裂之时，这些原本被认为"可靠的"次级贷款债券的价格自然一落千丈。然而，由于谁也不清楚究竟应当如何来确定这些次级贷款债券的价格，因此这些资产抵押债券最后引发了一场重大危机，因为到最后谁也不想持有它。老牌投资银行雷曼兄弟的破产更加剧了这一恐慌心理，从而使流动性大大降低。

美国与中国达成的若有若无的默契也未能保住市场的稳定[m]。随着时间的推移，尽管出口的势头有所恢复，但中国和亚洲其他国家的经济增长开始逐步摆脱依赖西方消费的方式：中国找到了其他出口目的地，尤其是非洲[n]；而且对美国和欧洲的出口在中国国民生产总值中所占的份额已经下降到了5%～10%，中国的国内市场已成为其增长的主要动力[o]。目前国际收支失衡现状能不能有所改观，我们能不能走出当前的危机，这一切将取决于中国以及亚洲能不能实现转型：它们的经济增长将转变为靠内需来拉动，这样它们就能充当全球经济的发动机[p]。

迈向绿色和可持续的增长？

面对金融危机，各国决策者采取了积极的、非同寻常的应对措施。他们通过实行扩张式的货币和财政政策，以期拉动需求，并通过一些新机制对陷入危机的银行进行救助，包括提高存款担保额度、注入资金、提供债务担保、对银行资产提供担保、置换"有毒资产"以及将银行国有化等。例如，英国和荷兰分

---

[j] 扣除通胀因素，美国普通家庭的实际收入20年来一直处于停滞状态，这就迫使许多家庭靠借债维持生计。在低通胀的情况下，这种负债的危害非常大，而低通胀则取决于以下两方面的因素：一是美国想维持美元的强势地位；二是一些亚洲国家担心自己的货币与美元脱钩后将出现大幅升值。

[k] 杜利（M. Dooley）、福克兹-兰迪（D. Folkerts-Landay）、加伯（P. Garber），"The Revised Bretton Woods System"，载于 *International Journal of Finance and Economics*，2004，9（4），第307～313页。

[l] 参阅加里·戈登（G. Gorton），"Slapped in the Face by the Invisible Hand: Banking and the Panic of 2007"，该文是为2009年5月11～13日召开的"Federal Reserve Bank of Atlanta's 2009 Financial Markets Conference: Financial Innovation and Crisis"会议提交的。

[m] 参阅阿格列塔（M. Aglietta），《危机，为何会到这一步？如何走出危机？》，巴黎，Michalon出版社，2007。

[n] 参阅沙波尼埃尔（J.R. Chaponnière）、乔桑（R. Jozan），《中国与非洲的轨迹》，载于《当代非洲》，228，2008年，第21～34页。

[o] 参阅安德烈松（J. Andreson），"Is China Export Led?"，*UBS Investment Research*，2007年9月。

[p] 中国已经取代美国和日本，成了许多亚洲国家的第一大贸易伙伴。

别动用了占其国民生产总值 3.4% 和 5.1% 的资金向银行注资。法国向银行业注入的资金也占到了其国民生产总值的 1.4%，为银行提供的担保额达 800 亿欧元。据估计，到 2009 年春，全世界范围内用于刺激经济的预算金额达 3 万亿美元。宏观经济在经历了多年的严肃整顿后，如今却迎来了大规模扩张的时期。各国中央银行开始大量购买在危机之前可能不屑一顾的资产，限制的放宽大大增加了货币供应总量，使银行资产平衡表上的数额虚增。这种预算政策的首要任务是用公共需求与公共债务来取代私人需求与私人债务。二十国集团的预算赤字由此迅速攀升，预算赤字在国民生产总值中所占的比例由 2007 年的 1.1% 上升到了 2009 年的 8%。鉴于当时的衰退的状态，这些措施是必不可少的。然而，要想使经济能够出现持久的复苏，人们就应当认真思索相关"退出战略"，因为如此巨大的流动性和负债总有一天需要全部消化。此外，在制定退出战略时还应当充分考虑这些退出措施可能对就业市场造成的影响。

于是，有两个问题便出现了：未来的退出战略会不会导致经济进入中、长期的后衰退时代？从现在开始就充分考虑到未来的可持续发展，使经济增长、就业和脱贫这三项任务能够兼顾，这样的做法难道不是更明智、更有效吗？

正如《经济学家》所说[q]，凯恩斯的思想正在重新回归，但没有一个人知道究竟应当怎么办才好。当然不可能是将凯恩斯的一切观点照搬照抄，而是用他提出的建议来分析 21 世纪的问题。"以历史为镜"[r]是我们学习过程的一部分，也是我们决策能力的体现，但这绝不意味着按照过时的处方去抓药。这一点从各国的拯救方案所立下的目标中就可以得到证明。将经济振兴与环境保护的目标相结合无疑增添了"绿色和互助的增长"这一说法的分量。这一概念最初源于"绿色振兴"，是指在制定应对危机的公共政策时必须考虑到环境保护的因素，而且应当使未来的经济增长潜力建立在"绿色"创新技术之上。这些概念背后所蕴含的都是想促进可持续发展的意愿，当然这种表达方式更能引起人们的关注，而且"绿色和互助的增长"这一概念包括了可持续发展的三层含义。在公共投资的最初阶段，其目标是不要产生一些未来可能危害环境的消极后果。事实上，那些能够随时启动（shovel-ready）[s]、能够迅速创造就业的投资很可能会造成产能过剩——这一点从中国的水泥行业就可以看得到，从而影响到对其他创新性基础设施项目的投入。2009 年 9 月二十国集团在匹兹堡召开的峰会上就强调要"向更绿色、更加可持续的发展迈进"。

世界自然基金会（WWF）和伦敦 E3G 智库委托起草的《绿色新政的最佳和最差政策》（Scorecards on Best and Worst Policies for a Green New Deal）报告中既指出了一些对环境保护和经济增长有利的振兴计划，但报告同时也指出了其中存在的一些负面效应[t]。报告列举了一些好的经验，如德国提高建筑物能效的计划、美国鼓励可再生电能的生产以及中国对 1000 家能耗大户进行能源计量的精细化管理，对它们"限量吃饭"并配之以一定的鼓励措施等。不过，

---

q "A Special Report on the World Economy", *The Economist*, 3-9 oct. 2009.

r R. Neustadt、E. May, *Thinking in Time: The Uses of History for Decision-Makers*, New York, Free Press, 1986.

s 这是奥巴马 2009 年 1 月所用的词，用来指那些能够迅速实施，并能够创造就业和促进经济增长的计划。

t 霍讷（N. Höhne）、伯克（J. Burck）、艾斯布伦纳（K. Eisbrenner）、菲韦格（M. Vieweg）和格里斯哈贝尔（L. Grießhaber），《绿色新政的最佳和最差政策》（*Scorecards on Best and Worst Policies for a Green New Deal*）。这一报告是由世界自然基金会和伦敦 E3G 智库委托起草的。

报告同时得出结论认为，这方面实际上还有很大的改进余地："到目前为止，振兴经济计划并未导致绿色新格局的出现。虽然说有一些国家把刺激计划中的一部分开支用在了应对气候变化这一领域，但其影响还十分有限"。

那么，如何能知道"绿色和互助的增长"这一良性循环已经出现？这里人们将首先面临一个衡量方式的问题。事实上，必须找到一些比现行的手段（如国民生产总值等）更能够体现社会、经济和环境成就的新指标。"经济成就与社会进步评估委员会"在一份报告中不仅明确提出过这一要求，而且也对此进行了详细研究。这一委员会是2008年由法国总统萨科齐组织成立的，诺贝尔经济学奖获得者约瑟夫·E.斯蒂格利茨（Joseph E.Stiglitz）担任主席。在2009年9月14日提交报告时，相关起草人曾详细介绍了设立新指标的一些思考方向。

由于没有合适的衡量手段，因此这其中存在着这样一种危险，即一种增长最终可能并不是绿色或互助型的，或者只是部分程度是绿色或互助型的，而这显然是不够的。由于在可持续发展方面并不存在相关综合指标，或者说一整套有针对性的指标，因此人们只把相关增长政策的重点放在气候变化和能源需求上。这两方面因素虽然十分关键，但它们并不能代表全部的目标行动。然而，如果相关政策可能激化有关气候保护行动与其他社会和环境目标之间的紧张关系或矛盾冲突，那么这种政策一定无法收到好的成效。例如，许多分析家指责美国总统奥巴马一心只关注美国的医疗改革，而任由能源法案和气候变化法案在国会内扯皮。当然，美国社会固然没有就这两个重要的法案达成一致，而且推动这两个法案通过的政治能量也有限。不过，由于期限的限制[这一期限今后将得以延长，因为巴瑟－凯瑞法案（Boxer-Kerry）只有被重新整合到克里－利伯曼－格雷厄姆（Kerry-Lieberman-Graham）法案当中，才有可能获得通过]美国的谈判人员直到哥本哈根峰会前依然无所作为。不过，奥巴马为消除社会不平等现象所作的努力也是整个可持续发展进程的一部分。

全球治理的变化

类似的方法也适用于对全球治理的分析。全球治理——其中包括金融监管——问题已不能仅仅从一个国家的角度来加以分析。人们可以尝试着对现存的机构、制度或现行的做法进行修改，也可以本着怀旧的心态，尝试回到过去的状态。然而，这样做等于是无视引起这些变化的原因。我们曾经提到过加里·戈登（Gary Gorton）对证券化和"影子银行"所作的分析，这一切看起来都是为了满足企业的需要，而不是为了满足银行家的贪欲。银行的操作方式已经发生了变化，想恢复过去的做法是不现实的。最好的办法是弄清楚当前市场所存在的缺陷，然后推出一系列有针对性的监管措施，以便有效地解决所出现的危险，甚至防止危害的发生。这将是一项巨大的工程。关键之处在于要让银行和金融体系能实行更现代的监管体制，真正降低出现新危机的风险，降低危机的严重性，并能提供恰当的服务。

这场危机还使人们再度就全球治理的问题展开讨论。正如我们前面所说，二十国集团成了讨论国际经济合作的一个常设委员会，而八国集团也开始向新兴国家开放。二十国集团的财政部长和中央银行行长第一次聚在一起开会是1999年亚洲出现金融危机的时候。从那时候起，他们在每年的秋季举行定期会晤，而在不久之前，他们的会议开得更加密集——主要是为了筹备二十国集团的峰会。为了应对这场世界性的危机，时任美国总统的布什于2008年11月14～15日召集二十国集团首脑在华盛顿举行一次峰会。此后，二十国集团峰会先后于2009年4月1～2

日在伦敦、2009年9月24～25日在匹兹堡召开。不过，这只不过是初级阶段的行动。全球的集体行动会因为种种障碍而受挫：国家利益——或者至少某些人把它们当成是本国的国家利益——至上的原则依然风行；各国始终对于全球公惠给国内政策带来的好处视而不见——承认这种好处意味着要对相关国家政策进行调整；而且历史轨迹始终影响着政治偏好与政治立场，并造成一些与合法性和历史责任等有关的棘手问题。

这场危机使国际货币基金组织和世界银行的地位有所提升。在2009年4月的二十国集团峰会上，各国领导一致同意要赋予国际货币基金组织更多履行使命的能力。"新借款安排"将为国际货币基金组织新增注资5000亿美元。峰会还同意增发总额达2500亿美元的特别提款权分配给各成员。在应对危机而采取的预算振兴政策方面，国际货币基金组织同样发挥着主要作用，它还对发展中国家提出十分宽松的建议措施。而世界银行也采取了一整套反周期的步骤，大幅度提高了注资的额度。自2000年以来，国际货币基金组织和世界银行一度普遍遭人诟病，而这场危机表明了这两个机构的重要性以及它们之间的互补性。这两个机构本身的治理方式也发生了一些变化，尽管在平衡各成员国的投票权方面仍有很大的改进余地。只有实现投票权的平衡，才有可能从当前的经济现状中真正获益，才有可能给穷国以更多的投票权。2009年9月25日，二十国集团领导人在匹兹堡峰会上同意将国际货币基金组织中5%的投票权由那些"投票权过高的国家"转移至那些"投票权不足的国家"，以便增加新兴国家在该组织中的分量和经济影响力。

最后，从当前全球失衡的格局、价格的波动以及汇率政策这三者之间的关系中，人们十分清楚地看到了现行国际货币体系的缺陷。在华盛顿召开的二十国集团峰会上，时任英国首相的布朗和法国总统萨科齐一致呼吁召开一次新的布雷顿森林会议，重点讨论上述问题。值得注意的是，中国人民银行（央行）行长在2009年3月提议扩大特别提款权的作用，"创造一种与主权国家脱钩，并能保持币值长期稳定的国际储备货币"。这一建议与凯恩斯的思想不谋而合：他曾在第二次世界大战结束之后提议设立的中立国际货币单位"Bancor"，就具有这种性质。这种想法的提出主要源于这样一个事实，即所有的储备货币发行国都会面临一个两难的问题：实现国内政策的目标以及提供一定的流动性以满足其他国家储备的需要。这两个目标说到底是相互矛盾的。不过，要想在这方面进行彻底改革看起来似乎并不可能，因为这意味着那些十分看重货币主权的国家要接受一定的纪律与约束。

协调全球集体行动的困难在2009年12月召开的哥本哈根世界气候大会上展现得淋漓尽致。这次会议原本想讨论出一个"更全面、更加雄心勃勃"的协议，以取代将于2012年到期的《京都议定书》。有关气候变化的谈判激化了南北国家之间的紧张关系，因为发达国家与发展中国家以及新兴国家在这个问题上的立场完全不同。发达国家过去曾经排放过大量的温室气体，是现有温室气体的制造者；而那些处于高发展状态的国家是未来温室气体的主要排放国。其中的公正性将体现在前者要腾出更多的空间让后者得以继续排放，而这需要在短期内付出巨大的交易与转型成本，以改变富裕国家人们的行为方式、生产方式以及消费方式。然而，问题是仅仅"腾出空间"是不够的。新兴国家同样需要努力降低其经济中的"碳强度"，大幅度降低温室气体的排放，而这从政治角度来看是很难被接受的。有关新协议的谈判从1992年便已开始，但始终进展缓慢，而这反过来又使相关行动变得更加迫切，留给人们的行动期限越来越短。

哥本哈根峰会以直接的方式提出了一个问题：要想使一个国际协议初步达成，必须首先在政治上得到授权。

哥本哈根：希望落空，但必不可少

哥本哈根究竟发生了什么？人们希望与会的100多位领导人能就六大关键问题达成一致，这六个问题个个都十分棘手：①对气候的未来有一个共同的认识，也就是说对温室气体的中长期减排目标以及减排量要有一个共识；②发达国家要对温室气体的中长期减排数量作出量化的承诺；③发展中国家也要在减排方面付诸具体行动，采取诸如防止森林乱砍滥伐的方式来减少温室气体排放；④建立针对所有国家的测量与核查规则；⑤为发展中国家的中长期气候政策提供资金支持；⑥拥有达成一个有法律约束力的国际条约所需的授权。

与欧洲方面会前的期待相比，此次峰会的结果令人失望。达成一个有法律约束力的国际条约的谈判原则未被写入本次峰会最后达成的政治协议。会议的最后声明没有提出2020～2050年间任何量化的温室气体减排目标。中国坚持不要把任何量化的承诺写入其中，主要是担心过于严苛的"碳预算"会影响到其经济增长，因为低碳经济的发展潜力至今尚无明确的定论。这一声明中所提及的唯一数字是将全球应对气候变化的中期目标设定为将工业化以来温度上升幅度控制在2℃以内。然而，在没有具体执行方式的情况下，设定这一目标不过是一种意愿的声明罢了。

发达国家承诺从2020年开始实施可量化的减排目标。而发展中国家则可按照自愿的方式采取这方面的行动，不管它们能不能为此而获得国际援助。发展中国家的所有行动将通过国际磋商的方式对其实施情况进行评估。对于不同国家所采取的相关行动，将采取不同的机制加以评估，具体的评估方式将在日后起草。对各国所采取的行动进行国际核查的原则，以及将全球应对气候变化的中期目标设定为将工业化以来温度上升幅度控制在2℃以内，是此次协议的主要内容。

在资金方面，工业化国家承诺到2012年之前每年提供100亿美元（即在2010～2012年间总共提供300亿美元）的援助；不过，人们有理由担心这些援助款未来还能否再增加。按照预计，这一援助承诺到2020年时将达到1000亿美元。人们曾经设想让发展中国家也能提供一些资金援助，但这一构想最终未被采纳。开拓新的融资渠道，尤其是一些创新性的融资渠道（主要是在国际范围内征税）的做法并未完全敲定，不过一个高层级的工作小组正着手就新的融资方式进行研究。

在这方面，相关成果可能会与人们的预期相去甚远。不过，哥本哈根气候会议是国际社会在应对气候变化领域的一场史无前例的政治大动员：无论是与会人数还是与会代表的级别都是前所未有的。不过，如此大规模的总动员本身并不能确保相关谈判能在一个可预见的未来宣告结束。但它是一个必要的条件。与金融危机或者核扩散问题一样，气候如今已成了一个世界性的政治问题。其中的关键之处在于要将人们所表达出来的意愿转化成为真正可靠的、能够承担得起重任的实际行动。

各方的主角们都是怀揣各自不同的心思来到哥本哈根的。在美国看来，它来哥本哈根是要向外界证明，新兴国家（尤其是中国）不应当受到特殊对待，而且对各国所宣布的行动应当进行国际核查。从这个意义上来说，这样一个协议将是奥巴马总统用来说服

> 与金融危机或者核扩散问题一样，气候如今已成了一个世界性的政治问题。

国会通过能源和气候变化法案的一张王牌。看来，这位在与新兴国家达成协议之后才来和欧洲领导人商讨的美国总统已经决心用"2050年的减排目标以及达成一个具有约束力的协议"这些原则来换取相关核查机制。

对中国来说，这一协议令人满意——中国的媒体对这一协议大加赞扬，因为中国在应对气候变化方面所采取的行动将会得到他国认可，而中国本身又无须接受一个有法律约束力的协议：这种有约束力的协议可能被工业化国家用于双方的贸易纠纷当中，并把它作为解决纠纷的参照标准。当然，对中国来说，有关"碳预算"的威胁并不会就此消失，但中国无须作出任何量化的承诺。印度几乎在所有领域都支持中国的立场。

对巴西和南非等其他新兴国家来说，哥本哈根谈判是一个展示自身实力的良机。不过，这两个国家的立场不同于中国和印度，因为它们都主张多边框架的作用能进一步强化。

最后，这一协议并未能满足欧洲的愿望：欧洲自《京都议定书》出现以来便始终引领着相关进程。欧洲提供了其中大部分的资金需求，但却未能使人们接受自己的立场。不过，它最终还是得到了一份能使整个国际社会今后展开全面合作的政治协议。

如今，越来越多的发展中国家做好了准备：它们愿意用自己的行动来迎接保护气候的挑战。一些新兴国家，尤其是中国，在哥本哈根会议召开前夕在温室气体减排方面作出了承诺。以南非和巴西为首的新兴国家先后宣布了降低"碳强度"（指消耗每吨能源所产生的碳排放量）的目标。中国则宣布，到2020年使单位国内生产总值二氧化碳排放比2005年下降40%~45%。印度则宣布在同期内将碳强度降低24%。一些国家接受了温室气体排放峰值的概念，并同意降低温室气体的绝对排放值，但印度和中国对此并不接受。

然而，一项集体行动要想取得成功，不能完全依靠个人的努力：只有相关的国际协议达成之后，才能形成一个可靠、有效和公正的框架，才能更公平地分配任务并确保相关后续行动的展开。令人奇怪的是，哥本哈根会议的结果却表明，单方面采取行动似乎要比协调国际行为更加容易。

促成国际集体行动的困难主要体现在以下两个方面：新兴国家无论是内心的想法还是作出选择的过程都十分看重主权；一项集体行动的预期收益存在不确定性，更何况这些收益与损失需要用不同的现实背景来加以衡量。

在那些全球性的谈判当中——无论其涉及的是反贪、贸易还是气候，新兴国家的作用越来越重要，而且它们已经能够相互协调以凸显自己的偏好——巴西、南非、印度和中国组成了"基础四国"。它们通常能够在保护国家主权和采取集体行动之间确定平衡点。它们的偏好也在发生变化。从这个意义上来说，2009年在全球治理方面是一个具有转折意义的年份：在这一年，中国这个堪称全球在放弃主权方面最谨慎的国家曾经两次参与到了全球协议的协商当中，尽管中国一直在试图淡化其中的意义——一次是参加二十国集团有关经济振兴政策的协商，另一次是哥本哈根的气候会议。

此外，人们并不清楚这些为创造全球公惠而制定的全球性规则，究竟能造成多少收益或损失，这成了阻碍集体行动的另一个制约。而谈判、研究以及进行一些试验性的行动则可以降低这种不确定性。

不管其中存在着多大困难，在应对气候变化领域必须采取一种能受国际公约制约的集体行动。此类行

> 如今，受到质疑的是经济发展模式的基础范式，需要进行重新定位的是社会和经济目标。

动将能决定未来全球治理机制的架构。世界贸易组织的多哈回合谈判在2009年最后几个月里暂时停了下来，以防人们产生国际谈判日程过于密集的印象。此外，只要气候变化方面全球治理的基础无法奠定，而且相关协议的法律效力无法跨越2012这一期限，那么许多存在争论的问题——如欧洲和美国提出的碳关税以及为进口商提供补偿等机制（如果相关的气候协议过于宽泛的话）——就无法在世界贸易组织的框架内得到公正解决。世界需要在应对气候变化方面形成新格局，世界同样需要在现有机构和制度框架的基础上改善全球治理。

留给明天的启示

作为本书的开篇，我们在此想强调以下四方面的启示。

第一个启示与面对2007～2008年经济危机而提出的"绿色和互助的增长"口号有关。它所要求的并不仅仅是生产方式或消费方式的"绿化"，也不仅仅意味着增加社会福利的投入，而是要求出现更深层次的变革。如今，受到质疑的是经济发展模式的基础范式，需要进行重新定位的是社会和经济目标。这种变革如何实现是一个问题，甚至是一个十分关键的问题：经济、社会和技术的学习过程并不会自然出现，更不可能在科学家所要求的期限内完成。通常情况下，规章制度和公共政策（靠着其所产生的约束和鼓励作用）会始终伴随，甚至可能加快这些发现和学习的过程。

第二个启示与第一个启示有关，即那些统计机构——尽管每个国家都存在不同程度的掺假情况——与"绿色和互助的增长"的要求极不相称。按照现有考量手段所作出的选择，往往与可持续发展的目标背道而驰。国民生产总值的数据就是一个最好的证明。这一数据如今在全球各地通行，但它完全无法体现出净收入的实际情况（至于"幸福度"则更无从谈起）。更关键的是，如果采用人均国民生产总值水平的计算方式，则完全掩盖了个人之间存在的不平等现象。在这方面，由斯蒂格利茨（Joseph E.Stiglitz）领导的委员会已提出了许多新的思考方向，但要想真正实施则需要很大的决心。

第三个启示与集体行动的需要及其对全球治理体系的影响有关。正如我们在过去的谈判——包括贸易、反贪污、气候、金融危机或核威胁等领域的谈判——中所看到的那样，新兴国家以及不发达国家并不能以一种积极、合法、公正的方式参与其中。虽然有关布雷顿森林体系的改革取得了一定的进展，然而国际体系远未实现新的平衡——这种新平衡意味着权力的重新分配。

第四个启示与本书所讨论的核心内容有关，即一种国际集体行动离不开多层级的治理体系：那些与全球目标（如应对气候变化）有关的集体行动越来越需要在国家内部的层面展开。

因此，城市以及地方政府能够在地方层面、国家层面以及国际层面同时发生相互作用，并能履行一些全球性的承诺。不过，城市治理的参与方需要国家在公共政策方面制定规章制度，这样才能提高效率。公共行动比以往任何时候都显得迫在眉睫。

引 言

城市：改变发展轨迹

卡里纳·巴比尔（Carine Barbier）
法国可持续发展和国际关系研究所（IDDRI）经济学家

拉斐尔·若藏（Raphaël Jozan）
法国开发署（AFD）首席经济学家下辖的专员

樊尚·勒纳尔（Vincent Renard）
法国国家科学研究中心（CNRS）、法国可持续发展和国际关系研究所研究员

桑杰维·孙达尔（Sanjivi Sundar）
印度能源和资源研究所教授

任何一种可持续发展战略都离不开城市，它们在我们所面临的一切政治、经济、社会、环境、卫生或文化问题中居于核心地位。如今，全世界有一半的人口生活在城市。另外 30 亿人将在 2050 年之前加入城市居民的行列：城市化步伐自 20 世纪 80 年代末以来一直呈现进一步加剧的趋势（见参照标准之十四）。

城市的新增人口大部分将集中在非洲、亚洲和拉丁美洲的城市：这些地区每个月将新增 500 万城市居民，而在欧洲和北美的城市，每个月的新增人口只有 50 万（见参照标准之十三）。虽然说城市化是全球五大洲共同的趋势，但是各个地区的城市发展轨迹拥有各自的特点，它们是由各地的文化、社会、经济和技术条件所决定的。在拉丁美洲、北美洲和亚洲，最吸引人的是那些大城市。而在欧洲和非洲，城市的发展主要集中在那些中等城市，它们都是在农村地区的城镇化过程中发展起来的（见参照标准之十五）。而另外一些城市，尤其是东欧地区的某些城市，受经济危机的影响，人口出现了下降的趋势。

事实上，城市化的第一个动力便是经济。城市是一个国家的国土与世界经济发生往来的桥头堡，是经济增长不可替代的发动机。全世界物资、服务与资金的交流主要是在城市之间展开的，各个不同的城市被许多有形的（电信和交通网络）和无形的（政治、经济、文化和科学的联系）网络连接在一起。正是这些能发财致富的机会吸引着人们不断涌向城市。

城市对环境的影响程度与其规模有关。全球 75% 的温室气体是由城市排放的，而且城市也消耗了全球 75% 的能源，但这首先是因为城市吸纳了全球一半的人口，全球最主要的经济活动也集中于此。造成这一局面的另一个原因是，当今的城市化是在重复工业化国家模式的基础上进行的，而这一模式半个世纪以来一直在大量地消耗自然资源、一直习惯于使用汽车这一交通工具、习惯于使用低价的能源。然而，无论是现有的自然资源还是经济财力都无法再支撑这种发展轨迹。这一现状要求人们对当前的交通、投资、工业和服务业的选择以及居住状况作出彻底的改变。那些正在寻求新型发展途径的工业化国家以及新兴国家的城市——这些国家的城市正在建设当中，如今面临着一个难得的机遇。

从世界范围看，一个城市的转型通常会导致社会和地域割裂的增大。大部分新来到城市的人居住在那些不正规的区域，那里服务糟糕、交通不便、基础设施差而且贫穷落后。这部分生活条件简陋的城市人

口在南亚占到了城市人口总数的 43%，而在撒哈拉以南非洲地区，这一比例更是高达 62%。在这些地区，城市的配套设施根本无法满足人们的需求。然而，要想建设一座包容的、能够与社会可持续发展相适应的城市，就必须为那些生活在这一城市辖区的人们提供最基础的服务、提供体面和价格适中的住房，并提供自由和便捷的公共交通。

在本书中，每篇文章的作者从各自不同的研究角度来介绍城市化问题及其与可持续发展的关系。根据来自五大洲的具体实例，他们按照不同的领域介绍了不同的发展方向、打造城市的不同机制以及现有的哪些杠杆可能改变当前的轨迹。他们并不认天命，而是为各个城市的不同参与方（地方当局、国家、出资方、企业和市民等）指出了他们各自所可能采取的行动。

改变经济轨迹

当今的城市已经卷入了全球化的经济洪流当中。那些与全球大型商业、金融、科技、文化和政治网络直接对接的大城市是其中最重要的参与方，它们的作用有时甚至超过了国家。东京的国民生产总值是巴西国民生产总值的两倍，生活在日本首都的人口数量超过了瑞典、芬兰、丹麦和挪威四国的人口之和。如此巨大的经济力量并不是与城市化进程相对应的必然结果，而是源自成功的经济战略：为了提高城市的吸引力、创造力和活力。这一战略将许多投资引向了基础设施、起主导作用的经济行业以及人力资源（教育与文化）。

皮埃尔·韦尔茨（Pierre Veltz）在第一章中主要探讨全球化城市经济的动力问题。那些全面参与到全球化进程中的大城市就像一个个"强大的集散点"，并且"能够在生产者、消费者和大学等社会参与方之间建立联系并使之不断更新"。城市是一个充满机遇的天地，因而也成了经济增长的主要动力。最近几十年来，通信成本的下降一直在支持着城市化进程，然而它并没有导致城市辖区的同质化。相反，在这个物资和信息流通日益快捷和自由的世界里，各城市之间以及各城市内部财富和权力的极化现象进一步加剧。发财的机会并不均等，而是越来越集中到城市的某些区域、某些网络手里。对于地方和国家政府来说，对于城市所有的参与方来说，最大的挑战是组织好经济增长，并做好收入的分配，以便在不同城市辖区之间、在同一城市辖区内部对机遇进行重新分配。

城市融入国际交流对于私营投资者来说是一个决定性的因素。那些评级公司主要是依据这一点来制定排行榜的，而它们的排行榜又会成为全球私营基金投资房地产的主要指南。在快速和高额收益这类承诺的吸引下，跨国企业的资金纷纷来到这些城市，这反过来又会增加这些城市的吸引力，这就是所谓经济增长的良性循环。路易斯·戴维（Louise David）与卢尔维克·哈尔伯特（Ludovic Halbert）两人分别以印度的班加罗尔和墨西哥的墨西哥城为例，说明这些资金是如何被引向城市的某些区域的。这一切并不仅仅取决于投资者的理性，而且也与当地中间商的密切合作有关——没有他们，这些投资将无从谈起。这些中间商穿梭于金融界、城市的具体建设者、产业界以及政治决策者之间，他们亲手参与开发这座全球化城市。这既体现在经济层面，也体现在城市的具体建设过程之中。城市的可持续发展战略应该重视这些条件，或者在重新分配整个城市的投资时对其产生影响。

正如我们前面所说，全球经济关系的现实决定了经济增长的效应必然只集中于城市的某一部分或某些特殊区域，这就会导致城市辖区内部的不平等。塞尔吉奥·托雷斯·莫赖斯（Sergio Torres Moraes）通过对巴西圣保罗市的发展史（见第三章）的回顾，揭示出不仅工业生产与居民区的分布是根据交通和公路网络来规划的，而且一个城市的社会不平等现状也是在其经济发展过程中形成的。无论是在班加罗尔还是在墨西哥城，经济的发展使城市内部自然形成了一片"有用之城"，而城市的其他区域则日渐衰败。在这种情况下，这就需要相关城市的政府采取进一步努力，使那些在城市化决策过程中被边缘化的民众能够获益，从而重建城市的社会和经济凝聚力。

改变环境轨迹

城市化通常被视为污染和环境破坏的同义词。当然，这么多人、这么多工业生产、这么多汽车聚集在一起，自然资源的消耗量自然会很大，城市活动也一定会对水、大气和土地造成严重污染。不过，城市居民虽然是头号污染者，但他们也是环境恶化的最大受害者（见参照标准之十八）。作为居住地与居住民众之间的交汇点，城市为环境污染的治理提供了一个理想的构架。

如今，气候变化和能源消费成了公众关注的焦点，这对城市、城市的住宅以及城市的交通提出了疑问（见参照标准之十七）。面对这些重大问题，城市的结构并不会被破坏，因为城市的密度越高，它就越容易实现规模经济，从而提高能源的利用效率（见参照标准之三、七和八）。目前，全球二氧化碳排放量的增加很大程度上与新兴国家的经济增长有关。这些国家普遍面临着这样一个难题：一方面对能源的需求越来越大；另一方面能源这种稀缺资源的供应越来越困难，价格越来越高。面对海平面的上升（见参照标准之二十）、热浪袭击、水灾、暴雨、因干旱造成的气候移民等，城市今后将因为气候变化所造成的影响而不断自我调整。帕塔·穆霍帕迪亚（Partha Mukhopadhyay）在第四章中对于印度城市如何应对这些挑战作了精辟的分析。在印度这样一个农村仍占大多数的国家，建设能够抵御气候变化影响的低碳式城市应该是可行的。技术的进步将为这一目标的实现助一臂之力，但光靠技术进步不足以改变目前的发展轨迹。只有把气候与能源领域的目标纳入城市化政策的核心，才能使一座城市全面改观，并影响其未来的发展。

控制城市规模的扩张将是环保和城市化综合政策的核心内容。工业化国家的城市必须彻底摒弃以便捷的交通网络为依托、城郊地区的地价低于城市中心地段的发展模式。发展中国家以及新兴国家则应避免重复上述错误，对通过私搭乱建的方式进行的城市扩张要予以打击。也就是说，无论什么地方的城市都要对自身进行改造，才有可能改变人们的生活方式。瑟奇·萨拉（Serge Salat）和卡罗琳·诺瓦茨基（Caroline Nowacki）在第五章提出应当重新启动那些旨在打造城市外观的雄心勃勃的计划，以改变城市居民的出行和消费方式。同样，技术的进步将有助于这一转型的实现，这种转型将是城市发展综合方案的一部分。站在整个城市的高度来考虑问题，在制定相关发展规划时就会顾及社会、环境和经济三方面的需求，从而使这三方面的目标共同推进，而不会偏废一方。

发展中国家的城市如何能够制定出环保政策？当它还面临着诸如脱贫等任务时，如何能让它把资金投入环保领域？在总结了喀麦隆首都雅温得和布基纳法索首都瓦加杜古这两个非洲国家首都经验的基础上，弗洛朗斯·富尔内（Florence Fournet）、奥德·默尼耶—尼基耶马（Aude Meunier-Nikiéma）、布莱斯·温根德·荣西（Blaise Nguendo Yongsi）和热拉尔·萨利姆（Gérard Salem）在第六章中得出结论认为，这条道路通常是间接的。污染对健康的影响使各城市的市政当局把这一问题列入了自己的行动日程。但市政当局手中的干预手段非常有限，而且这些城市私自搭建的非法建筑非常多。事实上，由于这些城郊区域实际上紧挨着农村，一部分垃圾就被直接丢弃在了农村，从而增加了垃圾集中收集的难度。在这种情况下，健康和环境往往会让位于其他更迫切的问题。要想打破这些障碍，行之有效的办法似乎是将当地城市居民调动起来，让他们为环境保护献计献策，这样可以明确真正的问题之所在，从而采取相应的技术手段。

一座城市要想扩大，要想维持自身的运行，就需要消耗来自更广范围区域的能源，而它所造成的污染却不会局限在其辖区之内。降低或控制城市的环境足迹——这是城市迈向可持续发展的必然要求——需要有关各方采取共同的行动。这种合理性既应当体现在环境领域，也应当体现在经济领域。贝尔纳·巴拉凯（Bernard Barraqué）和斯特凡纳·潘塞（Stéphane Pincet）在第七章介绍欧洲城市供水情况时印证了这一点。技术的进步，比如说污水处理能力的提高，虽然能够在饮用水供应方面提高市政当局的自主性，但为了寻求更高质量的水源，也为了应对日益上涨的成本，各个城市纷纷与偏远地区建立起了地方性的伙伴关系，以备自己的水源受到污染后的不时之需。通过与农民合作等战略，城市的饮用水资源从上游便得到了保护，而这种确保生态系统不被污染的方法似乎是一种更加经济的模式。

改变社会轨迹

当今的城市化是通过非正规区的扩大来实现的。这些非正规区的饮用水供应、卫生条件以及能源供应都很差。这里的土地没有产权保护，也没有像样的住房，没有最基本的服务，生活在这里的人甚至算不上是真正的城市居民。正如西尔韦·哈格林（Sylvy Jaglin）在第八章中所说，与城市的主干网络联通就意味着与城市规划接了轨，然而这种联通正在被"大量非正规的、不受控制的服务"所取代，因为后者更符合不同阶层居民的收入水平。此类服务的创新之处不仅体现在技术上，而且体现在制度设计上。在亚洲、非洲或拉丁美洲涌现出了一大批混合机制，它们除了能与城市主干网络接通之外，还能够提供全套的非正规服务。这些机制虽然能提高城市穷人的生活水平，然而有关价格、城市内的互助以及成本的分摊机制等问题却有待解决。这就要求相关的治理机制作进一步的深化，以便制定出共同的标准以及再分配原则。

如果在行政上不承认这些非正规区，那么联通市政服务将无从谈起。这首先要求停止驱逐，并且要实行一条更宽泛的"地产权保障"政策。这就意味着要建立一条主动打击土地投机行为的政策——这种投机行为只能使那些穷人迁移到离"有用的城区"更远的地方。阿兰·迪朗—拉塞尔夫（Alain Durand-Lasserve）在第九章中将这一政策描述为一整套涉及法律、税收与城市化的措施。如巴西在2001年颁布的《城市地位法》就使各城市拥有了采取干预行动的能力。在他看来，这便是城市想以一种综合、平衡的方式解决土地问题的具体探索实践。

一个城市的市政当局固然需要拥有采取干预行动的手段，但同时也必须要有这方面的意愿。玛丽·许赫泽迈尔（Marie Huchzermeyer）在第十章中介绍了南非一些城市出于提高自己在国内和国际吸引力的目的而阻止穷人安家落户，因为让穷人在此安家落户等于是背上了负担，这会阻碍经济的繁荣。这些城市为数不多的福利住房都集中在郊区，这样会增加穷人的交通成本，剥夺城市中心可能提供给他们的机会。这一章通过对肯尼亚首都内罗毕的剖析，向人们展示了一个有调节的私营市场是如何以低成本在好地段建造廉租房的。这里所追求的是一个密集与紧凑的城市，而不是规模扩张、社会碎片化的城市。

无论在南方国家还是北方国家，这种城市整合的努力都会因为一些所谓的安全言论而搞砸。这些言论将增加人与人之间的不信任感，它们主张加强对城市穷人和年轻人的控制，而不是去倾听他们的需求。

吕卡·帕塔罗尼（Luca Pattaroni）和伊夫·佩德拉齐尼（Yves Pedrazzini）在第十一章中分析了这种令人"恐惧的城市化"对打造城市的影响。检查站、隔离墩、有栅栏和警卫的社区越来越多，而这一切使凌辱他人的事件成为家常便饭，甚至可能引发暴力冲突。只有那种承认人人在城市都拥有自己的一席之地并为之提供生存手段的政策才能遏制住目前这种可能带来沉重代价的倾向。

改变城市化的治理方式

本书所辑录文章的作者分别从经济、环境和社会等角度来分析城市的可持续发展问题，但所有的人都在强调政治决策和城市规划或管理机构的重要性。蒂埃里·波莱（Thierry Paulais）在第十二章中也得出了同样的结论。他认为，面对金融危机的冲击，应当建立起一个能够将各级行政机关、私营和公营参与方以及国际援助机构等联系在一起的治理机构。2007年发端于美国的金融危机重创了各级城市的政府，也削弱了城市投资的融资体制。经济的低迷导致市政预算减少，举债变得更加艰难。由此，蒂埃里·波莱列举出了城市融资体系必须改革的清单，当然其中也包括城市化和住房业的改革，以便城市化之路能够持续前行。要想使城市恢复融资能力，城市地方政府与国家之间的关系就必须重新理顺。

同样，在萨斯基亚·萨森（Saskia Sassen）看来（见第十三章），只有把决策机制从针对局部利益转移到全局利益上来，才有可能使人们扭转因为城市对资源的掠夺式开发、治理不力而造成的环境破坏。城市应当成为"用来对付那些强大而且不负责任的企业的结构性平台"。拥有土地的城市可以为那些合法的、具有不同功能的参与方提供一个聚集地，并与之清算。要做到这一点，必须首先对城市本身有一个清楚的认识，应当把它视作一个复杂的、一个能跨越不同时空、能够与各参与方建立联系的体系。对这些互动行为进行仔细分析可明确现存的哪些杠杆能用来帮助城市制定符合环保要求的政策。

热雷米·卡韦（Jérémie Cavé）和若埃尔·吕埃（Joël Ruet）在第十四章中介绍了各参与方在城市交汇过程中所提出的各类战略以及不同的思维逻辑。他们分析了一些新兴国家在制度建设方面所进行的尝试，如新型的城市规划标准以及城市治理标准等。他们通过印度和巴西在水资源和能源管理方面的具体事件，介绍了各参与方在一些城市的新型联盟（国有企业、全球化公司、非政府组织、国际发展援助机构等）是如何建立的——这些联盟将对基础服务的供应商提出新的标准。从长期看，这一创新包含着"制定标准的权力"，而且其中的一些苗头已经显露。这一潜力促使人们对公共权力进行重新思考，促使人们对城市发展政策的分析工具作出调整。事实上，这一分析表明，未来当北方国家在更换其各种城市网络的时候，它们很可能会采用这种符合可持续发展要求的分权方式。

无论如何，那些在寻求可持续发展道路的城市都感到了以下两种迫切要求：首先，要充分考虑到全球化的世界所带来的约束与机遇；其次，在制定其政策时要充分考虑到地方特性、各参与方的战略以及本辖区的潜力。对于大多数城市来说，这个复杂的过程需要继续得到外界的支持。伊丽莎白·加托（Élisabeth Gateau）在第十五章中注意到地方分权的进程已全面展开，城市的责任越来越重，但它们往往并不具备挑起这副重担的能力。从20世纪下半叶开始，城市的各种网络一直得到不断强化（见参照标准之十二），这说明各个城市都有加强信息和经验交流的愿望，以便能够共同行动，扩大自己在国家和国际上的影响力。这些网络并不会与国家用来展示其国际形象、维护领土团结的专属网络构成竞争，却可使各级市政当局能充分发挥好可持续发展传送带的作用。

整合是为了可持续发展

城市的发展轨迹多种多样，需要进行长期的跟踪评估。如今全球有一半的人口生活在城市，而城市的结构首先是由其建筑、交通基础设施、各种不同的网络以及数十年的投资所决定的。要想改变城市的经济、环境和社会发展轨迹，就必须确定其长期目标并对各种建设工程作出规划。今天作出的决定将创造出一个城市未来几代人的生活环境。

因此，对投资的引导至关重要。城市不应当只将精力放在来自外部的援助或吸引国际投资上，而应当促进本地企业的发展。当今的经济，创新已成为创造利润的第一大源泉。正如皮埃尔·韦尔茨（Pierre Veltz）所说，"吸引人才比吸引资金更具战略意义"，忘记民众的需求将是一大错误。教育、卫生、环境、文化都是长期的投资。

由于需要作出预判，因此当人们在评判一个城市的管理时通常会把经济问题、环境问题和社会问题孤立起来看。要想影响一个城市的发展轨迹，并不仅仅意味着对无序发展所造成的不良后果作出修正。要想方设法出台一些全面考虑城市发展各个要素的雄心勃勃的政策，要认真分析投资在环境和社会方面可能造成的影响，要从兼顾经济效益和社会福利的角度来考虑保护环境，通过经济与环境来促进社会融合。总而言之，在打造城市的过程中要充分考虑到上述三方面的因素。

要想兼顾上述重大问题，需要技术创新、需要投资，也需要制度创新。权力下放的进程最终会完成，届时各个城市的市政当局将成为可持续发展的第一责任方。当然，如果国家不能确保不同地区的平衡发展，不能发挥金融互助的功能，不能在经济和政治全球化进程中发挥民众代言人的作用，那么城市作用的加强将变得毫无意义。最后，为了真正考虑到各地的特色，城市的发展还必须想办法让城市居民有效地参与决策过程。只有在付出这些努力之后，城市才能成为大都市。

1 经济

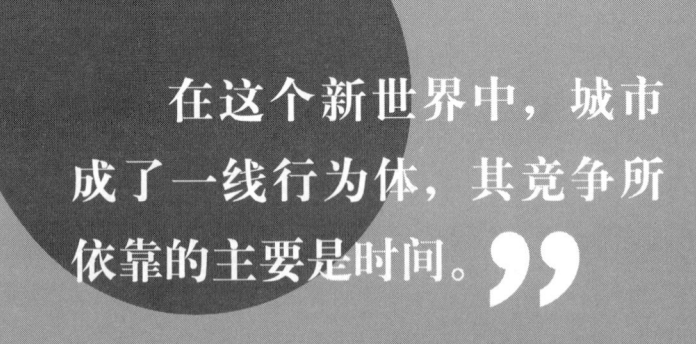

> 在这个新世界中,城市成了一线行为体,其竞争所依靠的主要是时间。

第一章

皮埃尔·韦尔茨（Pierre Veltz）
巴黎政治学院组织社会学中心（CSO）副教授

全球化：城市的机遇？*

当代经济全球化是在永恒的创新与商品、投资、人才的不断流动的基础上建立起来的。某些城市在打造过程中动用了巨大资源，也显示出了自己的可塑性，使自己达到了上述要求，从而走上了致富的道路，也吸引到了国际投资。一批从全球化中获益的新型大都市由此产生。而另外一些城市则因为自身的优势不足而始终处于被边缘化的境地。

费尔南·布罗代尔（Fernand Braudel）在描写他笔下的现代世界起源时，提到了两大实体之间的对立：国家与城市。三个世纪之后，国家已毋庸置疑地取得了胜利，只有新加坡等少数"城市国家"是个例外。尽管受到了全球化的冲击，国家仍是地球上主要的行为体。不过，这种局面在地理、社会和政治领域可能会发生改变，因为财富和权力向城市，尤其是那些大城市集中成为当前的一种主流趋势。

21世纪的启示之一便是通信成本的下降——这种势头在20世纪最后几十年已经显现——并没有导致财富和权力的分散。相反，它导致了财富和权力的极化。在这个物资、信息甚至（从某种程度上来说）人员能够快捷而自由流动的世界里，财富与权力的集中与空间分布的不平衡进一步加剧。而且这是一种全球性的趋势。在欧洲以及美洲，城市经济长期以来一直融入了国家所掌控的结构中——这一点在欧洲尤为明显，欧洲福利国家的痕迹无处不在。在非洲和亚洲，城市的快速发展导致了区域发展的严重不平衡，并对政治结构产生影响。到2015年，全球20个最大的城市中将有12个集中在亚洲，全球新增的20亿人口中大部分将生活在亚洲的城市中（见参照标准之十三）。从经济的角度对各个城市以及各国进行对比将会是一件有趣的事，例如东京的国民生产总值是巴西的两倍，日本关西地区的国民生产总值超过了西班牙。城市化浪潮的兴起，源于各个城市不同的发展逻辑，如拉各斯、孟买、上海、东京、巴黎和伦敦都有各自的发展逻辑。我们这个专题主要讲的是发达国家的城市。这些大都市正日益成为一个个能够与先进经济与技术相适应的生态体系。

极化的现象也很容易解释。当交通或通信成本高昂的时候——甚至是十分昂贵的时候，如铁路出现之前，世界是由一个个相互分隔的封闭区域构成的，这就大大限制了企业间的竞争。这种局面使得只要形成地域垄断便能带来收益，影响了规模经济的形成；而且聚城而居既可以给消费者带来好处，也能惠及生产商。相反，当产品和通信流动变得通畅之后，这些正面因素便意味着生产率的提高并使城市形成了外延效应。一些大城市的发展进程表明，城市的这种外延效应具有非常强大的力量，而且常常被人所低估。这种力量既体现在金钱上（即与价格机制有关），也体现在技术上。

在不同的历史阶段，城市效应的一些基本原理

---

* 本文由作者提交伦敦经济学院2004年国际研讨会的论文改编。

城市：改变发展轨迹

却是相同的。而全球化竞争的一些特性使这种城市效应进一步强化，此时的竞争已由过去的价格战演变成为一种更为复杂的模式：无论是产品还是服务，都要做到质量、多元和创新三者兼顾——这三者成了在经济界生存的关键因素。在这种模式下，价格竞争与差异化竞争这种传统意义上的界限已经越来越模糊，只有那些填补稳固市场缝隙的新市场是个例外。在价格竞争与差异化竞争之间，那些参与全球化竞争的企业实际并没有多少选择余地：它们必须同时面对两种竞争。竞争的格局之所以会发生变化，主要是那些用来保护国家寡头垄断的传统壁垒越来越少了。企业最重要的发现（这种发现一般是清楚的，但有时也是模糊的）便是，质量竞争以及创新竞争与城市的外延效应之间存在着巨大的联系。也就是说，随着各种要素流动性的提高，有三种进程同时得到了强化：创新竞争、质量竞争以及都市化。

传统竞争所依靠的主要是自然屏障或国家设置的壁垒，它有着地域的限制。而在这个新世界中，城市成了一线行为体，其竞争所依靠的主要是时间。由于地域性保护越来越少，此时就更需要动作迅捷、反应灵敏，能够很快掌握一切新出现的游戏规则。以生产过程或产品流通中创新性推广为核心的原则就充分体现了这一趋势。雷蒙德·弗农（Raymond Vernon）在20世纪60年代提出的产品生命周期理论如今已经过时。这种理论认为，新的产品及其生产过程将慢慢地由核心国家（美国）转移到欧洲，然后再转移到其他国家，在此期间有关产品和生产的标准化程度逐步提高。如今，新产品和新的生产方式几乎在世界各地同时出现，尽管出现的方式在各地并不相同。

由此，有两点需要引起人们的注意。第一点与经济学家们目前围绕着全球化所展开的争论有关。目前，经济学家们围绕着全球化进程以及技术的进步对当今社会变化尤其是劳动力市场的变化所造成的影响争论不休：一方面，保罗·克鲁格曼（Paul Krugman）（大部分经济学家支持他的立场）认为过去人们高估了市场全球化进程所造成的影响；而另一批经济学家则专门关注国际贸易和全球的调整。从企业的角度对全球化进程进行分析便可以发现，全球化竞争与科技创新——这种创新还不仅仅局限于南北贸易中存在的所谓"防御性"创新——之间存在着密切的互动[1][2]。在这种互动中，大城市经济发挥了重要作用，它们是消费和生产的试验基地。

第二个关注点即所谓新兴工业与成熟工业之间的界限将变得十分模糊。全球化与创新之间的互动已经或多或少涉及所有的行业。像多媒体和生物技术等新兴产业一样，老工业（如钢铁、汽车）也被迫走上了不断创新的道路。经济史表明，一个新产业的最初发展与其区域基质之间有着密切的联系，这主要与一个地方的特色技术或类似的外延效应有关。目前情况也是如此，只不过这些大城市（人口超过百万的）不仅仅是一些"超星系团"或者说是"科技园区"——尽管这些大城市通常都拥有这样的区域。应当从一个更大的范围来界定大都市的环境与质量和创新型竞争以及全球化之间的关系，这其中既应当包括加工工业，也应当包括那些参与国际竞争的成熟的服务业。

城市经济成为"熊彼特式的转换器"

在此，不可能对各城市的经济增长机制作详细的分析，无论是那些大城市（人口超过百万的）还是那些在当今欧洲发展得十分迅猛的二线城市。我们也无法将这些机制的各种外延效应一一列举。这方面已经有人作了很好的研究[3]。在这方面，存在着一些广为流行的"符咒"——这些"符咒"虽然不能反映真实

> 在这个新世界中，城市成了一线行为体，其竞争所依靠的主要是时间。

全球化：城市的机遇？

的情况，但它们会成为进一步深入研究的障碍。比如说那个著名的"知识型"城市的概念就是如此。"知识型"究竟是什么意思？17世纪和18世纪的巴黎曾经集中了十分密集的主要从事奢侈品生产的技术产业，这难道不算是建立在"知识和手艺"基础之上的城市经济吗？

那些发达的现代化城市完全符合熊彼特所说的发达经济，也符合当前时代背景下效率所具有的系统和关联的特性。要想了解这一点，只要看看充满活力的城市经济就可以了。城市不仅能够提供那些彼此互补的资产（如在当地建立某个生产体系所需要的各种内部和外部要素），而且还能对各个经济参与方进行静态的协调，更能够对这些参与方的网络或价值链进行快速、有效的重新建构。城市是一种能力强大的"转换器"，它能够永不停息地将生产商、消费者或其他社会部门（如大学）联结在一起，或将这种关系进行重组。

城市能够加快寻找机会的进程，能够与过去未参与其中的参与方建立起联系，这是熊彼特式的环境下经济增长的基础。事实上，从消费市场的角度来说，大城市是新的产品、服务和生活方式的试验场。从提供多元化产品和服务的角度来说，今天的人们聚群而居所带来的好处或许已经比不上过去的发展阶段：随着互联网以及现代商业物流的发展，产品和服务已经变得几乎随处可得，只是多元化的程度有所不同而已。不过，就开辟新型的消费方式而言，那些人口超过百万的大城市仍具有不可替代的作用：无论是产品还是服务，只有当新的消费方式首先在大城市形成，才会投入大批量的生产和销售。

其次，劳动力市场的规模是城市的另一个竞争优势。有关劳动力市场的最新研究表明，虽然从表现上看就业人口总数没有出现多大波动，但由于劳动力市场始终处于大范围的重组状态，实际上劳动力市场上就业岗位增减的幅度很大。比如说，一个市场上实际就业人口总数一年之内增加或减少了1%～2%，这就意味着在此期间新增加或减少的就业岗位高达15%，这一比例在发达国家也是如此——这是一个令人意外的数字[4][5]。劳动力市场效率的关键变量是其适应能力以及招聘应聘双方之间的博弈。这就容易理解为什么那些能够给求职者提供无须更换居住地的岗位的大型劳动力市场会给求职过程提供便利。城市居民这一劳动力矿藏如何开发将主要取决于这个城市交通网络的质量，这显然是体现城市活力的一个重要因素。

最近，人们发现竞争力不再仅仅意味着各种生产要求的强化或者说是传统的生产效率的提高[6][7]。竞争力将越来越少地取决于产业分工——产业分工当然还会继续存在，过去几个世纪来，它一直是提高生产效率的主要动力——而是取决于合作进程质量，这其中只有一小部分能够用标准化或机械化来操作。创新、产品或服务的质量或者先进生产工具的可信度则是提高资产效率的主要因素，这一切今后都将取决于各方正式或非正式的沟通质量。参与沟通的各方包括同一价值链上的各个参与方、企业内部的各个组成部分、企业，供应商与客户，工程设计部门、生产部门与销售部门，企业与外围环境等。从这一点上看，城市是关系网这一资源的主要提供者。这些关系网能够对上述进程进行公开的协调，但它们却无法依靠大权在握的技术专家的一个决定或者市场本身的力量建立起来。城市能够提供多种形式的外延关系网络。在这种情况下，在生产组织内部，那些呈现等级差异的金字塔式结构逐步向开放的、

> 随着互联网以及现代商业物流的发展，产品和服务已经变得几乎随处可得，只是多元化的程度有所不同而已。

城市：改变发展轨迹　29

网络式的结构过渡，将与城市这一背景发生和谐的共振：大城市所构建的生态体系能使这些网络不断出现重组。

这三种动力（城市—试验场；城市—劳动力市场；城市—关系网）源自短期的调整，尽管它们是在一些长效机制的基础之上建立起来的："社会资本"、信心、共同的文化以及地方的特色技术。城市，尤其是那些超大型城市，通常还具有另一种适应性，即安全感。对一个将要入住的企业来说，将企业的落脚点选在城市不仅可以降低风险，而且还能带来很多其他机遇。明天或者后天很可能发现其他好处（目前仍是未知的），并且可以随时离开此地而无须付出大的成本（包括资金、社会和政治成本）。在这方面，大城市的优势要强于小城市。这一点对个人或家庭也同样适用。

> 就开辟新型的消费方式而言，那些人口超过百万的大城市仍具有不可替代的作用。

现在让我们来简要地回顾一下有关关系的问题。关系网与城市的腾飞之间并不存在直接的关系。人们选择在城市居住并不仅仅是为了建立直接的联系。当然，这种联系在城市里会容易一些，然而城市所拥有的上述"转换器型经济"是由其他众多因素所促成的。可以随时随意塑造的价值链、能提高各类寻找活动的效率、减少在建厂或安家过程中没有其他替代选择的情况，这一切都是城市增长的重要载体，而这一切都不取决于面对面的接触。事实上，城市经济最强有力的技术工具肯定要数电子邮件和手机。

群岛经济，一个新布局

向大城市集中既不是一个地方性现象，也不是一系列地方性现象共同引发的结果。这一趋势表明发达国家社会的空间布局正在进行着全面重组。这一新布局可以比喻成一种群岛现象[6]。这一观点与阿兰·斯科特（Allen J. Scott）[8]和迈克尔·斯托佩尔（Michael Storper）两人的描述基本接近[9]。不过，它却与曼纽尔·卡斯特（Manuel Castells）的说法大相径庭。后者认为，"网络社会正在高速发展"，并认定技术将成为变革的重要载体[10]。

这种新兴的格局彻底告别了传统的俄罗斯套娃式的等级关系——这种关系让人立即有了空间感，而且大部分机构或政治组织都是以此为核心建立起来的。在这种情况下，各参与方之间的关系——无论它们是贸易关系、社会关系或政治关系——具有这样的特点：空间距离越近，彼此间的关系就越密切。在费尔南·布罗代尔所描述的世界里，处在一端的是一个由"近郊经济"所组成的基底（这里集中了大量与生存有关的经济活动），处在中间的是正在慢慢融入全国经济的本地或本区域的市场经济，而处在另一端的则是"远郊经济"——它组织得非常好，但建立在低流量的基础之上。这些不同的层级都按照距离的法则被组织成了等级格局。

然而，费尔南·布罗代尔的世界已经发生了变化！无论何地，地方性层级与全球性层级都进行着相互渗透。距离已不再适合用来衡量这些关系是否密切、是否频繁。在这些组织架构中或者在制定政策过程中，很难确定哪些是具有辅助功能的"自然"层级，尽管欧盟一直试图把"辅助原则"当成自己的一个核心概念。

全球经济网络正日益演变成为一个将全世界各大枢纽与节点连接在一起的横向网络。那些纵向以及呈现等级差异的网络，其作用正在下降。我们手里所掌握的有关全球各类流量的统计数字表明，全球各大枢纽之间流量的增长速度远远超过了其他地区。从全球范围看，空间布局主要有两大模式。第一种模式是

全球化：城市的机遇？

城市网络，它不仅在中世纪时的意大利和法兰德斯占有绝对的优势，而且在世界其他地区或在经济史的其他阶段，也同样有过辉煌，如殖民贸易点、航海中心或者古希腊时代的城邦——在这种情况下，有没有完全统治领土并不是十分重要。第二种模式便是"领土经济"，它所寻求的是彻底控制尽可能多的领土。正是这一模式导致了统一国家的艰难形成（并不一定是民族国家），如法国和西班牙君主政权试图在欧洲建立的国家。在法国，旧制度（指法国1789年前的王朝。——译者注）似乎想为第二种模式建立出一个纯样板，即在一个十分广阔、交通不便利的范围内，建立一个中央集权式的政权。然而，即使是在法国，现实的情况也十分复杂[11]。

当前所出现的趋势是不是意味着第一种模式的卷土重来？是的，但只是从一个方向。不过，必须指出的一点是，当今城市的网络已完全不同于昔日的网络（见参照标准之十二）。如果不考虑国家所发挥的重要作用，那就无法解读这些网络的意义。尽管各种跨国的流动越来越频繁，尽管跨国关系越来越密切、越来越稳固，但这些关系都是以国家的架构为依托的，而且也离不开国家法规的监管。在可预见的将来，城市网络不可能取代众多的国家，国家仍是这个世界最基本的架构。这些城市网络将逐渐与原有的结构相互交织，在打破国家组织体系的同时，也会使后者的作用得到强化。

中心区域与边缘区域之间的关系削弱。其中一个重要的现象便是那些枢纽与内地之间关系、中心区域与边缘区域之间关系的削弱。这一假设似乎看起来有些反常。现代"新型经济地理学"十分强调"中心与边缘"这一模式。不过，那些所谓正式理论的需求与现实世界的需求可以有所不同。这也就很容易理解为什么边缘区域的一些传统功能以及它与中心区域或非中心区域的传统关系在许多情况下已经过时。大城市的供应——这在过去非常重要——如今已算不上是一个与领土相关的问题，而只能算是全球物流网络的问题。那些没有多少技能的工人——过去，这是边缘区域最主要的产品——在今天先进的经济体中已不再需要。相反，那些周边的落后地区在城市中心区这些富裕地区眼里成了一个负担。总之，富人已不再需要穷人。

> 无论何地，地方性层级与全球性层级都进行着相互渗透。

大前研一等一些学者将这一论据变成了理论，强调那些区域国家或者城市国家——如新加坡，这个城市国家很令这位日本学者着迷——的成功应当归因于它们的竞争优势：它们能够放下农业补贴的包袱，并解决了公共管理机构的贪腐问题[12]。事实上，一些小国通常都能取得令人瞩目的经济成就，如欧洲的爱尔兰和丹麦。它们手里拥有许多王牌：各机构与社会非常团结、交通成本低廉、再分配体系规模不大而且十分透明。它们的宏观经济手段也十分有效。比如，如果这些国家实行了吸引外国投资的政策，这一政策所带来的影响一定会比那些大国更好：外国投资所产生的效应必须以广大的国内市场为依托。

相反，一些经济学家则提出了"中等国家的宿命"的观点：这些国家既没有国土狭小的相对优势，也不像美国那样拥有庞大的、有组织的国内市场。至于那些组织不完备的庞大帝国，人们可以提出这样的疑问：那些幅员辽阔、可能影响到莫斯科或上海等大城市腾飞的内陆地区，它们究竟拥有多大的增值空间（除了提供自然资源之外）？即使是在欧洲，那些边缘区域也越来越成为负担，而且这种情况不仅仅只存在于意大利一个国家。抛开这个问题中的伦理因素不谈，目前还很难预料中心区域这种日趋强烈的自私心理在政治上是否能够持久。

横向逻辑处于主导地位。当今的城市网络已完全不同于往日的城市网络，因为它们所联通的已不再是那些明确的集体参与方。它们是由一些横向的活动链以及分布于世界各地的社会和知识共同体所共同编织而成的。它们是分配网络上所形成的一个个节点，而不是出现在曲线图上的一个个顶点。苏格拉底曾把希腊的城邦比喻成池塘边的一群青蛙。不过，每只青蛙都有自己的个性，而且也完全有能力与其他青蛙展开竞争或合作。在中世纪的网络中，那些占主导地位的参与方是那些"合作+竞争"的商业团体（它们之间既有竞争也有合作），它们以拥有本地的公民身份而自豪，它们的财富主要来源于因地域阻碍、交通不便以及长途跋涉的种种风险而来的暴利。如今，一体化的主角是那些跨国公司、商业集团或跨国科技集团，这些参与方目前都拥有一个稳定和同质的经营环境，或者正努力在全世界建立这样的环境。它们获得财富和权力主要不是因为世界不同地区存在的巨大能力差异而产生的利润，而是因为它们有能力在同质地区创建一些可控的网络。与周围的环境相比，这些同质地区通常会被比作一个个小岛，既能接受那些按正规化标准运营的企业，也能容纳那些开放的创新型企业。大学校园所形成的学术群岛便是一个最好的例证。在制造业这个世界里，生产效率的差异已经不能从整个国家的角度来衡量，而应当体现在处于一线的生产企业与其他生产企业之间的能力对比上。当然，这还只是一种趋势而已。那些跨国组织或跨国社团仍将会在地方上拥有自己的联络点。

无论如何，横向网络（包括正式的网络和非正式的网络）这一思维逻辑正日益风行。其结果是，人们将很难把如今活跃在城市尤其是大城市里的那些集体参与方与过去的"城市资本家"相提并论。而在纽约、东京、伦敦等国际性的大城市里，那些想保持本地身份特色的普通市民与这些城市国际化的主要推手之间已经出现了鸿沟。

城市与能源和气候挑战。最近几年来，能源、气候以及全球公共产品成了人们在谈及城市未来和城市共同政策时所要探讨的重点。未来几十年间，全球的新增人口将主要集中在中国以及印度等亚洲国家的城市。如今这些城市的迅猛发展成了应对气候变化的核心问题。事实上，这些城市是选择接近于欧洲模式（城市分布密集，消费相对节制）还是选择接近于美国模式（城市很开阔，而且能源消耗大）的发展道路，它们对地球所带来的影响将完全不同。然而，目前要认清以下两个方面的现实。其一，目前温室气体的排放主要集中在了城市，那是因为人类的主要活动都集中在了这里。从能源利用率的角度来看，城市的布局结构比那些非城市的分散布局结构更好。它能够产生规模经济并使能源集中利用，而这一切在非城市地区是做不到的。即使是在美国那些非常开阔的城市里，其能源利用率也要高于该国的总体水平。其二，南方国家城市的政治领导人必须找到新的途径来解决城市的基本供应问题（水、出行、住房、卫生），这样做不仅仅是为了环境保护的需要，而且更是社会和政治的需要（见参照标准之八和十四）。所幸的是，那些有关社会可持续发展的解决方案通常从环境的角度来看也是可持续的，但也有例外的情况出现。在一些发达国家的城市里，许多节能环保项目的改造会增加很多经济负担。对于生活在这里的中产阶级或上层阶级来说，这点费用是可以接受的，甚至这种改造已经成了一种时尚。然而对于生活在城市郊区那些偏僻之地的穷人来说，这通常会是一笔沉重的负担。最

> 目前温室气体的排放主要集中在了城市，那是因为人类的主要活动都集中在了这里。

后，人们还注意到城市也缺乏诸如碳排放交易的相关激励机制。南方国家的企业家如果对其生产流程进行节能改造都可以获得一笔补助，而一个城市的市长想通过发展公共交通来改善城市交通状况时却得不到任何资助[13]。

城市与国家相对立及公共政策。让我们用对欧洲城市及其公共政策的几点总结来结束这一简短的分析。帕特里克·勒·加莱（Patrick Le Galès）曾明确指出：欧洲城市的活力与国家机制，尤其是福利国家机制密不可分[14]。将欧洲国家与城市（或城市与地区）对立起来完全是愚蠢的想法，因为它们有着共同的历史与命运。市政当局要求提高城市自治权的愿望固然是合法的，然而那些要求城市独立的想法完全是荒谬的，因为它们忘记了这些城市里大部分商业活动以及就业与国家部门或者国家的转移支付存在着直接或间接的联系。这一比例在所有的城市都很高，在那些二线城市尤其如此。洛朗·达夫齐（Laurent Davezies）援引法国各省会城市的具体数字揭示出了这样一个事实：这些城市的经济很大一部分并不是靠市场机制来支撑的[15]。相反，巴黎是法国所有城市中"私有化"程度最高的，尽管法国的行政部门主要集中在这里。从这个意义上说，巴黎的经济更加依赖于国际宏观形势。不过，即便是在巴黎大区内，与国家有关的商业活动以及非商业性收入仍占了很大的比例。该地区承受冲击的能力也因此而增强，这种情况在美国和亚洲并不多见。因此，欧洲的城市就像能够瞻前顾后的阿伊诺斯一样，具有两张面孔：一方面，它们被高度灵活的经济所驱动；另一方面它们又对福利国家有着严重依赖——国家将帮助它们应对冲击。也许这正是欧洲城市与那些只建立在高度灵活经济之上的城市相比具有一定的竞争优势的原因，当然其前提是必须要将这两股力量用好。欧洲的城市将成为、可能成为或者说应当成为公共部门改革的最佳试验场，公共部门和私营部门之间的新型联盟可能会从这里诞生。这些城市已经为公共部门和私营部门之间缔结伙伴关系提供了一系列统一（而且多元）的试验方案，这一切将成为城市服务和大众服务领域的一笔财富。应当将这一因素看成是欧洲城市重要的竞争优势，而不要因为意识形态的原因而将之彻底葬送。

我们不妨简要回顾一下那些能够让我们的城市经济和社会取得成功的政策，尽管这不是本文要研究的课题。正如我们前面所说，那些能够走向繁荣的城市必须具备以下特点：城市的发展动力来自市场，能够很好地捕捉城市的社会外延效应，能捕捉到那些非商业性的相互依赖关系所带来的效应（如"中心区域"的效应）。在这些城市里，那些原来流动的市场关系会融入持久的社会结构当中，从而产生信任感、隐性经验等无形的好处，并能够提高整个集体的学习速度。因此，好的政策就是那些能够巩固这些无形资产的政策。不过，有形的基础设施同样重要，因为这是一个城市发展必不可缺的条件，当然无形资产的重要性相对更重要一些。促进企业间的合作、完善各机构之间的协调、创造价值观、作出预判、制订出各方能接受的计划、提高公共和私营部门的管理，这一切都是一个城市取得成功的重要因素。一个城市的发展资源主要是通过社会建构出来的，而不是大自然或地理位置所赋予的。由于交通和通信成本的降低，选择在一个城市落户的那些传统条件，其重要性已相对降低。作为一个社会和政治行为体，城市将直接关系到这些落户行为的成败。另一个重要因素是：一个城市不能把对自身的营销作为其发展政策的全部。许多城市，尤其是那些面临困难的城市，都在想尽一切办法吸引外来投资，并愿意为此不惜代价，包括采取减税等行为。然而，这些城市似乎忘记了以下三种最基本的趋势。首先，能不能创造就业机会首先取决于本地企业经营状况的好坏。因此，应当更加密切关注当地的发展趋势，认清当地经济所出现的风险和机遇，而不是一味地去吸引新的投资。其次，在我们国家当前的经济体系下，主流的竞争模式不再是价格的竞争，而是质量和创新的竞争。然而，奇怪的是许多城市在制定战略时仍只是关注成本的问题。另外，各城市还必须在目标和战略上各有侧重，也就是说要谨防出现专业化分工过于狭窄的现象。最后，正如保罗·凯斯吉尔（Paul Cheschire）和伊恩·戈登（Ian Goldon）所说，必须为城市的发展政策确定一个合适的规模[16]。在很多情况下，一个地方的政策往往会导致同一个城市内不同区域之间、不同参与方之间、不同的利益方之间的零和游戏。

最后需要指出的一点是，这将是一场可能对未来全球地缘经济新趋势产生重要影响的变革。人员流动的重要性要超过资金的流动。从短期看，企业选择一个地方落户完全是一个结构性的选择。但从中长期看，这是一些个人在整个国家甚至是整个世界的范围内选择居住地。这一点对于那些拥有资源、技术和经营才能的人——正是这些人塑造了全球经济地理图——来说尤其如此。各类交通和通信手段的发展将为这些人提供更多的选择，而这反过来又会使这一现象变得更加重要。由研究员和工程师组成的跨国社团将成为技术传播和经济发展的重要因素，其重要性将超过那些跨国公司[17]。因此，对于城市来说，吸引人才将比吸引资金更为关键。那些能够为城市营造舒适生活环境、优质生活以及独特文化氛围的发展政策今后将成为城市经济政策的一部分。城市的发展将始终离不开企业，然而企业的发展也将越来越离不开城市：企业将在这里寻觅并留住那些可靠的合作伙伴。

参考文献

[1] THOENIG (M.) et VERDIER (T.), « Innovation défensive et concurrence internationale », *Économie et statistiques*, 363-364-365, 2003, p. 19-32

[2] WOOD (A.), *North-South Trade Employment and Inequality*, Oxford, Clarendon Press, 1994.

[3] FUJITA (M.) et THISSE (J.), *The Economics of Agglomeration*, Cambridge, Cambridge University Press, 2002.

[4] CAHUC (P.) et ZYLBERBERG (A.), *Le Chômage, fatalité ou nécessité ?*, Paris, Flammarion, 2004

[5] DAVIS (S.) et HALTIWANGER (J.), « Gross Job Flows », dans O. Ashenfelter (ed.), *Handbook of Labour Economics*, Amsterdam, Elsevier Science and Technology, 1999.

[6] VELTZ (P.), *Mondialisation, villes et territoires. L'économie d'archipel*, Paris, PUF, 1996.

[7] VELTZ (P.), *Le Nouveau Monde industriel*, Paris, Gallimard, 2000 [nouv. éd. revue et augmentée, 2008].

[8] SCOTT (A. J.), *Regions and the World Economy*, Oxford, Oxford University Press, 1997.

[9] STORPER (M.), *The Regional World*, New York (N. Y.), Guilford, 1997.

[10] CASTELLS (M.), *The Rise of the Networked Society*, Oxford, Blackwell, 1996.

[11] FOX (E. W.), *L'Autre France*, Paris, Flammarion, 1971.

[12] OHMAE (K.), *The End of the Nation-State*, New York (N. Y.), Free Press, 1996.

[13] GIRAUD (P.-N.) et LEFEVRE (B.), « Les défis énergétiques de la croissance urbaine au Sud », dans P. Jacquet et L. Tubiana (dir.), *Regards sur la Terre 2007*, Paris, Presses de Sciences Po, 2006

[14] LE GALÈS (P.), *Le Retour des villes européennes*, Paris, Presses de Sciences Po, 2003.

[15] DAVEZIES (L.), *La République et ses territoires. La circulation invisible des richesses*, Paris, Seuil, 2008.

[16] CHESHIRE (P. C.) et GORDON (I. R.), « Territorial Competition : Some Lessons for Policy », *Annals of Regional Science*, 32, p. 1-26, 1998.

[17] SAXENIAN (A.-L.), *The New Argonauts*, Cambridge (Mass.), Harvard University Press, 2006.

第二章

路易斯·戴维（Louise David）
法国马恩-拉瓦雷大学技术、国土与社会实验室（LATTS）博士生

卢尔维克·哈尔伯特（Ludovic Halbert）
法国马恩-拉瓦雷大学技术、国土与社会实验室（LATTS）副研究员

全球金融逻辑与城市的打造

国际投资基金对墨西哥城或班加罗尔等新兴大城市越来越感兴趣，这些发展迅速的城市似乎能带来快捷而丰厚的回报。这些投资虽然是在一些审计机构的行业战略或排行榜的基础上作出的，但它们实际上更多地取决于当地中间商所提供的信息和付出的劳动。在这些投资的带动下，城市得以发展，它充分反映了国内外各参与方之间战略互动的重要性。

城市区域的可持续发展提出了这样一个问题：经济和金融变革即人们通常所说的全球化与世界性大都市的物质生产之间应保持何种关系。在那些描述都市化进程[1]以及当代资本主义[2]所带来的空间重组这一类的专题著作中，城市区域之间的物资、人口、资金和信息流通而构建出来的"全球性"网络（即皮埃尔·韦尔茨[3]在第一章中所说的著名的"群岛经济"现象），本身就是企业、资本或劳动力全球化的一部分。不过，这些全球性的经济与金融逻辑与打造城市空间——它们成了全球化的节点与发生地——的具体行动是如何结合在一起的，人们还知之甚少：无论是对它的规模、它的形式还是它的可持续性都了解不多。正是本着这一思想，我们接下来将对印度的班加罗尔和墨西哥的墨西哥城河谷地区（见背景资料一）这两个城市区域具体的打造过程进行剖析。这两个都市将成为当代经济和政治演变的观察所。自20世纪90年代出现自由主义转折后，这两个地区都迈上了经济全球化的征程，这其中既得益于它们在产业分工中所处的特殊地位（班加罗尔以信息技术和服务见长，而墨西哥城则是国际商务中心），

也因为它们是他人打入这些所谓的"新兴国家"高速增长的市场的桥头堡。套用一句国际地产顾问们的话，对于那些想从这些城市区域的发展中获益的投资者而言，这些城市简直就是"机遇的福地"——这些城市区域的基础设施、设备和房地产都面临着旺盛的市场需求。由于这些城市涌现活力的时间相对不长，因此人们还容易分辨进入全球化这一"雷达探测范围"后，这些城市区域的空间布局、经济和政治上究竟出现了哪些变化。那些全球化的重要参与方——简而言之，

班加罗尔和墨西哥城这两个都市将成为当代经济和政治演变的观察所。

主要是指跨国公司和投资基金——的到来会造成一种新的，当然也是不对称的压力：受压的一方是这些参与方所需要的，也是它们正在打造的城市；另一方则是按照众多经济和社会逻辑发展起来，而且今后仍将继续发展的现有城市区域（殖民前和殖民期间遗留下来的老城区、居民区、贫民窟、正在被迅速城市化的城郊农用地）。这样做并不是说要以一种夸张的方式把昔日的旧城与未来的新城对立起来，

因为实际上存在着多种多样打造城市的进程,而这并不是本章节所要探讨的内容。我们的目的是想理解为什么这些新兴国家的大都市在其打造过程中,无论从外观(城市的景观以及空间布局)上还是从发展的思维逻辑上会与现代化的资本主义,也即金融化的资本主义息息相关。

当前的金融危机使这些金融机构的重要性更加凸显:自20世纪80年代一些国家和国际的监管措施被相继取消之后,它们便成了全球化的关键参与方。在此,我们所要讨论的并不是世界银行或国际货币基金组织等大的国际组织在南方国家经济自由化过程中所发挥的作用。我们所关注的是那些跨国的私营投资机构(如银行、保险公司、养老基金、对冲基金、地产上市公司等):它们所感兴趣的已不再是传统的金融产品(如债券、股票或其他金融衍生产品),从投资多元化的角度出发,它们更愿意将资金投向房地产或其他基础设施(如公路、机场等),这便意味着它们参与到了打造城市的具体行动当中(见表1)。

班加罗尔和墨西哥城的例子给人们提出了这样一个问题:这些国际资金为什么(以及如何)会"盯上"[2]或者说"落地"[8]到这些城市区域,从而使这里的空

> **国际资金为什么(以及如何)会"盯上"或者说"落地"到这些城市区域?**

背景资料一　墨西哥城与班加罗尔

■ 墨西哥河谷和班加罗尔地区分别是墨西哥和印度的经济桥头堡,也正是因为这一原因,两个城市的人口近年来持续增长。在短短15年间,班加罗尔的人口由400万增加到了650万,到2010年可能达到800万。人口的增长主要是因为自20世纪90年代[4]这里的软件业实现国际化以来,大量有技术、工资成本适度的工人便不断向这里涌来。最近几十年来,他们主要进入了那些与远程处理技术有关的行业(客户服务中心、电视屏幕录像、业务流程外包等)以及一些高科技行业(如研发、设计、生物技术)等。从乐观的角度来看,这种靠出口带动的发展模式所创造出的财富,以一种慢慢渗透的方式使该地区许多的居民受益。当然,这种发展模式的包容性似乎并不是那么强,它也会在整个城市的区域内导致紧张关系的出现[5],尤其是在那些信息及其他实现"全球化"的行业的从业人员与当地中等收入人群(公务员、商人、手工业者、小业主或服务行业的从业人员等)或穷人之间引发了争地运动[6]。这种争地现象将会始终存在,因为被这片城市吸引来的不光是那些有一技之长的人,还包括那些穷困的移民。这一现象会一直存在的另一个原因是:尽管这里的城市化步伐在飞速前进,但这里的市政当局以及班加罗尔所在的卡纳塔克邦政府在管理方面是滞后的。

这就使得整个城市区域的空间布局发生了重大变化:历史上所形成的密集居民区(皮特区)、靠近议会的地方行政区以及在英军旧兵营基础上发展起来的"平房区"(bungalows,后来变成了商务中心区)这种三头格局出现了变化,不仅城市的规模扩大了,而且也出现了城市内的多极化趋势。过去,由于集中在这里的主要是一些军事设施和国营企业,因此城市人口并不密集,如今却变成了一个辐射范围达30~50公里的开阔大城市。一些新的现代经济群开始出现:在房地产因素的影响下,MG大道一带的商业区越来越密集,次商务中心科拉满加拉(Koramangala)的地位开始上升,而一些企业园区和商业区周围也形成了众多新的经济群。位于城市东南部的电子城的发展今后将跃上新台阶。东部的怀特菲尔德(Whitefield)以及由卡纳塔克邦和新加坡腾飞集团[7]共同开发的国际科技园区附近,进入2000年以来形成了一个长达数十公里的"走廊带"。一些新工程的出现,如新机场在城市以北50多公里处建成以及在班加罗尔周围将新建五座城市等,将使这里的空间布局进一步得到强化,成为一座越来越趋于多极的城市。面对这一局面,那些"地方型经济",如纺织等小型生产、从社会

表1 跨国金融投资者

名称	公司性质	投资种类	合作伙伴	投资到班加罗尔和墨西哥城房地产领域的资金总额
红堡资本（Red Fort Capital）	资本投资	城市建设（township）	威望集团（Prestige Group）（房产开发）	2.5亿美元
奥奇福资本管理公司（Och-Ziff Capital Management Group）	对冲基金	购买公司股票	尼蒂什房地产公司（Nitesh Estates）（房产开发）	5500万～6000万美元
摩根斯坦利(地产投资部)	金融服务	购买公司股票	门德里开发私人有限公司（Mantri Developers Private Ltd.）（房产开发）	6800万美元
高盛城堡基金（Goldman Sachs Fortress）	银行和基金管理	购买公司股票和房地产项目	世纪集团（Century Group）（房产开发和购置土地）	3亿美元

资料来源：Revue de la presse économique par Ludovic Halbert, 2009; analyse du site de l'AMFII (http://amfii.com.mx) par Louise David, 2009.

主义时代沿袭下来的小工厂以及非正式经济等，将面临一场争地战——这些行业将与生活在这里的民众一样，被迫迁移到郊区。

墨西哥河谷大城市区域[a]——以下称为"墨西哥城"——最近出现的城市布局变化与20世纪50年代以来人口不断增长有关：到2009年这里的人口总数达2200万。墨西哥城原本属于专门为管理它而成立的联邦特区，然而后来它逐渐扩展到了与其邻近的另外两个州。事实上，这一城市区域出现了一个"特大都市化"的进程：在这一过程中，墨西哥河谷大城市区域逐渐将自己的触角延伸到了周边的一些二线城市网络中。这种空间布局的调整甚至在墨西哥河谷大城市区域内部也十分明显：在一些交通主干道周围出现了许多新兴经济群。这种改变与整个地区的经济变革有关。

在20世纪80年代经济危机爆发以及90年代经济自由化之前，墨西哥城曾是该国最重要的工业中心。自1994年签订《北美自由贸易协定》以及在美墨边境建立马基拉朵拉工厂（指美国人在墨西哥开办的装配厂。——译者注）以来，墨西哥城开始了去工业化进程，并使服务业（多数是非正式经济的行业）占据了主导地位。由于这些行业并不能创造出多少财富，因而经济增长真正的动力并没有找到[b]。

尽管经济增长缓慢，但墨西哥城仍是国内最大的消费地。正是这一因素，再加上这里又是全国的政治首都，因此大批跨国企业将其在墨西哥分公司的总部设在了这里，或在这里开设代表处。正是由于这一原因，20世纪80年代末和90年代初这里的写字楼建设一直红红火火。事实上，除了1985年地震之后的重建工程之外，大批外国公司的到来使这里出现了很多商务中心。这些商务中心的出现使这里出现了一种纵向的、有组织的城市规划，其思维逻辑十分清楚：墨西哥城的写字楼市场全部集中在主干道沿线，如改革大道、托卢卡-墨西哥城大道、环城公路以及起义者大道等。这种趋势近来又得到了加强，一些商业中心和物流中心相继建成，说明这种发展模式至今仍充满活力。最近一项调查表明，这里已经出现了一百多个从事第三产业的服务走廊，而且在墨西哥城北部还出现了许多工业带，如库奥蒂特兰—伊萨卡利（Cuautitlán Izcalli）等。

---

[a] 墨西哥河谷大城市区域共包括75个行政单位，包括16个联邦特区机构、58个墨西哥州的机构以及伊达尔戈州。
[b] 据经合组织提供的数字（2004年），2001～2003年间，墨西哥城75%的就业人口从事的是服务业，其中1/3或一半在非正式行业就业。

间布局和城市外观都发生了巨变？这些城市是通过什么人、什么方式才会成为这些投资的目的地？除了房地产需求这一逻辑之外，中间商们何以能让国际资金进入那些特定的枢纽城市？在他们与其他公营和私营投资者合作（入住企业、法人、国家或地方政府）或在与其竞争的过程中，这些外来投资者是如何促进北方国家及南方国家的城市发展的？

我们首先将对最近10年来房地产领域投资剧增的现象进行回顾，并简要介绍一下有关专题著作对全球化作出的传统解释。之后，我们还将介绍一下那些将发达国家投资机构的资金投入这些房地产项目的基金经理。通过对相关城市的详细分析，我们将会得出一种与传统观念完全不同的看法：传统的观点认为，这些跨国投资者拥有完全独立的自主权，他们对外投资就像投资股市那样简单。本章的核心内容是介绍这样一种观点，即一套复杂的"转换"程序正在形成：基金经理人从他们来到的那天起就必须与国家以及地方的参与方商谈。这些参与方见多识广，对当地情况十分熟悉，而且是当地社会关系网络的一部分——离开了这些社会网络将一事无成。这种"转换"的概念实际上与全球化的"本地化"进程有关。国际资金的驻留或"落地"是当地的社会和技术体系"居中调节"的结果。这一体系并不只是一个"容器"，它也能对这些资金的流向产生影响。我们将对这种投资模式在打造城市的具体过程中有何种影响进行研究，以便为接下来探讨可持续发展这一重大问题时作参考。

大都市里的国际投资者

从20世纪80年代到2008年金融危机出现急刹车（看起来只是个暂时的现象）为止，国际投资者手里能用来投资的资金越来越多。按照金融界分散投资的原则，这些资金中有一部分将被投向一些"另类"的项目，其中便包括房地产。同样根据这一分散投资的原则，基金经理们会把资金投入全球不同的地区，以便降低风险并且还能够从那些新兴国家的经济增长中获益。这些投资者密切关注着那些加入全球化进程的城市区域的发展趋势，他们所偏爱的是那些房地产市场规模大、有一定国际知名度的大都市。在对这些城市物质生产的投资过程中，投资者的作用正在发生变化——从过去的资金提供者变成了诸如银行等机构的直接出资人。更重要的是，他们的作用越来越重要，尤其是当传统资金供应者纷纷退出之后；当那些入住企业开始向外扩展园区的时候；当那些专门提供城市服务的当地企业把资金投向了房地产以外的领域的时候；当当地的行政部门面临预算不足的时候。

国际投资的增长。 自20世纪90年代和进入21世纪以来，投入商业地产、基础设施以及城市服务等领域的资金呈现数额增加、流动速度加快的势头（见图1、2）。

一些金融机构（保险公司、银行、医疗互助保险、养老基金、对冲基金、私营投资公司等）也在吸纳资金，当然这些资金与股市的资金相比还十分有限，但对相关城市来说却相当可观。例如，通用电气商业金融房地产公司2008年下半年投资在欧洲的房地产的资金将近200亿欧元。这些机构筹集了大量的资金，其中既有自有资金，也有其他投资者托管的资金。它们把这些资金通过开发或购买的方式投入房地产或基础设施领域。它们成了重要的行为体，就像瑞士养老基金一样，在本国房地产市场大量参股，成了公共资产的主要持有者。[9]

资本之所以能在国际流动，得益于机构或制度创新，这些机构或制度创新本身也是规章制度改变的结果。例如开放外国投资所产生的效果，让人们想起了各国政府在世界大都市房地产市场日益增加的资金流动中所起的作用[10]。日本的金融体制由国家中心制转向市场制之后，国际机构投资者在促进日本城市活力方面的作用大大增加。另外一些机构或制度创新则体现在地方层面，尽管这些创新最初源自国家层面，如中央政府的作用发生了变化。由于城市的发展越来越需要私人投资的介入，这必然会导致国际投资者地位的提高。公营部门和私营部门在城市设备、基础设施和服务等领域达成的一个个合作协议便是最好的证明。

在这一过程中，新兴国家当然不会置身事外，因为它们在城市发展方面的资金需求非常旺盛。一些城市区域之所以能够参与国际价值链的重组——包括墨西哥的一些生产和组装厂（马基拉朵拉工厂）、印度的信息技术园区、中国的工厂与车间、俄罗斯或东欧的工程设计企业——与国际投资者的投资密不可分，而这一重组本身又成了对外国投资者的支持。自20世纪90年代以来，贸易保护主义政策被部分废除——它表明"进口替代工业化"这一经济模式受到了质疑，以及"开放"政策的实施——它是由世界银行、国际货币基金组织等大金融机构所倡导甚至是强加的，改变了这些国家城市区域的某些生产方式。

世界价值链重组的后果。"用资金占领一个城市"[1]这一风潮的兴起与生产活动的全球化有一定关系。跨国企业的重新布局以及一些地方企业参与到远程贸易当中，这一切客观上对符合一定标准的基础设施和生产场所产生了需求。事实上，自20世纪70年代以来，国际分工日益加强，它所影响到的

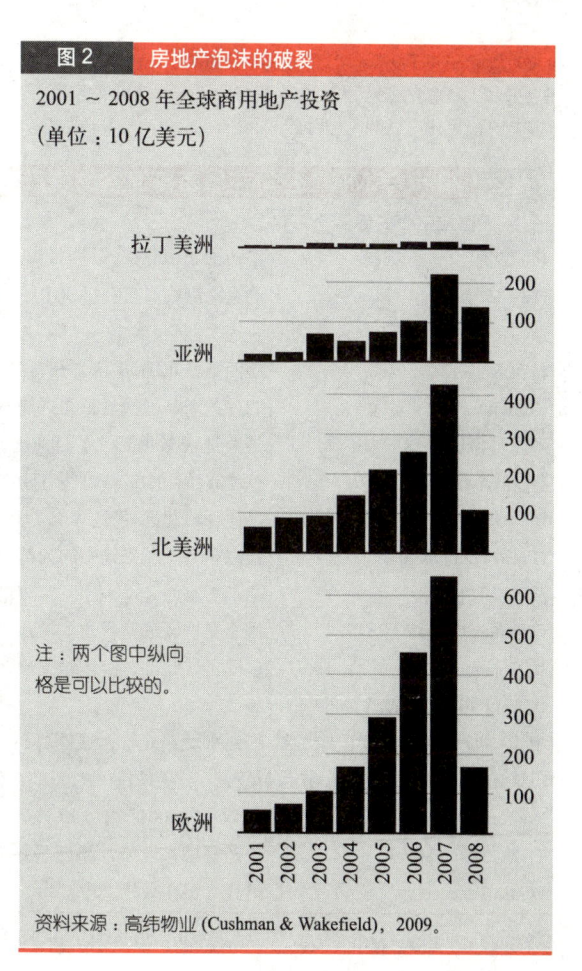

图1	城市，投资之地

2000～2008年全球商用地产（住宅除外）投资
（单位：10亿美元）

图2	房地产泡沫的破裂

2001～2008年全球商用地产投资
（单位：10亿美元）

注：两个图中纵向格是可以比较的。

资料来源：高纬物业（Cushman & Wakefield），2009。

城市：改变发展轨迹

> 跨国企业的重新布局客观上对符合一定标准的基础设施和生产场所产生了需求。

不仅是那些劳动密集型的生产活动，而且也包括一些与信息处理有关的产业，如客服中心或研发中心等。价值链的碎片化和国际化必须建立在这样的基础之上：一个地区必须拥有企业竞争所需要的一切资源[12] [13]。如果说一幅经济地理图能表明人力资本或社会资本的重要作用[14] [15]，那么基础设施的存在及其质量对于一个有能力参与全球化竞争的区域来说同样会起到决定性作用[16]。

在那些新开放国家的商业地产领域[a]，本国地方性和全国性的生产与投资链条都受到了冲击。这多少与跨国集团在全世界各大城市的布局有关，而跨国企业本身是在步那些国际投资者的后尘：通常这些先行的国际投资者会准备好场地，并将这些场地租给它们。当美国的沃尔玛集团2008年在墨西哥开设180家商店（2009年预计还将开设250家）的时候，许多专业的开发商都有了忙不完的业务。2003年在沃尔玛墨西哥分公司前总裁推动下，由美国房地产投资商 EIP 公司（"公平国际资产公司" Equity international Properties）和黑溪集团（Black Creek group）共同成立的 MRP 公司的情况也大同小异。MRP 公司专门在各地沃尔玛商场周围建设了一系列商店，如 Aurrera、Suburbia、Sam's Club 和

a 商业地产一直是投资者所喜欢的另类投资项目，这类投资要早于住宅投资，其地位大致与大型设备与基础设施领域的投资相当。它是城市环境建设"金融化"现象的一个最佳观察所。

表2	2009年MRP公司在墨西哥河谷的资产组合	
商业中心名称	**位置**	**主要商号**
科尔蒂霍 (El Cortijo)	墨西哥城东北部，墨西哥州，在通往普埃布拉州（Puebla）的道路沿线（正在兴建中的大都市）	沃尔玛、Office MAX Suburbia、VIPS、SAM's（沃尔玛集团）
特佩希 (Tepeji)	墨西哥城北部，墨西哥州，在通往克雷塔罗州（Queretaro）的一条老路沿线（正在兴建中的大都市）	墨西哥 Bodega 贸易公司
阿尤特拉庭院 (Patio Ayotla)	墨西哥城东北部，墨西哥州，与联邦特区相邻，在通往普埃布拉州的道路沿线（正在兴建中的大都市）	Bodega Aurrera、Suburbia（沃尔玛集团）
图兰辛戈庭院 (Patio Tulancingo)	墨西哥城北部，伊达尔戈（Hidalgo）州，帕丘卡（Pachuca）市以东（正在兴建中的大都市）	墨西哥 Mega 贸易公司
波兰科园区 (Parques Polanco)	墨西哥城中心，位于联邦特区，过去是一块工业用地，属于高档区波兰科的扩建范围	Superama、VIPS（沃尔玛集团）
帕丘卡大庭院 (Gran Patio Pachuca)	墨西哥城北部，伊达尔戈州，帕丘卡市（正在兴建之中）	沃尔玛、Suburbia（沃尔玛集团）
尼古拉斯·罗梅罗别墅大庭院 (Gran Patio Villa Nicolas Romero)	墨西哥城东北部，墨西哥州，在通往克雷塔罗州的道路沿线（正在兴建中的大都市），位于库奥蒂特兰—伊萨卡利（Cuautitlán Izcalli）（正在兴建之中）	正在兴建之中
TEXCOCO庭院 (Patio Texcoco)	墨西哥城东北部，墨西哥州，在通往普埃布拉州的道路沿线（正在兴建之中）	正在兴建之中

资料来源：作者根据 MRP 公司网站（WWW.MRP.COM.MX）所提供的资料绘制而成。

Superama（表2）。

资产组合多元化理论。要想理解房地产领域的国际投资为什么会增长，它可以用基金持有人应当分散投资的战略来解释。国际房地产投资之所以会形成全球化的趋势，它也可以用金融管理理论当中"分散投资以降低风险的原则"来解释，如马科维茨的资产组合多元化理论等。

基金经理人把投资分散到能形成优势互补的不同地区，从而将那些地理位置相隔遥远、按照统一标准进行评估和管理的基础设施和设备整合到一起[8]。当美国EIP公司把从金融机构（银行、保险公司、养老基金）手上筹集来的资金分散投资到各地之后，便无须做其他的事了。这些金融机构本身在管理着第三方的"基金"，其主要管理方式是通过合同约定的。通过此类投资公司将资金投入房地产的投资人通常都会知道自己的投资期限（5年、10年或15年），也知道其中的风险等级、预期的收益、房地产项目或基础设施的类型以及投资的潜在目的地。EIP公司1999年设立的第一个基金专门针对拉丁美洲市场，按照国家的排行榜（墨西哥、巴西）、地产的类型（工业用地、住宅、商业用地或宾馆等）以及不同的行业（开发、建设或投资）等方式来少量参股当地的房地产企业。此后成立的两个基金覆盖了亚洲、中东和欧洲。

因此，国际投资者通过出资的方式正越来越直接地参与到大都市的建设（或重建）当中。这种现象甚至可以被称为是城市的金融化：这些投资者将金融工具运用到了城市房地产、基础设施和设备的生产与建设的整个过程——他们的决策和投资方式都是在金融工具的指导下进行的。正如埃夫莱恩-杜博克（Natacha Aveline-Dubach）所描述的那样："在金融全球化的大背景下，房地产业出现了一个'金融化'进程，成了一个与金融资产一样的金融产品。房地产业适应了这种新格局，开发出了诸如房地产证券化（将房地产资产包装上市）等一系列新的投资模式，并采用了与金融经济相同的分析工具。"[17]

房地产行业或者说那些参与城市建设的所有参与方的这种角色调整可以投资目的所拥有的财富来解释。城市不是一个只会接受外来金融逻辑的"容器"。当然，不动产资金的经营者所采取的是一种"动态的"管理方式。按照他们的说法，这种管理方式建立在以下原则基础之上：①始终处于寻找投资机会的状态；②对所拥有的资产进行再投资，以提高出租的收益；③（在资产转让时）采取"动态评估"的策略[b]。

> 城市不是一个只会接受外来金融逻辑的"容器"。

从某种意义上说，城市被基金管理人"持有"之后，它就会像专题著作中所假设的那样，按季度定期作出评估[18]。事实上，这些机构投资者并不能像投资股市那样自由地将资金投入房地产领域。在把国际投资吸引到城市房地产项目的过程当中，本地企业通过一个复杂的"转换进程"，使国际投资者的战略发生了改变。在第一阶段，它将直接影响国际投资者打入他们所觊觎的城市的方式。

城市的金融化成为一种"转换进程"

金融化资本主义的布局与通过具体投资行为促进城市化进程，这两者之间的关系应如何解释？国际房地产投资在打入班加罗尔和墨西哥城这两个大城市过程中，具体共有五大途径，包括购买房地产公司的股票或直接购置地产等（见表3）。在此我们并无意详细描述具体的方式，我们仅想指出一点，即无论

---

b 动态管理、投资机会、资产、评估：我们有意保留了刚从金融界传入房地界的一些新词语。

表3 房地产领域的五种投资渠道

渠道	投资性质	说明	投资者能得到的好处	投资者的不利之处	评论	例子
组合投资	金融市场	从股市购买地产或房地产公司的股份	流动性强；透明；数量大	企业的战略不在投资者掌握之中	是对城市进行直接投资之前的过渡行为	新加坡腾飞集团将其开发的科技园区的部分地产上市交易
工业战略	工业	从内部全程控制房地产投资过程：从资本的筹集到项目的具体开发	把在当地的所有业务纳入投资者内部管理当中	可能需要付出的成本：——雇用当地专业人士以使自己掌握当地市场的行规；——逐步积累地产与房产，以便尽快有所回报	白手起家创建自己的公司或收购当地现有的公司	例一：MRP就是一家与外国投资者合办的墨西哥房地产开发公司；例二：在美国上市的地产开发商安博（AMB）公司通过购买墨西哥G. Accionw公司的方式进入了墨西哥市场
合资企业	外国直接投资；用风险投资或成长基金来参股；商业战略	参与合作的双方包括：——当地一位合作伙伴（拥有开发房地产的技术能力和市场开发能力）；——一位投资者（提供资金和信誉）	通过与一家经受过考验的企业合作，可降低风险	介入的程度可能很高		TSI合资企业：——房产开发与投资界的旗舰企业铁狮门房地产公司（TISHMAN SPEYER）；——印度一家资产管理公司[隶属于印度工业信贷投资银行（ICICI）的公司]
参股	以风险投资或成长基金的形式参股	在一家非上市的房地产公司中拥有一小部分股份	投资者能够直接参与到正处于战略鼎盛期的当地合作伙伴中来	可能会因当地原有企业的自主权而产生紧张关系；也可能会因为投资者实施其管理方法和管理文化而产生紧张关系	支持一家极具潜力的年轻企业（风险投资）或一个很有实力的开发商（成长基金），对房地产经营管理的介入程度要视投资者而定	1999年在班加罗尔成立的尼蒂什（Nitesh）房地产公司就是因为在一个专供跨国企业用的高档写字楼项目上得到了外国投机资金的支持而获得快速发展

表3 房地产领域的五种投资渠道 （续表）

渠道	投资性质	说明	投资者能得到的好处	投资者的不利之处	评论	例子
购买	商业战略	直接购买房产或房产组合，或直接参加一个正在开发的房地产项目	投资者的直接介入可降低不透明性	日常项目管理细琐繁杂	受国家一些法律规定的制约，如限制非本国投资者购买房产等	中东地区的一个基金Secdo与印度一个有伊斯兰教背景的开发商（Beary's Group）专门为那些遵守伊斯兰教教规的IT企业提供房产开发项目

* 像 EIP 这样的国际投资公司坦言，公司在 2000～2005 年向墨西哥的开发商 CPA 注入资金的同时也积极参与了该公司的管理："从一开始投资，我们就是一个十分积极的股东，参与了公司所有的重大决策：收购、重大行动或战略方向。与我们对待所有投资组合中其他公司的做法一样，我们既参与公司的董事会，也参与日常事务的管理"。（见 EIP 的网站 www.equityinternational.com，最后一次访问日期为 2009 年 7 月）

是基金经理人所具备的房地产知识，还是在每个城市所拥有的关系网，情况千差万别。最终，无论是直接投资（如拥有一处或多处地产）还是间接投资（拥有某家房地产公司或土地开发公司的股份），外国投资者都必须借助一个由各式各样参与方组成的体系（无论它们是否来自本地）才能进入那个他们所觊觎的城市。换言之，资金的持有人必须与那些掌握着一定资源、能够将他们的金融逻辑与城市区域联通起来的人谈判。

我们把这一联通过程称为"转换进程"：它在"社会技术模式"（这种模式是把科学技术借鉴到人类学中创造出来的）下才能实现，其中将涉及吊车、建筑设计以及专门计算投资收益的图表员等。虽然房地产领域随着国际投资者的到来呈现出日益金融化的趋势，不过国际资金顺利进入某个城市房地产领域的行为肯定应当被看做不同领域（金融界、房地产界、土地开发商、规章制度制定者等）以及不同规模的经济（从一小块地到成片开发）之间的联通，虽然在这一过程中有时也会出现冲突。换言之，国际机构投资者固然会使用一些金融手段，开发出一些新的投资产品（如基金），但这些工具与实践要想得到落实，首先要求国际投资者能与活跃在目标城市的本地参与方展开合作。这一状况可以用以下因素来解释：一是资金流动性不足[c]，二是这些新兴国家的城市普遍存在着信息不通畅、房地产项目开发不透明[d]等现象。

让我们以地产购置为例来说明金融界与城市之间是如何展开"转换进程"的：这两者的相遇是许许多多、各式各样的参与方长时间居中撮合的结果，是这些参与方凭借着手中所掌握的资源与那些想在这个城市实现其金融目的的投资者讨价还价的结果。让我们以墨西哥城北部的库奥蒂特兰—伊萨卡利（Cuautitlán Izcalli）为例来加以说明。这里自 2000 年开始便成了国际投资者觊觎之地。这种兴趣既源自

---

[c] 一个市场的流动性强是指产品能够迅速完成交易，它取决于交易的数量。房地产市场被视为是流动性不足的市场，因为它建设周期长、交易成本高。这一行业金融化之后，一些金融和技术创新将提高流动性，如将房地产公司上市、增加交易的透明度、设置不同资产之间的对比指数和建立标准化住房等。

[d] 这种不透明性体现了房地产交易信息的私密性和特殊性，从而也增加了把它与其他类似项目相比较的难度。这种不透明性也使那些掌握着这些信息的人拥有了一定的比较优势。

那些即将入住企业的需求，也与中间商的作用密不可分：他们能使国际投资者买到土地。自 20 世纪 90 年代以来，墨西哥本国的开发商在一个交通要道附近建起了几个工业园区。此后，沃尔玛等多家跨国企业在这里建成了物流中心。国际大企业的垂青使其他国际投资商在 21 世纪初期蜂拥而至，它们都认定库奥蒂特兰—伊萨卡利充满了机遇。不过，由于这里的土地大部分是"合作农场"ᵉ，所有权掌握在那些农民手里。虽然随着私有化进程的展开，土地的买卖从 1994 年起便已经合法，但要想从那些土地世代相传的农民社团手里买到土地，需要经历一个漫长而复杂的程序。于是，国际投资者便让中间商出面：经过一年的运作，一位墨西哥的小开发商终于和某一农民社团一起将一块地拿到市场来卖。另一位在当地颇有实力的开发商则与外国投资者联手在这座城市搞到了另一个"合作农场"的一块地。这两位开发商都成功地在金融约束因素与当地房地产市场所特有的一些约束因素之间形成了对接。它们所代表的正是目前在墨西哥出现的"转换进程"：这一进程需要调动各式各样的资源，既包括本地的，也包括来自远方的。这些任务将由那些或多或少具有正式身份的组织以及个人来完成：他们不仅有能力调动自己的社会关系网或亲朋好友，而且也会在城市区域四处奔波，寻找目标客户及地块。

班加罗尔市首屈一指的一家房地产开发公司的房产开发部负责人的故事就很能说明最后一点。他的经历表明个人关系网以及曾在当地房地产公司任职的经历是多么重要。这位开发商出生在班加罗尔市一个专门经营药品的家庭。20 世纪 90 年代，他靠着家族的关系网，开设了一批商业零售连锁店，之后又抓住经济开放这一契机，做起了进口汽车的生意，但并

ᵉ 合作农场制度（ejidale）是在墨西哥 1910 年革命后掀起的将土地归还农民的运动中出现的。

没有取得成功。凭借其通讯录上的广泛人脉资源，他开始进军房地产，这一领域自 20 世纪 90 年代下半叶开始异军突起。尽管他拥有一定的经营能力，但真正让他在房地产领域立足的却是他在业主圈、政界以及商界拥有的广泛人脉关系。

在 2008 年 3 月 5 日的一次采访中，他这样解释道："我认识班加罗尔市许多地产业主。我的朋友圈子很广，有学校的同学、生意上的伙伴以及我在现在这个位置上所认识的人。我在不同的场合会认识不同层次的人，并与那些商人和业主保持良好的关系……与政界的关系，那是每个人都要有的，这一点是毫无疑问的，大家相互之间处得都很好。这实际上是一个很小的世界。想让政府部门关照我们的生意，这一点是必须做到的。这是一个很简单的道理：我认识你，你想从我这里得到好处，就要让我利用一下你的资源。这一点非常重要，因为有一部分土地的业主是政界人士。并不是我们所有的交易都需要这样做，但有时真的是必须要这样。例如，我们经常需要从公家那里购买土地，这时我们的关系就很重要了，比如说我们要到某个部里去办批文才能买到多少多少面积的地。如果我们能让某个人仔细地看一看我们的材料，并在其职权范围之内尽可能把该做的事做了。这个世界到处有钱……钱自然也会在房地产参与方的手里流动。不过，光靠这一点是不够的。这还是个关系的问题。你能不能做成生意要看你有没有能力用好各方面的力量。"

只有本地的少数专业人士才有能力把一块块土地集中到一起，并能形成一定的规模——在那些地产证经常容易出现纠纷的国家尤其如此。在这种情况下，借助中间商的力量就显得十分必要：他们有办法——有时甚至会动用武力——得到地产业主的支持，并通过地方政府部门鉴别出哪些是产权证，哪些是使用权证。从总体上看，在一个贪污腐败近乎公开

的政治和行政体系下，与当地中间商携手合作的体制将有助于国际机构投资者的引进——他们将很难直接参与那些私下交易。在班加罗尔，所有房地产项目都包含杂项开支、前期调研费用或其他一些服务费等，这些杂七杂八的开支内容都是为了便于把钱转到其他经济参与方手里，有时甚至——根据我们的采访所知——会进入行政部门或政界某些人士的手里，尤其是当这笔交易处在这个或那个关卡上的时候。总之，不管国际投资者的全球化程度如何，只有当他们与目标城市社会各界进行反复的试探和谈判之后，才会把从国际市场上筹集来的资金真正投放到这个城市的房地产项目中来。这一切都需要中间商以及由机构化的行为体所组成的体系发挥作用：它们能够借助自己的门路和资源，降低国际基金经营者进入某个目标城市所需的入门成本以及获取某些特殊资讯的成本。

城市的严苛选择以及新的实力关系

国际投资者虽然能够通过"转换进程"对自己的行动加以"过滤"，但它们的大举进入仍使人们产生这样的疑虑：它们对所参与打造的这座城市以及这里的房地产市场会产生什么影响。要想研究这些国际投资对城市打造过程所产生的直接或间接的影响并不是件容易的事，因为在科学定位或研究方法的选择上都面临着不少困难。首先，城市对金融化的好处仍持审慎态度；其次，城市区域的社会和空间布局体系十分复杂，人们不能像在实验室那样，用这种或那种变量来对某一进程作出解释。我们在此仅列举出一些思路，使人们能从全方位的角度去理解这种科学影响：既要看到它对城市外观建设的影响，也要看到对城市形象、力量对比、尤其是在政治领域的力量对比所产生的影响。我们内心潜藏着这样一种假设，即金融化影响着整个城市的各个层面，既表现在城市外观上，也表现在城市的治理方式上，因而它将成为今后研究城市可持续发展的一个核心议题。

投资者的严苛选择。国际机构投资者在房地产领域的投资绝大部分投向了发达国家和新兴国家的大城市。一些国际咨询公司所提供的排行榜可供选择的地理范围非常有限：按照相关分析的细致程度不同，这些可用来进行房地产投资的"有用"城市的数量一般在 50～100 座之间波动。国际房地产投资顾问公司世邦魏理仕在作某些分析时只采取"全球 50"这一指数，并将办公室租费作为一个重要的参考标准，也就是说"机遇地理图"的选择十分严苛。事实上，分散的逻辑与集中的逻辑是相伴相随的。按照资本主义始终需要通过兼并新土地的方法来化解其内部的矛盾[16]的想法，投资者一直在二、三线城市寻求新的投资机会：这些地方既包括印度国内大城市以外的二线城市，如迈索尔和门格洛尔等；也包括一些发达国家二线城市，如法国的一些"地区性"城市如里昂、南特和马赛等。

这一投资战略必然会在世界各地碰壁，在全世界、一个洲、一个国家、一个次区域的范围内都是如此。（房地产投资）实际上要选择的是一个拥有足够大的市场、能够有一定流动性的场所。这里还应当有一个符合国际标准的房地产咨询产业，以及一套有利于投资的国家立法。这一切证明某些跟风行为是存在的，而且一些学者也通过同样的比较工具、同样的资料作出了分析[19]。换言之，国际投资之所以会集中于某些大都市所形成的枢纽地带，它既取决于国际投资者的决策，也取决于展现在当代经济地理图上的都市经济圈，这一点我们在墨西哥城的库奥蒂特兰—伊

> 金融化影响着整个城市的各个层面，既表现在城市外观上，也表现在城市的治理方式上。

萨卡利工业走廊这个例子中已有所体会。

现在来介绍一下班加罗尔市的情况。在大量高素质、低薪酬劳动力的吸引下，国际跨国公司纷纷涌向这里，从而使这里的商用地产业迅速发展：就连周期性的变化（20世纪90年代末以及2007～2009年的两场危机）也未影响到这种高速发展的势头。班加罗尔市所拥有的商用地产的面积在全球各大城市中始终排在前五位之内，仅次于伦敦和纽约。从传统上看，此类项目的开发始终离不开好地段的地产业主与当地开发商之间的密切合作，当然也需要银行的资金支持。不过，一些新开发的项目则主要得益于2005年印度地产开放之后国际投资者所注入的资金。投机基金以及随后进来的银行、保险公司和养老基金等国际机构投资者都参与到了这一地区地理环境的打造进程中。它们偏爱一些特定的区域，甚至是一大片扇形区（当然，它们也会追赶当地的风潮）：如城中心的商业区（MG大道或科拉满加拉周围），之后再向郊区延伸，尤其是东南部连接了电子城和怀特菲尔德园区的整个扇形区。

> 班加罗尔市所拥有的商用地产的面积在全球各大城市中始终排在前五位之内。

国际投资者这种跟风行为并不仅仅局限在地理位置的选择上，而且也表现在他们所选择的项目类型上。用国际资金建成的房屋均符合"国际标准"，与此同时，也更加偏爱那些需要大资金投入的大项目。在班加罗尔，他们所选中的都是些高回报的项目（内部的回报率在25%左右），如五星级酒店、A级写字楼或者专供知名企业的产业园区等。墨西哥城的回报率可能相对要低一些。在这里，国际机构投资者所参与建设的物流中心无论在质量、安全还是在维护上都有着严格的标准，它们所搜寻的写字楼也完全是A级的。简而言之，正如开发商们在自己的宣传材料中所说的那样，这些大都市都是按照"世界级"的标准来设计打造的。尽管如此，从风险与收益这一尺度来看，国际投资者仍然面临着多种多样的选择，一切将取决于它是一种投机型基金还是保守型的基金。在一个偏僻之地投资建设一个摩天大楼——如墨西哥城的"托雷市长"（Torre Mayor）大厦，比建在一个知名小地方的工业园区内——如我们前面提到过的库奥蒂特兰—伊萨卡利工业走廊——所面临的风险要大得多。不过，从总体上看（尽管这样做有以偏概全之嫌），这位房地产商最终只能满足这一地区最有支付能力那群人的需要。那些购买能力有限的企业，甚至可能包括整个产业群（如那些处于稳定增长、但增长缓慢的当地工业企业、非正式行业等）在拓展发展空间时将被迫去寻找其他投资商，甚至可能因得不到公共部门的帮助而在争地过程中败下阵来，并因此而承担相应的后果。换言之，整个"转换进程"将始终伴随着对"有用城市"的严苛挑选，那些未能参与"全球"资金聚集进程的城市区域将被晾在一边。这其中显然包括参与城市建设的工人们自己所居住的简陋之所，也包括那些未能进入城市全球化资金循环圈的普通居民区——除非它们所处的特殊位置引起了某些开发商以及背后支持他们的对冲基金的兴趣。对基金经理人、中间商以及房地产的具体开发项目之间的"转换进程"所作的分析，能够说明为什么城市区域会出现二元化的现象：这种现象既存在于老工业化国家，也存在于那些新兴国家。在班加罗尔，房地产开发商和投资商们在城市建成了一个个连锁经营的游泳池，而与此同时那些低收入的家庭还在过着800个家庭共用一个供水点的日子[7]；又比如这个城市里建起了许多能够24小时不间断供电的空调，而在其他城区却经常受到停电的困扰。

对房地产商做法的影响。 除了构建起一幅新地图之外，国际投资者也在改变着当地合作伙伴的工作方式：他们必须能够提供与自己企业相关的全部资料，如过去的经营活动、财务报表等。他们还必须能够跟得上国际房地产投资者的步伐，了解基金经理人判断一个项目优劣的标准并能对此作出自己的评判。以墨西哥城为例，人们发现越来越多的房地产开发公司去雇用那些能讲英语、又掌握金融知识的人才。此外，一些所谓符合"国际"要求的房地产新标准也在当地房地产市场流传开来，并影响到整个房地产开发业，包括那些未与国际投资者直接合作、但面临着与他们竞争的当地企业。质量标准、安全标准，这些由"机构"（那些与国际资本合作的人）开发商所引进的标准很快成为市场所有行为体的参照标准。最近五年来，这里出现了一种"可持续发展"的风潮，即投资者都开始建造符合环保要求的房子，它既体现在房屋的建造阶段，也表现在日后的使用阶段（如能源、水等）。这一点在那些想树立"绿色"形象的开发商和投资者身上尤其明显。不过，需要指出的一点是，这种"绿色"形象目前还只是体现在环保技术的选用上，而没有被作为城市可持续发展的经济和社会目标。

同时，城市所在地区的政治和经济活力也发生变化。那些成功将国际资金引入本地的中间商们的地位发生了变化：他们在当地房地产界的影响力上升，有的甚至在整个地区的政坛也有了影响力。既然这些中间商无论是对国际投资者还是对那些想吸引国际资金的当地政界人士都非常重要，那么他们在整个城市地区内的地位必然会上升。例如，班加罗尔市那些有影响力的开发商和房地产投资顾问通过控制媒体的方式改变了整个城市地区的治理环境。不过，国际投资者的到来并不会被当地所有的房地产商都看成是一种机遇。在裙带关系和贪污腐败风行的背景下，当地一些政界人士会觉得新的国际投资者的到来可

能威胁到原先的行为方式。例如，在墨西哥城，有关透明度之争最后都凝结成了实力的较量。一方面，那些不掌握当地社会资源的国际投资者，它们希望相关信息能够更加透明，以利于国际市场的发展；另一方面，另一些参与方（通常是本地的一些企业主和政界人士）则竭力想保持目前的优势地位，尽量限制信息的公开。事实上，这些与当地社会和经济历史密切相关的信息成了他们手中所持的比较优势。从这个意义上说，人们虽然能够理解那些"增长联盟"能够促进整个城市地区

> 国际投资者的跟风行为并不仅仅局限在地理位置的选择上，而且也表现在他们所选择的项目类型上。

的建设，但它是许多不同的"线条"交汇到一起的成果，而国际投资者并不一定会受邀参与绘制这些"线条"。国际投资者的到来一定会改变城市打造过程中的力量对比，尽管这一游戏的性质并不是事先划定的，因为所有的"转换进程"都将取决于当地特色。

为了发展经济的需要，为了使城市区域能够符合公司的需求（尤其是在资本主义体制下，这些公司很可能是流动的），为了能够给基金持有者（他们都在发挥着集体的功能，如银行、保险公司）提供必要的帮助，也为了能够解决国家和地方政府财力不足的问题，借助国际投资者这一杠杆来支持城市发展是一条不错的选择。然而，有关他们要参与打造的这座"城市"的空间布局、管理和谈判等问题依然悬而未决。无论是在老的发达国家还是在新兴国家——但各国会采用不同的方式，各国都有能力促进可持续发展——这一发展模式要求把以下三方面的因素（或标准）纳入投资标准当中：一是能够提高入住企业的竞争力（这些企业将在合适的条件具备后才会入住），同时也要让其他企业或经济有生

存机会（为了实现经济多元化或创造就业），但不一定非得很赚钱；二是能够兼顾到其他社会问题，不要让城市双速发展的趋势恶化；三是要充分考虑到与资源（包括自然资源）节约型发展模式有关的问题。

应当对国际房地产投资过程作深入的了解，这样才能使一个政府清楚自己应当在什么时候、通过什么方式与一个国际投资者谈判 —— 通常情况下，国际投资者会被别人误以为十分强大。

参考文献

[1] LACOUR (C.) et PUISSANT (S.), *La Métropolisation. Croissance, diversité et fractures*, Paris, Anthropos-Economica, 1999.

[2] HARVEY (D.), *The Urbanization of Capital*, Oxford, Blackwell, 1985.

[3] VELTZ (P.), *Mondialisation, villes et territoires. L'économie d'archipel*, Paris, PUF, 2005.

[4] PARTHASARATHY (B.), « India's Silicon Valley or Silicon Valley's India ? Socially Embedding the Computer Software Industry in Bangalore », *International Journal of Urban and Regional Research*, 28 (3), 2004, p. 664-685.

[5] HALBERT (A.) et HALBERT (L.), « Du modèle de développement économique à une nouvelle forme de gouvernance métropolitaine ? », *Métropoles*, 2, 2007 (disponible sur le site internet http://metropoles.revues.org).

[6] BENJAMIN (S.), « Governance, Economic Settings and Poverty in Bangalore », *Environment and Urbanization*, 12 (1), 2000, p. 35-56.

[7] HALBERT (A.) et HALBERT (L.), *La Ruée vers l'Est*, film, 38 minutes, 2008.

[8] TORRANCE (M. I.), « Forging Glocal Governance ? Urban Infrastructures as Networked Financial Products », *International Journal of Urban and Regional Research*, 32 (1), 2008, p. 1-21.

[9] THEURILLAT (T.), CORPATAUX (J.) et CREVOISIER (O.), « Property Sector Financialisation : The Case of Swiss Pension Funds (1994-2005) », *Working Paper in Employment, Work and Finance*, Oxford, School of Geography, 2006.

[10] FUJITA (K.), « Asian Crisis, Financial Systems and Urban Development », *Urban Studies*, 37 (12), 2000, p. 2197-2216.

[11] RENARD (V.), « La Ville saisie par la finance », *Le Débat*, 148, 2008, p. 106-117.

[12] STORPER (M.), *The Regional World. Territorial Development in a Global Economy*, New York (N. Y.), Guilford Press, 1997.

[13] VELTZ (P.), *Des Lieux et des liens. Essai sur les politiques du territoire à l'heure de la mondialisation*, La Tour d'Aigues, Éditions de l'Aube, 2008.

[14] MARSHALL (A.), *Principles of Economics*, Basingstake, Macmillan, 1890.

[15] KRUGMAN (P.), « Increasing Returns and Economic Geography », *The Journal of Political Economy*, 99 (3), 1991, p. 483-499.

[16] HARVEY (D.), *Limits to Capital*, Oxford, Blackwell, 1982.

[17] AVELINE-DUBACH (N.), *L'Asie, la bulle et la mondialisation*, Paris, CNRS Éditions, 2008.

[18] CLARK (G. L.), *Pension Fund Capitalism*, Oxford, Oxford University Press, 2000.

[19] HENNEBERRY (J.) et ROBERTS (C.), « Calculated Inequality? Portfolio Benchmarking and Regional Office Property Investment in the UK », *Urban Studies*, 45 (5-6), 2008, p 1217-1241.

聚焦

证券化的危险

樊尚·勒纳尔（Vincent Renard），
法国国家科学研究中心、法国可持续发展与国际关系研究院研究员

2007年的金融危机表明证券的面值与资产的实际价值偏离得是多么严重。今后，追求短期利润的金融逻辑与可持续发展有关的一切中长期计划与安排将很难兼容。

近年来，各种先进的新型金融产品在城市管理与发展中所起的作用越来越大——各个国家的发展水平不同，所创造的金融产品也各异。人们通常用"金融化"一词来形容这一整套机制。不过，"金融化"一词的含义有待明确：它是指成立一个股票交易市场，所有的股票代表着全部的不动产，但没有一只股票能与某一个特定的不动产挂上钩。

当然，把一块地、一栋房子或一间办公室当做金融资产并不是什么新东西。无须追忆遥远的过去，只要回顾一下法兰西第二帝国时期的情况就已足够：当银行的资本开始进入房地产领域的时候—— 具体就法国来说，这些金融机构主要是不动产信贷银行、里昂信贷银行等，人们就发出了"不动产业金融化"的惊呼。不过，当时的法国、英国或德国所出现的只是一些诸如住房贷款、房地产开发融资或抵押贷款等简单的机制。这一机制与我们现在所说的"金融化"没有任何联系。

在此，我们想通过对相关演变过程的分析弄清楚那些先进的金融机制是如何与实际的不动产完全"脱钩"的。房地产信托投资、证券化、地产上市交易、担保债务凭证（Collateralized Debt Obligation，简称CDO）等其他各种金融产品（通常也是上市的），"代表着"全部不动产的票面价值，但某一处不动产与某一张证券之间并没有任何直接的关系。持证人知道所有的证券加在一起代表着全部的不动产，但具体到某一张证券与某一处不动产之间却没有任何联系。

这种"混合型的"证券化被称为"结构性金融产品"：结构性证券可能源于许多不同类型的债权，如抵押支持债券（MBS）、消费信贷或资产担保债券（Asset Backed Securities，ABS）（指除了房地产抵押贷款债券以外的各种资产担保债券。—— 译者注），但其持有人并不知道哪一种资产能够为这一债权提供担保。因此，整个银行体系都可能被这些"有毒产品"所污染，而其中并不存在任何"可溯性"，也就是说，谁也找不到与这些证券相对应的资产在哪里。

在此，我们并无意对这些金融机制作深入的分析，我们只想说明这些机制对城市管理，尤其是对城市的住房问题产生何种影响，以及有关这场危机的前景。

发端于美国的次贷危机就是一个最好的说明（见第十二章）：多年来，美国的银行和其他地产信贷

城市：改变发展轨迹　49

机构包括"政府发起企业"（Government Sponsored Enterprises, GSE）资助了那些没有资金"来源"的家庭去购买住房，也就是说对于这些家庭的偿还能力银行没有任何把握。这些借给"风险"家庭的贷款被"证券化"，然后这些证券又被卖给金融机构，金融机构则负责将它们"重组"，即处在链条另一端的投资者并不知道自己的证券究竟包含着什么，因而也无法知道自己所面临的风险……这样一些"有毒资产"如今仍在市场上继续流通，其中最重要的形式是信用违约互换（credit default swaps, CDS）。

在这个周期性越来越强的市场里，当它处于上升期的时候，这种形式的投资产品不会有任何问题，因为市场规模一直在不停地扩大，尤其是在最初的几年，借款方根本无须支付本金，而只要支付利息 —— 当然这一利息是很诱人的。这种表面上看起来良性的机制一直运转到了 2007 年初 —— 从这个时候开始，各种各样的债务证券开始大量盲目发行。次贷市场也是在这一时期迅速发展起来的，直到 2007 年出现问题为止。

市场的转向发生在 2007 年底，并由此在美国引发一场危机。这场危机最早还局限在次级贷款以及与之相关的一些领域，然后危机很快波及整个结构性投资领域。我们虽然不能说后来的经济危机就是由它引发的，但至少可以说如今已持续两年的经济危机与它在时间上存在巧合。

除金融领域之外，还应注意到这种机制可能会在另外两个领域产生令人担忧的后果，即城市规划与住房。就住房问题而言，主要是因为大量的家庭都处于严重负债的状态。以美国次贷危机为例，仅在 2008 年便有 200 万个家庭因为支付不了贷款而被赶出住所。在很多情况下银行卖房屋所得到的钱并不足够抵消欠款的余额 —— 这就是所谓的负资产（资产值低于抵押款），即家庭被赶出了住所，而剩下的债务进入了"丧失抵押品赎回权"（foreclose, 即贷款人失去了赎回的权利）的程序。用"丧失抵押品赎回权"程序来追讨债务的做法在 2009 年上半年仍在继续。

此类全球化的负面效应所波及的不仅仅是那些发达（或超发达）国家。也有与之完全不同的情况，泰国的例子也能说明这类房地产融资模式以及相关证券市场的周期变化对城市规划所造成的负面影响。以曼谷为例，过度的抵押贷款使得这里的房地产市场在 20 世纪 90 年代末出现了一个巨大"泡沫"。这一"泡沫"的破裂甚至在亚洲引发了一场巨大的危机。许多房地产项目被迫下马，许多即将竣工的写字楼成了烂尾楼，城市里出现了大片大片的荒芜之地。

10 年后，房地产市场的周期再次回到高峰，各个工程拔地而起。昔日的烂尾楼是不会有人接手的，因为这样做需要付出高昂的代价，于是只好将它们废弃，任其污染周边环境。与此同时，在这些烂尾楼和被废弃土地的周围却兴起了新的城市带 [这种现象被称为"蛙跳现象"（frogging）]，这些新兴起的城市与中心区之间则修建起了收费的高速公路。这种交通运输网络、住宅区与就业区等支离破碎、零乱分布的格局越来越多。

房地产领域投资的增加以及房地产市场的周期性变化对城市格局的影响越来越大，而且这种追求眼前利益的短视行为与城市的合理布局理念格格不入。这种局面对于可持续发展显然是不利的。公共部门为监管这一现象而采取的行动注定将是十分复杂的：它必须设计出一套完全不同于普通金融市场的、专门针对此类金融衍生产品市场的监管方式，同时必须依托利率政策、储备金制度和其他调控手段。

塞尔吉奥·托雷斯·莫赖斯（Sergio Torres Moraes）
巴西伊塔雅伊河谷大学城市规划学教授、城市规划学家

圣保罗：碎片化是不可避免的吗？

圣保罗市的经济发展始终存在着这样一种倾向：财富越来越集中到了那些经济、政治和社会精英手里。在进入经济全球化的今天，这里的城市空间布局和民众的生活条件都出现了新的碎片化现象。目前最关键的问题是在城市进行必要的改革，以期弥补现实裂痕、实现财富流通并使"城市的布局民主化"。

巴西的圣保罗是南美洲最大的城市，全球化进程给这座城市外观、经济和社会等领域造成的复杂变化，全部体现在了其空间布局上。从17～18世纪一个介于桑多斯港和内陆农业地区之间的货物集散地，到如今拉丁美洲"经济全球化的一个平台"，圣保罗市走上了经济持续强劲增长的康庄大道。长期发展进程所造成的不平等现象一直是，而且今后仍将是这座城市面貌发生变化的动力。巨大的收入差距使这座城市面临着碎片化和走下坡路的危险。如果在城市建设民主化方面不采取任何措施，那么圣保罗将很可能失去"全球城市"的地位。沉重的社会负担曾经是这座城市的发展动力，也是其经济成功所造成的后果。这个问题的解决如今已到了刻不容缓的地步。

《全球城市》一书的作者萨斯基娅·萨森（Saskia Sassen）把拉丁美洲的圣保罗、布宜诺斯艾利斯和墨西哥城列入全球化市场之内，因为这些城市在各自国家的发展过程中都发挥着至关重要的作用，也因为进入这些国家的外国投资主要集中在了上述大城市。能不能把圣保罗列入"全球城市"，学者们对此意见并不一致，主要原因是这里的经济和社会存在着巨大的不平等现象。"尽管它看起来像一座'全球城市'的样子，但圣保罗实际并不符合这一标准。只要从不同的角度对它进行评判就会发现，这座拉丁美洲最大的都市并没有被'经济全球化'所驱动的活力，而是一座破旧不堪、无力解决历史遗留问题的城市——这些问题主要是在其历史发展过程中因为排斥和不平等而造成的。需要强调的一点是，我们所说的这座城市里有40%以上的居民生活在未被正式城市化的地方，有将近120万人生活在城市贫民窟里[1]。"

圣保罗目前这种碎片化、全球化的城市格局是在一个漫长的历史进程中形成的。这个进程主要呈现出以下的特点：①始终与变化中的世界经济保持着联系；②始终有寡头势力的存在；③不平等的现象越来越严重——这种不平等不仅体现在城市建设上，而且也体现在地理布局上。要想了解圣保罗所走过的发展道路及其今后可能要走的道路，就应当从巴西的历史以及圣保罗这座城市的历史来解释城市各区域的不平等现象，并弄清楚这些排斥的力量（投票权和地产权的限制、空间上的分隔以及全球化等）是如何促进城市的经济活力并为其赢得"全球城市"的地位，

> 长期发展进程所造成的不平等现象一直是，而且今后仍将是圣保罗市面貌发生变化的动力。

并且还要弄清楚这一切如今又何以会成为问题。之后，我们再来关注目前为扭转这些历史所形成的经济和社会失衡现象而作出的努力。

咖啡贸易与工业化

圣保罗市在19世纪下半叶获得了飞速的发展，这主要得益于咖啡的种植以及后来出现的工业化。咖啡国际贸易以及由此促生的当地多元化经济创造出了大量财富，而财富的出现导致了城市规模的初步形成并使人们开始抢占城市的空地。当时，许多咖啡种植者来到了城里，因为这样他们卖起货来更方便，而且在城市安家还能让他们更容易对经济和金融政策施加影响。

> 圣保罗有将近120万人生活在城市贫民窟里。

这些富裕的农民都会将住处选在城里最好的地方，如城市西部小山丘的山顶上。与此同时，一些贫民区——是指那些非法占据的简易住所，在葡萄牙语中称作favelas（贫民窟）——也大量出现，因为那些刚刚进城的工人和移民无法拥有自己经济条件所能承受的住房。这些贫民窟主要分布在城市北部和东部靠近河流的平原地带，虽然污秽不堪，但是价格便宜。于是，这座城市的布局便被清晰地分裂开来[2]。19世纪中叶，沿塔曼杜阿河修建的一条铁路使城市的规模开始扩张，并在圣保罗市东南部形成了一个工业园区。这条铁路的修建对城市布局的最终形成起到了十分关键的作用：被占土地条块分割的格局从此定型，工人居住区、布拉斯区、莫卡区以及圣安德烈市和南圣卡埃塔诺市等相继出现[3]。

19世纪最后10年咖啡出口贸易的增长以及大量欧洲移民的到来[a]使圣保罗市在1890~1930年间出现了大量工厂。城市内拥有大量稳定的并且有一定技能的劳动力（主要是那些不习惯农业劳动的欧洲移民），加上资金的涌入以及消费市场的启动，这一切使咖啡种植者纷纷转行干起了工业。生产过剩导致全球咖啡价格在1928~1929年间出现大跌，此举给巴西的咖啡市场造成重创，再加上1929年全球危机的影响，圣保罗城的资金最终都流向了东南部正在出现的一个工业园区[4]。这一转型之所以能够实现，主要是因为这些新移民拥有来自欧洲的工业技术，这些欧洲移民并不属于某一产业或行业，也不属于某一行会或工会。

在19世纪与20世纪相互交替之际，圣保罗的贵族们非常向往"进步"，也非常渴望能够与欧洲的上流社会一比高下。在一股"现代、进步和共和思想"[5]的影响下，圣保罗的社会、政治和经济精英开始跨越阿尼扬格拉河谷这一自然的疆界，开始占领"老城"西部的土地。咖啡国际贸易和铁路的兴建是促使精英们此次迁移的主要因素：当时越来越多的人往返于内地与首都之间。这些因素巩固了圣保罗的地位，使它成了20世纪一个重要的劳动力市场，从而也形成了今天我们所看到的经济和空间布局碎片化的格局。

巴西式"福特主义"[b]与国家的城市化政策

1920年，大量的工业企业、服务型企业以及销售企业聚集在了圣保罗，使它成为巴西经济在国际舞台上一颗"跳动的心脏"[4]。第一次世界大战期间世界贸易量的减少，20世纪20年代咖啡产量的过剩，再加上1929年的全球经济危机，这一切使咖啡出口

---

a 1888年，巴西废除了农奴制，并鼓励欧洲移民的到来，以便有新的劳动力能够取代那些被解放了的奴隶；人们采取一些鼓励措施，吸引西班牙人、葡萄牙人以及意大利人到圣保罗市当农业工人。
b 福特主义是西方马克思主义学派用来形容"累积式资本主义制"的，它是在美国出现的一种宏观经济增长模式，自1945年之后以各种形式在许多国家流行。

圣保罗：碎片化是不可避免的吗？

面临空前危机，巴西经济遭到重创，失业人数剧增。到20年代末，由于经济形势不好，再加上一部分新兴的城市中产阶级要求分享政治权力，这一切使得瓦加斯于1930年发动政变，将当时的总统华盛顿·路易斯赶下台，并在巴西建立起了民粹主义政权，直到1945年结束。

瓦加斯实行了"进口替代工业化"发展战略，这一政策对巴西工业化发展起了巨大作用，并进而影响到了相关的就业政策、生活方式和城市的发展。城市工人数量的增加以及对住房需求的增加便是这一政策所造成的众多后果之一[6]。在20世纪30年代，租房是当时中低收入家庭最常见的方式，因为当时并没有任何信贷体制能帮助他们购买房屋。直到30年代末，这里的房屋出租仍不受任何管理：国家在住房领域做过的唯一一件事便是环境卫生的整治，而其中的获益者自然是租房市场[7]。在这期间，圣保罗市中心的周边区域布满了各种工厂和大量的工人居住区，而社会、政治和经济精英们则聚集在自己的高档区内。在20世纪40年代，铁路沿线出现了一些新的工厂，形成了新的城市中心，整个圣保罗城也开始向北、东和东南延伸。

在瓦加斯执政时代，私营的房屋市场并不能提供得体的住房，这就需要国家出面干预。然而，当时的执政当局不鼓励人们为出租而建房的投机行为，而且也不支持低收入工人组织起来进行融资建房，但也对未经任何申报便大规模雇用"非正规"工人的现象睁一只眼闭一只眼，因为当时的失业率非常高。这些命运悲惨的员工在没有其他办法的情况下只得采取"非正规"的手段，在城郊地区为自己搭建住所。

背景资料一　社会住房、房屋建设以及资产阶级化

■ 在20世纪40年代，国家曾劝说那些自谋生路的工人要拥有自己的住房，并且告诉他们与其住在城中心破烂不堪的房屋里还不如搬迁到城郊那些没有基础设施的地方。为了达到这一目的，可以采取各种办法，甚至可以违反建筑领域的相关规定与法规。国家也允许养老基金投入房地产建设，但这一体制的出台促进了房地产市场，而没有促进社会福利房的建设。这一体制导致了第二次世界大战结束之后房地产建设的蓬勃发展[7]。

旨在帮助低收入家庭解决住房困难的金融体制，则要等到1964年的时候才问世，这就是国家住房银行（BNH）推出的"住房融资计划"（SFH）。这一计划为低收入家庭建设房屋提供了一定的便利。到1985年，这一计划共资助建设了440万套住房，但其中只有1/3是"大众住宅"。

1960～1985年间，圣保罗市的人口由480万增加到了1510万。得到这一计划资助的人只有40万，而300万人还居住在破烂不堪的集体住房里，200万人生活在城市周围的"棚户区"，150万人生活在贫民窟中[12]。国家住房银行在1970～1990年期间推出的各项计划使得一幢幢住宅楼在城市远郊区拔地而起，将大批穷困家庭安置到了这些没有任何经济与社会发展机会的"贫民区"。这一计划导致了贫民窟范围的扩大，并于90年代在这里引发了一股暴力浪潮[6]。

在圣保罗，低收入人群的住房始终处于供不应求的状态：私营房地产市场所针对的客户群体主要是中高收入阶层。为了摆脱困境，那些穷困家庭只得在郊区搭建自己的房子，这是市场以外各方力量共同努力的结果——其中也包括市政当局相关住房政策的帮助。郊区这些居民自建房的面积十分庞大：它们占到了郊区住房总面积的63%[2]。

在此期间，城市中心那些富人聚集的区域，其人口数量却呈现下降的趋势，而房屋的高度却在上升。

城市：改变发展轨迹　53

1956年当选巴西总统的库比契克认准了能源和交通将是使巴西走上迅速发展之路的载体。他改变了国家原来的"进口替代工业化"政策，决心引进世界汽车业来充实本国的工业园区，并采取弃铁路保公路的政策，大力发展国家公路网建设。一些大型工业企业，如通用汽车等也改变了原来将工厂建在火车站附近的策略，而是在靠近新公路网的地方另择新址。汽车工业的发展，以及城市有轨电车被公共汽车所淘汰，使城市得以在不受任何限制的方式下向郊区扩张——到处是居民们新建的房子，尽管这里任何基础设施和服务都没有。

不公平的城市活力

在20世纪40年代，圣保罗成了巴西经济增长的发动机。圣保罗市的面貌也发生了巨大变化，这主要是房地产业的兴起以及土地的炒作造成的——摩天大楼的兴起便是土地炒作的证明。市政部门通过兴建公路、发展交通等方式加剧了地价的上扬，并使资本向房地产市场集中[8]。市政部门还默许了自发形成的土地交易市场，因为国家并没有能力向那些大量涌入城市的穷人提供住房。

> 圣保罗的城市精英逐步搬离城市中心区，住房政策在社会和土地领域所产生的排斥效应，这一切更加激化了圣保罗市社会和空间布局上的极化趋势，并最终形成当代圣保罗市的隔离状态。

库比契克总统的经济政策也在全国范围内引发了一场巨大的迁徙运动，并在20世纪70年代进一步加剧。从那时候起直到2000年左右，大量的穷人蜂拥到圣保罗等城市的丘陵、河谷和平原地带，并给城市带来了新的问题。城市并没有能力容纳那么多的居民。劳动力市场以及城市基础设施都不堪重负，城市对此也束手无策。居住在城郊的人口越来越多，原来分散在农村的大量穷人如今聚集到了城市贫民窟，在艰难的条件下辛苦地挣扎[9]。据估计，在20世纪70年代末，这里缺少住房790万套，1500万个家庭过不上体面的生活[10]。

在库比契克总统执政年代，巴西工业园区的地位得到了巩固。纺织、农业食品以及服装加工等传统工业虽然有所衰落，但运输器材、机床、电子设备以及家用电器和化学工业等产业发展迅猛。耐用消费品的生产改变了巴西人的生活方式，并使巴西城市里形成了新的中产阶级，而大量穷人则始终处于民事权和社会权（选举权、居住权、卫生权和工作权等）被剥夺的状态[9]。随着工业的腾飞和经济的增长，巴西的城市也加大了规划的力度。1964～1984年的军人独裁体制曾要求各市政当局制订"一整套完备的整治计划"，并将此作为获得联邦资金的必要条件。圣保罗市于1972年制订了城市区划，结果这一区划使得胡乱占地的不平等现象进一步加剧：事实上，尽管它同意提高城市中心区的土地使用率，但由于贫民窟未被列入这一城市区划，等于就是承认这里是"合法的非法区域"[11]。

1960～1980年间，随着圣保罗的城市精英逐步搬离城市中心区，再加上住房政策在社会和土地领域所产生的排斥效应，这一切更加激化了圣保罗市社会和空间布局上的极化趋势，并最终形成当代圣保罗市的隔离状态。1960年之后，城市中心区的许多企业搬到城市西南部保利斯塔大街一带的街区。这里过去曾是贵族们的居住区，如今成了圣保罗城里最贵的区域，写字楼、银行、企业总部纷纷搬迁到了这里。地铁中心站在城中心的建成以及步行街的设立加快了精英们搬离城市中心区的速度，因为他们都有自己的汽车，可以搬到更远的地方，比如说西南城。那些出行主要依靠公共交通的低收入人群则开始向市中心聚集，并在这里做起了生意。与

圣保罗：碎片化是不可避免的吗？

此同时，在上述住房政策的推动下，圣保罗市仍在不停地向郊区扩张。

圣保罗市这种城市人口增长的混杂性最早是由阿罗多·托雷斯[13]（Haroldo Torres）在研究城市增长与停滞、房地产投资与空间布局的关系时发现的。他所掌握的数据显示，那些地价低的地方，人口的增长速度就快；而房地产投资增长显著的地区，人口增长速度就慢。他的数据还表明，1995～2003年间，私营市场共在300万平方米的土地上兴建了40万套住宅，投资总额达100亿美元。而这些投资所集中的地区，1991～2000年间，人口数量却呈现急剧下降的势头。阿罗多·托雷斯还注意到私营公司从来没有真正想过要把住房卖给穷人，因为它们从这些人身上得不到任何好处。这种势头反映了城市正在出现的"中产阶级化"现象。

20世纪末的圣保罗都市圈

军人统治的结束以及1984年巴西回归民主体制、国家经济在20世纪80年代相对稳定、经济自由化、鼓励外国直接投资的宏观经济政策等，这一切使巴西的经济活动向该国东南部各州扩散。圣保罗在巴西经济舞台的主导地位开始下降。外国直接投资使那些拥有更多非熟练工人的地区获益。这种倾向的改变导致了一种由全球化浪潮所打造出来的新型区域格局的出现。这个复杂的区域格局体现在城市中心区的中产阶级化，以及在圣保罗都市圈周边或内部兴建起的大量新城、工业区、商业中心等。尽管服务业开始兴起，一些企业也迁到了其他地区，但圣保罗仍凭借着自身的规模，保持住了自己的多样性、现代性以及活力，它的经济总量在整个圣保罗州中仍占到了1/3[6]。销售及服务业的繁荣非但没有威胁到圣保罗市作为工业首都的地位，反而使它成了一个经济和商务中心，成了国家经济与世界其他地区接轨的窗口。当然，鉴于历史原因造成的经济和社会不平等现象，这些新型经济活动也造成了新的裂痕，构筑了新的墙，形成了新的飞地和贫民区。

> 这些新型经济活动也造成了新的裂痕，构筑了新的墙，形成了新的飞地和贫民区。

土地的开发模式

"全球化"新经济秩序的出现给这座拉丁美洲最大的城市带来了巨大影响，在强化原有中心的同时也开辟了一些新的中心，并为民众占地划定了新的场所，也进一步加剧了贫富差距[14][15]。在圣保罗都市区，全球化的影响加剧了城市的碎片化。在贫民窟不断向周边扩张的同时，也涌现了一批新的次级中心：这些中心是为了吸引本国和国际资金而兴建起来的，这里遍布着各式各样的写字楼、商业中心、银行和跨国公司的总部大楼。通过房地产投机交易来开辟城市新边界并不是什么新招数：它使人联想起了圣保罗市的精英们在19世纪末首先越过阿尼扬格拉河谷（anhagabau）向城市西部搬迁，以及在20世纪中叶从西南部的丘陵地带向保利斯塔大街（Paulista）街区一带迁徙的过程。

在进入21世纪的今天，房地产市场的活力将主要依靠国际资本（它们是从企业和投资者那里筹集而来的）和房地产大企业——这些企业要想完成建设项目，就必须在城市里找到当地的合作伙伴（见第二章）。在城市战略规划专家们看来，这种伙伴关系非常重要。正是在这些开发商的努力下，保利斯塔大街附近的丘陵地带才会涌现出一批新的次级中心，并在皮涅鲁河沿岸修建起了一块块高档的飞地。同时，过去巴西工业界所实行的低工资政策将工人完全挡在了正规房地产市场的大门之外，使其只能到郊区那些

城市：改变发展轨迹　　55

环境恶劣的地方解决自己的住房问题。全球化使那些与世界网络接轨的富商和精英们与自己的周边环境完全隔离开来。他们居住在封闭式小区或摩天大楼里，与外界穷人完全隔绝。他们工作的场所，正如萨森所说，是组织和控制着全球性生产体系和金融交易整个过程的地方。他们是本地与世界互动的中间人。那些非正式和低收入的工人则掉进了经济全球化的陷阱，成了全球化冲击的直接受害者。尽管他们从空间、经济和政治上都被排除在了中心区域之外，但他们仍然通过自己的劳动，通过制造用来出口或供第三产业其他低收入人群使用的廉价产品，为全球化作出自己的贡献[16]。

> 全球化使那些与世界网络接轨的富商和精英们与自己的周边环境完全隔离开来。

这种隔离是不可避免的吗？

由于巴西有意不制定社会政策，这里的精英阶层——他们的祖上可能是19世纪那些因种植咖啡而发家的寡头——能够始终享有自己的经济和政治权力。例如，从1889年巴西共和国成立到1988年间，投票权一直与教育程度是挂钩的，而那些贵族从来就没有想过要扩大基础教育的范围[17]。由于文盲没有投票权，因此巴西的贵族实际上一直将大部分民众排除在了政治生活之外；在整个20世纪，巴西那些贫穷的工人所拥有的公民权非常有限。

在巴西这样一个世袭式社会里，不平等现象必然会表现在地产权上。在1850年前，占地是拥有地产的合法手段。从那个时候起，一些旨在规范资本主义房地产市场的城市法规陆续出台，以便使城市那些"好地段"能流入城市精英之手，并将许多低收入人群赶出城市中心，然后在这里建起高档建筑。从20世纪40年代到90年代，没有一届巴西政府能够，或者说真正愿意消除不平等现象以及这种经济、社会和土地的碎片化现象。城市所承载的这种碎片化感觉并不是源自各城区之间连接得不通畅，也不是源于日益

背景资料二 《城市地位法》：一项面向社会、在民主方面可持续的城市规划

■ 1984年，随着巴西向民主体制的回归，各种社会力量变得更加活跃。它们纷纷通过工会、市民组织、社会运动、业主协会以及其他各种集体行动展现自己的力量。公民们要求实行更关注社会福利的政策，并组成了"全国城市改革运动"（MNRU）的组织。

1986年，巴西成立了立宪议会，所有巴西人第一次有权以间接的方式参与联邦宪法的起草。"全国城市改革运动"也起草了一份要求改革的文件，改革的内容涉及市政自治、城市民主管理、拥有住宅的社会权利、非正规地块的合法化、城市资产的社会功能以及打击城区房地产投机行为等[10]。

尽管上述各项要求中，大部分并未能让人们形成政治共识，但有关城市民主化管理的原则还是写进了1988年通过的新宪法。该宪法为人们更广泛地直接参与民主决策提供了法律和政治手段。这一变化最终导致了2001年《城市地位法》的通过，这是一部由联邦政府通过的指导城市改革的进步性法律。据此，一系列引人注目的计划得以陆续实施，以期促进城市发展、消除贫富差距和不民主现象、明确承认"城市的权利"等。《城市地位法》建立在"城市及其资产的社会功能"这一原则基础之上，旨在促进城市土地改革，从而彻底告别过去的计划与措施中那种只注重精英利益的做法。这一法律主要是为了促进地方决策机构的民主化；它将向各级市政当局提供一系列法律、城市和税收手段。各级市政当局可根据社会融合与可持续发展的标准，利用这些手段来促进和（或）阻止城市的发展（见第九章）。

严重的社会分化现象，而是因为在社会公正、民主化进程和公民身份等方面出现的种种裂痕[18]。

几十年的城市发展使巴西的城市在各方面都出现了不平等现象，而 2001 年通过的《城市地位法》则为其城市规划和城市发展重新开启了希望之门，产生了新的前景（见背景资料二）。然而，许多研究人员对这一法律能否得到落实心存疑虑，对于这一系列措施能否带来司法公正心存疑虑。《城市地位法》为城市发展提供了许多法律工具，其中包括"城市联营行动"（OUC）（见背景资料三）。

在圣保罗市，"城市联营行动"在《城市地位法》颁布前就已存在。从 1983 年起，它为圣保罗市形成 21 世纪这种（不公正的）格局发挥了重要作用。"城市联营行动"始终是为房地产市场服务的；它所包含的社会政策建议从来都未实现过。例如，一项在阿瓜—埃斯普赖达（Agua Espraiada）大道周边展开的"城市联营行动"最初共设定了三个目标，即改善排水网络、拓宽公路网以及对生活在贫民窟的民众进行重新安置。结果这三个目标被各级市政部门多次修改，最终把与社会福利有关的内容全部删除。最终，生活在 68 处简陋小屋中的人们被迫迁往更远的、生态环境更加恶劣的郊区。

尽管有了《城市地位法》，但很多人仍认为新的土地整治模式中真正的"明星"还是"城市的参与式预算"。设置这一预算的目的是将那些社会和政治问题通通放到一个纯技术基本框架里，能对它进行有效的社会监督，并增加其政治敏锐性和责任感[16]。人们有理由怀疑巴西联邦当局是不是真正意识到了对城市治理进行规划的重要性。2008 年，巴西联邦当局公布了一个联邦计划，准备在 2010 年前提供 1063 亿雷亚尔（约合 500 亿美元）用于社会福利住房建设，另外还有 400 亿雷亚尔（约合 200 亿美元）用于改善环境卫生。一些城市规划学家对这一计划提出批评，有人认为这一计划只注意到了住房与城市发展之间的关系，因而不符合全面规划政策的要求；也有人认为如何使用这些资金在市政指导计划中并没有明确说明，而根据《城市地位法》的规定，此类用途的城市土地开发需要写入市政指导计划当中。

巴西城市穷人能不能拥有公民身份？

由来已久的国际贸易、大规模的人员流动以及社会和经济不平等现象，这一切不仅影响到了圣保罗市以及整个圣保罗城市圈的形态，而且也影响到了它的经济活力。碎片化的圣保罗出现了一个个富裕的小岛（生活在这里的城市经济的上流阶层始终掌握着权力）和一个个贫穷的小岛（被社会排斥的

背景资料三 "城市联营行动"（OUC）

■ "城市联营行动"（OUC）是指由市政当局牵头发起的一系列干预行动和协调措施，其中参与方包括业主、房客以及私营投资者等，其目的是改善或完善周边的自然条件、社会条件和环境条件。

"城市联营行动"可以规定土地分割、使用和占有的具体特性，并颁布城市某个特定区域的建筑规范。这些标准可以增加指导计划中相关规定的灵活性，从而使城市管理部门更好地挖掘房地产的潜力，并获得相关运行所需的资金。这些资金必须用于"城市联营行动"，而且其中大部分必须用于社会性住房建设，以实现财富再分配的目的。"城市联营行动"的相关规程必须明确民众如何监督和管理整个实施过程[8]。此外，"城市联营行动"还必须能够赢利。投资者必须为城市社会环境和当地面貌的改善而出资，但又不能动用公共资金：城市环境的改善将提升他们财产的价值，从而回报了他们的投资。

人生活在这里，在贫困线上挣扎）并存的现象，整个区域的版图深深刻下了不平等的印记[9][19]。历史上曾十分红火的国际贸易和城市的工业化进程，以及公共部门的政策，曾将大量投资者吸引到了这里的房地产投机市场，并使这座城市里发达的地段始终掌握在精英阶层的手里。不合时宜的住房政策将穷人赶到了城外，使他们被迫生活在生态条件十分脆弱的环境当中。这种客观条件培育出了一个"平行"房地产市场，而它直接导致了城市空间的无限扩张。与此同时，城市中心和次级中心的人口越来越少，房屋越盖越高并出现了"中产阶级化"现象。全球化则加剧了这一进程。

如今，要想在城市环境中重新实现社会平衡，既离不开一种注重社会责任的城市化新政策，也离不开《城市地位法》这一进步性的联邦法律。借助这一法律，人们能够在降低社会不平等、推进城市空间利用民主化以及弥合城市社会裂痕等方面推出一些引人注目的计划。现在要想判定这一新法律能不能发挥以下两大作用还为时尚早：它能不能结束几个世纪以来形成的不平等现象以及它能不能无视现实环境给巴西的城市穷人们以真正的公民身份。

参考文献

[1] FERREIRA (J.), *O mito da cidade global : o papel da ideologia na produção do espaço urbano*, São Paulo, Unesp, 2007.

[2] OSELLO (M.), « Planejamento urbano em São Paulo : 1899-1961 », *Projeto*, 87, 1986, p. 79-82.

[3] VILLAÇA (F.), *Espaço intra-urbano no Brasil*, São Paulo, Studio Nobel-Fapesp-Lincoln Institute, 1998.

[4] DEAN (W.), *A industrialização de São Paulo (1880-1945)*, São Paulo, Difusão Européia do Livro-Editora da Universidade de São Paulo, 1971.

[5] REIS FILHO (N. G.), « Notas sobre o urbanismo no Brasil : séculos xix e xx », *Cadernos de Pesquisa do LAP*, 9, septembre-octobre 1995, p. 13-15.

[6] ROLNIK (R.), *São Paulo*, São Paulo, Publifolha, 2001.

[7] BONDUKI (N.), *Origens da habitação social no Brasil*, São Paulo, Estação Liberdade-Fapesp, 1998.

[8] SOMEKH (N.), « Projetos urbanos e Estatuto da Cidade : limites e possibilidades », *Arquitextos publication*, 97, 2008 (disponible sur le site internet www.vitruvius.com.br)

[9] MARICATO (E.), *Brasil, cidades : alternativas para a crise urbana*, Petrópolis, Vozes, 2001 [2e éd.].

[10] FERNANDES (E.), « Implementing the Urban Reform Agenda in Brazil », *Environment and Urbanization*, 19 (1), 2007, p. 177 (disponible sur le site internet http://eau.sagepub.com).

[11] ROLNIK (R.), *A cidade e a lei : legislação, política urbana e territórios na cidade de São Paulo*, São Paulo, Studio Nobel-Fapesp, 1997 [2e éd.].

[12] SACHS (C.), *São Paulo : politiques publiques et habitat populaire*, Paris, Maison des sciences de l'homme, 1990.

[13] TORRES (H.), ALVES (H.) et OLIVEIRA (M.), « São Paulo Peri-Urban Dynamics : Some Social Causes and Environmental Consequences », *Environment and Urbanization*, 19 (1), 2007 p. 207–223, 2007 (disponible sur le site internet http://eau.sagepub.com).

[14] SASSEN (S.), *Cities in a world economy*, Thousand Oaks (Calif.), Pine Forge Press, 1998.

[15] FAINSTEIN (S.), « Inequality in Global City Regions », dans A. Scott (ed.), *Global City Regions : Trends, Theory, Policy*, Oxford, Oxford University Press, 2001.

[16] BUECHLER (S.), « São Paulo : Outsourcing and Downgrading of Labor in a Globalizing City », dans N. Brenner et R. Kell (eds), *The Global Cities Reader*, Londres, Routledge, 2006.

[17] RIBEIRO (L. C.) et CARDOSO (A.), « Plano diretor e gestão democrática da cidade », dans L. C. Ribeiro et A. L. Cardoso (eds), *Reforma urbana e gestão democrática : promessas e desafios do Estatuto da Cidade*, Rio de Janeiro, Revan, 2003, p. 103-118.

[18] SOUZA (M. L.), *Mudar a cidade : uma introdução crítica ao planejamento e à gestão urbanos*, Rio de Janeiro, Bertrand Brasil, 2006 [4e éd.].

[19] SANTOS (M.), *Metrópole corporativa fragmentada : o caso de São Paulo*, São Paulo, Nobel-secrétariat d'État à la Culture, 1990.

2 环境

"印度城市人口主要集中在那些日益扩大的城市里。"

第四章

帕塔·穆霍帕迪亚（Partha Mukhopadhyay）
印度新德里政策研究中心高级研究员

印度：当城市生活方式决定气候变化时

像印度这样人口高密度的新兴国家，它的城市化会对未来几十年的全球气候产生重大影响。控制能源消费、提高城市区域对气候变化的适应性，这一切要靠新的能源政策，更要靠相关的社会和城市政策。这些政策的有效性最终将取决于个人和集体偏好的变化。

尽管印度不愿意作出带强制性的承诺，但从多种角度看，它在可持续发展方面一直在不断前进[1]。事实上，印度能源消费的紧张程度要低于中国或美国，因为这里的电价相对较高：平均每度 0.10 美元，而美国或中国的电价每度大约只有 0.065 美元。一些能源消耗巨大的工业行业，如水泥企业等，也都通过改造提高了电能的利用率。此外，印度还正在寻找其他低碳排放型的新能源。可再生能源配额制（RPO）在印度 17 个邦（它们的能源消费量占全国消费总量的 90%）实行之后，除水电之外的可再生能源占了印度能源总产量的 10%。在国家相关鼓励措施的带动下，过去 10 年间煤炭在印度新建能源总量中所占的比例只有 37%，而水电等可再生能源的比例占到了 50%。由于新油气田的发现，天然气在新建能源总量中所占的比例也接近 10%。按照纳拉辛哈·拉奥（Narasimha Rao）等人的估算[1]，如果这一比例能够达到 16%[2]，印度二氧化碳的排放量将比目前减少大约 20%。此外，骑自行车或步行等非机动交通方式在印度十分普及，80% 的城市居民（尤其是在那些人口众多的大城市里）使用公共交通。此外，很多印度人都偏爱低碳型的文化习俗，如素食制等。

此外，印度的低碳排放还与该国以服务业为主的经济结构、收入水平以及相对不高的城市化程度有关。不过，这种形势可能会出现（重大）改观。事实上，印度一直想提高制造业在国民经济产值中所占的比例，而且其民众的收入快速增长，增速仅次于中国。尽管这个国家尚未完全实现城市化，但其城市人口最近 10 年间增加了 7000 万，印度城市人口的数量甚至超过了美国的总人口（3.04 亿）。在这些人口密集的大城市中，只有 20% 的人出行时使用私人的机动车，非机动交通工具仍是主要的出行手段。

同时，气候变化也可能会从多方面对印度的城市产生影响。不仅沿海地区可能会受到海平面上升的威胁，而且正如阿罗玛·雷维（Aromar Revi）所说的那样，因全球气温上升和冰川融化而导致的干旱灾害很可能严重威胁到印度北部和东部恒河流域平原地区[3]。无论对整个地球还是对印度来说，当务之急是研究气候变化与印度城市之间的关系，并找到降低二氧化碳和温室气体排放以及减缓其负面效应的具体办法。从这个意义上说，印度"可持续住房计划"只提供了一小部分的缓解手段。最关键的是，它忽略了印度城市的制度框架——尽管最好是等到这一计划发表第一份正式报告之后再对它作出评判。要想为此开脱，那就必须承认印度在这方面所面临的问题是相当"棘手"的。

印度的城市化

印度城市人口主要集中在那些日益扩大的城市里，这种扩大不仅表现在城市规模不停地向郊区延伸，而且也表现在城市人口密度的增大。这些大城市许多是各个邦的政治首府。事实上，各邦对城市的未来起着重要的作用——这一点常常被人所忽视，而

> 印度城市人口主要集中在那些日益扩大的城市里。

且这些邦都不愿各个城市拥有太大的权力和财力。许多印度城市人口居住在贫民窟，而这些贫民窟又散落在城市各个传统的居民区之间。从经济角度看，非正式就业现象有所下降，但取而代之的并不是临时工，而是一些自谋的职业——这些自谋职业又主要集中在那些非正式的行业。这些因素将直接影响到城市人口应对和适应变化的能力，并影响到相关公共政策的有效性。

印度城市化从恒河流域出现文明起就已经开始，一直延续至今，如今南部地区的城市化程度已超过了北部。印度大城市的人口明显要多于小城市，尽管相关城市化和工业化政策一直在试图遏制这一趋势[4]。生活在50万人口以上大城市的人口比例从18%上升到了38%，而生活在1万人口以下小城市的人口比例从27%下降到了11%。这一变化产生了一系列后果，因为城市规模扩大虽然会产生许多复杂问题，但它也能提高一些城市应对共同挑战的能力。

从20世纪90年代开始，印度开始对外资开放，对房地产市场进行改革，放宽了对企业的管制，重新修订了贸易体制并废除了投资、经营和进口的审批制度。从此，兴办企业不再取决于公共政策，而是更多地取决于市场的力量——如今，这些市场力量或许已得到了印度各邦政策的支持。随着各邦经济的腾飞，发展似乎仅局限在各邦的政治首府，这种现象在亚洲十分常见[4]。各邦力量的增强似乎产生了这样一个结果，即各邦更不愿意将权力下放给各个城市。各市政当局所征收的税通常税率低而且都是刚性的，因此它们的预算亏空都需要由邦政府来弥补。在政治上，市镇议员对城市管理的权力有限，城市管理主要依靠各邦下派来的公务员。在批准城市数额不多的预算方面，各个城市的议员并没有多大的权力，这些预算开支主要用在邦政府下设的机构以及一些"准公共"部门。

在非正式行业，市场的力量依然十分强大：70%的城市人口在非正式行业就业，在商业和建筑等城市岗位中，这一比例还要更高。在大部分城市中，临时工的比例基本保持在14.5%左右，而自谋职业的人数比例则在不断上升。我们无法知道在这些自谋职业的人当中有多少是真正的经营者，也无法知道在什么情况下那些一直想找一份正式工作的人会把自谋职业当作一种临时的谋生手段。在住房领域，这种非正规性也同样明显：15%的印度城市人口生活在贫民窟中。不过，这些贫民窟一般都分布在居民区的周围，只有20%左右的人生活在远郊区。生活在贫民窟中的人，大约66%拥有自己的住房，而在整个城市拥有自有房屋的比例平均只有60%[5]。贫民窟位于城市中心并不等于说城郊地区就不扩展了。据德布纳特·慕克吉（Debanath Mookherjee）和尤金·赫尔劳夫（Eugene Hoerauf）所作的研究，1991～2001年间，德里市中心区的人口数量增长了35%，人口密度由每平方公里1.6万人增加到了2万人，而郊区的人口数量翻了一番，人口密度则由每平方公里7700人增加到了1.07万人[6]。据印度统计部门提供的数字，郊区人口增长的部分当中，只有19%与贫民窟有关。

与调整有关的问题

气候变化可能严重影响城市的可持续性。尽管采取了一些缓解措施，但这些措施对全球气候体系所

产生的影响可能在几十年后才能显现出来。因此，现在就必须为应对这一变化而作出调整，因为一些分支体系已经摇摇欲坠[a]。

现有的危险将加剧。全球气候变化意味着平均气温的上升、绝对气温值的提高、平均气温的变化、降雨量将创历史纪录、降雨分布的变化、极端天气灾害的出现以及海平面上升等。这些现象都将使城市面临更多、更大的危险（见参照标准之二十）。在印度，干旱及其对地表水和地下水位所造成的影响已经使恒河平原全面告急：由于冰川消失，水源开始干涸，这就会造成一种不可逆转的破坏，即水源的枯竭。在这种情况下，居民、企业以及那些自给自足的人比如说农民，都可能被殃及，其中有着多方面的原因：他们所处的地域，这些被剥夺了权利的人并没有能力应对极端现象，此前多次出现的大移民潮，准备不足以及地方和社会没有安全网络等[3][8]。

气候变化所累积的效应导致了一系列连锁反应，而它将影响到当地民众，尤其是那些弱势群体自我调整以应对未来长期危险的能力。由于未来的危险是现存众多危险的延续乃至加剧，因此人们不能把应对"气候变化"而作出的调整与应对现有危险而进行的调整截然分开。不过正如戴维·萨特里韦特（David Satterthwaite）所说，当人们在讨论需要用什么样的国际融资模式来支持此类调整的时候，似乎正有意将这两种调整分开[7]。另外，目前大部分的估算都集中在对那些容易受气候变化威胁的基础设施进行改造所需要的费用上，而实际上大部分基础设施目前根本没有建好。

移民效应。在印度，目前人员流动还很有限，主要是因为别处的条件对城里的穷人没有多少吸引力，也因为当局过去一向不重视农村的教育，而且这里的社会转型进程相当缓慢。不过，气候变化给目前印度农村造成的危机很可能引发移民潮。另一方面，气候变化也可能加剧城市的各种紧张状态，从而令移民望而却步。因此，气候变化也可能会遏制移民风潮。这些情况今后值得认真加以研究。

治理问题。为解决治理问题，最理想的方式是制订一个城市应对气候变化调整方案。这一方案将把国家、各邦以及城市的政策、机构间的政治协定以及城市和街区的具体计划结合起来。印度的民主传统将使这一选择成为可能，至少理论上是如此。

> 气候变化可能严重影响城市的可持续性。

不过，目前的治理结构与制度文化与之还很不适应。光靠国际资本的大量到来是无法提高市政当局财力的。这将是一个缓慢、艰难而且通常会有争议的进程。不过，这一进程必须加快。在这个城市增长需要靠房地产赢利来拉动、"不认可强势群体与弱势群体之间互动"仍是主流范式的世界里，这的确是一个大挑战。不过，如果公共部门始终拒绝与穷人合作，并把他们的居住区以及他们所从事的活动看做"问题之源"的话，那这一调整进程一定无法取得成功[7]。

对碳排放和能源消费所产生的影响

许多经合组织的成员，尤其是欧洲国家，如今正在城市开展"去碳化运动"。其结果是我们所看到的，即能源和资源的利用率得到了提高，并对人们的行为产生了积极的影响。不过，这些行动中大部分所产生的作用微乎其微，因为大部分基础设施早已建好，具有"不可逆转性"。相反，印度的城市化进程目前还十分缓慢，大部分基础设施尚未建成。这是否意味着可以对这种"可逆性"加以利用？

---

[a] 正如戴维·萨特里韦特所说，在那些高收入国家，采取（节能减排等）缓解措施以适应气候变化是最有效的方法。但这些国家认为，对于那些低收入国家来说，更经济、更有效的方法不是减少温室气体的排放，而是出钱让它们自我调整以适应变化。

鉴于城市化与气候变化之间存在着众多直接以及间接的复杂联系，我们在此将重点分析导致能源消费量增加的几大因素：个人的偏好、社会标准以及公共行动。

个人偏好。个人偏好对能源消费的影响是多方面的（使用电子产品、出行方式等）。印度城市用电量占全国消费总量的60%，而农业的用电量只占25%，农村家庭的用电量占9%。

不过，帕塔·穆霍帕迪亚（Partha Mukhopadhyay）和德韦什·卡普尔（Devesh Kapur）注意到，当收入增加时，虽然燃料和照明用电的消费会增加，但能源在非食品类支出中所占的份额由40%下降到了8%，这就意味着与工资相比这部分开支可压缩的空间已很小——尽管这一降幅在城市并不那么明显[9]。如此低的份额或许能说明那些相对富裕的消费者对价格并不敏感。

> 如果公共部门始终拒绝与穷人合作，并把他们的居住区以及他们所从事的活动看做"问题之源"的话，那这一调整进程一定无法取得成功。

同样，采用公共交通还是私人交通工具也与每个人的偏好有关。在印度主要城市中，选择准公共交通（Paratransit）或那些行车路线和时间都不固定的公共交通工具、公交车以及非机动车出行的人占88%。不过，尽管这种趋势依然存在，但随着收入的提高和城市化的发展，使用私家车尤其是两轮摩托车的人数也在攀升（见图1）。此外，帕塔·穆霍帕迪亚和德韦什·卡普尔还注意到，当一个人的收入达到一定水平之后，城市化程度似乎对他在交通运输方面的开支不会产生多大影响，而燃料和照明用电的开支情况则有所不同[9]。这一部分的开支会随着收入的增加而提高，那些最富裕的人在这方面的开支比例可以高达12%~14%，也就是说这一消费水平达到了美国人的标准。看来，这方面可以通过价格调控来影响消费行为。

社会标准。社会价值通常会对建筑物的设计产生重大影响。在渴望现代化的印度，玻璃和钢结构建筑随处可见。其中一个原因是这些玻璃块很容易安装，因此房地产业能够通过提高效率来赚钱。不过，此类建筑在商业上大获成功还与审美观有关。然而，这些建筑通常都设计安装了24小时不停运行的中央空调[10]，这一点与普通房屋完全不同。普通的房屋在安装空调后，不必整年都开着，而且也不是每个房间都需要开。另外，安装在室内的能源也提高了

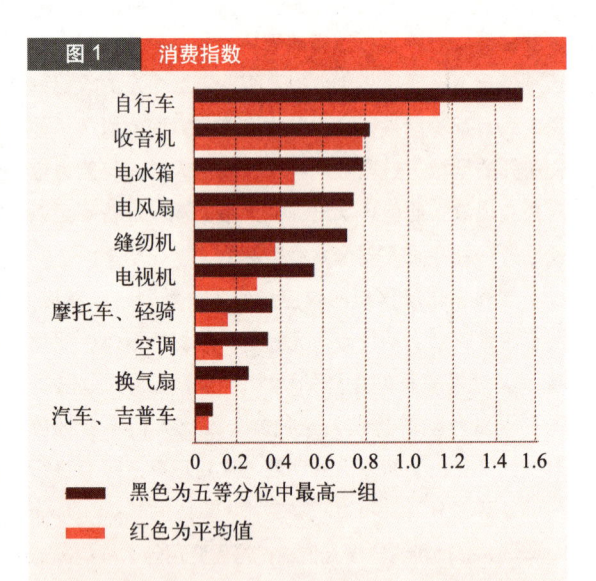

| 图1 | 消费指数 |

自行车
收音机
电冰箱
电风扇
缝纫机
电视机
摩托车、轻骑
空调
换气扇
汽车、吉普车

　　　0　0.2　0.4　0.6　0.8　1.0　1.2　1.4　1.6

■ 黑色为五等分位中最高一组
■ 红色为平均值

资料来源：《2004～2005年印度家庭各类商品和服务消费》，载《印度全国抽样调查组织（NSS）报告》，第509页，新德里，2007年4月；相关计算由作者作出。

注：此图体现了印度城市人口与农村人口在耐用产品方面的消费差距（当城市人口在收音机上的消费指数为1的时候，农村人口的消费指数为0.8）。这些资料还显示，农村人口在几乎所有产品方面的消费能力都低于城市人口，只有自行车和摩托车两大类除外。在五等分位中最高一组人中，城市人口与农村人口之间的消费差距很小，说明这一群体的消费水平很接近。

建筑物的"碳足迹",这些建筑物的设计师根本不了解本地有许多节能方法。

如今,印度已经出现了符合美国"能源与环境先锋设计"(LEED)的建筑。当地也有一些环保评级系统,如"绿色住房综合考核评价"(GRIHA)。不过,据估计,符合"能源与环境先锋设计"的建筑物比符合"绿色住房综合考核评价"的建筑物多出了200多倍[b]。此外,印度能源效率局(BEE)今后将要求那些用电量在500千伏安以上或者占地面积在1000平方米以上的空调楼房必须提交能源消费报告。印度能源效率局还制定了《绿色建筑法》(Green Building Code)并将推出"印度能源效率局办公大楼星级评定"(BEE Star Rating of Office Building),以能源消耗量为基础,对办公楼、宾馆、医院、商场和软件园等五个空调区域进行评比。符合相关标准对这些建筑物来说尤其重要,因为这些具有"不可逆转性"的建筑物将长期存在于城市当中。

此外,与建筑物美观要求相关的社会标准以及对热舒适度的要求决定了真正的能源消费量。台湾学者黄瑞隆等人[11]通过在台湾地区进行的一项调查得出数据表明,人们在家中和在办公场所追求热舒适度的做法存在差异。在办公室之所以会大量使用空调,并不仅仅因为这不要花员工一分钱。这些研究人员发现,另外一个重要原因是,"他们进行过实地调查的办公室中,只有1/4配有电风扇或者有足够的窗子,能让自然风对流"。这说明房屋的设计是多么重要(见图2)。

公共行动。公共行动不仅会对个人行为和社会标准产生间接的影响,而且通常还能够直接影响能源消费。它可以通过多种方式来影响能源消费,如通过公共交通、城市规划、公共服务的价格、税收或资金转移支付等(见参照标准之十一)。目前,公共部门提供资金和服务的方式总体来说是不合适的。比如在印度,职业教育既归联邦政府管辖,又归各邦管辖;

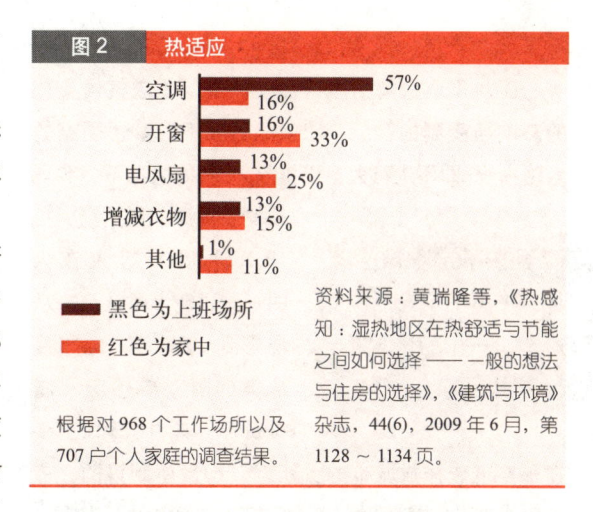

| 图2 | 热适应 |

空调 57% / 16%
开窗 16% / 33%
电风扇 13% / 25%
增减衣物 13% / 15%
其他 1% / 11%

■ 黑色为上班场所
■ 红色为家中

资料来源:黄瑞隆等,《热感知:湿热地区在热舒适与节能之间如何选择——一般的想法与住房的选择》,《建筑与环境》杂志,44(6),2009年6月,第1128~1134页。

根据对968个工作场所以及707户个人家庭的调查结果。

| 表1 | 首府与公共交通 |

公共交通 城市	没有	有	总计
首府	1	20	21
其他城市	17	36	53

资料来源:城市发展署,《印度城区交通运输政策与战略》,新德里,印度政府,2008;相关计算由作者作出。

建筑工人几乎找不到任何培训的地方,而他们在城市男性劳动力人口中所占的比例高达9%[12]。正因为如此,印度目前可能真的没有能力建造出高科技含量的楼房来,尽管国家很需要这类房屋。

此外,自来水需要经过长距离的输送才能到达班加罗尔、印多尔或新德里等城市。也就是说引水需要消耗巨大的能源。在印度许多小城市里,用电来抽水是一项重要的开支,负担甚至超过了污水处理的费用。在水源管理和供水方面,通常由各个邦掌握着经营和管理权。另外,各邦的首府在公共交通方面通常也要强于其他城市(见表1)。交通方面的管理职能也主要掌握在各邦手里。

b 见网址 www.teriin.org。

迈向低碳排放的发展模式？

面对采取缓解措施或自我调整以适应气候变化的影响所受到的挑战，印度能否在不走富裕国家的老路——即不进行大量碳排放——的情况下，实现其发展目标？包括舒克拉（P. R.Shukla）等人在内的一些研究人员认为，从现在到2050年，像印度这类的国家要想实现减排目标，其中1/3以上要靠那些低碳排放城市的贡献[13]。印度所制订的"应对气候变化国家行动计划"能在这方面提供答案吗？

印度"应对气候变化国家行动计划"提出了一个"可持续人居计划"（Sustainable Habitat Mission, SHM），以便通过以下三个具体的行动，将提高能源利用率纳入城市整治与振兴规划当中：①通过颁布《能源节约建筑规范》（Energy Conservation Building Code，ECBC）达到房屋节能的目的；②对城市垃圾进行管理与回收，包括垃圾发电和废水回收；③提高城市规划水平，发展公共交通。

就第一项行动而言，印度将很难把建筑规范纳入城市规划当中，最可能的方法是通过一个带有鼓励措施的规章制度，比如说对高能耗的建筑物征收额外的税费，电价将按照使用量施行累进收费制等 c。这些措施的决策权都在各个邦的政府，并由电力监管部门来监督实施。

关于第二项行动，城市区域首先应减少水的用量，然后再来关注污水再处理的问题。在印度，城市居民的人均用水量与那些富裕国家相当。在第二个阶段，污水处理将可以缓解工业废水对地表水和地下水资源所造成的污染。这些污染再加上巨大的用水量使得印度的可用水资源日益减少——包括饮用水和灌溉水资源。为城市垃圾转换成能源而提供的拨款，它所产生的吸引力似乎令垃圾处理方面其他很有效的现实方法黯然失色。各城市都会建起一座工厂，而这些工厂运行得很糟，甚至不进行任何垃圾处理。看来，当相关计划达到一定规模，并具有一定复杂性之后，邦政府部门似乎就应当开始介入。

对于任何一个国家的决策者来说，改善城市规划以及鼓励民众更多地使用公共交通可能都是令他们最头疼的事。公共政策能不能使城市变得更加紧密、提高公共交通的利用率并对房屋的建筑设计产生影响？通过对欧洲密集型城市与美国那些向四面散开的城市进行对比，彼得罗·尼沃拉（Pietro S. Nivola）得出了这样一个结论：宏观经济政策，如对农业的支持、对拥有房产有利的税收政策、燃油税以及联邦税收的再分配体制等，这一切会对一个城市的外观格局产生复杂的影响[14]。要想使传统的城市规划收到成效，就必须采取相关的合适政策。

"可持续人居计划"似乎只是从局部范围解决了降低能源需求的问题，而且似乎忽视了相关的制度背景。这一计划的首份报告会证实或否定我们刚刚所作出的分析。

棘手的问题

棘手的问题并没有一个固定的形式，而且也会呈现出各种不同的形态[15]。它们通常是各种深层问题的表象，它们之间的特殊性可能超过共性，一些相似的问题会在其他地方出现。这些问题并不存在明显的解决方案。在最好的情况下，人们也只能说情况有所好转。每一种试图解决问题的方案都会带来新的后果，产生新问题。引发新问题的元凶正是那些试图解决问题的

---

c 我们认为，与消费总量有关的税不应当提高，因为这将会影响居住空间的密集度。此外，我们也认为，住房人均使用空间的密集度会对能源需求产生不小的影响。

人。在那些民主国家，这类棘手的问题又会因为当代公共力量的日益多元化而变得更加严重：这些多元化的公共力量会用各种不同的、甚至相互矛盾的尺度去评判各种解决方案。在印度这样高度多元并处于转型的社会里，这种现象更加明显。既然印度目前的城市形态是不可持续的，那么就应当重新思考解决问题的方法。

权力下放的度。随着1993年印度通过第74个宪法修正案，地方政府成了城市规划的责任人，也就是说用来打造城市的传统工具掌握在了地方当局手中。10年之后，也就是2004年，印度通过了一个得到联邦政府支持的、鼓励城市实现自治的"贾瓦哈拉尔·尼赫鲁全国城市改造计划"（JNNURM）。然而，这一计划实际上成了一个由联邦政府提供资金在各地兴建一些传统基础设施的计划。这些工程主要集中在供水工程以及环境卫生上，这成了城市的主要调整形式，而且这些改造工程都交给了本邦的一些准公共机构。不仅大部分邦没有把城市规划权下放给各个城市，而且我们也注意到许多在印度"应对气候变化国家行动计划"下展开的"可持续人居计划"工程都是由各邦来做的。此外，由于未考虑到财力问题，城市的一些责任被转移给上一级政府后会损害到城市的代谢功能，会把城市的相关调整搞砸，甚至影响到其为应对气候变化而付出的努力。

联邦资金与城市扩大。政府的许多职能取决于各级政府间的资金拨付。在盎格鲁—撒克逊模式下，不动产税是地方政府的主要收入来源。印度在"贾瓦哈拉尔·尼赫鲁全国城市改造计划"框架下展开的城市金融改革，其主要内容便是恢复不动产税的征收。然而，不仅应对气候变化需要的投资要大大高于这些税种所能带来的收入，而且这一税种的结构本身就有可能阻止城市的密集化——密集化意味着课税额的提高，甚至会刺激城市规模的扩大[16]。

地方税收使市政当局有钱支付本地的一些市政服务。也正是这一原因，美国的城市才得以向四面八方分散扩张。不过，这一现象在没有地方税的情况下也可能出现，只要其他因素能将其取而代之。在印度一些城市里，在公共政策和市场条件等因素的共同作用下，一些产权多人共同拥有的房屋以及私人房屋越来越多。它们的成功，就像美国的"共有权益房地产"（Common Interest Housing）和澳大利亚的"整体规划房产"（Master Planned Estates）一样，都表明一些人愿意为恢复某些无力支撑的市政服务而出钱，并且能享受这些服务。这些人对自己所处环境空间布局的真实情况并不知情，并在"愿望与想象之间建立起了不明确的联系，从而加剧了城市社会和空间布局上的极化格局"[17]。

如果说地方税有助于城市空间规模的扩张，那么在各级政府间资金拨付和资金使用权基础之上建立起来的预算体系则将导致大城市越来越多，小城市越来越少。私人房地产项目对应对气候变化的影响以及由此引发的规章制度调整，这些问题都值得加以关注。事实上，虽然城市的公共财产能兼顾质量与公平，但它不利于一个个不同群体的形成。把教育和各级政府之间的资金拨付当成应对气候变化手段的想法似乎有些奇怪，但如果它们能够遏制城市规模的扩张，它便是一种与提高能源利用率等传统手段一样的有效手段。例如，巴塞罗那是一座密集型的城市，这里的居民使用公共交通的比例高达30%，而美国的亚特兰大这样一座非常开阔的城市里，使用公共交通的居民比例只有4.5%。不用考虑能源利用率的问题，就可以知道亚特兰大市的碳排放一定超过巴塞罗那市。

房产所有权。除了不动产税之外，房地产业主所享受的税收优惠也是导致城市规模扩大的因素。城市中心如果能提供大量的住房自然就会导致城市的密集化。这种密集化虽然符合相关建筑规范的要求，但实际操作很难实现，因为要建新的就必须拆掉旧的。房产的新业主只好住到了郊区。此外，个人也会根据劳动力市场的变化而更换工作。一旦他们拥有了自己的住房，为了新工作而重新安家就需要付出巨大的代价。这样，对交通运输的要求势必会加大。在这种情况下，提供更多可租用的房屋将会对保护气候有利。许多与钱无关的因素，如靠近学校或邻居等，也会影响到人们对居住地的选择。虽然这些因素与是不是房产的业主没有关系，但租房显然会降低重新安家的费用。约恩·奥沙利文（Eoin O´Sullivan）和帕斯卡尔·德·德克尔（Pascal De Decker）认为，欧洲各国在租房合约上的不同规定似乎会影响到租房的比例[18]。

应对交通需求。在印度，乘坐汽车的人数与居民总数相比并不算多。交通工具主要是两轮摩托车，它们的效率要更高一些（见参照标准之十七）。此外，这里的油价相对昂贵，公共交通的使用率很高，住家离工作场所的平均距离不算太远，居民区的人口密度很高[d]。印度许多城市都想拥有铁路交通网——而且通常会为此借助私人的力量，尽管这种交通手段需要庞大的投资，其基础设施也具有"不可逆转性"，而且本身的能耗也不低。尽管铁路运输是一项比公共汽车还要历史悠久的技术，但它仍受人们的宠爱。

除了加尔各答或孟买等少数呈线性分布的大城市外——这样的格局可以修建一些交通走廊，印度

> 在印度，乘坐汽车的人数与居民总数相比并不算多。

大部分城市都是环形的，尤其是如果这些城市拥有多个中心区的话，交通网络就将更成问题。大部分城市如班加罗尔和新德里等拥有多条环线，而且有多处路段是呈放射性分布的。要想通过交通网络把一个人从环线的一个地点送到另一个地点，就必须借助多种交通手段。然而，由于此类交通网络在实际生活中并不多见，因此这些城市出现了多种多样的私营运载方式。

在印度，规划与实施之间的脱节使原本存在的一些问题变得更加严重，因为相关的建筑规范与区域规划法规经常得不到遵守。当然，这种情况有时也会产生一些有利于保护气候的影响。比如在新德里的许多街区，无视区域规划的行为使得一些集住宅、工业和商业为一体的综合性小区得以问世。不过，通常情况下，对法律和规范的无视会导致一些过分行为的出现，使一些危险性的工业活动在不受任何约束的情况下无限扩张。为了应对这种器质性增长所带来的政治压力，印度城市发展部最近对区域规划法进行了重新修订[19]。

夹在上帝与"戈多"（希望）之间

目前，有关气候变化的国际谈判都想把援助与温室气体的减排挂起钩来。清洁发展机制（MDP）以及一些额外性标准是这一新方式的特征，它们否认行动与结果之间存在的不太明显却极其复杂的互动关系。这便是问题的要害之所在，这一点对印度来说尤为如此。由于印度本国所拥有的能力有限，因此清洁发展机制与创建新型环保城市所需的体系变化并不适应。通过成立一个特殊的基金对城市所采取的一切与保护气候有关的行动给予支持，不失为好办法。这些行动必须符合"可监测、报告和核查"的要求，提供资金的方式则可采用长期的低息或无息贷款。这种办法对印度等新兴国家来说尤为重要，因为印度的建

---

[d] 大约86%的城市人口居住面积少于100平方米，一般家庭的住房少于50平方米。67%的城市人口上班路程不少于5公里，然而在德里这样的大城市，该比例有所下降；只有56%的非贫民窟居民住家与工作场所平均距离在5公里以内。

[e] 请参阅《缓解行动》，见《巴厘行动计划》第1 (b) 段 (ii)。有关印度提交的方案，请参阅网址 http://unfccc.int。

印度：当城市生活方式决定气候变化时

设环境还没有达到完全"不可逆转"的程度。

真正的解决之道离不开一些"可监测、报告和核查"的可持续行动。公共交通必须依靠铁路或公路吗？要不要兴建一些天然气管线，因为它们能够促使人们更换运输用的燃料，并能够使人们更喜欢那些建在消费区周围的电站？要不要对污水进行回收利用以节省运水所需的能源？要不要多建一些廉租房，并且这些住房是用低碳排放水泥建造的？要不要对私人建造住房加以限制？改变人们的行为方式及社会标准需要付出多大的代价？国际参与方要不要对其他不同国家社会阶层的行为施加影响？

在印度与在其他国家一样，谁也无法保证任何行动都能取得好的结果，并且这些行动产生的效果将"不可逆转"。在我们努力寻找答案的时候，别忘了这些国家所必须解决的棘手问题并不存在一种不偏不倚、显而易见的解决方法。如果把各个政治对立党派的意见更换成专家的判断，相关的论据和结论也许会清晰得多，然而最终的结果却不一定能好多少[15]。我们将面临这样的选择：要么就让我们来取代上帝，将自己放在这一复杂的环境中；要么就选择等待，就像等待戈多那样，等待着不确定因素的消失。这样的选择也是相当棘手的。

> 除了加尔各答或孟买等少数呈线性分布的大城市外，印度大部分城市都是环形的。

参考文献

[1] RAO (N.), SANT (G.) et CHELLA RAJAN (S.), *An Overview of Indian Energy Trends : Low Carbon Growth and Development Challenges, Pune*, Prayas Energy Group, septembre 2009.

[2] EXPERT COMMITTEE ON INTEGRATED ENERGY POLICY, *Integrated Energy Policy : Report of the Expert Committee*, New Delhi, Government of India, Planning Commission, août 2006.

[3] REVI (A.), « Climate Change Risk : An Adaptation and Mitigation Agenda for Indian Cities », *Environment and Urbanisation*, 20 (1), 2008.

[4] MOHAN (R.), « Asia's Urban Century – Emerging Trends », *Conference on Land Policies and Urban Development*, Cambridge (Mass.), Lincoln Institute of Land Policy, 5 juin 2006 (disponible sur le site internet www.bis.org.

[5] NATIONAL SAMPLE SURVEY ORGANISATION (NSSO), *Household Consumption of Various Goods and Services in India, 2004-05, NSS Report*, 509, New Delhi, Government of India, Ministry of Statistics and Programme Implementation, avril 2007.

[6] MOOKHERJEE (D.) et HOERAUF (E.), « Cities in Transition: Monitoring Growth Trends in Delhi Urban Agglomeration », dans M. Pak et D. Rebernik (eds), *Cities in Transition*, Ljubljana, Université de Ljubljana, 2004, p. 195-203 (disponible sur le site internet www.ff.uni-lj.si.

[7] SATTERTHWAITE (D.), « Shaping the Urban Environment : Cities Matter », *Urban Week 2009*, Washington (D. C.), Banque mondiale, 9 mars 2009.

[8] DE LA FUENTE (F.A.), LÓPEZ-CALVA (L. P) et REVI (A.), *Assessing the Relationship between Natural Hazards and Poverty : A Conceptual and Methodological Proposal*, Genève, ISDR, 2008.

[9] MUKHOPADHYAY (P.) et KAPUR (R.), « Rural Urban Differences in Energy and Transport Consumption », *CPR Policy Brief*, Centre for Policy Research, New Delhi, 2009.

[10] JIANG (Y.), « Harmonious with Nature : The Chinese Approach to Building Energy Reduction », dans M. Kelly (ed.), *Public #5: A Human Thing*, 2009 (disponible sur le site internet :www.woodsbagot.com).

[11] HWANG (R.L.), CHENG (M.J.), LIN (T.P.) et HO (M.C.), « Thermal Perceptions, General Adaptation Methods and Occupant's Idea about the Trade-off between Thermal Comfort and energy saving in hot-humid regions », *Building and Environment*, 44 (6), juin 2009, p. 1128-1134.

[12] SEWA (B.), *Socio-Economic Status of Construction Workers in Delhi: A Study*, 2006, (disponible sur le site internet http://www.wiego.org).

[13] SHUKLA (P.R.) «Alignment with sustainable development goals », *Symposium on Achieving a Sustainable Low-Carbon Society*, Londres, 13 juin 2008 (disponible sur le site internet http://www.ukerc.ac.uk).

[14] NIVOLA (P. S.), *Laws of the Landscape: How Policies Shape Cities in Europe and America*, Washington (D.C.), Brookings Institution Press, 1999.

[15] RITTEL (H.) et WEBBER (M.), « Dilemmas in a General Theory of Planning », *Policy Sciences*, 4, 1973, p. 155-169.

[16] SLACK (E.), *The Impact of Municipal Finance and Governance on Urban Sprawl*, Science Advisory Board de l'International Joint Commission, 2006 (disponible sur le site internet http://www.utoronto.ca).

[17] KENNA (T.E.), « Consciously Constructing Exclusivity in the Suburbs? Unpacking a Master Planned Estate Development in Western Sydney », *Geographical Research* 45 (3), 2007.

[18] O'SULLIVAN (E.) et DE DECKER (P.) « Regulating the Private Rental Housing Market in Europe », *European Journal of Homelessness*, 1, décembre 2007.

[19] MINISTRY OF URBAN DEVELOPMENT (MouD), *Traffic and Transportation Policies and Strategies in Urban Areas in India*, Nex Dehli, Government of India, 2008.

聚焦

美国：可再生能源进入城市

斯蒂芬·哈默（Stephan Hammer）
美国哥伦比亚大学"能源、海洋运输和公共政策中心"（CEMTPP）城市能源项目组主任
迈克尔·许亚姆斯（Michael Hyams）
美国哥伦比亚大学"能源、海洋运输和公共政策中心"（CEMTPP）城市能源项目组研究员

> 如今，世界上很多城市都在推广可再生能源方面表达了自己的雄心。不过，在对美国城市的能源供应进行研究之后却发现，可再生能源在电力供应中所占的比重增长得十分缓慢。这一结果使人们心里产生了这样一个疑问，即城市如何能够靠自己的力量生产出清洁能源。

如今，全球各地建设环境友好型"绿色城市"的计划越来越多，人们对可再生能源的热情空前高涨。越来越多的市政当局给可再生能源的使用量制定了明确的目标，为城市公营机构提供绿色能源，帮助民众更好地了解可再生能源的好处并对城市税赋和区域规划条例进行改革以鼓励私人投资。

在旧金山，市政当局制定了在2012年前使风能发电总量达到150兆瓦（Mw），太阳能发电量达50兆瓦[1]的目标。2007年，美国的芝加哥市决定通过大量购买可再生能源的方式使本市在发电时所排放的温室气体总量减少20%[2]。还有更具体的，洛杉矶市推出的"Solar SL"计划使本地的太阳能发电板数量增加100倍，使洛杉矶市2020年个人、企业或城市安装的各类光电池板的发电总量达1300兆瓦[3]。仅从纸面上的数字看，这些目标似乎能带来光明的前景，然而只要对大部分城市的实际情况作深入的分析就会发现，能够改善的余地还非常大。从总体上看，目前美国各城市的能源供应状况与五年前，甚至可以说与2009年基本相同，

所谓"绿色能源"（风能、太阳能、潮汐能或生物能）在各城市总发电量中始终处于十分边缘的地位。以纽约为例，其夏季最热时的用电高峰量约为11400兆瓦，而该市用可再生能源发电的所有设备的发电总量不过5兆瓦，也就是说只有高峰值的0.04%。这一数字过去五年来并没有多大变化。

消费倾向

有关各个城市能源供应情况的资料显然是很难掌握的。许多公营机构并不会说明它们所使用的是哪种能源，而且即便有的说明了，通常也是把各种不同的新能源算作同一类，因此这类分析通常不能体现真实情况。

此外，真正可信的基础资料并不多，而且一般仅仅局限于介绍不同城市使用可再生能源的大致情况。旧金山和波士顿这两个城市都有一个专门介绍本市所有太阳能设备分布情况的网站，但由于保密的原因，大部分电厂并不愿意提供更多的相关资料。

美国环保局（EPA）会在全国认定所有的"绿电

表 1 参与美国环保局"绿电"伙伴计划的美国主要城市

序号与城市	每年"绿电"消费量（千瓦时）	在电力消费总量中所占的比例 (%)	发电用的能源类别	生产方式
01 休斯敦（得克萨斯州）	438000000	34	风能	绿色证书
02 达拉斯（得克萨斯州）	333659840	40	风能	绿色证书
03 芝加哥（伊利诺伊州）	214635000	20	生物能、风能	绿色证书
04 圣迭戈（加利福尼亚州）	69043000	27	沼气、小水电、太阳能	本地生产
05 奥斯汀（得克萨斯州）	62466303	14	沼气、风能	绿色证书
06 费城（宾夕法尼亚州）	25500000	4	风能	绿色证书
07 旧金山（加利福尼亚州）	25033977	3	沼气、太阳能	本地生产
08 贝灵汉（华盛顿州）	25000000	100	生物能、太阳能、风能	绿色证书
09 圣莫尼卡（加利福尼亚州）	25000000	100	沼气	绿色证书
10 阿布奎基（新墨西哥州）	22261568	20	风能	绿色证书

资料来源：美国环保局，《"绿电"伙伴计划，前 20 个地方合作伙伴名单》，2009 年 7 月 7 日（可在如后网站下载：www.epa.gov）。

用户"[a]。美国环保局公布的最新数字显示，美国各大城市之间存在着巨大差别，有的时候尽管所购买的绝对值并不低，但相对于大部分城市的巨大需求来说，这一比例实在是少得可怜。不过，其中也有一些反常现象。例如休斯敦和达拉斯都是美国的大型石油工业城市，它们使用"绿电"的数量却远远高于其他美国城市：这两座城市的用电量有 1/3 以上来自数百公里以外的风电发电厂，那里是得克萨斯州贫瘠的荒原（见表 1）。

来自斯洛文尼亚的一些资料显示了全球最主要太阳能发电装置所在的位置[b]。这些资料是根据各方自己公布的数字统计的，因而有时可能不太可靠，但其中还是能够体现一个类同的现象，即尽管太阳能是最适合城市的，但太阳能发电发展得最快的恰恰是那些大城市以外的偏远地区、那些非常开阔（几公顷以上）的地带。比如，西班牙农村地区安装了 17 处大型光电池装置群，峰值功率[c]达到 20 兆瓦，有一处的峰值功率甚至能达到 60 兆瓦。这些统计数据还显示，那些安装在城市内部的光电池设备，其规模要小得多，其峰值功率一般在 2 兆瓦～ 3 兆瓦之间。

为什么城市喜欢将太阳能发电设备安装到城外去而不是装在市中心呢？在巴黎，出于文物保护的需要，任何屋顶都不能安装太阳能发电板，否则会影响到整个城市建筑的美观。其他一些城市是因为成本的问题：在城里安装几千块太阳能发电板肯定不如到城外找属于同一业主的大片土地。

对电力企业而言，最简便的方法是它们所有的设备能与当地电网兼容，尤其是对那些大型电厂来说，最好只需一个接点就能进入电网。在城市内，发电过程要复杂得多，而且还需要对每台设备进行技术检查以确保它的运行不会影响到公共安全或影

---

[a] "绿电用户"（green power user）是指那些用可再生能源（如安装在屋顶的光电池板）来发电的人，或者是直接从企业购买清洁电或从一个独立的供应商那里购买到"绿色证书"（可再生能源证书 renewable energy certificate）——这一证书能证明这种电是用可再生能源生产出来的。

[b] 见网站 www.pvressources.com。

[c] 峰值功率是指一块太阳能板或一套光电池系统在太阳最强烈的状态下所产生的电量。

响到整个网络的运营——因为其他客户已经在使用这一网络了。

最后一个问题自然要涉及技术成本。所有这些靠风力、太阳能或生物能才能运行的设备只有在形成了一定规模之后才会有经济效益，企业规模越大，生产成本就越低，电价才能比那些小企业更具竞争力。那些大型企业的生产成本之所以低，一个重要原因是它们所选择的通常是相关资源十分丰富的地区。在城市里，安装太阳能或风能发电设备显然要复杂得多，城市密集的布局通常会挡住阳光，或者会使某个街区的风力明显低于或高于另一个街区 [4][5]。

问题究竟出在何处？

如果我们的首要目标是降低温室气体排放的话，那么把这些大型发电设备安装在城市以外并没有任何问题，因为不管它们身处何处，都能在不排放温室气体的情况下生产出可持续的电力，从而有助于应对气候变化。当然，电力长途输送到城市的过程中会损耗一些能源，但这一切可以用增加设备数量而形成的规模效应来弥补。

不过，人们还是希望能将这些可再生能源的生产放在城市之中，其中有着多方面的原因。首先，它能够创造就业——将这些设备安装在楼房顶部自然需要很多安装工人。其次，要清楚可再生能源的好处并不仅仅表现在发电上——通过对地球自然降温功能的开发，地热系统能降低给房屋加热或降温所需的能量。而这种技术只有就地安装时才更有效果。再次，不要忽视了这样一个事实，即将这些设备安装在城里，它的重要性会在那些最热的日子里显现出来：它有助于降低"峰值"，使用电量降至可控水平，从而防止那些已经老化的网络出现故障，使造价高昂的网络更新能够延缓甚至得以避免。最后，我们不能仅仅从发达国家的角度来看这一问题。在非洲、拉丁美洲或亚洲，城市的发展非常迅猛（见参照标准之十三）。城市的无限扩张给这些技术的推广提供了巨大的机遇，一些可持续能源生产系统可直接纳入新的基础设施建设计划。

建设"生态城市"运动对这些努力发起了极限挑战，可再生能源在城市电力供应中所发挥的作用被无限放大。例如，城市规划师们计划在阿布扎比附近兴建一座名为马斯达尔（Masdar）的密集型新城，这座拥有 4.5 万居民的城市将依靠本地的太阳能发电（130 兆瓦）、风力发电 20 兆瓦以及垃圾发电和太阳能冷却系统，在能源方面完全实现自给 [6]。该项目的第一期工程——在方圆 22 公顷的范围内兴建一个 10 兆瓦的太阳能发电厂——已于 2009 年 6 月竣工。它将为城市建设提供部分电力。

从马斯达尔的经验中人们能不能得出这样一个结论，即今后的新建城市会大量使用可再生能源设施，或者说那些老城市能不能对其现有的各种能源资源进行整合，从而提高本地可再生能源生产设施的安装率和使用率？现在下结论还为时过早。

因为对于那些想减少环境影响、促进经济发展的城市来说，可再生能源必须成为而且正在成为其城市能源供应系统中的一个重要组成部分。人们可以就建在城外的大型发电设施与建在城内的资源之间的平衡问题展开讨论，但一切似乎应当取决于每个城市所拥有的资源以及当地的经济水平、各级公共部门的行动以及技术和经营方面的创新水平。无论如何，就现阶段而言，改进的余地还是很大的。

参考文献

[1] City and County of San Francisco, *The Electricity Resources Plan*, décembre 2002 (disponible sur le site internet www.sfwater.org, consulté le 12 août 2009).

[2] City of Chicago, *Chicago Climate Action Plan*, 2007 (disponible sur le site internet www.chicagoclimateaction.org, consulté le 12 août 2009).

[3] City of Los Angeles, *Solar LA : Greener City, Greener Economy*, 24 novembre 2008 (disponible sur le site internet www.lacity.org/mayor, consulté le 11 août 2009).

[4] MERTENS (S.), *Wind Energy in the Built Environment*, Essex, Multi-Science, 2006.

[5] US Department of Energy, *Solar Powering Your Communities*, Oak Ridge (Tenn.), US Department of Energy, 2009 (disponible sur le site internet www.solaramericacities.energy.gov, consulté le 14 août 2009).

[6] DILWORTH (D.), « Zero Carbon; Zero Waste in Abu Dhabi », *Business Week*. 1er août 2007 (disponible sur le site internet www.businessweek.com, consulté le 11 août 2009).

> 从城市形态、建筑技术、系统以及人们的行为等多方面共同入手来采取行动,将使我们能以一种累积的方式成功地减少温室气体的排放。

瑟奇·萨拉（Serge Salat）
法国马恩－拉瓦雷大学，建筑科学技术中心（CSTB），城市形态实验室主任

卡罗琳·诺瓦茨基（Caroline Nowacki）
法国马恩－拉瓦雷大学，建筑科学技术中心（CSTB），城市形态实验室研究员

重新思考城市：形态与流量的结合

日益增大的环境约束使人们开始彻底重新审视城市生活对自然资源，尤其是对能源的利用方式。如今，技术的进步已经为提高建筑物的能源利用率以及降低其生态足迹提供了解决方法。这些方法必须纳入一个范围更广的规划当中，以使城市的形态更加紧凑，减少人们的出行需要。

可持续发展必须建立在尊重环境、尊重社会和尊重经济这三者的基础之上。尊重环境方面是人们通常做得最多的，因为这方面存在着一些简单的、通用的解决方法。它可以用碳足迹、温室气体排放和自然资源消费等因素来衡量。我们的发展要想持久，与自然资源利用的最优化有一定关系，也就是说要用最少的自然资源创造出最多的财富。从这个角度看，目前有许多制度与技术因素能帮助我们实现这一宏伟目标。然而，如果把这个问题孤立起来抓，那么这项建设性的工作就会失去意义。事实上，在这个城市化不断发展的世界里，在全世界已经有一半的人口居住在城市的时代（见参照标准之十四），技术已经不能解决所有的问题，因此必须重新思考我们的生活方式，并将它与我们城市的组织结合起来。我们的城市正按照 20 世纪发达国家的模式在不停地扩张、不停地发展——这个模式是为汽车而设计的，为人口的有限增长而设计的。这一模式并不适应南方国家城市的可持续发展，而且甚至已无力再支撑北方国家的城市发展。结合我们的生活方式和新技术来重新思考城市的形态，并将城市形态与流量（人员、物资、水、电、废弃物等）加以综合考虑，这一切有助于建造可持续发展的城市，并且只需一个制度便可实现大量节约。从整个城市的角度考虑问题可以不再将社会、环境与经济问题割裂开来，而且可以对这些因素进行通盘考虑并加以重新设计，以便形成合力而不会有所偏废。

城市形态的参数

建筑科学技术中心（CSTB）城市形态实验室的工作就是对城市进行测量，并将城市的外观与空间组织转算成一组组几何数据（如街道的长度、建筑物的高度、花园的面积等）。在这些数据的基础之上，后来便形成了城市参数，这些参数会影响到一座城市的能源消费或环境绩效。将城市的形态参数运用到能源与环境公式能使我们对全球各个城市的绩效进行对比，并帮助决策者来组织我们的城市，从而使这些城市在保持宜居的同时尽量少使用能源。

从城市形态、建筑技术、系统以及人们的行为等多方面共同入手来采取行动，将使我们能以一种累积的方式成功地减少温室气体的排放。事实上，仅城

> 20 世纪发达国家不停的扩张、不停的发展的模式并不适应南方国家城市的可持续发展，而且甚至已无力再支撑北方国家的城市发展。

市形态的智能型生态设计这一项就可以使温室气体排放减少一半。建筑物的优化设计则可以使温室气体排放减少40%。系统的优化可以使温室气体排放减少一半。最后，居民有节制的行为更可以在前面各项减排成果的基础之上使能源消费量减少40%。这几项加在一起，能源的消费量可以减少90%～95%。

一些已经建成或者正在兴建中的城市，可以从各个不同的层次（都市圈、城市、街区、小区以及建筑物）对以下要素进行研究，获得一些新的指数。这些要素包括：稠密度、密集度、分散的外形、连接性、设计上的特色、街道的布局与大小、地势高低以及日照状况等（详见下文）。

这一方法的好处在于能够用数字工具把城市的具体实情变成可誊写的数据，因此也就很容易进行测量、对比和优化处理。每组参数都必须加以谨慎处理，而且对这些数据的解读也相当关键。我们实验室已开始用这些参数对世界不同城市的肌理结构进行对比。这些结果将揭示城市的形态是如何变成一组组数据的，而且城市的形态又是如何影响人们的行为方式的。

从都市圈的层次看

密集度。一个城市的延伸区域之内，密集度与它不断向外扩张时所形成的分散化形态似乎是对立的。在一个城市的肌理结构内，有时会出现大片的空地，整个形态轮廓则蜿蜒曲折，肌理结构的密度则越来越低。这种结构意味着需要占用很大的空间，也需要建设更多、更长的公路，而且也存在着一些孤立的、远离公共设施和商业区的地方。这种肌理结构的城区便是西方发达国家城市的郊区，但这种倾向似乎正在向全世界各地的城市蔓延。这些郊区的房屋既可能是独门独院的，也可能是彼此相连的。无论房屋的布局是哪一种情况，它们仍有着以下一些共同点：没有或者几乎没有公共交通，附近很少有商店，因而私家车是必不可少的，城市的空间感也因此而降低。这里的社会结构也非常特殊，既不是城市也不是乡村，也享受不到多少因为交通便利而带来的好处，没有多少认识的人，也不会被人认出来。

城市稠密度。城市稠密度是指在一个特定的城市区域内被建筑物所占用的面积比例。它所考虑的是基础设施及其高度：高度越高，相对的占地面积就越小，因而就能低稠密度。也就是说高楼大厦能够使稠密度相对降低，而那些高度中等（3～5层的楼房）而且相互连接的楼群结构则会导致稠密度提高。那些能容纳许多人的高楼大厦实际上交通并不是很便利（通常只有一条路），因此这条路通常会很宽阔。这样一来，大部分空间就会被基础设施所占用，并使城区被条块分隔，给人们的出行增加了难度。另外，高楼大厦之间的距离也不能太短，否则会挡住别人的阳光，而这样又增加了城市里需行走的路程。我们对全世界不同城市的研究结果表明，楼房平均在6、7层左右的巴黎奥斯曼区，其稠密度要高于香港某个二三十层大厦林立的街区（见图2）。

我们认为稠密度是有好处的，它能够降低城市对空间的占用，使城郊的农田得以保留，而且也能降

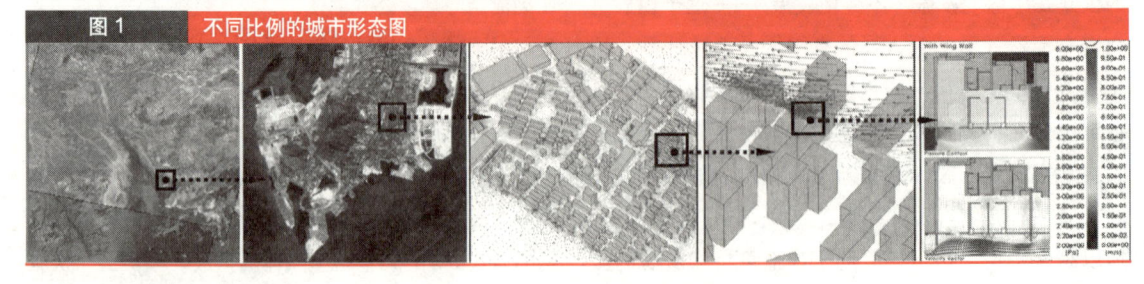

图1　不同比例的城市形态图

低居民为满足生活需求、工作和其他活动而外出时的行走距离。限制城市规模扩张对于中国等国家来说是一个十分关键的大问题，中国的农业生产已经很难满足人口增长所产生的需求，必须通过发展内地的农业生产来保障城市的供应。类似的情况在巴黎和周边的巴黎盆地农业区之间也同样存在，只不过形势的严峻程度不如中国，但有时出现的对抗行为却比中国严重得多。

混合型。一个城市内的混合形态非常重要，因为它能够避免钟摆现象的出现；钟摆现象不仅是城市温室气体排放的重要元凶，而且还会在城市内造成拥堵，降低城市的舒适性和效率。混合形态也有利于提高街区的安全。事实上，它能够保证街区在白天的任何时候都有人，因为不同时段都会有不同的人在工作，从而避免"市郊住宅区"现象的出现——这种地区白天没有任何人气，也就对居民产生不了吸引力。因此，混合形态从环境的角度看非常重要，而从社会的角度看则更加重要，它能够保持城市的活力，提高居民的幸福感。

从城市的层次看

连接性。交通对一个城市而言非常重要，这不仅因为它是一种重要的直接和间接污染源，而且也因为它对一个城市的发展至关重要。要想使一座城市保持高效与舒适，它当然必须与地区、国家甚至全球的网络相衔接，然而更重要的是，城市内所有街区之间也应当相互连接，并且交通必须保持流畅。一座城市

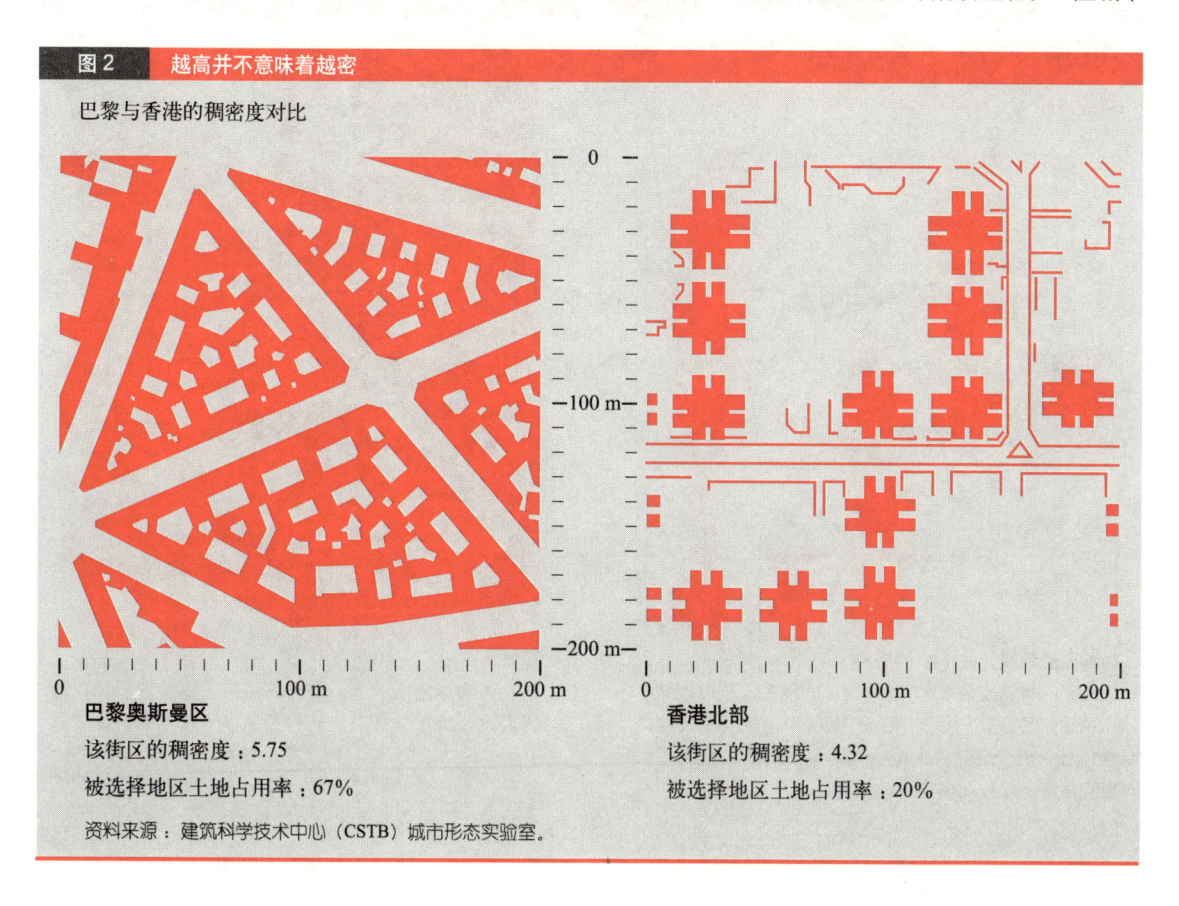

图2　越高并不意味着越密

巴黎与香港的稠密度对比

巴黎奥斯曼区
该街区的稠密度：5.75
被选择地区土地占用率：67%

香港北部
该街区的稠密度：4.32
被选择地区土地占用率：20%

资料来源：建筑科学技术中心（CSTB）城市形态实验室。

的连接性可以用居民从城市的一地到另一地所需的平均时间来衡量。平均时间再与距离相除就可以算出这座城市交通的效率。通不通公交车、公交车停靠站的数量与分布、公共交通所覆盖的范围等，这一切都是一些重要的指数。交通方式的多元化、它们的覆盖范围与运行速度以及它们对气候变化的影响等，这些都应当被列入城市的相关研究。

圆圈数。圆圈数是用来衡量一座城市连接性的重要工具，它只需要看一座城市各个街区的组织形态就可以。圆圈的数量可以使我们对从一个地方到另一个地方可能有几条路可走有一个大致了解。这一数字越高，存在的潜在线路就越多，这座城市就越不容易出现拥堵。而道路形式的多样化也意味着人们可以按照出行的需要选择不同的交通工具，如步行、骑自行车、坐公交车、坐电车等。有关这一数字的研究，以及对各交叉点之间平均距离的实地测量，这一切都被我们应用到了世界各地的多个城市当中，并在这些城市的不同街区进行了对比。

这一研究表明，东京或巴黎等一些传统城市形态依然存在的老城中心，与广州等现代都市相比，不仅可选择的道路要多，而且各交叉点之间的距离也更短（见图4）。前面那些城市的道路主要适合步行、骑自行车或电车。事实上，这些城市在兴建的时候汽车还没有出现，而那些现代化城市则主要为了适应汽车而发

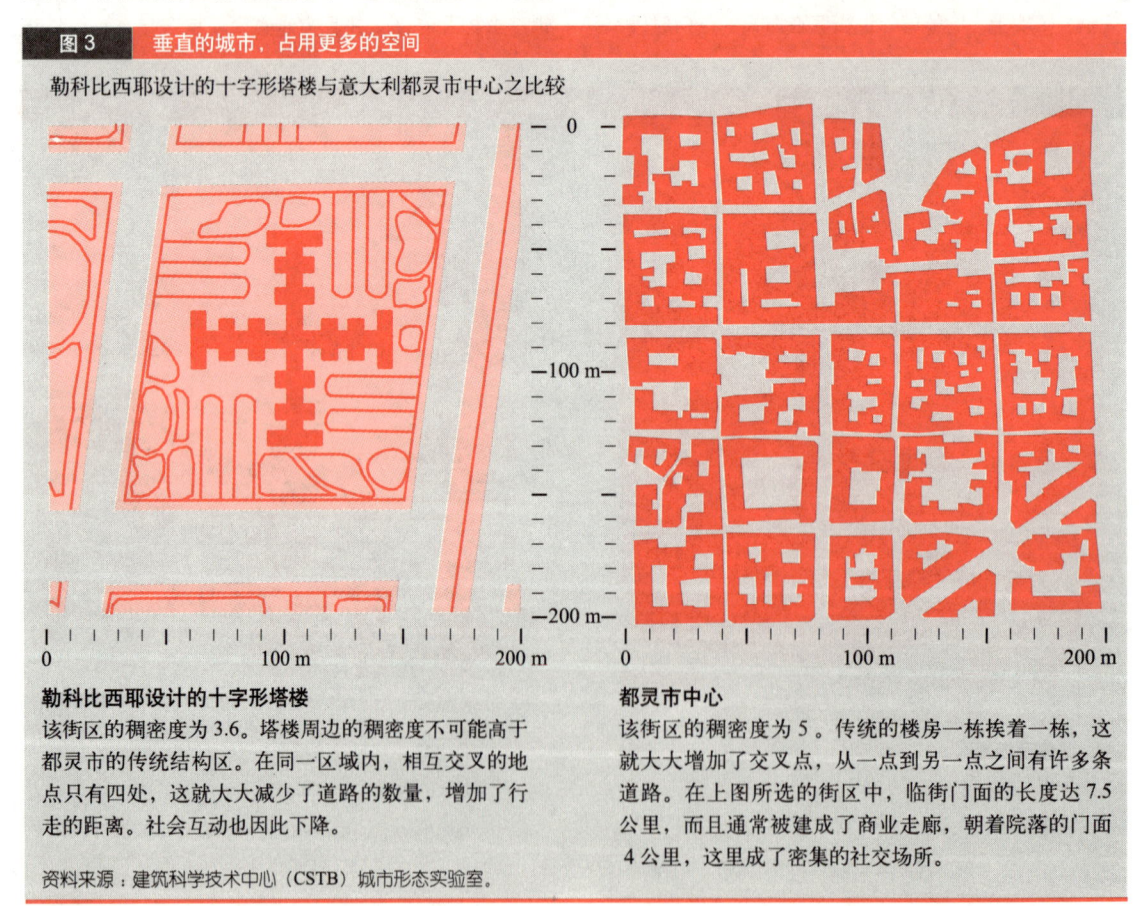

图3　垂直的城市，占用更多的空间

勒科比西耶设计的十字形塔楼与意大利都灵市中心之比较

勒科比西耶设计的十字形塔楼
该街区的稠密度为3.6。塔楼周边的稠密度不可能高于都灵市的传统结构区。在同一区域内，相互交叉的地点只有四处，这就大大减少了道路的数量，增加了行走的距离。社会互动也因此下降。

都灵市中心
该街区的稠密度为5。传统的楼房一栋挨着一栋，这就大大增加了交叉点，从一点到另一点之间有许多条道路。在上图所选的街区中，临街门面的长度达7.5公里，而且通常被建成了商业走廊，朝着院落的门面4公里，这里成了密集的社交场所。

资料来源：建筑科学技术中心（CSTB）城市形态实验室。

重新思考城市：形态与流量的结合

展起来的，问题就由此出现：这一模式似乎正在将其他形式的交通工具排除在外，而且它还侵占了大量空间，造成严重污染。一个可持续发展的城市应当能够为人们提供各种各样的出行手段，并能够根据他们所从事的活动选择适宜的出行模式，而且最好是那种软性或无污染的交通工具。事实上，这些交通工具更有利于身体健康，也更能够让各阶层的民众所接受，而且无须依赖那些本身并不可靠的所谓技术进步，如降低汽车污染的技术等。

> 一个可持续发展的城市应当为人们提供各种各样的出行手段。

从街区或小区的层次看

混合型。有关城市形态的研究也可以从街区的范围来考虑。有些混合型的设计可以用一楼来开商

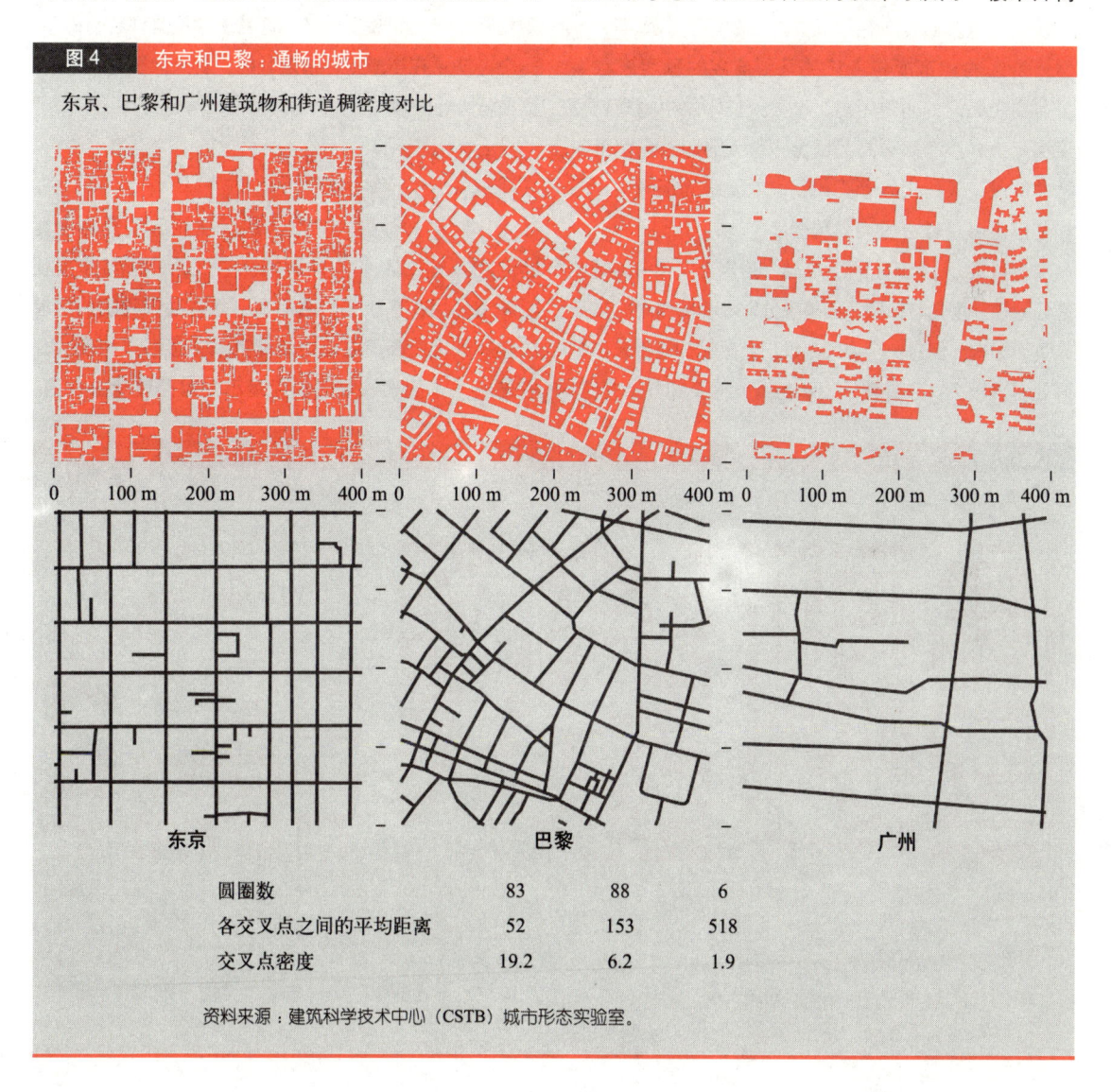

图4　东京和巴黎：通畅的城市

东京、巴黎和广州建筑物和街道稠密度对比

	东京	巴黎	广州
圆圈数	83	88	6
各交叉点之间的平均距离	52	153	518
交叉点密度	19.2	6.2	1.9

资料来源：建筑科学技术中心（CSTB）城市形态实验室。

城市：改变发展轨迹　79

场，其余的部分作写字楼，或者二、三楼当写字楼，其余的供住宅用。另外，本街区内还应拥有供学校或医疗卫生机构用的设施。这种混合型街区必须使当地居民能够通过步行便可以解决日常所需，这样可以避免造成社会割裂、污染或者堵车等现象，既可以节省时间，也可以就近解决就业问题。公共交通的设置也要从整个街区的角度来考虑，如公交车和电车的停靠站设置，以及自行车存放点或汽车的地下车库等。

街区的稠密度将直接关系到商店的顾客人数以及各商店之间的间隔距离。过去人们印象中的高稠密度实际上并没有那么高，因为一般人的印象稠密度与楼的高度有关，实际上正如我们前面所分析的，六层楼就已足够使城市保持高稠密度。

分散性、采光与日照。在这一层次上，相关的标准是分散性、采光与日照。如果说分散性会给整个城市带来负面影响，但对一个街区来说，分散性却能带来许多好处。事实上，它会使房屋和街道变得更加复杂多样，

并可为城市增添绿色空间。线条单调的街道，不带院落的房屋会使城市形象单一，变得不讨人喜欢。树木和绿化带对一个城市非常重要，因为它们能够发挥调节空气、遮阴、保持水土和吸收部分二氧化碳等功能。另一个重要的变量是与建筑物采光有关的日照。它能使建筑物受到阳光的照射，接受太阳的光和热。通过对房屋、街道和绿地进行合理布局，使城市在夏日能够避暑，而冬季则能够让阳光和热量进来，这看来并不是件容易的事。一个办法是在街道上种植落叶树。夏天能够遮住阳光，而在秋天叶子落下后，又可使阳光洒落街头。

从房屋的层次看

建筑物的外形与隔热。房屋在能源消费方面能起到增减幅度达40%的影响。它们的外形与布局使能源主要用在了取暖和照明上。那些独门独院的房屋热损耗最大，因而取暖用的能源消耗最多。相反，那些连成一片的建筑物热损耗最小，因而最能够保温。

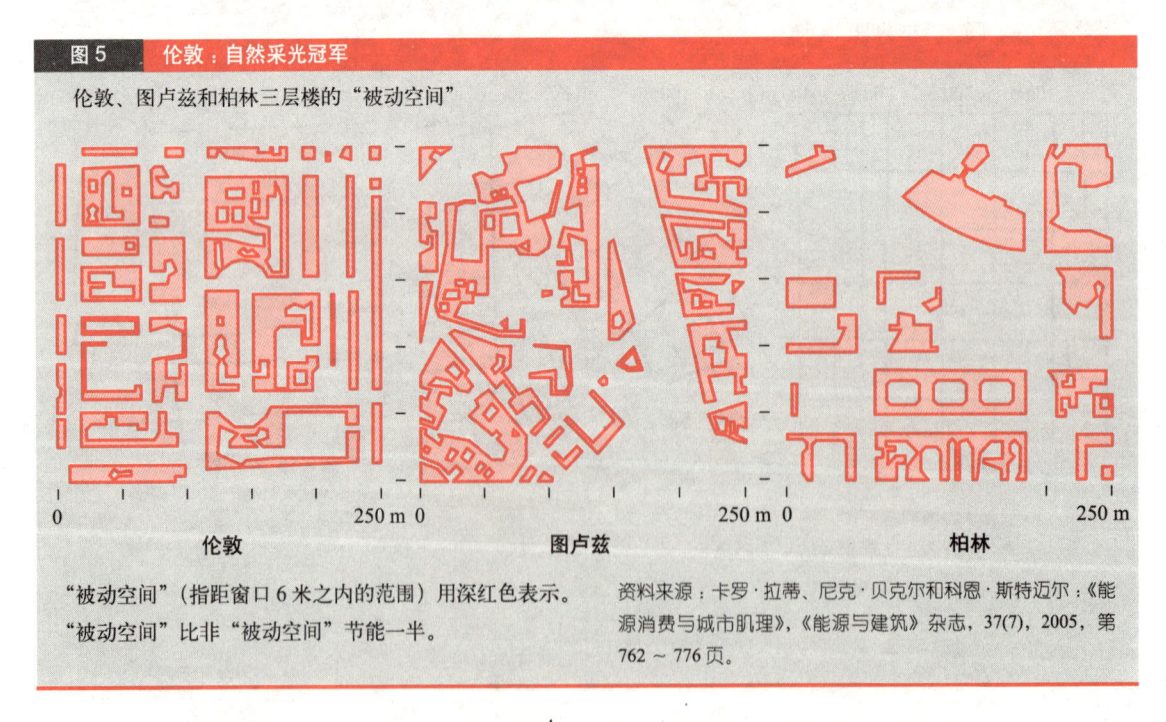

图5　伦敦：自然采光冠军

伦敦、图卢兹和柏林三层楼的"被动空间"

| 伦敦 | 图卢兹 | 柏林 |

0　　　　　250 m　　0　　　　　250 m　　0　　　　　250 m

"被动空间"（指距窗口6米之内的范围）用深红色表示。"被动空间"比非"被动空间"节能一半。

资料来源：卡罗·拉蒂、尼克·贝克尔和科恩·斯特迈尔：《能源消费与城市肌理》，《能源与建筑》杂志，37(7)，2005，第762～776页。

相反，那些又高又厚重的大楼，虽然稠密度高并且在取暖方面也很节能，但它们存在着通风差和"被动空间"（volume passif）小的问题。

"被动空间"。"被动空间"是指建筑物内距窗口6米之内的范围，这里能够接受到自然光和自然风（见图5）。在法国，取暖是住宅区最主要的能源消费，而通风和照明则是服务行业两类最大的能源消费。应当从房屋的密集度和"被动空间"之间找到平衡，而且那些旨在提高能源利用率的实践措施证明，这种平衡在那些连成一片、规模中等的房屋中能够找到，而那些独门独院的房屋或者塔楼则很难做到这一点。

城市的再稠密化与新城市的开发

面对着资源消费必须减少，而世界上的城市又必须吸纳更多人口的双重压力，制定城市发展与规划战略变得越来越迫在眉睫。这些战略必须充分考虑到私家车所带来的种种弊端——如占用大量空间、直接和间接的污染以及会排除其他交通手段等。稠密度、混合型以及"被动性"将成为其中的关键词。在城市内对这些标准进行比较、测量的相关手段已经作了介绍。现在的问题是应当从一个城市的角度来思考城市的发展，还是应当从一个城市所延伸出来的大范围的角度来思考：既要为生活在这里的不同人群、为他们所从事的不同活动规划好各自的空间，又要从一开始就考虑到这些不同空间之间的连接。城市的所有参与者、城市生活的各个层面在城市的建设之初就应当得到充分重视，以便从形态和流量上通盘考虑，从而使城市实现可持续、和谐的发展。

参考文献

ADOLPHE (L.), «A Simplified Model of Urban Morphology: Application to an Analysis of the Environmental Performance of Cities », *Environment and Planning B: Planning and Design*, 28 (2), 2001, p. 183-200.

ALI-TOUDERT (F.) et MAYER (H.), « Numerical Study on the Effects of Aspect Ratio and Orientation of an Urban Street Canyon on Outdoor Thermal Comfort in Hot and Dry Climate », *Building and Environment*, 41 (2), février 2006.

ARNFIELD (A. J.), « Street Design and Urban Canyon Solar Access », *Energy and Buildings*, 14 (2), 1990, p. 117-131.

BROWN (G. Z.) et DEKAY (M. W.), *Sun, Wind and Light : Architectural Design Strategies*, New York (N. Y.), John Wiley and Sons, 2001.

BRUNNER (C.) et ROUSTAN (F.) (dir.), *Densité et formes urbaines dans la métropole marseillaise*, Marseille, Imbernon, 2005.

CHENG (V.), STEEMERS (K.), MONTAVON (M.) et COMPAGNON (R.), « Urban Form, Density and Solar Potential », *23th Conference on PLEA*, Genève, 1-6 septembre 2006.

COMPAGNON (R.), « Solar and Daylight Availability in the Urban Fabric », *Energy and Buildings*, 36 (4), avril 2004, p. 321-328.

GIVONI (B.), « Urban Design in Different Climates », *World Meteorological Organisation*, 346, 1989.

GOLANY (G. S.), «Urban Design Morphology and Thermal Performance», *Atmospheric Environment*, 30 (3), 1996, p. 455-465.

GROLEAU (D.) et MARENNE (C.), « Environmental Specificities of the Urban Built Forms, Rebuild-Rebuilding the European City », *Integration of Renewable Energies in Established Urban Structures*, Corfou, juin-juillet 1995.

MILLS (G.), « Urban Climatology and Urban Design », *15th ICB and ICUC*, Sydney, 8-12 novembre 1999.

OKE (T. R.), « Street Design and Urban Canopy Layer Climate », *Energy and Buildings*, 11 (1-3), 1988, p. 103-113.

OKEIL (A.), « In Search for Energy Efficient Urban Forms : The Residential Solar Block », *The 5th International Conference on Indoor Air Quality, Ventilation and Energy Conservation in Buildings Proceedings*, Toronto, mai 2004.

OLGYAY (V.), *Design With Climate : Bioclimatic Approach to Architectural Regionalism*, Princeton (N. J.) Princeton University Press, 1963.

RATTI (C.), BAKER (N.) et STEEMERS (K.), « Energy Consumption and Urban Texture », *Energy and Buildings*, 37 (7), 2005, p. 762-776.

RATTI (C.), RAYDAN (D.) et STEEMERS (K.), « Building form and Environmental Performance : Archetypes, Analysis and an Arid Climate », *Energy and Buildings*, 35 (1), 2003, p. 49-59.

RATTI (C.) et RICHENS (P.), « Raster Analysis of Urban Form », *Environment and Planning B: Planning and Design*, 31 (2), 2004, p. 297-309.

SALAT (S), « Energy Loads, CO_2 Emissions and Building Stocks : Morphologies, Typologies, Energy Systems and Behaviour », *Building Research and Information*, 37(5-6), septembre 2009, p. 598-609.

SALAT (S), *The Sustainable Design Handbook China. High Environemental Quality Cities and Buildings*, Paris, CSTB-Hermann, 2006.

SANTAMOURIS (M.), *Energy and Climate in the Urban Built Environment*, Londres, James and James, 2001.

SUZUKI (H.), DASTUR (A.), MOFFATT (S.) et YABUKI (N.), *Eco2 Cities, Ecological Cities as Economic Cities*, Washington (D. C.), Banque mondiale, 2009.

TRAISNEL (J.-P.), « Habitat et développement durable, bilan rétrospectif et prospectif », *Les Cahiers du CLIP*, 13, avril 2001, p. 7-72.

聚焦

中国：努力提高能源利用率

尼尔斯·德韦尔努瓦（Nils Devernois）
法国开发署（AFD）研究部项目专员

近30年来，中国政府一直致力于提高工业企业的能源利用率。10年前，中国就制定了针对新建项目的能源标准，如今的关键问题是如何使全中国的住房都能遵守这些新的建设标准。

伴随着中国经济的持续增长[a]（最近15年来，平均年增长率为10.1%），中国的能源消费也日益增长：过去15年间增加了4倍。仅2000～2005年间，中国的能源消费就增长了30%，所增加的消费量超过了印度一个国家的能源消费总量。如今，中国的能源消费量约为20亿吨标准石油。国际能源机构也作出了"一切照旧"的预测，认为中国的能源消费到2030年仍将增加55%。

政府的政策

中国政府已经逐渐意识到，要想经济长期持续增长，就必须解决提高能源利用率的问题。事实上，除了减轻中国能源对外依赖这一因素外，提高能源利用率也被视为减少环境破坏（如用煤炭来发电）和实现可持续增长的一种手段。

政府最近30年来在能源政策上所提的一些口号就能说明这一点：1983～1993年所提的口号是"大力发展能源生产，厉行能源节约"；到后来变成了"能源生产与节约并重"，而到了2003年又改为"国内节约优先，实现能源供应多元化"。也正是从这个时候开始，中国政府把能源和环境放到了经济发展的核心位置，并努力实现一种平衡式的增长："建设资源节约型和环境友好型社会"。

除了大力发展可再生能源外[b]，中国政府还把节能当作国家政策的一项重要内容。中国政府推出了许多旨在提高能源效率的重大项目，几乎涉及所有的行业。"十一五"规划期间，中国有望节约5.6亿吨标准煤[c]。正是在这一背景下，中国于2007年10月28日制定了《中华人民共和国节约能源法》。这一法律比较详细地为各个行业规定了提高能源利用效率的措施与目标，并明确了负责实施和监督的相关部门。

需要强调指出的是，中国的"十一五"规划规定在2006～2010年间，中国的单位GDP能耗[d]将降低20%，即平均每年降低4%。中国国家统计局的年度报告显示（这是它惯有的谨慎作风），2008年中

---

[a] 2006年，中国经济在世界所占的份额达15%，这一比例在1980年仅为3%。
[b] 中国已成为世界上光电能源第一生产大国。
[c] 一吨标准煤（相当于0.7吨标准石油），约相当于780立方米的天然气。
[d] 单位GDP能耗，即每产生一定数额（万元）的GDP所消耗掉的能源。

国的单位 GDP 能耗[e]降低了 4.59%。

中国的城市背景

中国的城市最近 30 年来发展迅猛。目前，中国 43% 的人是城市人口。目前，中国的城市建筑总面积[f]约 175 亿平方米，其中 65% 是住宅。最近十几年来，中国每年新增建筑面积约 10 亿平方米，其中 6 亿平方米左右是住宅。

从 2000 年开始，中国颁布了新建建筑节能标准。这些标准在最初的几年里并未得到认真执行（2001 年实行新标准的比例只有 2%），之后在国家和各省市两级部门的监督下，实施情况有了明显好转。目前，新建房屋的达标率已由 2005 年的 21% 提高到了 2009 年的将近 90%。由于中国房地产市场增长迅速，目前节能型房屋的面积在中国的建筑总面积中占了 20%，而这一比例在 2000 年时只有 1%～2%。

同时，中国还启动了许多对现有房屋进行改造的项目。事实上，根据"十一五"规划所制定的目标，建筑行业的节能总量必须达到 1.1 亿吨标准煤，其中 1/3（约 2700 万吨标准煤）将通过对现有房屋进行节能改造来实现。目前，中国政府将主要精力放在北方的城市上，恶劣的天气使得这里在提高能源效率方面有更多的潜力可挖。这一地区拥有集中供暖设备的房屋总面积达 32 亿平方米，它们将成为优先改造对象。"十一五"规划准备改造其中的 1.5 亿平方米，到下一个五年规划争取实现翻番，即达到 3 亿平方米。不过，1.5 亿平方米只占该地区需要改造住房的 6%，而且这些节能改造项目都是在国家以及省市各级政府提供补贴的情况下实现的——这些补贴占到了总成本的大约 75%。

与此同时，中国还在全国的 20 多个城市[g]进行试点，以便积累不同形式的节能经验。这些经验包括在国家机关的办公室以及大型的公共和私人建筑内安装能源消费实时检测系统。湖北省的省会城市武汉就是安装这类系统的试点城市之一。试点实验的内容还包括对公共和第三产业建筑物的节能政策所产生的技术和经济问题进行评估，并探寻对现有房屋展开大规模节能行动的新方法。

前进的新方法

像大部分国家一样，中国在将如此大规模的计划付诸实施时也会遇到许多传统的障碍。国际经验表明，目前在该领域所取得的成功都是实验性的，而且这些成功往往只来自区域性或地方性的试验当中，很少能取得全国性的成功。国际经验还表明，大规模的改造要想取得成功就必须采取新的方法，而新方法势必要综合考虑以下三方面的因素：明确这些节能手段的技术和经济特性，建立起与之相适应的融资机制，全面动员各方力量参与。

明确技术和经济特性是必不可少的基础。事实上，明确在技术方面要做哪些改造（部分还是全部安装隔热装置，对取暖、空调或照明设备要进行哪些改造等）、投入多少资金，以及能够节约多少能源等，这一切都是至关重要的。它可以使业主们明白他们需要进行哪些改造，他们的投入何时能够收回。它还能使决策者根据对全部房产进行的分析，知道不同级别

---

e 在第一年，这一能耗仅降低了 1.2%。
f 中国的建筑总面积为 420 亿平方米。与之相比，法国全国的建筑总面积为 30 亿平方米，其中近 8 亿平方米被第三产业所占用。
g 其中包括四个月需要开暖气、六个月需要开空调的温带地区，尽管这一地区的改造工作被安排在了"十二五"规划当中。

城市：改变发展轨迹　　83

的节能改造工程可能分别面临哪些经济、技术和能源问题，从而制定出一些适应本地区实际情况的提高能效的政策。

建立新的融资机制对于大规模改造的成功同样至关重要。这些机制能够为相关改造工程筹集资金。鉴于这类工程的投资特别巨大，这些投资不能依靠短期的补贴，而是必须发挥银行体系的杠杆作用。此外，在资金使用方面，这些资金必须能适应各种不同的项目工程，而且还能满足项目的各不同参与方以及众多受益人的需求。这些机制还必须能鼓励人们的参与，尽可能用节能措施所产生效益来支付部分成本。最后，这些机制还必须能够为本地区创建一个能源改造市场，并使之不断壮大。

最后，这种转型需要调动社会各界的力量，也离不开它们的参与。从行政管理的角度看，国家各部委以及各省市的相关机关都必须参与其中。像其他大部分国家一样，这些行政机关在没有一个明确"领导"的情况下，很难在横向合作方面形成合力。显然，银行业必须全面参与其中，然而其他参与者也同样十分重要，如能源生产企业、能源管理公司、工程施工方、节能设备生产商、行业协会，以及学者、实验室和科研人员等。这些不同的参与方之间必须进行必要的对话，学会共同协作，为达到共同的目标而携手。

如果国家不鼓励或支持建立这样一种协调机制，那一切都将无从谈起。事实上，国家必须集中精力制定提高能源利用率的相关政策和计划、动员社会各方的力量、帮助确定相关的融资机制与融资手段、鼓励各种经济体（包括国有和私营经济体）全面参与这些政策的实施。要使人们能关注那些更长远的能源和环境问题，这一作用是不可或缺的，而这也是市场所无法发挥的功能。

一个由湖北省、武汉市以及法国开发署于2006年共同发起的针对公共建筑和第三产业建筑的研究计划已对这些创新性的举措进行了调研。一个旨在对该计划首批成果进行审议的研讨会于2009年5月在武汉举行。这是一个由中方和法方共同组织的研讨会，得到了中国住房和城乡建设部的支持。参加会议的除了前面所提到过的各参与方之外，还有来自长江沿岸各省的代表。

2009年10月在巴黎召开的一次工作会议上，来自中国的代表证实国家愿意就这一新方法继续探索，并且将在湖北省以及另一个省建立一些协调机制。与此同时，武汉市也立下了对100万平方米既有房屋进行改造的目标。

弗洛朗斯·富尔内（Florence Fournet）
法国蒙彼利埃国家发展研究所（IRD）研究员

奥德·默尼耶—尼基耶马（Aude Meunier-Nikiéma）
加拿大蒙特利尔大学地理系可持续发展与区域活力实验室研究员

布莱斯·温根德·荣西（Blaise Nguendo Yongsi）
布基纳法索瓦加杜古社会科学院（INSS）研究员

热拉尔·萨利姆（Gérard Salem）
法国西巴黎南戴尔拉德芳斯大学健康与国土实验室地理学教授

非洲：改善环境和人类健康

尽管环境问题——如供水或城市的环卫问题等——会对城市居民的健康产生重大影响，但它们并不是南方国家市政当局所关注的重点。这些市政当局面对环境问题的时候——通常是在国际社会的合作之下，它们往往必须提供一些符合当地需求、与当地日益变化的城市社会习俗相适合的解决方案——其中既有城市思维，也夹杂着乡村思维。这是一个不断变化的挑战。

全球城市人口到2030年将增加一倍（见参考标准之十三、十四）。这一增长将给人们的健康提出挑战。城里人面对着众多问题——垃圾、空气污染和水污染，却对这些问题对健康的危害认识不足。因此，必须弄清楚环境污染究竟会给人的身体健康造成多大的危害。如果说健康是可持续增长的动力，那么可持续增长反过来也会促进人们的健康。

非洲许多国家经济增长乏力，再加上缺乏深思熟虑的增长政策，因此可持续发展所需的城市基础设施建设远远跟不上人口增长的步伐。然而，如此多的人一下子涌到同一个地方，必然会导致城市污染危险加剧。然而由于这些污染源头多种多样，因而不仅很难估算，而且更难预防。本章将试图理解南方国家的城市是如何看待污染问题的。为了解污染如何扩散开来，而且会对人的健康产生哪些影响，我们决定选取两座非洲城市加以剖析。通过喀麦隆首都雅温得居民的普通家庭生活，我们得以了解这座城市的环卫工作所面临的挑战。而布基纳法索首都瓦加杜古的例子则告诉我们，一些城市是如何通过实施"生活垃圾清扫计划"——尽管这一计划的实施面临着诸多困难——而走上可持续的城市化之路的。

污染是个老问题

如今，污染已经成了一个常见的词语，它指的是那些导致环境恶化的行动，不过这个词有着多层含义。许多研究，尤其是那些西方国家所作的研究，在谈到污染时所指的主要是大气污染及其对健康的影响。在许多环境卫生条件恶劣的发展中国家，喝了被致病因子污染的水很容易造成腹泻。水也可能受到其他污染源的污染，排在首位的是用来给土地施肥的硝酸盐类化肥。人们很容易联想起垃圾场的肮脏景象——固态垃圾的堆积，随着慢慢腐烂招来各种啮齿动物、昆虫和鸟类。垃圾对身体的危害往往被人低估。那些生活在垃圾场周围的人之所以会感到头昏脑涨，多半不是由于污染物的毒气所引发，而是因为这些恶臭引起的焦虑情绪所致。

污染既不是一个新问题，也不是一个间歇性的现象。早在公元前4世纪，希腊名医希波克拉底就认为疟疾引起的间歇性发热与气候及环境因素存在一定关系。然而，长期以来，引发污染的原因一直为数不多，而且后果也很有限：主要是局部地区的水体被人为污染、含水层被一些致病因子所污染或者一些带有发酵作用的物质被生活垃圾带入水网之中。从18世纪末工业革命开始，人们才开始明显感觉到人的活动对环境的影响。

> 污染既不是一个新问题，也不是一个间歇性的现象。

在此期间，北方国家的科学家、工业家以及农民都把城市当成是原材料的来源地，并开始了建设城市的计划：在什么都不浪费的口号下，当时城市的卫生有了一定的保障。然而，城市一旦停止供应这样的资源，便无力再承受这些垃圾。20世纪初，城市的这些"排泄物"开始逐步"跌价"，最终变成了"垃圾"或"污水"。

19世纪霍乱和伤寒先后肆虐欧洲，从此之后欧洲在卫生领域取得了重大进步。约翰·斯诺在研究1854年伦敦霍乱的传播途径时，提出了城市供水网是霍乱传播渠道的假设。从此，英国开始通过对水的处理来降低疾病传播的危险。同一时期，法国的路易·巴斯德发现了人与动物接触可能造成传染，导致了卫生保健学的出现，并于1902年导致了《公共卫生法》的问世。在奥斯曼男爵等决策者以及许多卫生工程技术人员——他们发明并推广了水处理和污水净化技术——的影响下，巴黎的城市面貌渐渐开始发生变化。现代化的供水网络和排水系统得以铺设完成，再加上医学的进步，这一切大大提高了城市人口的健康状况——人们的平均寿命也很快上升。

南方国家：许多危险的行为

南方国家的城市与北方国家的城市之间不存在任何可比之处：环卫设施不仅数量不足，而且质量很差，这使得大量固体废弃物和废水被丢到户外，给人们的健康造成重大隐患。撒哈拉沙漠以南非洲地区，每四个城市居民中就有一人喝不上干净的水，有一半的城市居民没有像样的环卫设施。

1975～2002年，西非和中非只建成了30余座废水处理厂，2002年这些新建设施在上述国家全部集中处理设备中占了20%。除了设备简陋之外，材料和资金的缺乏也使这些设施的功能大打折扣，设计的处理能力被大大超出，而实际效率却十分低下。此外，污水和废水也缺乏跟踪检测（见图1）。

在喀麦隆的雅温得，当局在净化城市方面作了不少努力，但始终无法满足日益增长的需求。城市净化的成果仅限于市中心和几个现代化区域，而传统居民区同时又是人口密集的地区，却始终无人问津。例如，生活在谷底和山坡那些经常容易受到水淹或土地侵蚀之害的穷人，他们始终没有任何雨水疏导设施。

为了应对环境污染问题，喀麦隆当局于1996年8月5日通过了第96/12号法，即《全国环境整治法》，并推出了一个环境治理国家行动计划。然而，这一法律和计划的实施却障碍重重，其中最重要的原因是缺钱。此外，多头决策再加上缺乏协调，导致了各部门之间出现了权力之争，造成了资源的浪费。

与环卫方式有关的健康危险。无论是南方国家还是北方国家，城市都会产生大量的液态垃圾。根据马里"全国环境卫生、污染及公害监管局"（DNACPN）提供的数据，在马里首都巴马科，平均每个居民每天产生废水28.3升，这一数字大大低于伊斯兰堡和蒙

非洲：改善环境和人类健康

特利尔的 118 升和 225 升。

在雅温得，废水倾倒的比例很高，大约占全国水消费量的 90%～95%，而真正拥有现代化卫生设施的家庭只有 7.3%。按照每个居民平均每天使用 60 升水计算，被倾倒的废水总量达 62400 立方米。而这些废水本来应当进行再处理的。2002 年，在这座拥有 120 万人口的城市中，能够收集和处理废水的工厂只有 10 座，而且普遍陈旧，运转不良。事实上，70% 的废水都直接倒在了地上，相当于每公顷城市土地每天 5 立方米，而其中所含的污染物大大超过了世界卫生组织所允许的标准。这些废水中含有大量的悬浮物（在"绿城"区，这一比例达到了每升 2600 毫克，而正常值为每升 30 毫克）、磷（每升含量 27.9 毫克，而正常值为每升 1 毫克）、氨型氮（在大梅萨地区和"绿城"区每升含量达 80 毫克，而正常值为每升 0.5 毫克）、大肠杆菌和链球菌（每 100 毫升含量分别为 103UFC 和 107UFC）、有机物和大量的重金属，如镉、铅和锌等。令人担忧的是，这一切可能将很快超出土地的自然净化能力，从而会对含水层造成污染。而这里 65% 的居民没有自来水供应，饮水主要靠水井和泉水，这将导致腹泻等"排泄物污染"疾病的进一步加剧：全球儿童死亡总数中，有 13% 死于腹泻病。为了弥补公共部门在环卫领域投入的不足，当地居民自己动手建成了许多废水和排泄物收集和排污系统。这些系统五花八门，有的同样会对身体造成不良影响。

不同街区存在不同的危险。在雅温得市进行的流行病学横向调查研究显示，这里腹泻病的发病率平均为 14.4%，但病例的地域分布极不平衡，而这一切与城市环卫的不同方式有着很大关系（见图 2）。[a]

---

[a] 喀麦隆巴斯德中心（CPC）和西巴黎南戴尔拉德芳斯大学对雅温得 5 岁以下腹泻病患者的社会和空间分布不平等状况进行过联合研究。这一调查于 2002 年 5 月进行，对喀麦隆行政首都 20 多个街区的 3000 多名儿童进行了实地走访。

图 1　世界各地拥有怎样的环卫设施？

2000 年世界各大城市环卫设施分布情况（百分比）

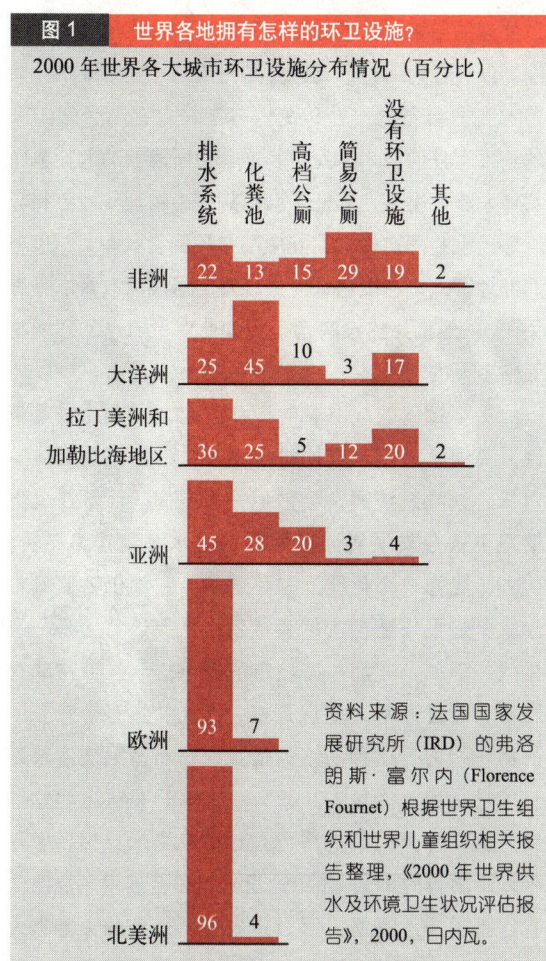

地区	排水系统	化粪池	高档公厕	简易公厕	没有环卫设施	其他
非洲	22	13	15	29	19	2
大洋洲	25	45	10	3	17	
拉丁美洲和加勒比海地区	36	25	5	12	20	2
亚洲	45	28	20	3	4	
欧洲	93	7				
北美洲	96	4				

资料来源：法国国家发展研究所（IRD）的弗洛朗斯·富尔内（Florence Fournet）根据世界卫生组织和世界儿童组织相关报告整理，《2000 年世界供水及环境卫生状况评估报告》，2000，日内瓦。

图 2　环卫与健康

雅温得市腹泻发病率与不同环卫手段之间的关系

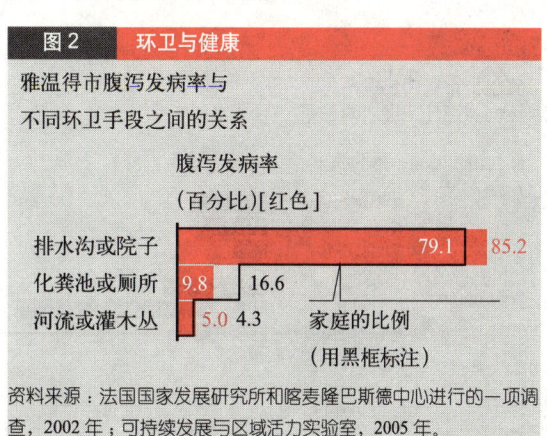

腹泻发病率（百分比）[红色]

环卫手段	发病率	家庭的比例（用黑框标注）
排水沟或院子	85.2	79.1
化粪池或厕所	9.8	16.6
河流或灌木丛	5.0	4.3

资料来源：法国国家发展研究所和喀麦隆巴斯德中心进行的一项调查，2002 年；可持续发展与区域活力实验室，2005 年。

城市：改变发展轨迹　　**87**

当居民把废水直接向大自然排放的时候，腹泻病的发病率就高。通常，发病率最高的地区是那些自发形成的街区（总计319例，占总数的73.2%），尤其是那些靠近市中心的自发形成的街区（约占38.4%，见图3），如埃托阿—梅基（Etoa Meki）区。这类街区中，居民通过排水沟来倒废水，并任污水随意流淌。这些排水沟由雨水冲刷而成，很少有人去维护。排水沟在各家房屋前绕行，遇到坡地则直泻而下，并在下方形成一片水洼。水洼上有时飘浮着洗衣粉的泡沫，有时则孑孓成堆。在土地渗水不畅的情况下，这种潮湿的环境很容易导致微生物的繁殖，一些线虫的卵得以成活，从而在城市引起各种腹泻病。

缺乏协调的个人行为使得废水的危害殃及了所有的人。

然而，缺乏协调的个人行为使得废水的危害殃及了所有的人。每个人都想把废水排到自家范围之外，却不管它是否会在下一家门口被堵住。那些废水能迅速流过的地方，危害就会小一些，如姆巴拉三区（Mballa 3）和比洛诺（Bilono）等城市化的前沿地带就是如此。相反，那些终日有充满恶臭的污水沉积的低洼地区，则发病率就高。另外，一些正规的老居民区如恩科卡纳（Nkomkana）、姆巴拉三区、宁博米昂（Nimbomian）三区和四区等也存在这样的情况。

在那些经过正式规划的居民区以及现代化公寓区，病例主要集中在那些"城乡土地整治和装备计划"所设置的临时安置所，或者那些刚刚搬到这里还来不及与供水网接通的家庭，如白宫区和恩古索—扬达区。

如果所有的居民都能用上从远离城市的地方采集来的、经过处理的可饮用水，那么缺乏环卫设施以及废水乱排放等所造成的危害就会小得多，至少在短期内是如此。然而，生活在这些没有经过像样的整治甚至没有经过任何整治的城区的居民很难喝得上经过处理的自来水。多数情况下，他们只能从那些不太深、没有任何保护因而已受到污染的水井中取水。而各家各户自备的一些设施，多半是自己凑合做出来的，没有任何技术含量可言，其中所隐藏的危险要比集体设施大得多。因此，腹泻病是由物理、社会和环境等因素共同造成的，其中既与乱倒废水有关，也与局部地区人口密度过大有关，更与居民的教育水平有关——他们始终没有意识到如此对待自己的环境将面临多大的危险。

需要探索的战略。对于那些南方国家的城市来说，粪便直通下水道的排水系统或许并不是最佳的选择。这类系统通常会占用很多空间，而且在这种情况下安装粪便直通下水道的排水系统较为昂贵。此外，光修一个化粪池是不够的。它不仅需要日常维护，还要修建相应的管道系统，而这将又是一个挑战。例如，非洲一些城市的露天排水沟通常缺乏维护，而且通常是随意开挖，因此并没有带来多大的排泄能力。这种网络的低效能在布基纳法索首都瓦加杜古尤为明显。2009年9月1日是进入雨季的第一天，一天时间内降雨量达260毫米，相当于年平均降雨量的1/3。如果这里建有适合沙漠草原区的直线型的排水网络，那么市中心所受到的灾害将大大降低。在目前情况下，当务之急便是探寻出一些

图3	感染与非正规街区	
雅温得市腹泻发病率与不同类型住宅之间的关系		
街区名称	住宅类型	腹泻发病率（%）
规划区	有规划的普通居民区	11.6
	有行政管理的居民区	10.0
	现代化公寓区	5.2
自发形成的街区	中心区	15.8
	接近中心区	38.4
	城市化的前沿地带	11.3
	处于整治过程的区域	7.7

资料来源：法国国家发展研究所和喀麦隆巴斯德中心进行的一项调查，2002年；可持续发展与区域活力实验室，2005年。

与当地情况相适应的解决方案，如旱厕、冲水厕所以及人工湿地等。

在发达国家，那些环卫设施以及供水、供电设施等都是在19世纪靠国家的补贴安装起来的。在20世纪，各城市掀起了权力下放运动，此时各种管网的安装费用是靠税收、国家补助以及互助银行的贷款来支撑的。所有欧洲国家的情况都是如此。在发展中国家，基础设施建设在城市发展之初是靠公共部门或准公共部门负责的，然而到了20世纪90年代之后，结构调整计划以及国际援助的分散，使得这些国家所获得的援助急剧减少。这些援助有时会产生与原先预计完全相反的后果，比如将一些设备集中安装在某一特定空间（如在一个本已狭窄的地段修建排水沟），既没有全面的协调，也没有被纳入城市的总体规划当中。此外，各方同时强加的权力下放进程无助于援助资金的到位。因此，有必要在各个不同领域就可能存在的解决方法进行探索，如定价、同时提供各种补助、通过互助的形式来分担各类服务的管理成本、确定国家互助机构提供援助的具体方式等。总之，要通过这些措施来为基础设施建设筹集资金，从而提高民众的生活水平，并促进环境的保护。

此外，还应当看到的一点是，当改善城市环境这个问题被提出来的时候，今天发展中国家所面临的形势与发达国家所面临的形势完全不同。在今天的欧洲，城市的增长已不如过去强劲，因为人口的转型已经完成。此外，这里也不存在缺钱的问题，而这一点在发展中国家远远做不到，这一点在水这个例子上就能充分体现出来。另外，发展中国家也很难使各项服务实现合理化。此外，北方国家的公共卫生政策也不是一天形成的，而是通过设立许多法律框架——最早是以技术框架的形式出现的，而不是一套完整的体系——尔后才得以对城市环境问题有了粗略的认识。然而，需要指出的是，如果没有当地社群的加入与参与，想要保护和改善环境是难以想象的。

事实上，要想改善环境，光靠国际社会的意愿以及相关的配套投资已经不够，必须让当地民众充分认识到保护环境的重要性，并让更多的人了解环境对自身健康的重要性。不过，惯性的力量总是十分强大的。在这方面，对非洲城市的威胁日益增大的霍乱便是一个很好的例子。瓦加杜古也未能在这场流行病中幸免：2003年召开的非洲城市市长大会曾把联合国奖项授予该城市，以表彰它在环境领域所付出的努力。然而两年后，这座首都城市出现了霍乱。卫生管理机关想借此唤醒民众对卫生重要性的认识，从而防止未来再现"排泄物污染"疾病。然而，霍乱这一流行病刚刚过去，小贩们又重新在街边摆起了小摊，根本顾不上四处的尘土以及周围的臭气，而那些出现过病患的家庭，也不再为了卫生而整理家务。不过，只要相关部门有一点政治意愿，个人和集体付出一点努力，就能够做到这一点。环境与健康之间的关系早已为人所知，而且迄今为止太多的研究只注重城市的空间布局和社会不平等现象。那些认为城里能够生活得更好——这里的学习和卫生条件更好、设施更先进、生意更好做——的偏见必须改变。城里的卫生设施完备并不意味着民众就能够享受到它。太多的障碍——包括社会、经济或文化等障碍——依然会影响他们享受到城市的这些服务。

> 要想改善环境，必须要让当地民众充分认识到保护环境的重要性。

垃圾管理的障碍

生活垃圾的管理是非洲各级市政当局面临的又一大挑战。由于城市人口增长过于迅速，加上管理不善，再加上消费方式的变化导致了生活垃圾的大量增加，这一切使许多非洲城市在生活垃圾管理上面临着许多难题。

瓦加杜古,"洁净之城"。 布基纳法索首都瓦加杜古市试图按照国际大机构的设想——这些机构十分关注环境保护问题——来制定合适的城市政策。1996～2006年间,瓦加杜古市人口以每年5.2%的幅度递增,结果使人口数量达到了150万。如今,这座城市每年的生活垃圾总量达30万吨,这一数字到2020年可能达到90万吨,其中半数将被转运到其他地方。

从该国独立到20世纪80年代末,垃圾的收集工作主要由市政部门一家承担,即"国家维护、清洁和美化服务局"(DONASENE)。1986年,在国际社会和布基纳法索本国政府的双重影响下,瓦加杜古市开始了对环卫部门的重组。始于1983年的革命期间,而后在1987年以来实行的"调整"体制之下,政府在瓦加杜古市掀起了一场"洁净城市"运动,旨在消灭城市里一堆堆污秽之物。城市的清洁以及环境卫生成了国家的优先政策,而改善生活环境成了公民发展计划的基石,目的是对那些不干净的街区进行重新调整。"城市发展计划"(PDU)成了落实垃圾管理政策的基本工具。例如,第二个"城市发展计划"从1986年起向瓦加杜古市提供了7辆自卸卡车和115只垃圾桶;而第三个"城市发展计划"从1991年起一直关注结构调整计划以及垃圾收集体系的重组,将一些新参与者引进了垃圾清理领域。

> 大部分居民并没有意识到在大街上乱扔垃圾与危害人的健康之间的关系。

1996年,在"国家维护、清洁和美化服务局"基础上成立的"国家维护、清洁和美化服务管理局"(ONASENE)终因经营不善而解体,它的相关职能也在权力下放的大背景下被转移到了瓦加杜古市当局。瓦加杜古市承担起了环卫、清扫、防止污染和噪声以及垃圾的运送与清理等工作。这些服务都交给了一些私营公司,各家各户则按月付费给这些公司,付费标准则按照垃圾清运量的多少与次数来定。

公共卫生法出台。 与此同时,瓦加杜古市还推出了一个"固体废物生态化管理计划",而废水处理问题也成为优先目标,提高对日常生活、商业、手工业和办公室所产生的废弃物的回收率,而且还实行了"谁污染谁买单"的制度。国家还通过了"环境保护国家行动计划"(PANE),并把它列为布基纳法索21世纪议程。

这些法律的实施表明了该国对环境及环保事业的关注。一系列旨在促进环境保护的措施从1998年1月1日起生效,包括"禁止堆放或乱扔城市垃圾,以防有害动物、昆虫的滋生,并导致那些可能对生命和财产造成损害的疾病的传播"。2005年5月24日通过的第022-2005/AN号法律实际是一部公共卫生法,它首次对垃圾的清运过程提出了"预先收集"和"有监管的垃圾场"的概念。在垃圾收集方面,整个城市被分成了12个区域,每个区域都有一家私营企业或经济合作团体负责垃圾的清运。所有的居民必须接受垃圾清运,并必须为之付费。瓦加杜古城还设立了35个垃圾"预先收集"站,并在北郊的波莱斯戈村附近建立了一个"垃圾处理及回收利用中心"(CTVD),负责对垃圾进行分拣,或将能发酵的垃圾进行堆肥处理,或对不能再利用的垃圾进行技术填埋等。

垃圾收集体制的缺陷。 然而,这种新的组织形式实际上很难得到落实,因为大部分居民并没有意识到在大街上乱扔垃圾与危害人的健康之间的关系。垃圾管理固然取决于垃圾回收企业的处理能力,取决于居民对环境的关注程度,但也取决于家庭的生活水平。1990年对居民的一项调查显示,对于各个家庭如何处理生活垃圾的问题,户主们分别给出了以下不同的回答:31.1%的家庭使用家用垃圾箱,27.8%的家庭直接扔到户外垃圾堆,13.1%的家庭扔到大街上，11.6%的家庭扔到环卫部门专设的垃圾桶，8.3%的家庭扔进路旁的沟里，8.1%的家庭采取其他方式。这一调查还显示，城市中心区与郊区的家庭存在着明显的区别。在城市中心区，大部分家庭使用家用垃圾箱或环卫部门专设的垃圾桶。相反，在郊区，除了城东森林区的公寓区以及城南"鹅掌"（Patte d'oie）区的一部分居民外，大部分居民有随地扔垃圾的习惯。在那些中产阶级与低收入的穷人混居的地区，居民扔垃圾的习惯也不尽相同，这一点在西北部唐波伊（Tampouy）区十分明显。城市周边因此形成的一个环形带，它说明了这座城市在垃圾处理方面所存在的局限。很显然，这些地区也是教育和卫生等公共服务部门最不关注的，于是这一切只得让位于私营部门，而后者所提供的服务虽然价格能让人承受，但这些服务不仅数量少，而且质量也没有保证。

显而易见，首都缺乏垃圾收集站使一些非正规的经营者或者正规的私营单位通过非法占地或占用空地的方式来堆放从各家收集来的生活垃圾，或者将它们转运到郊区没有人监管的垃圾场去。看来，有必要借鉴不同环境会议上所提出的经验，对如何管理好垃圾处理流程作深入的思考。

面对垃圾的个人行为。 垃圾在农业中的应用，如垃圾是农民生产所需的有机肥的重要来源，是垃圾处理行业难以形成单一产业链的重要障碍。在瓦加杜古，一部分回收来的生活垃圾被直接倒在了郊区的农田里，然而这些垃圾中含有一些不能被生物降解的物质。

另外，在农村人们可以在自己的领地里为所欲为——正如莫阿格的一句谚语所说，"狗在自己的院子里是主人"；而在城里，由于空间所限，人们只好把在家中做不了的事搬到公共场合来做。值得注意的是，那些出生在城市或在城市生活了很长时间的人比那些刚刚进城的人更重视垃圾的收集以及家庭的整洁，那些刚刚进城的人似乎还保留了乡间的习俗，对

成堆的垃圾毫不在意。与处在建筑规划用地的房屋不同，那些聚集在非建筑规划用地上的住宅并没有足够的剩余空间用于临时堆放垃圾。事实上，这些地方由于人群密集，居民只好将垃圾扔到屋外。然而，对于这些连城市基本服务，如自来水或供电都享受不到的居民来说，除了随地乱扔以外，他们还有什么别的选择吗？

有的。至少从某种意义上可以这么说。城市在迫使它的居民根据一定区域内居住人口的多少以及生活垃圾对人身体所造成的危害程度而采取了不同形式的环境管理方式。有一点是清楚的，传统行为并没有发生多大改变。也正因为如此，当一个国家试图把大城市的环境管理模式输出到其他城市时，常常会遇到困难，尽管随着生活方式的改变，此时的二线城市也正在受到越来越多生活垃圾的威胁。

南方国家那些旨在保护环境、提高民众生活质量以及遏制污染等公共政策的出台，并不是由公共卫生领域所面临的危急形势逼出来的，而是源自最近几年来各种国际会议上所提出的各种国际要求。不过，人们可以提出这样的疑问：发展中国家的民众每天都面临着各种形式的侵扰，此时跟他们说农药残留或烟雾的伤害会导致人们早死，他们会作何感想？值得注意的是，南方国家的医疗卫生政策所注重的是治疗而不是预防。

1952年冬天笼罩在伦敦上空的烟雾使北方国家出台了控制大气污染的公共政策。然而，类似的污染能不能在发展中国家引起同样的重视还不好说。

最近20年来，南方国家的医疗卫生政策所重视的是基础医疗——如巴马科计划，对城市健康问题关注不多——在农村看来，城市是个富裕地区。这些政策所关注的是在各县建立医疗点，而且还实施了包括让地方社群参与、收回成本、实行垂直管理的综合性计划等在内的新战略。这些政策会根据各国的具体

情况而作出调整，但始终很少关注疾病的预防工作，而是更多地关注治疗作用。乔治·康吉扬认为，健康并不是一种理想状态，而是"能够应对危机"。然而，在卫生健康（法文的Santé，在中文中有卫生与健康两层含义。——译者注）政策领域，Santé 有两层含义。一是指与疾病相对的状态，即健康，其中发挥关键作用的是医疗体系。第二层含义是指卫生政策，其中发挥关键作用的是社会、经济、个人或集体因素。在发展中国家，制定卫生政策主要指第二层的含义。

适应地方的解决方法。城市集中了主要的民众以及他们的政治和经济活动、社会服务和体育及文化活动等。为了支撑这一活力，城市与环境之间形成了众多复杂的关系。理论家们为此还专门发明了"城市新陈代谢"一词。然而，通过对雅温得环卫状况以及瓦加杜古市垃圾处理的描述，我们看到了城市并不是一个单一的体制，也不存在一个由工程设计院设计出来的管理模式。南方国家城市发展只能依靠适应本地社会资源的解决方法。这些方法离不开降低污染和改善环境状况。它们还必须关注这样一个事实，即从农村进入城市会带来空间感的变化，因为人们已从一个开放的空间进入了一个封闭的空间，私人空间与公共空间的区别已变得十分重要。然而，民众也必须学会适应这种不同。城市不可能设计成为生物学上的自然状态，而是一个建成的空间。城市的可持续环境要由居住在这里的各个不同社会阶层来设计。但人们不能强求城市保持自然状态，因为这已经不再可能。这种探寻过程要求各个社会阶层认清自己所处的环境，并尽可能以可持续的方式来发展。

参考文献

BARLES (S.), « Le métabolisme urbain et la question écologique », *Les Annales de la recherche urbaine*, 92, 2002, p. 143-150.

CANGHILHEM (G.), *Le Normal et le Pathologique*, PUF, coll. « Quadrige », Paris, 1999 [8e éd.].

DÉVERIN-KOUANDA (Y.), « Gestion des espaces collectifs : pratiques ouagalaises », *Espaces et sociétés*, numéro spécial « Espaces public et complexité sociale », 62-63, 1991, p. 93-105.

FOURNET (F.), MEUNIER-NIKIEMA (A.) et SALEM (G.), *Ouagadougou (1850-2004), une urbanisation différenciée*, Paris, IRD, coll. « Petit Atlas urbain », 2008.

FOURNET (F.), RICAN (S.) et SALEM (G.), « Environnement urbain et santé », dans E. Dorier-Apprill (dir.), *Ville et Environnement*, Paris, Sedes-Armand Colin, 2006, p. 345-364.

FRANCONI (A.) et CAMARD (J.-P.) « Les décharges d'Île de France : impacts sanitaires et environnementaux », (Institut d'aménagement et d'urbanisme, Île-de-France), *Note rapide sur l'environnement et la santé*, 404, 2007.

FRIOUX (S.), « Villes et entreprises. Acteurs de l'assainissement urbain en France (fin xixe-milieu xxe siècle) », *Histoire urbaine*, 18, avril 2007, p. 125-140.

GUILLERME (A.), « Le Mercure dans Paris. Usages et nuisances (1780-1830) », *Histoire urbaine*, 18, 2007, p. 77-95.

NGUENDO YONGSI (H. B.), « Pathogenic Microorganisms Associated with Childhood Diarrhea in Low-and-Middle Income Countries : Case Study of Yaoundé – Cameroon », *International Journal of Environmental Research and Public Health*, 5 (4), 2008, p. 213-229.

NGUENDO YONGSI (H. B.), « Wastewater Disposal Practices : An Ecological Risk Factor for Health in Young Children in Sub-Saharan Africa Cities (Case Study of Yaoundé in Cameroon) », *Research Journal of Medicine and Medical Sciences*, 4 (1), 2009, p. 26-41.

ODUM (E. P.), *Ecology : The Link Between the Natural and Social Sciences*, New York (N. Y.), Holt, Rinehart and Winston, 1975 [1re éd. 1963].

聚焦

香港、澳门与珠江三角洲地区：大气污染代价沉重

陆恭蕙（Christine Loh）
香港思汇政策研究所行政总监

珠江三角洲地区以及香港和澳门是中国经济最具活力的地区之一，如今这一地区的经济年增长率为12%，而且这一势头有望持续到2020年。然而，这里严重的空气污染导致了白天能见度的下降。如今，环境污染对健康的危害越来越被人们了解，中国政府开始慢慢建立空气质量的监管机制并颁布了相关标准。

广东省的珠江三角洲地区加上香港和澳门特别行政区是中国经济最具活力的地区。这里有42平方公里成为中国最富裕、经济增长最为强劲的地区。事实上，自20世纪80年代初形成出口加工能力以来，这里成了世界上最活跃的出口生产地[a]。该地区的国民生产总值（GDP）由1980年的80亿美元上升到了2000年的890亿美元，2006年达到了2700亿美元，而2007年更是突破了3000亿美元的大关。1980～2006年间，这里的年均经济增长率超过16%，远远高于全中国9.8%的平均水平[b]。多份报告显示，2007年全世界60%的玩具以及1/5的手机是这里生产出来的。这里是首屈一指的制造中心，几乎什么都能生产，包括纺织品、家用电器、纸张、汽车零件、通信设备以及石化产品等[1]。这一切生产活动就意味着要把原材料和其他零部件运到这里，然后从这里再将制成品运到世界各地市场。香港和深圳也因此而成了世界上前十大集装箱货运港口，而广州港近两年也飞速发展。换言之，这个地理范围不大的区域内有着十分活跃的工业生产活动。

增长的代价

面对如此迅速的增长，环境开始恶化，日益下降的空气质量就是最好的证明。生产活动以及地面和海上的交通运输所排放的废气污染了整个地区。图1清楚地表明了香港地区能见度下降的情况——香港在1977～2006年间在这方面搜集了许多可靠的资料。这一现象是空气污染日益严重的最好指标。从20世纪90年代中叶开始，这个现象明显恶化：出现雾天的天数不断增加，到2003年和2004年达到高峰，有时甚至连续几个月里，大部分日子是雾气笼罩。这个问题在整个珠三角地区普遍存在。

空气污染对这一地区居民的健康构成了新威胁，

---

[a] 要想对中国经济改革的简明历史以及20世纪80年代初在吸引外资和出口加工方面给予珠江三角洲地区更大自治权的细节有更多的了解，请参阅恩颓特和斯科特（E.E. Scott）《大珠江三角洲》，香港，2007，第4～6页（www.investhk.gov.hk）。

[b] 《大珠江三角洲》，第6页。关于2007年的国民生产总值，请参阅www.mjsfairs.com。

图1　雾都香港

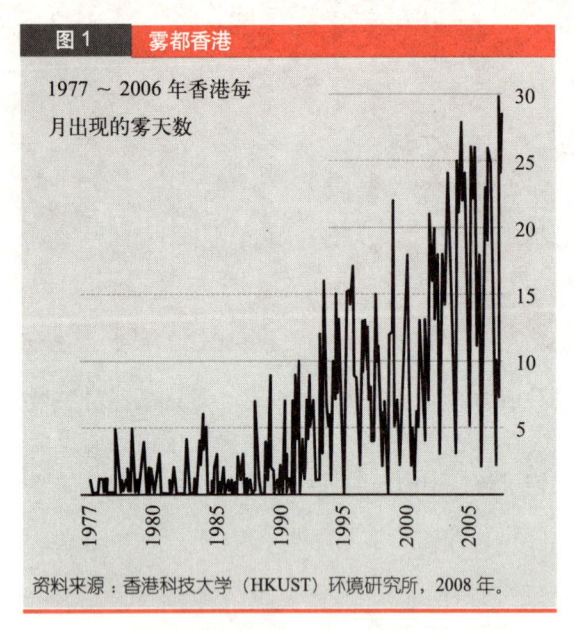

1977～2006年香港每月出现的雾天数

资料来源：香港科技大学（HKUST）环境研究所，2008年。

图2　令人窒息的城市

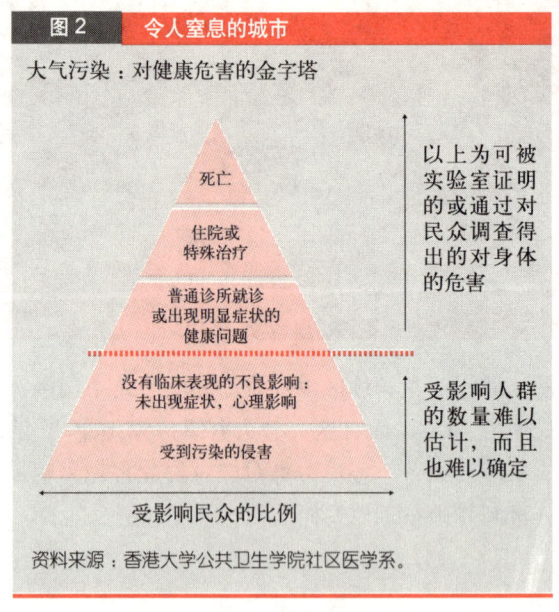

大气污染：对健康危害的金字塔

死亡
住院或特殊治疗
普通诊所就诊或出现明显症状的健康问题
没有临床表现的不良影响：未出现症状，心理影响
受到污染的侵害

以上为可被实验室证明的或通过对民众调查得出的对身体的危害

受影响人群的数量难以估计，而且也难以确定

受影响民众的比例

资料来源：香港大学公共卫生学院社区医学系。

而且其危害程度在不久之前才被人完全认清，因为这方面的数据搜集和研究都刚刚开展不久。尽管这一地区经济出现了腾飞，但长期以来污染对人身体的影响一直被研究人员所忽视。通过对该地区以及国际上1983～2007年间该领域发表的论文进行研究，人们发现不仅那些针对性很强的直接研究无法找到，而且该地区5000万居民当中，人们对大气污染对人身体的影响的认识也存在诸多误区或空白[2]。近年来出现了一些先驱性的研究，2008年发表研究结果显示，2006年该地区死于与污染有关疾病的人数至少在1万人，其中94%位于珠江三角洲地区，其余则在香港和澳门。此外，每年因空气污染而引起的总住院天数达44万天，并造成1100万的门诊量。由此引起的生产效率下降使珠三角地区每年损失18亿元，香港每年的损失达11亿港元，澳门的损失为1800万港元。扣除该地区人均国民生产总值上存在的差异，空气污染给珠三角地区增加的医疗卫生开支是香港的7倍，总额达67亿元[3]。专家认为，这一结果说明该地区

已有很多人患上了需要治疗甚至住院的疾病，甚至导致一些人早亡。由此可以推断，污染给当地居民造成了巨大的麻烦与病痛，而这一切很难用经济数字来量化。那些被量化了的钱的数量只是民众因身体恶化而付出的诸多代价中的一小部分。

需要制定公共政策

优先目标。在该地区如何处理大气污染问题上，需要学习的东西还有很多。各大城市及其周边地区必须把多种学科纳入当局的公共政策当中去。其中最大的困难在于面对众多的优先目标，公共卫生政策应当放在哪一个位置。如果把经济发展作为终极的政治目标，那么公共卫生通常就会被忽视。在通常情况下，人们并没有意识到自己的健康正面临着多大的威胁。图2以金字塔的形式介绍了民众所受到的各种不良侵害。在香港，2008年人均国民生产总值已经达到了3万美元，但当局到了2009年才承认必须重新修订现有的空气质量指标——这些指标自1987年以来一

直未进行过更新，其中重点将关注民众的健康保护[c]。当局和社会各界应当共同设计出这样一种模式：把环境和健康保护当作经济发展的动力，而不是一种"负担"。不然，即使今天的这些繁荣地区也只会将目标放在经济增长上，而意识不到治理污染也是一种经济活动，也是一种发展之路。事实上，那种先发展后治理的想法早已过时。那种企业从污染中受益，而民众被污染所害的现象再也不能继续。

标准。第二大难题是如何确定空气质量的标准。事实上，如果当局不开始治理污染，那么相关进展就会十分缓慢，因为大规模的减排必然会伤及电力生产、工业、运输等行业，而这些行业通常对政策决策有着很大的影响力。在香港，为了更好地保护民众的健康，要求向世界卫生组织有关空气质量标准的最新建议（2006 年发表）看齐的行动，主要是由公民社会而不是当局推动的。要做到这一点，必须经过多年的潜心研究，然后将能够证明空气污染对香港市民身体健康种种危害的结果广泛公布[d]。

研究。第三大难题是搜集有关排放和健康的完整资料，这样决策者才能在掌握真实材料的基础上设计出解决方法。从整个珠三角地区来看，香港有关空气污染的资料是最全面而且也是可信度最高的，不过正如我们前面所说，有关公共卫生方面的研究还非常缺乏。当务之急是对同届人口进行长期的跟踪调查，因为这是能够得出死于大气污染人数精确数字的唯一办法。对整个珠三角地区来说，问题还不仅仅在于资料的缺乏，而且还在于这些资料通常很难获得。有关排放资料的收集和整理需要特别的技能。中国在这方面付出了相当大的努力，但这些资料数据的可靠性仍值得怀疑。此外，当局所掌握的资料数据大部分并不对公众开放，中国在这方面要实现全面开放仍需要一定的时间。珠江三角洲地区对于大气污染对民众身体的影响方面所进行的研究并不多，其中同样存在着资料获取困难的问题[2]。

计划。第四大难题是让人们认识到空气质量改善与公共卫生管理离不开各种公共职能的整合。即使是在香港，当局也更喜欢采取一些末端的解决方法，而不喜欢采取那些综合性的方法，因为这样更简单。例如，在 20 世纪 90 年代末，香港当局为了商用汽车使用低含硫量的柴油付出了巨大努力，并对那些愿意将柴油换成液化天然气（GPL）的出租车司机提供补贴。然而，在淘汰那些发动机陈旧的汽车、设置收费站以及设置低排放区等方面，香港当局的态度一直犹豫不决。结果，虽然当局为卡车主们更换汽车提供了补贴，但对于那些发动机陈旧甚至只能达到准欧盟标准或欧—Ⅰ标准的汽车却没有规定淘汰的最后期限。步行街不仅规模小，而且数量少。在一个人口如此密集的城市里，采取末端的解决方法根本无力遏制大型道路网附近的污染问题。这些解决方法必须与周密的规划和管理结合起来，而且如果真想取得满意成果的话，还必须设立相应的收费规定。这方面的成功离不开坚定的政治意愿，也离不开环境保护、运输、警务、城市规划以及公共卫生等各个管理部门之间的协调。必须指出的是，在香港这样一座城市里，对人身体影响最大的空气污染主要来自汽车：700 万人口中大部分生活或工作在交通繁忙的公路网附近。而香港公路

---

c 2009 年 7 月，香港特别行政区环境局开始了一项民众期盼已久的有关空气质量指标的公众咨询，同时承认"应当进一步改善空气质量以更好地保障市民的健康"[环境保护局，《空气质素指标检讨》(*Air Quality Objectives Review*)，香港特别行政区政府，2009 年，第 14 页，www.epd.gov.hk]。

d 要想了解香港在应对空气污染方面的努力，请参阅特朗布尔（K. Trumble）《仍然要屏息以待：香港空气质量政策检讨》(*Still Holding Our Breath: A Review of Air Quality Policy in Hong Kong*)，2007 年，香港，思汇政策研究所。

城市：改变发展轨迹　95

网附近检测到的污染中，40%是由使用柴油的公共汽车排放的，因此当局应当在这方面采取更严厉的措施[e]。

合作。最后一个难题是跨界合作。在珠三角地区，有关空气质量的标准、法规以及行政体系都不尽相同。不过，1999年，香港特别行政区政府与广东省曾经对该地区的排放情况进行过一次联合清查——这种清查应当定期更新，而且双方还商量各自尽最大的努力减少排放[f]。然而，由于该地区的发展速度和产业转型的速度快得达到了警戒级的水平，因此必须投入大量的资金用于监测、资料数据的搜集以及人员的培训。相关人员不仅要能够对样品进行分析、测试，而且还能够读懂这些测试结果的意义。因此，在寻找提高空气质量途径的过程中，既需要相关管理部门的努力，也需要大学的参与。这方面的努力已经开始，尽管将这种合作模式扩展至整个地区、相关标准与管理法规能够真正协调尚需时日。从总体上看，香港、澳门和珠三角地区拥有全中国最好的空气质量监测网络，而且这里所公布的相关监测数据也多于中国的其他地区。

未来：何种发展模式？

最近，中国国家发展与改革委员会发布了一份有关珠江三角洲地区改革发展的规划纲要。这一计划提出要使珠三角地区的年人均国民生产总值由2008年的3.8万元增加到2020年13.5万元，也就是说每年的增幅要达到12%。不过，这一计划存在一个缺陷：它既没有考虑到能源需求问题，也没有顾及这一地区脆弱的生态环境。虽然香港和澳门没有被纳入这一计划当中，但它们也将为此展开合作，包括把这一地区建设得更加绿色、更加健康等[g]。这一计划体现了一种在"增长"与可持续发展之间左右为难的态度，同时也是两者互相妥协的一个典型产物——这种妥协在其他地区同样存在。这些发展计划在医疗卫生政策方面产生的影响，在人们真正理解了它的意义之后，或许会成为未来发展的动力。目前香港展开的有关讨论今后很可能会在整个珠三角地区产生影响，因为既然香港能够治理好其发电和公路运输领域的污染排放，那么为了遏制整个地区的污染排放，香港与广东在这方面进行合作必将具有重要意义。此外，香港的实业家也必须承担起自己的责任，用他们的力量来帮

---

e 香港当局更愿意在排放领域采取措施，而在那次公众咨询的文件中曾提出过很多更加全面的解决方法。见环境保护局，《空气素指标检讨》，第23～33页（www.epd.gov.hk）。

f 2002年，香港当局与广东签署协议，在减排方面制订了新目标。按照《改善珠江三角洲空气素的联合声明》，到2010年，以1997年为参照基准，珠江三角洲地区内二氧化硫、氮氧化物、可吸入悬浮粒子和挥发性有机化合物的排放总量，粤港要实现分别削减40%、20%、55%和55%的目标。2003年，双方为实现上述目标制订了一个珠江三角洲地区空气素管理计划，计划规定要对珠三角地区的污染情况编制清单。有关污染清单的报告于2007年进行了更新。见环境保护局，《空气素指标检讨》，第10页（www.epd.gov.hk）。

助这里治理污染，因为他们在珠江三角洲地区的工厂、他们在港口以及物流行业所产生的污染也会影响到香港。未来 10 年间，这一地区很可能会在环境保护和生态领域加大投入，这将是新一轮产业转型的开始：未来的产业模式将具有更强的可持续性，将更顾及人的健康。除了公共部门之外，大学以及其他私人慈善机构今后可以在支持公共卫生领域的研究以及公民社会的行动等方面发挥重要作用 —— 香港民众对本地及珠三角地区的排放问题越来越重视，这与公民社会的努力密不可分[h]。

g 有关这一规划纲要的全部内容，请参阅中国国家发展与改革委员会发表的《珠江三角洲地区改革发展规划纲要（2008 ～ 2020 年）》（http://en.ndre.gov.cn）。有关这一规划的分析，请参阅陆恭蕙、Christine Loh、Megan Pillsbury《产业转型的一个新视角》（A New Vision of Industrial Transformation），以及香港思汇政策研究所，2009 年 6 月（www.civic-exchange.org）。

h 香港有许多致力于改善空气质量的非政府组织，如 "健康空气行动"（Clean Air Network）（网址 www.honghongcan.org）和 "争气行动"（Clean the Air）（网址 www.cleartheair.org.hk）等。

参考文献

[1] Hong Kong Trade Development Council, *PRD Economic Profile 2008* (www.hktdc.com).

[2] WONG (T. W.), *Air Pollution and Health Studies in China : A Literature Review*, Hong-Kong, Civic Exchange, juin 2008 (www.civic-exchange.org).

[3] HEDLEY (A. J.), MCGHEE (S. M.), LAI (H. K.), CHAU (J.), CHAU (P. Y. K.), CHUNG (K. W. Y.), WONG (C. M.) ET JIANG (C. Q.), *Report on Air Quality and the State of Public Health in Southern China*, Civic Exchange, Hong-Kong, Civic Exchange, juin 2008 (www.civic-exchange.org).

[4] LOH (C.), STEVENSON (A.), WELDON (M.), HEDLEY (A.J.), MCGHEE (S. M.), LAI (H. K.), CHAU (J.), CHAU (P. Y. K.), WONG (C. M.), WONG (T. W.), NG (S.), LAU (A.), *Price Too High : The Health Impacts of Air Pollution in Southern China*, Hong-Kong, Civic Exchange, juin 2008, (www.civic-exchange.org).

> 必须从城市的全球竞争逻辑转到城市的社会融合逻辑上来。

贝尔纳·巴拉凯（Bernard Barraqué）
法国巴黎高科农学部（AgroParisTech）、法国国家科学研究中心（CNRS）高级研究员

斯特凡纳·潘塞（Stéphane Pincet）
美国加利福尼亚大学环境研究所研究员

城市：回归水资源的腹地

一个城市越大，它与其辖区周边区域的关系就越复杂。为了能够获得其所需的资源（水资源），城市必须与周边腹地的管理机构去商谈。城市对水不仅有量的要求，同时也有质的要求。自工业革命以来，北方国家的城市根据自身所受的政治、技术和经济约束，在这个问题上想出了各种不同的解决方法。在经历了一段依靠技术手段主导水处理的日子之后，如今的城市更多地开展了与农村偏远地区的合作，以便从源头上防止饮用水受到污染。

从远古时代开始，那时的帝国和王国就已知道用就地掘井以外的方式，向首都——有时也向其他一些城市——供水。我们脑子里一定对古罗马人的公共供水渠有印象，它至今还会让我们想到地中海的气候会比其他地方更需要让人进行远距离的引水。类似的引水装置在世界其他地区也出现过，如公元元年前后中国用挖渠的方法将河水引到农田以及各地方政府的所在地。那时候，所引的水并没有功能区分，主要用于农业、家庭和手工业。这种情况一直持续到了19世纪，只有欧洲曾出现过例外：在某一传统时期，欧洲的城市化是围绕着一些以有机物的分解和腐化为特征（如沤麻）的"原工业"（proto-industry）发展起来的。于是，那些新希波克拉底派的医生们提出了向城市引水的一个新依据：洗涮城市并通过水的流动来驱除城市的"瘴气"。

这个问题可以用两种方法解决：一是从附近的河里抽水；二是修建新的引水渠，然后再把干净的水引到城市中来。城里井水的污染越来越严重，而且它们所能提供的水量也不多。从远处引水势必需要特许权，而这通常会损害原住地民众的利益，因而需要国家出面交涉。在国家的支持下，大城市以及国家的首都得以从100公里以外的地方把水引过来，而其他城市的人则继续使用当地的河水或冲积层地下水。

自法国生物学家巴斯德的发现之后，情况才有所改变：细菌的危险使人们必须对水进行处理，首先是过滤，其次是使用化学的方法。从此，自来水厂更喜欢从地表取水：不管什么水，反正都是要处理的。这一技术使城市对周边地区以及对国家的依赖大大降低。而之后出现的污水净化技术更加强了城市的独立化倾向，从此城市供水、公共服务以及水源地这三者开始逐步分离。

不过，到了20世纪末，人们所掌握的知识越全面，有关水处理的价格就变得越昂贵，于是城市出现了一种"回归腹地"的现象，即城市开始重新寻找那些受污染不太严重的水源地。这种寻找行动更多的是用商谈的方式进行：与农民签订合作安排，向他们支付生态服务费。当然，由此就断定水务市场已

> 城市出现了一种"回归腹地"的现象，即城市开始重新寻找那些受污染不太严重的水源地。

经形成还为时尚早。不过，美国圣迭戈市向南加州灌溉商买水就是城市与腹地之间新型关系的例子。

更多的水，更远的地方

在欧洲结束古典期之后，城市的增长与工业化导致了一个前所未有的问题：城市需要更多的水，如果有可能的话而且应当是干净的水。城市人口的稠密化加剧了疾病传染的危险，更何况当时的垃圾被随意堆放在街旁。其中的另一个危险是容易引起火灾，更何况北欧和美国等城市主要是靠木材建起来的。最简便的办法当然是从附近抽取地表水，幸好当时大部分城市位于河边。当时人们知道用自然的能源来抬高水位（如水锤泵，即利用流动中的水被突然制动时所产生的能量，使其中一部分水压升到一定高度的一种泵。——译者注），然而当河流处于枯水期的时候，所抽的水就很少甚至可能抽不上水，于是后来蒸汽机很快将这类水泵取代。另一种解决方法是到城外的泉水或急流中去接水，这些地方的位置要高于城市，这样水便可以利用地球的引力自然流到城市中来。通常情况下，这种方法取来的水更干净，但明显低于从河流直接取水的水量。再或者就是增加取水点——从公共卫生的角度出发，这种做法应当被广泛应用。然而，这又会遇到另外的问题，即使用权和经费的问题：一个城市从其辖区以外的地方引水，通常需要获得许可，因为它将水引走势必会影响当地民众的用水，尤其在可能引起水荒的情况下。其次，这种引水工程也需要大量的投资，而大多数城市并不具备这样的财力：这就要求国家出面干预，以便使相关工程能够完成。最早出现的那些私营供水企业由于缺乏资金，最终只得从附近的河流中抽水，而且由于其中还涉及用户支付能力的问题，因此当时只能为那些富裕的居民区或商业区提供用水。那些从远处接过来的水则会供应到公共建筑或公用的供水站。水是免费的，当时并没有形成水需要购买的文化，除非少数富人为了将水接到家里，愿意支付一笔额外的费用。

在瑞士，大量的水资源以及急流使城市里的工厂把它们当成了一种动力源，之后人们才想起来可以把这些优质的水提供给居民饮用。很快，在市政部门的帮助下，一些经营水和能源的私营公司相继出现。在德国，人们更喜欢抽取地下水或者经过河岸过滤的河水。或许是因为水资源丰富的缘故，这种做法一直延续至今。

从19世纪初开始，英国开始发挥表率作用：率先出现的工业化和城市化，以及工程师们的实用发明创造，为城市公共服务网络的形成提供了技术条件。与此同时，中央政府实行的权力下放政策使各城市获得了更多的管理自身设施的特权，于是有了后来"福利国家"一词的出现。英国发明了"市政自治"一词，并在几十年间把这一模式扩展到了欧洲其他地区。最早提供供水服务的虽然是私营企业，但扩大供应范围的愿望通常会使这些网络最终落入公营部门之手——尽管此时细菌还未被人发现，人们还没有认识到水这种资源的重要性。不过，事情还远不止这些：由于英国没有多少大山，水资源也不丰富，因此人们必须使用地表水（地表水占供水总量的3/4），也正因为如此，英国在水的改道以及水质控制等方面的管理法规相当严格[1]。由于必须到那些受污染的河流中抽水，因此人们根据实践中摸索出来的经验，用过滤的方法对水进行处理。这一做法使欧洲各地的城市很快形成了对供水的管理，正如我们今天所看到的那样。

苏格兰的情况稍有不同。由于这里并不缺水，因此格拉斯哥在国家的支持下能够从55公里以外的一个狭长的湖中将水引过来，并主动与一家服务不好的私营企业中止了合同[2]。在法国，由于国家幅员辽阔，气候多样，再加上法国大革命后出现了一个个规模不大的市镇，因此各地的供水方式多种多样，如巴黎和马赛等地修筑了远距离的引水渠，而里昂等城市则从地下或河流中取水[a]。

总之，在城市化的初期，人们只是把引水看成一个水利以及工程技术问题，而不会注意到这种解决方式未来会在经济和技术上出现问题。"更多的水，更远的地方"的战略使人们内心产生了一些卑劣的想法：把未经处理的废水直接倒入河中，最终使河流变成了排污沟[3]。这种技术处理方法很快也显示出了其局限性。随着时间的推移，城市的发展、各类水用户的不断增长，引发了一些对抗现象，最后使得本地行政当局更加依赖高一级的政府。此外，长距离的引水渠也供应不了太多的水，或者引水成本居高不下。18世纪里斯本建成的令当地人颇为自豪的引水渠，成了一个世纪之后外国专家眼里的笑料。

介于第一次世界大战和第二次世界大战之间，各民族国家为了经济发展，开始大规模采用远距离引水的方式，并投资兴建了一些多功能的项目：在河流上兴建大坝与水库，不仅可以调节水流，而且可以发电、发展灌溉农业、为城市供水，还可以减少洪水灾害，并提高航运能力。这种模式在美国最为流行，先后出现了"田纳西河流域管理局"以及向加利福尼亚州调水等流行词。这种模式后来也逐步出现在了欧洲，尤其是那些专制政权统治的区域或者一些殖民地。由于地中海独特的气候，意大利、葡萄牙和西班牙等独裁统治者能够以建设国家为名兴建大规模的引水工程。为了争夺水源以及改善公共服务而出现的争斗也被统治者压制了下去。例如在巴西，1965～1985年独裁统治时期，美国的援助使巴西在"全国水资源公共服务现代化计划"（PLANASA）下进行大规模的水电建设[4]。相反，在富裕的工业化欧洲，城市则利用水处理技术的发明创新避免了冲突与依赖的出现。

更干净的水，更近的地方

随着细菌的发现，对水的卫生标准的检测手段越来越发达。化学工程学里甚至出现了一种专门防止水污染的分支——卫生工程学。当时，在人们的心目中，通过扩大经过滤及处理的水的供应范围来预防疾病的发生比治疗疾病更重要。事实上，一种流行病的流行会使那些生活安逸的精英们与那些生活在贫民窟中的穷人一样送命。如今，医学的进步能使生活在第三世界大城市中的精英们进行自我保护，因此，

> 随着时间的推移，城市的发展、各类水用户的不断增长，引发了一些对抗现象。

一个世纪前欧洲出现的那种团结精神，以及由此出现的推广公共服务的做法如今已不复存在。从20世纪初开始，用化学处理的方式使水达到可饮用程度的标准已经出现，废水的处理也已经开始。

从此，城市在水资源和水的使用方面很快获得了新的自由：既然人们可以对地表水加以处理并使之达到可饮用的标准，人们可以在城市附近修建一座工厂，至于处理水的费用则可以用节约下来的引水成本来弥补。从此，人们将可以通过废水处理来减轻废水排放对城市水源的影响。在第二次世界大战之前，英国、德国和美国出现了大量的水净化厂。各国在中央政府的资金支持下，这一模式从20世纪60年代起，

---

[a] 在巴黎，还是在拿破仑三世执政的时期，在欧仁·贝尔格朗等一些桥梁和道路工程师及其继任者的不懈努力下，人们得以从100多公里外的地方引水进城。这些取水点的地势都比巴黎高，因此采取虹吸管和引水渠使可利用地球引力将水引到城里，从而节约了能源。如今，巴黎一半的自来水还靠这种引水法取得，而郊区则靠从塞纳河、马恩河与瓦兹河中取水。

又在欧洲大陆流行开来。公共服务从此变成了一个既属于地方，又属于消费者的公共部门，即它是由消费者和税收共同出资兴建起来的。

借助技术手段来生产可饮用水 20 世纪初在巴黎出现。过去人们认为，既然缺水就可以到更远的地方去找水源，有人甚至想到了卢瓦尔河——路易十四就曾将卢瓦尔河的水引到凡尔赛宫，然而枯水期水量很小，而夏季正是人们用水的高峰。1890 年，一位名叫迪维拉尔的工程师设计了一个从莱芒湖（440 公里）引水的计划，当时这一计划从技术上来看是可行的。与其支持者一起，他为这一引水计划准备了一套证据：从此不会再有水荒、水质好、可以延长航运期、长期增加的流量还可以稀释原有的污染物，以及巴黎这座"光之城"用水量非常巨大等。然而，当这一计划被提交到巴黎市政委员会正式讨论时，当工程师们正准备对这一计划作进一步完善时，伤寒突然开始流行，而其源头正是一个位于远处的取水点——卢万河取水点。也就是说，远处的水源有被污染的危险，应该从源头上对水进行处理……1902 年，巴黎市一位以"可能派"（可能派是 19 世纪 80 年代法国社会主义运动中一个机会主义派别。——译者注）立场著称、同时也支持"城市社会主义"的市政议员保罗·布鲁斯在伊夫里主持了一家水处理厂的启用仪式。这个厂采用的是一种慢过滤的技术。——这种技术近年来又被人重新采用，法国在此类处理技术方面处于世界前列。与欧洲其他城市一样，巴黎似乎选择了一条长久之计：就地取水并通过技术处理把它变成可饮用水，而远距离大量引取优质水的做法被彻底放弃。最终，巴黎市于 1919 年彻底放弃了从莱芒湖引水的计划，这一回在众多原因中还增加了一个战略原因：人们担心在下一场战争中，德国人会冲击引水渠，并将它切断，这样便可以迫使已被断水的法国投降。

随着水处理厂的增多，出现了一种新体制：规模经济效应使各种管理机构趋于集中，许多国家甚至出现了跨市镇工会。如果说最初的基础设施是靠着补贴（也就是说依靠税收）修建起来的，那么对水进行处理在整个欧洲大陆则被视为是一种享受，而将自来水接到家里自然需要消费者付费——付多付少则取决于其用水量。

这种将公共服务商业化的倾向逐步在整个欧洲大陆推广开来——但英国和爱尔兰除外，那里的人们至今把水当作一项与房租挂钩的税，这样便增加了这些服务部门在经济上的独立性：人们可以将设施的折旧费以及未来设备更新的提取金都打到水费中。正因为如此，许多城市设立了混合经济型的公司，甚至一些私营企业也得以加入其中。这些公司既可以享受公共部门"正统"的身份，另一方面又可以拥有私营企业宽松的财务制度。在法国，由于国家限制市镇机关创办企业，因此这些服务都被转包给了那些私营公司——这些私营公司变得越来越庞大、越来越集中。

缴纳水费还有另一个好处：当所有的城市居民或者差不多所有居民都安装自来水之后，只要微微上调水价便能筹集到铺设新管网所需的资金，尤其是农村地区的管网建设。在法国，1950 年成立的"国家引水开发基金"（FNDAE）使全国各个大大小小的村庄都通上了自来水，尽管这一工程的代价相当高昂。这正是南方国家在开发公共服务时所遇到的困难，因为这些国家并不存在类似的互助模式。在大部分欧洲国家，人们发现将污水处理的环卫费纳入自来水费收取也是一种简便的方法，它可以为相关管网以及污水处理站的扩建筹集资金。

> 一条长久之计：就地取水并通过技术处理把它变成可饮用水，而远距离大量引取优质水的做法被彻底放弃。

归根结底，如今被全面推广开来的是我们所说的"城市水务"（eau urbain），即城市用水（eau de la ville）、污水以及雨水的处理。水处理技术使卫生工程师的幻想成为可能：自来水厂和污水处理厂在"城市水务"和水源之间构筑起一道边界；在这条边界的两边分别存在着两种不同的法律以及经济体制，而城市水务权（享受城市用水的权利）与水资源权（分享水资源的权利）完全是两回事。城市能够独立于腹地的水资源：城市能够将水质很差的水变成可饮用水。人们甚至能够对污水进行回收利用，从而减少污水排放。在这种幻想中，技术就是一切，一切不过是钱的问题。然而，这一幻想是不能成立的，因为危机的另外一些因素会出现，这些因素要求城市向其腹地回归。然而这将是一种什么样的回归呢？

环境工程学与回归腹地

供水与污水处理公共服务的危机。 多种迹象表明，供水与污水处理公共服务正面临着一场新危机。首先，将污水处理费用纳入水费导致水费翻一番，因为相关污水处理的投资是得不到任何补贴的。人们也十分清楚，要对这些长期累积下来的设施进行维护与更新需要付出巨大的投入，因为这些设施一旦建成，就不会有任何补贴，也无法享受公共财政或税收的转移支付。所需的一切投资均来自水费，尤其是那些新自由主义的经济学家们提出应当将一切成本打入水费的主张之后。于是，各地的水价纷纷上涨，而在那些私营企业与公营企业旗鼓相当的国家，不满之声此起彼伏，尤其是英国、威尔士、法国以及拉丁美洲等地。

由于水价上涨，再加上更多的人意识到了缺水的严重性，于是越来越多的自来水用户放弃了公营服务，或者减少了用水量。这样，被几十年增长式消费所掩盖的一个现象逐渐显露了出来：供水网络所提供的并不是什么商品，而是人们所说的"俱乐部财产"（见第十四章）。事实上，公共服务部门的成本主要是基础设施的折旧费，运行费用在其中只占了很小的一部分：投资水网所产生的营业收入只有投资电网的1/3。因此，一旦消费量下降，那些剩下的客户就必须马上多交"俱乐部的会员费"。光靠用水量的多少来收取水费，并用它来补贴供水和污水处理的费用，是一种非常危险的做法。此外，那些没钱的穷人又将怎么办呢？如果他们付不起水费，难道就要断水吗？

> 光靠用水量的多少来收取水费，并用它来补贴供水和污水处理的费用，是一种非常危险的做法。

最后，危机的另一个因素也会直接影响到自来水的质量：水质检测手段的进步使可饮用水的标准变得更加严苛，而且越来越多对人身体可能存在危险的可疑物质被发现，这必然会导致水处理成本的上升，同时也会导致公众对水质信心的降低。

从管网建设到可饮用水的处理整个过程中，公共部门和工程师都是从供应的角度进行开发的：供水量越来越大、水质越来越好、公家和私人用户越来越多，这样就能达到规模经济的效应。技术领域的投入能够使城市逐步降低对水源地以及水源分配者的依赖，然而追求技术也会导致成本的增加。于是，随着新技术手段的出现，一些新兴工程学——城市工程学以及环境工程学——也相继问世。

需求侧管理。 与经济学家们所设想的相反，需求侧管理并不是指在供求之间达成一个价格的平衡：通过一种与供需双方有效互动相适应的动态控制方式，开发出一套供水服务的技术和地域体系。如果需求增加，而且供水体系已经达到最高限度，那么就应当节约用水，因为最便宜的水是那些尚未被人用过的水；同时鼓励那些拥有花园和游泳池的人尽量去寻找

> 需求侧管理通过一种与供需双方有效互动相适应的动态控制方式，开发出一套供水服务的技术和地域体系。

自来水以外的其他水源来作非急需之用。相反，如果自来水需求减少，就像20世纪90年代在欧洲许多城市以及美国和瑞士早已出现的情况那样，那就应当对变化的局势进行深入分析，并根据需要对基础设施进行重新布局。

新政策与新战略。环卫领域的一些问题需要人们进行深入的思索：城市的集体网络应当以辖区的哪个地方为界？从哪个地方开始应当使用独立的或半集中式的解决方法？如何通过对雨水的地面处理，例如把它截留在整个住宅小区内，来缩小雨水排水系统的规模？公共服务部门能不能通过将环境纳入土地发展新战略的方式来降低成本？人们所能想到的情况是：在那些自来水的水源地，随着农业的发展，水的质量越来越差。

面对这一威胁，城市可以有以下几种选择：或者寻找新的、保护得更好的水源地；或者购买一定面积的土地并在上面植树（这就是所谓的"开辟水栖息地"）；再或者就是对水进行处理，去除其中的硝酸盐和农药残留。第四种解决方法在荷兰与德国非常普遍：与供水地的农民签订一个"合作安排"，向他们支付一定的补偿，并为他们的产业转型提供资助，以便使他们所从事的活动能使这里的水达到或重新达到处理前的标准。德国进行的一项研究表明，此类"合作安排"协议总共有400多个，合作期限平均15年，自来水用户通过缴纳水费的方式向农民提供补贴。这类协议可以使自来水处理时不用考虑农业污染的问题，因而可使处理成本降低一半甚至2/3。类似的协议在法国也有几例，主要是在巴黎。不过，法国的农业行会主义以及数量众多的管理着水源的小集体，这一切都使相关合作协议很难达成，这些协议原本可导致"水栖息地"的出现和管理机构的集中。

在美国，人们把减少侵蚀、保护生物多样性以及保护水资源等这些新政策称为"生态系统服务付费"。纽约的例子被人们所熟知：一个世纪以来，纽约这个大都市一直从一个相对落后的地区取水——卡兹奇山脉。良好的水土保护保证了这里充足的供水——纽约居民的人均用水量是欧洲人的二倍半，而且这里无须对水进行过滤。然而，技术分析的进步使人们发现这里的水有被隐孢子虫等某些寄生虫污染的危险，因此美国环境保护署建议纽约市对这里的水进行过滤。后来，纽约市通过与卡兹奇山区有关部门协商，使其同意减少污染的办法，在这个问题上获得了特免。

这种用土地管理的方式部分取代技术手段的做法有很多的实例，尤其是在降低洪水灾害——为保护城市，在另外的地方开辟泄洪区，甚至向农民提供资助——或者防止出现水荒方面最多。这些方法要求人们采取一种新的治理方式，要围绕着水资源及其在质量和数量上的分配等问题展开谈判。城市已不能再满足于取水或对水进行处理；它们必须参与供水区在综合管理水资源方面的新政策。

在巴黎，这种变化不仅表现在加强了对远处取水点的保护上，而且还表现在参与枯水期的水资源管理上。这一点人们是可以理解的：因为自20世纪30年代开始，巴黎在旱季一直面临着缺水的困扰。第二次世界大战结束之后，人们通过在上游（塞纳河、马恩河以及奥布河）建立大坝的形式——当时在向公众解释建设这些大坝的原因时，还提到了大坝能够减少水灾——解决了枯水期的供水问题。在20世纪80年代，原定建设的第四个大坝以及一条直接通往巴黎的引水渠（通俗的叫法是"希拉克管道"）计划被被迫放弃，因为参与这项工程的公营和私营水商们都觉得这一基础设施建设将面临巨大的政治难题；他们原计划还将在自己的水厂安装预警设备，一旦发现河水受到污染，进水系统就将自动关闭。由此，他们的工厂本身也将变得更加先进。此外，与许多欧洲城市一样，巴黎的用水需求量近年来也首次呈现稳定甚至下降的势头：巴黎内城的用水量最近 15 年来减少了 25%，而近郊也存在类似情况。正因为如此，前面所提到过的 1902 年启用的伊夫里水处理厂被迫关闭。同样，在城市环卫以及污水及雨水净化方面，当局为了便于协调各方行动建立起了一套十分复杂的机制：排水沟由各市镇负责；近郊的雨水搜集与处理则由各省负责；巴黎城市跨省净水工会（SIAAP）负责那些大型的雨水搜集和处理站，当然其中大区和流域管理局也都发挥着各自的作用。让所有这些机构共同工作，并不是件容易的事。而这只是众多例子中的一个，但这已经充分说明，要想实现经济、环境和社会可持续发展，离不开多层级的良好治理。

美国西部大面积调水工程。 在欧洲，各种形式的合作协议是为了能够获得更优质的水资源。而有时此类协议是为了获得更多的水资源，其中最著名的例子是加利福尼亚州南部的水资源管理以及圣迭戈市与帝王灌溉区（IID）之间的"水交易"。南加州的调水工程或许可称得上是世界上最壮观、最宏大的调水工程——或许比不上今天的中国（见第 107 页聚焦）。20 世纪初，美国联邦政府的一项宏大计划便是要实现杰弗逊总统在土地方面的理想：让全国各地布满小农庄。美国国会通过决议，同意拨付巨款兴建灌溉工程，并且还能用来发电。在加利福尼亚州，这些工程包括将北方的水经过 600 公里调往南方，用于灌溉这里的中央谷，也就是说要修建一条同样长度的引水渠。与此同时，人们开始在科罗拉多河兴建水坝，既用于发电和灌溉，还能够控制这条河流的泛滥。

如今，加利福尼亚州各大城市的供水都得益于 20 世纪初的这一政策，即联邦政府投入大量资金将北水南调。那些原计划用于灌溉的水成了城市化发展的源泉。1922 年签订的《科罗拉多河协定》（*Colorado River Compact*）为这条河流 60 万平方公里流域内所经过的 7 个州规定了用水分配。相关分配原则是根据科罗拉多河的年平均水量，加上当时各州的人口及土地使用情况来确定的。作为当时人口最多的州，加利福尼亚州获得了最多的河水分配权，约占总量的 1/4。这一协议只给科罗拉多河的下游国家墨西哥留下了 155 万英亩-英尺的水量。当时，加利福尼亚州所支付的年费中，有 3/4 提供给了帝王灌溉区所在的帝王县，其余部分则由其他农业灌溉县分摊。由于沿岸城市迅速发展，这些城市供水很快出现了供不应求的状况。这种情况在加州继洛杉矶之后的第二大城市圣迭戈尤为明显，圣迭戈虽然是加州第二大城市，但当时在水资源分配上仍隶属于洛杉矶市。为了获得更多的水，圣迭戈整整努力了 20 年，直到 2003 年才如愿以偿：随着一个复杂的分水方案的达成，从科罗拉多河取水的各方之间的夺水战揭开了一个新篇章[5]。这一协议实际上是削减了加州的分配权：按照 1922 年的协议，加州有权获得 440 万英亩-英尺的水量，而实际上它每年获得的水量约 550 万英亩-英尺，这主要是因为其他地方的分配额都用不完。然而，到了 20 世纪末，随着拉斯维加斯、凤凰城以及内华达州和亚利桑那州的迅猛发展，它们都要求获得自己的分配权。

事实上，按照人口增加 100 万、每人每天用水 200 加仑（夏季高峰期为每天 280 加仑）以及当地的水资源仅能满足 20% 的需要来计划，从北方调到南方的总水量是能够满足城市需求的。然而，那个制定水价并从事水批发业务的圣迭戈县水管理局

> 城市必须参与供水区在综合管理水资源方面的新政策。

（SDCWA）对水资源没有任何管理权，它卖的水越多，所挣的钱就越多。因此，分水协议中并不包含任何节水的内容。而对加州提高用水效率的相关研究表明，这方面可挖掘的潜力相当巨大。美国非营利性智库"太平洋研究院"（The Pacific Institute）对加州各城市的节水能力进行重新评估后认为，这里的用水可节省33%——这一数字得到了专家们的认可。即使按照现有的技术和政策，在无须对现有公共服务作出重大改变的情况下，居民生活用水完全可降至每天60～65加仑[6]。应当兴建更多的集体住宅。然而，圣迭戈市分散的决策体系使城市规划形成了多头管理的格局，而且城市的供水管理也效率低下。

与美国不同，欧洲城市水资源管理的新政策则把重点放在了降低未来的投资需求上（也就意味着降低水价），其方式是对需求进行调控，而且用一些新型的、综合的土地管理方式来取代那些先进的技术手段。

参考文献

[1] BARRAQUÉ (B.), « De l' appropriation à l' usage : l' eau, patrimoine commun », dans M. Cornu et J. Fromageau (dir.) *Genèse du droit de l' environnement*, vol. 2 : Droit des espaces naturels et des pollutions, L' Harmattan, coll. « Droit du patrimoine culturel et naturel », 2001, p. 213-239.

[2] MAVER (I.), *Glasgow : Town and City Histories*, Édimbourg, Edinburgh University Press, 2000.

[3] TARR (J.), *The Search for The Ultimate Sink : Urban Pollution In Historical Perspective*, Akron (Ohio), The University of Akron Press, 1996.

[4] BARRAQUÉ (B.), FORMIGA JOHNSSON (R. M.) et NOGUEIRA DE PAIVA BRITTO (A. L.), « The Development of Water Services and their Interaction with Water Resources in European and Brazilian Cities », *Hydrology and Earth System Sciences*, 12, 2008, p. 1153-1164.

[5] PINCETL (S.) et Katz (B.), « The Imperial Valley of California : Sustainability, Water, Agriculture, and Urban Growth », dans R. Krueger and D. Gibbs (eds), *The Sustainable Development Paradox : Urban Political Economy in the United States and Europe*, New York (N. Y.), The Guilford Press, 2007, p. 266-298.

[6] GLEICK (P. H.) et al., *Waste Not, Want Not : The Potential for Urban Water Conservation in California*, Oakland (Calif.), Pacific Institute for Studies in Development, Environment, and Security, novembre 2003.

ERIE (S. P.), *Beyond Chinatown : The Metropolitan Water District, Growth, and the Environment in Southern California*, Stanford (Calif.), Stanford University Press, 2006.

聚焦

中国：大型项目保障城市供水

夏尔·鲍比翁（Charles Baubion）
法国巴黎高等矿业大学博士

由于建设大型水坝对环境和经济的影响，这些项目在中国国内外引起了强烈的争论。通过这些体现中央权威、承认城市重要性以及协调地区发展的大型工程，人们能够了解中国国家和各省之间是如何管理自然资源再分配的。

三峡工程计划[1]有着一段较长的历史，因为中华民国的缔造者孙中山在1919年就曾提议在瞿塘峡、巫峡、西陵峡之间修建一条大坝。整个20世纪，这一计划始终是人们讨论和研究的对象：有时是因为政治上拖延，有时是因为技术能力，有时是因为国际合作，有时是因为扬子江（长江）的洪灾。这一世界上规模最大的大坝终于在1993年动工，并于2005年竣工。在蓄水全部完成后，三峡库区的库容总量将达400亿立方米。

三峡工程建设主要有以下三大目标：防洪功能[a]、发电[b]以及提高上海和重庆之间的通航能力，从而使长江成为中国中部发展的中枢。把三峡水库上游城市重庆设为由中央政府直接领导的直辖市，就是为了使长江发展中枢的辐射力能波及内地。因此，三峡大坝建设也是由中央主导的国土整治战略的一部分。这一决策也可以被视为各省市（区）之间商谈的结果——在这些省市（区）中，北京、天津、上海和重庆发挥着最重要的作用。

1992年4月3日，全国人大以1767票赞成、177票反对、689票弃权通过了兴建长江三峡工程的议案，一项中央政府倡导的计划遭到如此强烈的反对，实属罕见。事实上，无论中国国内还是国外，一直对该计划存在着强烈的反对之声。许多国际的非政府组织以及中国一些专家反对这一计划，而曾经表示愿意提供贷款的美国进出口银行以及世界银行最终都取消了贷款计划。它们的担心都是有道理的，因为一个如此重大的计划必然会充满未知数，不可能没有风险，也不可能没有副作用。三峡水库淹没陆地面积632平方公里，100万～200万人不得不移民。三峡库区是中国文明的摇篮之一，中国五千年的许多历史遗迹正在被长江水所淹没[3]。与建设大坝有关的环境问题也多种多样：大坝上游的侵蚀、入海口地区长江三角洲受侵蚀以及地下水和土地的盐碱化、生物多样

---

[a] 按照设计，三峡工程能使长江中下游地区抵御百年一遇的特大洪水。按照中国专家的估算，如果三峡工程已经建成，1998年那场使2亿中国人受害的特大洪灾就可以避免。

[b] 这里预计将安装26台700兆瓦（Mw）的水轮发电机组，装机总量达18200兆瓦，即平均每年发电84.7万亿瓦（特）时，相当于2009年中国年用电总量的5%[2]。

城市：改变发展轨迹 **107**

性受到侵害以及水质下降等[c]。发电和提高航运能力以及防洪抗灾等一些目标是很容易达到的,既不存在多大风险,也用不了多大的成本。剩下的便是通过创建长江这一中枢 —— 而三峡大坝工程将是其中最重要的元素 —— 将其发展能力辐射到中国西南部的愿望。

出现反对之声,是因为它对中国自然资源再分配所产生的后果。因为这个工程还有另一个目的,即为了解决中国北方,尤其是北京地区的结构性缺水问题。事实上,之所以要把三峡大坝的设计高程定在185米 —— 这是专家和共产党的领导层反复讨论的结果,是因为其中隐藏着一个不能公开的原因,当然这个问题如今已被公开提出来了:南水北调[5]。这是中国政府的另一项重大计划,即从长江调运450亿立方米的水到被缺水问题所困扰的中国北方,尤其是北京以及距其150公里的港口城市天津等大城市。这项工程的预计造价达600亿美元[6],造价远远超过三峡工程:这一工程同样存在着许多环境与社会风险。不过,由于中国内政的原因,该工程被媒体炒作的热度远不如三峡工程,因为它涉及中国各个地区之间的权力平衡问题。

南水北调工程2002年正式由中国国务院启动,它总共包括三条线路,其中中线将修建一条长达1230公里的运河,利用地球的引力将水直接引到北京,其中还包括一条长达7公里的穿越黄河隧洞[7]。正是这条引水线当年曾引发了三峡大坝的高度之争:将大坝的设计高度提升到185米[1]正是为了能从这里将水调走[5]。

于是,三峡大坝成了南水北调工程的关键。这项旨在缩小中国水资源分布不平衡现象的工程把长江水引到黄河以及北京乃至面临缺水问题的整个华北,从而促进这一地区的发展。正因为如此,人们就可以理解各个地区,尤其是北京和上海之间为什么会在全国人大会议上出现争议。作为中国经济首府的上海,自然要为这一重大工程出钱。如果说将长江的通航干线航道延伸至重庆对作为长江入海口的上海是有利的话,那么南水北调工程对上海来说则没有任何好处可言,更何况这一工程的造价远远超出三峡工程,而受益方只能是北京、天津或其他北方城市。

除了中国各主要城市之间的谈判之外,这些大工程还能够确保中央政府的合法性:它是空间布局调整的主宰,是国家统一和团结的维护者,是全国各地平衡发展的协调者,是北京和上海之间的平衡者。中

---

c 三峡水库淹没陆地面积632平方公里上有1300多座工厂和矿产公司、1500个屠宰场、近30万平方米的公共厕所、178个垃圾场、4万个墓地、许多医院、近300万吨各类垃圾以及其他各种污染源。[4]

央政府想通过这一工程表明，它仍然牢牢地掌握着这个国家的领导权。

中国为城市与内地之间的谈判提供了一个特殊的实例。经济的高速发展、各个地区资源和发展水平的极大差异、人口的密度以及城市的规模等，这一切都决定了中国的此类谈判与别处不同：这里的谈判对象已不是城市附近的"腹地"，而是整个国家的内地，是整个国土。城市将会与另外的城市面对面，因而需要为它们找到一种平衡：在这种平衡中，中央政府将始终处于核心地位。

参考文献

[1] SANJUAN (T.) et BÉREAU (R.), « Le barrage des Trois-Gorges. Entre pouvoir d'État, gigantisme technique et incidences régionales », *Hérodote*, 102, 2001, p. 19-56.

[2] HAO (F.), *The Three Gorges Project : A Dilemma of Energy Security and Sustainable Development in China*, Master, Université de Lunds, 2003.

[3] SHEN (C.), « Mission Impossible: Archaeology of the Three Gorges Reservoir, China », dans S. A. Brandt, et H. Fekri, *Dams and Cultural Heritage Management*, Cape Town, World Commission on Dams, 2000, p. 53-58.

[4] SAVOIE (P.), « Impacts du barrage des Trois Gorges sur le développement durable de la Chine », *Vertigo*, 4 (3), 2003.

[5] BRAVARD (J.-P.), « Un enjeu hydropolitique et environnemental majeur pour la Chine : le transfert Sud-Nord », *Hérodote*, 102, 2001.

[6] SHAO (X.), WANG (H.) et ZHAO (Y.), « Interbasin Transfer Projects and their Implications : A China Case Study », *The International Journal of River Basin Management*, 1 (1), 2003, p. 5-14.

[7] BERKOFF (J.), « China : The South–North Water Transfer Project – is it justified ? », *Water Policy Journal*, 5 (1), 2003, p. 1-28.

> 我们将面临这样的选择：要么就让我们来取代上帝，将自己放在这一复杂的环境中；要么就选择等待，就像等待戈多那样，等待着不确定因素的消失。

3 社会

> 混合体制打破了单一网络的传统范式及其所信奉的规模经济效应,也促使人们形成了一种新的'政策观'。

第八章

西尔韦·哈格林（Sylvy Jaglin）
法国马恩-拉瓦雷大学技术、国土与社会实验室（LATTS）教授

供水与城市建设

对许多人来说，城市区域接通自来水以及环卫服务就意味着相关管网设施的扩建。然而，南方国家城市的发展使城市管网作为最佳技术和社会手段的形象受到了破坏。在供水政策上，南方城市普遍呈现出服务形式多元化的特征，即能够根据不同的收入水平、各个街区的自然约束来提供不同的服务。这些新型的政策自然需要设置一些新型的管理机构——这些机构必须能够明确共同的规章，同时又能考虑到不同家庭的实际需求，并使自己纳入城市政策当中。

目前，有一个问题正引起人们热烈的讨论：当前的自由化和私有化进程究竟会以何种方式影响到公共服务网络与城市区域之间的关系。北方国家城市中的主流观点认为，公共服务部门此前的管理模式（垄断生产、单一的供水标准、公权力凌驾于被治理者之上）以及福特式的城市模式双双被打破之后，期间必然隐藏着这样一个危险，即城市的碎片化。而在那些管网的整合功能通常未达到最佳状态的发展中国家城市里，最近30年来人们的思索重点则放在了经济效益的问题上[a]。

不过，大家似乎都注意到了城市管网在提供基础服务以及实现社会公正方面所具有的明显的整合功能。在那些异质的城市里，对城市服务的不同需求成了技术管理和机构设置的一个创新动力，而常规网络的相对失败使那些过去一直被排除在合法和统计范围之外的私营、非正规部门所提供的服务变成了一种"常规服务"。这种变化使供水服务领域出现了一些能与多元化需求及其变化相适应的混合体制，而这一切势必会打破单一网络的传统范式及其所信奉的规模经济效应，也促使人们形成了一种新的"政策观"——在这种"政策观"看来，单一的基础设施并不一定符合公众利益（见第122页聚焦）。

> 混合体制打破了单一网络的传统范式及其所信奉的规模经济效应，也促使人们形成了一种新的"政策观"。

网络与南方城市：持续的分离

由于长期以来投资不足，如今南方国家大部分城市的基础设施建设都未完成。机制能力不足，再加上资金的缺乏以及民众的贫困，影响了这些网络整合功能的发挥，并导致了三种情况的出现。第一种是"智利型或南非型"，这里的网络建设已经基本完成，最主要的问题是穷人的消费。另一种是"巴西型或摩洛

---

[a] 城市的整合（即一体化）概念在这里是指城市通过一系列复杂进程而出现的一种动态结果：它包括技术功能的凝聚（基础设施）、空间的凝聚（城市各种资源以及便利设施的公平分享）、社会的凝聚（社会资源的重新分配以确保人人享有最基本的收入）以及政治的凝聚（民主以及有包容性的治理）。相反，碎片化则与社会和经济的独立性逐步被侵蚀以及各社会团体、城市各区域之间的分离有关。

城市：改变发展轨迹　**113**

哥型"，这里大部分城市居民都已接通了网络，然而一大部分非法"阶层"或最穷困人员被排除在外的现实表明，这些网络存在着技术和商业调整的问题。最后是"西非型"，这里大量的网络处于待建之中，而且还必须为穷人的供水提供补贴。要想用"新方法"来看待发展中国家的供水问题，就必须对这些常规网络进行重新定位：它们不应被看做城市化的真实条件，而是一种简化了的"社会与技术"妥协。

常规模式：合理的需求。首先应当对公营部门和私营部门在供水服务管理中各自所具有的好处进行反思。在20世纪80年代之前，一直是全国性或地方性的公营企业一统天下的局面，其中有成功的也有不成功的例子。后来，被认为经营灵活、管理模式更先进的私营企业开始兴起，最终形成了"公私合作关系"（PPP, public-private partnership）这样一个"国际共识"，并导致出现了各种形式的合同，如租赁、特许经营以及签订管理合同等。

这些举措所收到的成效平平，而且没有一种经验主义的评估方法能够清楚地说明其中的关键问题究竟何在。委托合同本身所存在的缺陷——这一点在北方国家已有过全面的分析——在南方国家表现得更为明显，如信息不对称、透明度不高以及投资不足等。南方国家还因为合约框架的不足而影响到用时间来分摊风险的问题。此外，为解决某些问题而专门成立的机构无法很好地履行其职能。最后，无论在价格、投资还是对穷人需求的关注度上，实际成果与当初所许下的承诺都相去甚远。于是，签订新合同的节奏自然就慢了下来，而且人们此时思考的重点是有什么办法能使现有的合同继续执行下去，如改善治理等。

> 对许多城市来说，国家在供水领域所作的承诺（资金帮助和政治承诺）太少，而穷人们则没有大声表达自己需求的机会。

我们能从20世纪90年代的机构改革中吸取什么教训？那些改革尽管付出了巨大的投入，但大部分仍以失败而告终。它告诉人们从城市整合目标的角度来看，公共服务的性质比它归谁所有更重要：常规模式所注重的是基础设施的大规模投入、集权式管理、提供服务的均等性，因而它需要穷人付出较高的入门费[1]。

这种形势是由技术因素（太高的标准）和法律因素（非法的土地权证）造成的，但也与政治因素有关。对许多城市来说，国家在供水领域所作的承诺（资金帮助和政治承诺）太少，而穷人们则没有大声表达自己需求的机会。另外，供水领域的改革也未能协调好正规机构以及那些能代表它们的组织（它们被认为能够迅速作出改变）与那些非正规机制（如形象、信仰、习俗和价值观，它们的变化被认为是缓慢的、能够增值的）之间的关系。一些委托合同被中止正是因为这方面出现了偏差。

非常规供给的无限制膨胀。面对那些得不到满足的需求，几乎在所有城市内都出现了常规网络与其他的商业供水形式并存的现象，双方总是能按照用户、价格、品位以及接通方式等不同标准而相互结合。这些替代性的供给主要在主流经营者所无法顾及的地方发展起来，其发展轨迹则与主流网络的扩张方向刚好相反。这些替代性服务的资金都是自己筹措的，得不到任何形式的补助，因而也具有非正式行业的一切特征（如未被纳入普查的统计范畴、不纳税、低投入以及法律地位十分脆弱等）。它们所从事的主要是供水服务，但有时也会参与水的生产，尤其是从井中取水的小型自来水厂。尽管这类商业供水服务表面上看起来形态都差不多，但本质上却千差万别，而且由于这一切主要依靠的是简陋的手段，因此它的单价通常会比正规的服务高得多。

这些特性并不妨碍此类服务也具有一定的社会

整合功能。随着这种形式分散的服务的普及，一种在没有正规管网的情况下实现供水的标准形成了：用户必须融入社会和商业网络当中——这些网络能够提供多种质量参差不齐的水（可饮用或不可饮用、付费或不付费）和形式不同的服务（上门的流动兜售，公营或私营的供水站，水的质量有可能有保证也可能没有保证、有可能正规也可能不正规，有可能需要预订也可能无须预订等）。至于那些被迫接受非正规服务的家庭，它们很少在需求方面施加自己的影响力，而且它们所付出的费用通常是那些正规网络用户的10～20倍。由于环卫措施方面严重滞后，因此与饮用水使用有关的环卫服务很少能够延伸到这些家庭。

在那些缺少私人经营者的城市区域，有时也会有外来者（非政府组织或从外迁来的机构）在此实施某些计划，如提供资金建设基础设施等，而这些设施的管理则按照商品化（水需要付费）和合同化（与当地的手工业者）要求来进行，工程施工和监管则交给一个用户组织的集体（如用户委员会或用户协会等）。这些多多少少带有正规色彩的社群组织有点类似于"社群私有化"，也是商品化的一个变种[2]。

这么多另类商品化供水渠道，只是众多实际供水方式中所截取的一小部分，因为一些免费的供水形式依然存在，需要付费的可饮用水只是众多选择中的一种（雨水、水塘、水井以及河流等）。事实上，选择与供水管网接通（个人或集体的方式），除了能用上自来水之外，还将有助于按照卫生标准（可饮用）以及（或者）实用标准（能将水接到家中）对消费行为进行重新组合。结果，要想提高这些服务的社会整合功能，所面临的最大挑战是根据现有供水体系的多元性以及它们的活力，对这些服务的扩展和推广进行重新设计。

多元化为了整合？

虽然人们基本认同目前的多元性，然而在开发合适的供水服务的具体方式上，既没有明确的方法，甚至也没有达成共识。事实上，要想迎接这一挑战，就必须对与这些服务有关的管理规章进行全面的重新思考：这些功能要覆盖到哪一范围？谁是其中的参与方？有哪些标准和协调工具？如果从现有的实际做法以及现存体制出发，那么一定会遇到行会与专业者的利益（从事常规服务的工程师们的利益）、代表权（即城市那些"可接受的"标准）以及权力斗争（常规服务商与手工供水者）等问题。

尽管如此，一些新的变化迹象表明，如今要想达成一些新协议就必须按照以下两大创新思维，对现有的多元现状进行"解码"：放弃各种体系"不分大小的均码原则（one-size-fits-all）"，并采取逐步规范化的原则。然而，真正的挑战在于如何能让这些正规与非正规的供水服务商共同生存，并对它们之间的互动（竞争或合作安排）进行协调管理。这方面有许多可能的方案，比如把这些服务商纳入一个混合体制，或者通过一些混合的体制或并列机构对这些服务商进行协调。目前有许多实际情况符合后一种选择的要求，至于出现第一种选择，就目前来看可能性还很小，因为它要求文化的融合以及社会和技术上的妥协——这方面，双方是很难兼容的。通过一些混合的体制对它们进行协调是可能的，而且人们在这方面已经看到了初期成果[3]。它需要将传统的标准进行转移，并将它们应用到一些创新型的实用机制上，在此我们试举几个例子。

服务的创新与差别化。在饮用水领域，长期以来人们总是采取二元思考法：城市居民用管网，乡村人口用水井。这两种供水模式体现了技术与机构层面两种完全不同的思维逻辑。两种不同供水机制之间的不可渗透性从20世纪70年代开始被打乱：其中既与城

> 在饮用水领域，长期以来人们总是采取二元思考法：城市居民用管网，乡村人口用水井。

市化发展、贫困化以及环境卫生问题的出现有关，也与城市人口迅速增长以及一些小城市的郊区迅速发展有关。

这些因素导致了供水服务体制逐渐出现了混合形态，从而提供了一种新的技术，即由电动抽水或机井抽水——它所需的能源可能是电、发电机，也可能是太阳能——以及将街头供水点与私人用户连接在一起的管网等构成的小型网络。这些体制原本是为那些小镇和小城市设计的，随着相关行业法律框架的重新修订以及地方分权行动的展开，它们也逐步推广开来。[4]

使供给与支付能力挂钩而设计的差别化服务也在大城市流行起来[5]。人们根据实际经验，对那些常规的解决方法进行调节，通过技术和商业创新来降低安装和管理成本，使之能适应那些低收入或者没有固定收入家庭的需求。在公营管理部门和私营企业的倡议下，这类模式在以下两种情况下变得十分盛行：一是当经营者需要安装二级管网，二是当他面对那些支付能力不强的客户时。这种差别化服务首先体现在开通成本上（经营者收取的经营费以及管道安装及设备费等）。人们想出了许多方式来补贴开通费，如小额贷款、将成本纳入房屋信贷以及各种形式的补贴甚至实物补助。

在纳米比亚的温得和克，从20世纪90年代末开始，市政府便启动了一项"开发与升级计划"（从此该计划一直处于不断更新之中）：该计划会根据不同的收入阶层，提供不同等级的服务，而其中的费用则包含在土地的出售价格之中，并可以用贷款的方式支付。在南非的德班，这一机制还被加上了控制消费与开支的新内容。一些新的发明，如使用电子预付方式、使那些贫困人员零星购买的消费方式以及分段支付的方式能够与企业的财务要求兼容。

这类经验——拉丁美洲如布宜诺斯艾利斯（见背景资料一）以及拉巴斯—埃尔阿托的一些大经营商也为此作出了贡献——既考虑到了供水形式的多样性，也考虑到了城市社会和经济的不平衡，从而在用水权与收回成本之间找到了平衡。

从一个私营者到多个私营者：管理模式的多元化。 那些活跃在城市供水市场的参与方有时被人视为"不可接受"，有时又被人视为"慷慨大方"，如今它们越来越受人关注。那些长期以来遭人诋毁、被视为没有竞争力的私营小业主（POPS）如今却靠着自己的经营能力、灵活性和主动性吸引了他人的眼光。当人们对"公私合作关系"所产生的幻想破灭后，作为它们的对应物——私营小业主则可以趁机大谈私营行业的好处以及它们如何能使穷人"支付得起"。这些方法打破了公营与私营、合法与非法以及正规与非正规之间的界限，为集体行动能够进入供水服务领域提供了新的机遇。根据不同的地理位置以及与干线管网的距离，各种不同的运行机制出现了。

在常规网络之外，一些非正统的伙伴关系开始出现。在拥有200万人口的海地首都太子港，因街头供水站的出现而导致的集体供水网络重组便是市政水务管理局（CAMEP）与一些街区组织携手合作的结果。得益于1995年开始实施的一项计划，自来水通过一些小型管网被输送到了城市贫民区的一个个街头供水站，这里供水是需要收费的，管理权则交给了一些街区组织（如自来水委员会）。这一机制不仅保障了基础设施方面的兼容性，而且使贫民区的供水管理也有了自主权：在上游设立一个总水表，自来水委员会负责辖区内部网络的运行与经营。巨量的自来水批发价格自然要低于私营市场上的零售价：一旦向市政水务管理局（CAMEP）交完水费后，街区的自来水委员会就可以用余下的钱来支付经营人员、为其成员提供补贴、支付维修费甚至还可以用节余的款项来投资[6]。

在莫桑比克首都马普托，占主导地位的是一种私人的经营模式。这里的自来水经营由一家私营公司"莫桑比克自来水公司"（ADEM）负责。约1/4的人口用不上自来水，于是，这些人只得求助于私营小业主（POPS）：12%的人通过私人管网用自来水，11%的人通过街头供水站。这些拥有抽水设备的小业者们东拼西凑组成了一个个复杂的小管网，这些管网拥有独立的水表，有的甚至就铺设在地面上[3]。马普托市的自来水管理政策是由那些国际出资者提出来的，旨在使那些私营小业主在与"莫桑比克自来水公司"的合作过程中增加实力。这一模式所涉及的内容包括许可证的正规化、对金融合作伙伴关系从法律上加以完善、提供一些职业化培训、通过对"非正规"企业进行整合与兼并的方式对水市场进行重组。

当然，其他地区也存在着另外一些模式，如坦桑尼亚达累斯萨拉姆市一个非正规区赞卡戈区就创建出了一个集体经营的模式。到2005年左右，这个集体经营组织拥有了近3000名成员。这里通过一个小型管网设立了三个需要付费的"供水站"（它们是在国际资金的援助下兴建起来的），另外也应一些较富裕家庭的要求，将自来水接到了他们的家中。这一体系由一个自来水用户委员会负责日常管理，而水费中收取的一部分资金用于日常的运行与维护。

这些分散化模式为人们探寻未来的经营方式提供了思路：它们身上所具有的主动性使这些模式能够适应因社会、人口以及土地使用状况的变化而产生的需求变化；由于投资不大，它们从技术上具有很强的适应性，也容易进行空间布局的调整。它们的管理所采用的是将商业与社区合作相互融合的混合制模式，尤其能够满足交流的需求。不过，这些模式并无意使自己成为全面推广的通行做法，而是把自己定位为正规网络的补充，只要在那些市场所需要的地方发展起来即可。这些模式要想被纳入混合体制，就意味它们要与常规网络进行对接，意味着它们把自己的网络扩展到至今还没有任何服务机制的城市区域。

背景资料一　布宜诺斯艾利斯市供水服务的参与制管理模式

■ 从1993年开始，阿根廷自来水公司（Aguas Argentinas）一直在思考如何把自己的服务网络扩大到整个经营辖区。1999年，公司"社区开发部"成立，其目的是确定在那些低收入街区的经营政策。在这一前景下，"社区开发部"大约四十项计划，名为"参与制管理模式"（MPG），即通过三方签订合同的方式扩大和规范相关服务。

—— 社区居民是一切需求的基础。一个计划只有获得某一街区80%以上的居民同意才能实施。社区的居民必须组织起来，并选出自己的代表。他们还必须为相关的工程施工提供劳动力。

—— 市政府则承诺行使其职责（如开挖街道等）、提供与工程施工相关的工具（手套、铲等）并组织有关补助的发放（政府会对参加社区工程的家庭户主发放每月150比索的补助）。

—— 企业则负责项目的技术可行性。它将承诺提供必要的材料（水管、扳手等）、为施工人员提供必要的技术培训以及与整个社区进行沟通等。

这种社会干预方式使那些贫困的街区得以被纳入（水、电等）特许经营的客户群，从而避免一个城市内出现两种不同的发展速度。

资料来源：萨拉·波顿（Sarah Botton），《发展中国家通水与通电如何设想需求？》，法国可持续发展与国际关系研究院（IDDRI），《探讨思路》2006年第9期。

混合供水体系纳入城市一体化的关键因素

如何在保持这些混合体制机构（或制度）多元性——多元性是这些体制所提供的服务能满足城市居民需求的主要原因——的同时，对它们进行重新设计、管理以及调节？这些网络基本上能够解决的互助性问题（这种互助同时表现在技术、收费标准以及社会与政治上）仍是一个现实性很强的问题，而且直接关系到这些混合体制的治理性。按照我们的假设，城市的一体化运作以及这些互助行为的实现离不开以下诸多因素：拥有共同的规则（原则与价值观）、互助机制（权力、资金以及自然资源）以及能够降低城市碎片化程度的再分配制度（收费标准与税收调节）。各种混合体制的整合程度恰恰取决于对这些多元性的"驾驭"（即治理）能力。"多中心的治理"[b][7]方式为设想未来治理体系的大致轮廓提供了分析与理论工具。在未来治理体系内，每一个单位、每一个分支体系在设计和调整自己的行动计划规则方面都拥有一定的自主权，一方面既能更好地解决集体行动的问题（在这里是指供水），而且还能够得到上一级体制的支持与资金援助。

融资：调节成本并重新提供公共补贴。在20世纪90年代，公共补贴的作用曾被过分夸大，而此后的宣传与实践又使公共补贴的形象得以恢复，如今在公共服务网络的扩建以及与住宅有关的基础设施建设领域又开始使用。在一些城市，交叉补贴以及对土地增值的征税、贷款以及把基础设施的接通服务纳入社会福利房政策等，这一切都使相关补贴有了保障；

南非的开普敦以及智利的圣地亚哥都采取了这一做法。在其他城市，人们在为穷人提供社会福利性的公共网络服务时，则采取了另外一些做法。

在开发计划方面，"依成效实施援助"（output-based aid）的模式不仅在受援对象上有明确的目标，而且援助的多少将依据实施成效而定。这种援助当初之所以要规定按照实施成效来拨付，就是为了增强相关参与方的责任心，并使之成为公共援助的一个杠杆。如今，塞内加尔和布基纳法索的社会福利性供水服务领域，正是应用着这一援助方式。不过，这方面大规模应用的例子还很少，而将这种援助模式扩大至非正规服务领域还只是处于商谈之中，真正开始的实例一个都没有。

对穷人提供消费补贴则存在着许多争议。南非在这方面的政策变化最能说明问题：起初它实行的是把服务费算入水费的做法，到了2000年开始被迫允许每个家庭每个月可免费消费6吨水。而马里的经验则表明，交叉补贴的融资方式并不一定奏效，因为2000～2005年间该国的私营供水服务出现连年亏损，其中主要原因便是向中等收入阶层倾斜的再分配政策给企业造成了沉重负担[8]。

对非正规行业提供补贴的问题对于一些延伸式服务也十分重要。在柬埔寨，由于人口压力以及行业调整的压力都不大，公共补贴的重点放在了水质的提高上[9]。（对非正规行业提供补贴）这个问题对于让那些最穷困人口喝上自来水也十分关键。事实上，那些非正规行为所提供的销售和支付方式（购买量非常小、贷款支付以及延期支付等）完全符合顾客的需求，而且一切交易都是建立在信任和邻居亲情的关系之上，其中并不存在什么再分配或互助机制。在马普托，私营小业主所经营的地方都是"莫桑比克自来水公司"不提供服务的人口密集之地，但这些地方都通电，而且它们所提供的服务比正规公司还要贵，而且

---

b 这里是指一些存在着多个权威机构的体系，这些权威机构能够通过共同干预的方式，使那些公共财产的管理规则在某一特定范围内落实。请参阅安德森（K.P. Andersson）和奥斯特罗姆（E. Ostrom）的《从多中心视角分析分散的资源体制》（Analyzing Decentralized Resource Regimes from a Polycentric Prespective），《政策科学》（Policy Sciences）杂志，41(1), 2008, 第71～93页。

受益的主要是那些中等收入家庭。在另外一种城市背景下，即柬埔寨的小城镇中，这种反差的现象没有那么明显，但所体现出的逻辑是相同的：10% 的家庭得不到任何供水服务。在这种混合体制下，如何实现社会公平和空间布局上的平衡，其鼓励措施和手段都有待创新。

调整重大问题以及调节方式。融资问题虽然十分关键，但它并不足以保障一个供水系统的永久存在。新的体制中将出现越来越多的参与者。为维持其组织的稳定，实践中人们最喜欢的做法是签订合同。签订合同至少有两方面的好处：一是能够弄清到底有哪些共同签约人，二是能够明确彼此的角色。在他人指导下的学习阶段，这是一个"必不可缺的"工具，然而尽管它推广迅速也无法掩盖它适应性差的缺点：在现实中，合同只不过是一个彼此承诺的表达工具，并不能成为双方伙伴关系的法律保障——这种伙伴关系的主要实施方式还有待确定。

这些混合体制的独特之处还在于能够提供差别化服务。如何在调节和促进城市一体化的同时又不会导致单一化？或许应当把那些"普遍性"的因素（水的卫生质量、最低服务的定义等）与那些可以因地域不同而不同的服务因素区分开来。不过，这种澄清过程本身就是一个复杂的大问题，并且需要作出相当娴熟的裁决，而这些裁决要想取得合法性，就必须尽可能调动更多人（尤其是用户和生产商）的参与。事实上，这些混合体制面临着许多"相对"标准。使用低成本的技术以及那些廉价的产品本身就是这些非正规服务能够赢利的条件之一。如何能使这一切与同一体制内那些更严格的标准相互衔接？

对环保问题的关注也将带来一些问题。在大城市，大量抽水很可能会导致地下水缺失，而且大量废水不受限制的倾倒很可能会导致地下水资源的污染（见第六章）。然而，虽然正规与非正规供水服务都忽视了它们的活动对环境的延伸影响，但这两者所造成的结果是不相同的。对于那些没有应对能力的非正规行业来说，其后果是直接的；而对于那些正规的供水商来说，这些影响会延期表现出来：因为它们有能力到更深、更远的地方抽水，并在出售之前对水进行处理。这些环境的压力应当如何在那些责任心和能力各不相同的"企业"之间分摊呢？

如何来协调这些服务的发展：竞争、排挤、互补还是合作安排？很显然，城市一体化这一重大问题从一定程度上来说将取决于对这些互动关系的战略性处理：因为这些混合体制所面临的一大问题是它将使城市内的不平等现象长久定型。要解决这一问题，就必须在整个混合体制范围内建立一些跟踪手段与机制，而这一切至今尚未建立。

最后，这些互动行为还使供水服务领域出现了一些相互竞争的"看法"。例如，承认现有供应结构并不能导致以下两种意图"和平相处"：一种想法是想用低廉的价格来扩大基础服务，另一种想法是开发出一些能够符合环保标准的服务——生态现代化要求重新审视某些自然资源的开发。这些要求尽管是合法的，但它们很难与优先行动、公共及私人资金的补助、生活方式以及享受供水服务的城市居民与那些被视为环境恶化传统责任者的消费者之间责任分摊等兼容。混合体制把那些至今看起来与正规服务无关的许多冲突都揽到了自己身上：为应对这些冲突而创造出合适的合作条件，是城市供水这一公共服务在城市实现长期制度化所面临的一大挑战。

调整治理机制。在城市区域内逐步建立混合体制这一原则确立下来之后，必须强调指出的一点是，相关的治理机制既不是中立的，也不是明确的。第一

> 在大城市，大量抽水很可能会导致地下水缺失，而且大量废水不受限制的倾倒很可能会导致地下水资源的污染。

种方法是使各个分支机构能够享有最大的自治权，每个分支机构都能制定自己的标准与规则，从而形成整个集体的价值观与行动框架，以及对各自所辖用户进行监督的形式和方式。这种方法的协调成本很低，其他经营者入门条件也不高，有利于形成多种多样有自己治理方式的供应体系，并通过竞争协调它们之间的共存，不过它不利于城市一体化（或整合）目标的实现。

相反，第二种方法所注重的是多中心制，即把所有的供应商纳入一个多层级的架构中。这种混合体制既能够利用多元化的经营者以及相关合作安排来稳定那些局域性的方法，而且还能把它们纳入更加"全面的"调节框架（水的质量、最低服务以及参考价格等）——这些框架除了能使大家认同这些服务的"社会作用"之外，还能确保整套机制的协调与变化[10]。在不同的情况下，这一策略在多个地方得到了应用：如赞比亚的卢萨卡市自来水公司自20世纪90年代末开始采取这一策略，而"研究与技术交流集团"（GRET）以及太子港市政水务管理局（CAMEP）则联手在海地的太子港采用了这一策略。柬埔寨则在全国的所有小城镇开展了"小型自来水管网"（MIREP）计划（见表1）。

网络整合来供水的思维逻辑，使许多南方国家城市否认在实际供水服务上所存在的混合特性，并产生了这样一种幻想，即它们的供应完全符合公共服务的全国性标准，而且也符合平均主义的精神。混合体制提供了一种前途光明的替代方案，但它们还只是一些很不完整的模式。只有各个分支机构经过自上而下的"标准化"整合并且能够和平相处之后，它们才有可能成为一种持久的解决之道。这便是对它们进行调节与治理的关键之所在。虽然说那些技术、管理和空间布局的工程学能够为这种多元化管理提供工具，但只有政治权力机关才能够制定有强制力的规章，从而使这些混合体制在团结、互助、包容和城市一体化等方面的功能得以发挥。

表1	柬埔寨的"小型自来水管网"（MIREP）计划：从非正规服务到基本服务	
服务内容	非正规服务	"基本"服务
水质要求	水（味道好）能接到家中	水的质量符合国际标准
覆盖范围	供应商周围地区	市镇人口密集区，那些可能缺水的地区以及水资源被污染的传统区域
提供服务方式	各种方式，但是时间和质量上都没有保证	尽可能实现家家通水，并可提供相关服务
价格	按供求关系来定	价格受监管
公平机制	没有	最穷人的选择机会
调节	几乎没有	与地方签订合同，各级地方机关参与服务项目的确定并负责监督

资料来源：J. P. 马埃，《与本地经营者一起创建供水服务：柬埔寨"小型自来水管网"计划的例子》，巴黎，"研究与技术交流集团"（GRET），2006。

参考文献

[1] KAYAGA, S. FRANCEYS R., « Costs of Urban Utility connections : Excessive Burden to the Poors », *Utilities Policy* 15 (4), 2007, p. 270-277

[2] JAGLIN (S.) et BOUSQUET (A.), « Conflicts of Influence and Competing Models : The Boom in Community-based Privatization of Water Services in Sub-Saharan Africa », dans B. Barraqué (ed.), *Urban Water Conflicts*, Londres, Taylor and Francis, à paraître.

[3] BLANC (A.), CAVÉ (J.) et CHAPONNIÈRE (E.), « Les petits opérateurs privés de la distribution d'eau à Maputo : d'un problème à une solution ? », AFD, *Regards croisés*, document de travail, 85, 2009.

[4] JAGLIN (S.), BELBEOC'H (A.), « Décentraliser le service pour améliorer l'accès à l'eau ? Expériences ouest-africaines », dans Schneier-Madanes Graciela (dir.), *L'eau mondialisée : la gouvernance en question*, Paris, La Découverte.

[5] JAGLIN (S.), « Differentiating Networked Services in Cape Town : Echoes of Splintering Urbanism? », *Geoforum*, 39 (6), 2008, p. 1897-1906.

[6] MATTHIEUSSENT (S.), « Le cas de l'approvisionnement en eau potable des quartiers défavorisés de Port-au-Prince », communication au séminaire du réseau Impact - Politique africaine, *Politiques publiques de lutte contre la pauvreté et les inégalités : L'influence des acteurs sociaux sur la gouvernance d'État*, 17 novembre 2004, (disponible sur internet : http://www.reseau-impact.org)

[7] FALK (T.), BOCK (B.) et KIRK (M.), « Polycentrism and Poverty : Experiences of Rural Water Supply Reform in Namibia », *Water Alternatives*, 2 (1), 2009, p. 115-137.

[8] LEBORGNE (F.), « La privatisation de l'eau au Mali », *Responsabilité et environnement*, 42, avril 2006, p. 44-58.

[9] MAHÉ (J.-P.), *Construire un service public d'eau potable avec les entrepreneurs locaux. L'exemple du programme Mirep au Cambodge*, Paris, GRET, 2006.

[10] JAGLIN (S.), « L'eau potable dans les villes en développement : les modèles marchands face à la pauvreté », *Revue Tiers Monde*, 166, avril-juin 2001, p. 275-303 ; *Services d'eau en Afrique subsaharienne : la fragmentation urbaine en question*, Paris, CNRS Éditions, 2005.

聚焦

市政服务：一个信条的终结

奥利维耶·古塔尔（Olivier Coutard）
法国马恩-拉瓦雷大学法国国家科学研究中心（CNRS）技术、国土与社会实验室（LATTS）高级研究员

那些供水、供电和环卫设施等大型网络的周围，出现了许多替代型的服务体制，以满足某些特殊需求。这些探索并不意味那些大型网络的终结，但它们代表着一个信条的终结 —— 这个信条认为，这些网络越大越好，规模越大功效越高。

谈到城市服务的组织架构，无论是普通人还是学者都会用"网络"[a]这一形状来描述。事实上，从19世纪前25年开始，在技术、经济、政治[1]、环境以及卫生[2]等领域的一些重要因素的作用下，欧洲、北美洲以及日本等地的城市服务供应体系逐步形成网络化。基础设施的缺乏[既表现在量上，也（或者）表现在质上]通常会被视为城市化进程缺乏控制或管理不善的败笔，也会被视为城市机能障碍的一个表现形式。

在19世纪初以来那些工业化国家城市转型中，（公共服务）网络一直处于核心位置[3][4]。在公众心目中以及学者眼里逐渐形成了这样一种主流认识：无论从经济、社会、空间还是从环境的角度来看，网络都是提供"城市"服务的最佳形式；网络的规模越大，其功效就越高。也就是说它控制的范围越广，用户越多、越多元化，其功效就越高。那些因网络而引发的问题，其解决之道在于网络本身：网络必须扩大，其管理必须高度集中，其技术必须越来越先进。

然而，最近几年来集中化管理的技术型网络越来越受到人们的质疑。长期以来，人们针对这些大型网络所发出的各式各样的批评 —— 尽管有时有些过激 —— 如今似乎都集中在了城市可持续发展这一迫切需求上。一个如何让这些大型网络与城市"可持续"的组织、管理和运行体制实现"兼容"的问题被提了出来：人们正在将这种网络新陈代谢与那些"可持续发展"的支持者所倡导的"循环经济"新陈代谢对立起来（见表1）。

在循环经济思维下，人们自然会对能源供应网络、供水网络、污水或雨水处理网络以及垃圾回收利用网络的概念基础提出质疑。受到质疑的主要是这样一种推论，即认为网络的规模越大，它就越能满足人们日益增长的需求。因此，一些过去用来加强技术网络实时监控的信息和通信技术如今被运用到了一些功能化的分类组织当中，如电力行业的智慧型电网管理系统（Smart Grid）。另外，网络行业的经济自由化改革也催生了一批与大型网络相互竞争同时又相互

[a] 网络是对一系列经过规划、相互连接的设备的总称。这些设备或由一个局域性的单位，或由一个管辖范围更广的单位集中管理，并向一个固定的区域提供或多或少同质的服务。它也因此使该区域形成某种连带关系。

表1 网络与社会生态体系：两种相互对立的范式？

网络	城市（可持续）生态体系
互助、连带关系	自给自足、自治
工程学、机械学、技术体系、控制论	生态学、有机体系、生态体系
密封、流动、流量、动力学、流量模式（水）	多孔性、停滞、堆积、缓慢、堆积模式（可再生资源）
线性新陈代谢：抽取 > 供应 > 排放	循环新陈代谢：回收、最低程度丢弃
所处环境具有的能力与自然资源的消费脱节	所处环境具有的能力与自然资源的消费一致
周期长，各环节之间脱节	周期短，各环节之间能衔接
供应或建设逻辑，满足需求	控制需求的逻辑
大型体系扩张的技术和经济模式：规模经济、大规模、种类多、俱乐部效应、交易成本低	保护生态模式或保护资源与所处环境的模式
大型设备、集权式管理	小型设备、分散、能够实行分散管理
消费无限制、城市化、物质财富以及城市服务的无限增长	限制消费、有节制、增长与发展分开、负增长
不可逆转的"势头"，不可改变	可逆转，具有适应性

补充的供应商或供应体系。最后，那种预先安装设施——即服务设施的安装早于城市化，或者当一块土地被建设完成后再将各种网络设施补装到位——的老思维逻辑正在与那些多元化的思维逻辑相融合。这种思维逻辑与前面的思维逻辑一样，都是在公权力的推动下出现的：在那些想实现能源自给的生态小区或建筑相对稀少的地区，在某一地块或一幢房屋里安装小型管网或能提供个性化服务的供应装置。

然而，这种质疑并不意味着网络的终结。在现实中，人们注意到在那些尚未完全定型的混合体制中，有着各种不同技术并存的现象。那些"可持续发展"的整治项目，通常既离不开发达和先进的基础设施，同时也与那些从大网络中分离出来的小体系有着紧密的联系。这些项目证明了城市服务的内部经济正在转型；由于城市水、能源、垃圾等各种流量的增加，从经济角度看需要另外建立一套甚至多套基础设施。因此，人们看到了两种不同的供水管网：一个是可饮用水；另一个是非饮用水。污水和雨水的处理系统也出现了两套甚至三套网络；能源领域也出现了多个网络（供电、供热或供冷等）；垃圾处理也出现不同的分类和收集体系。在同一个密集的区域内，这些不同的网络在和谐共存着，每个地方有每个地方的不同体系：雨水再回收、建在房屋地下的供热或供冷设施、有机类垃圾的堆肥等。从规范的角度看，这些分散的体系似乎不能成为都市大型网络——不管这些都市的规模如何——的一种实用的或者说是人们所希望的替代方案。因此，对大型网络提出质疑本身也有其局限性。或许那些长期以来支撑这些网络发展的技术和经济因素的重要性正渐渐下降，但它们仍是不可忽视的：在多数情况下，另建网络需要付出高昂的代价；而且用户数越多，用户越多元，所提供的服务质量就越好。另外，这些大型网络能够稳妥、迅速、有效地满足用户需求的能力也不可小视。大型网络虽然有时可能在生态问题上不负责任，但它们能够给用户带来

城市：改变发展轨迹 **123**

很多好处，使其有更多的时间、更多的精力去做其他事务，而无须整天为自己的废水处理、供水、供能等问题"跟着忙碌"。因此，有一个问题至今仍悬而未决：未来的城市究竟要在多大程度上依赖 19 世纪的这些基础设施？它们在多大程度上能依靠那些适应性强的新技术？[5]

参考文献

[1] HUGHES (T. P.), *Networks of Power, Electrification in Western Society 1880-1930*, Baltimore (Md.), The Johns Hopkins University Press, 1983.

[2] BARLES (S.), *La Ville délétère : médecins et ingénieurs dans l'espace urbain xviiie-xixe siècles*, Seyssel, Champ Vallon, coll. « Milieux », 1999.

[3] DE SWAAN (A.), *Sous l'aile protectrice de l'État*, Paris, PUF, 1995.

[4] MELOSI (M.), *The Sanitary City. Urban Infrastructure in America from Colonial Times to the Present*, Baltimore (Md.), The Johns Hopkins University Press, 2000.

[5] TARR (J. A.) et DUPUY (G.), *Technology and the Rise of the Networked City in Europe and America*, Philadelphie (Pa.), Temple University Press, 1988.

COUTARD (O.), « Services urbains : la fin des grands réseaux ? », dans O. Coutard et J.-P. Lévy (dir.), *Écologies urbaines*, Paris, Economica-Anthropos, coll. « Villes », à paraître.

聚焦

南亚：一种有限资源的质量管理

阿纳米卡·巴鲁阿（Anamika Barua）
印度能源和资源研究所研究员

阿肖克·杰伊特利（Ashok Jaitly）
印度能源和资源研究所名誉教授

在南亚，虽然越来越多的家庭安装上了自来水，但各地的供水服务情况并不相同，而且这种服务往往难以预料，这就大大增加了消费者的经济和卫生成本。解决方法在于建立有效的信息体系以提高对水资源的管理效率、改善输送条件并协调好公共部门与私营经营者之间的联盟。

在南亚，为数百万城市人口提供优质、充足的可饮用水是摆在越来越多城市市政当局面前的难题。事实上，保证有水可供、保证有更多的安装用户、保证供水的质量和公平性，这一切在这里存在着许多问题。城市人口的增长以及过快的城市化进程使这些问题更加严重。另外，很多供水商效率低下，而且普遍存在着缺乏资金的问题。在许多城市，供水商效率低下主要表现在供水过程中的水资源流失，它主要是由于设备老化、维护不足、间接成本高以及设备使用费低廉等造成。大多数城市供水服务商挣不回日常运营和维护所需的费用，完全靠国家的补助过日子。要想使这些城市的供水服务走上可持续发展之路，不仅应当提高服务质量，而且还必须使这些企业在经济上能够自立。

尽管许多南亚城市的供水系统与河网相连，但这里的供水依然时断时续，而且还对不同区域实行分时供水（见图1）。官方统计数据表明，尽管这些城市接通自来水的用户数在增加，但供水服务的可靠性、持久性以及服务的成本都存在许多不足[1]。供需之间存在很大缺口。许多城市居民家中虽然安装了自来水管，但由于服务质量差，他们不得不花费巨资去寻找另外一些昂贵的替代解决手段。为了弥补供求失衡状况，市政供水服务部门始终在寻找新的水源，尽管这一切需要付出高昂的代价。然而，它们从来没有考虑过如何提高现有资源利用率的问题。更可笑的是，尽管供需之间存在很大缺口，但这些企业所供应的自来水并不能全部到达用户家中：在许多城市，输送过程中自来水的损耗率高达40%～60%（见图2）。此外，自来水管中水压过低以及时断时续的供水容易造成虹吸现象，从而使供水网络受到污染，危及民众的身体健康。

有趣的是，像香港、金边、首尔、上海和塔什干等亚洲城市，供水管网质量非常好，而且也能做到不间断供应自来水（见图1）。但并不是所有南亚城市都能做到这一点：有些城市不但供水时断时续，而且大量的水在输送过程中流失了（见图2），或被盗用，从而使供水企业蒙受损失。南亚大部分城市的市政供水企业都存在着一个提高效率、向国际水准看齐的问题。

不间断供水模式将使南亚城市在供水方面走上

可持续发展之路。供水服务的效率将是一个关键的指标。在这一体系下，人们通常会想到水的需求将会增加，因而需要追加投资以扩大输送能力。然而，这类假设既没有得到研究成果的证实，而且现实情况也并非如此。事实上，当供水时断时续的时候，用户就会将水大量浪费，因为他们都将水储存起来，之后当新的水来的时候，这些储存的水又会被倒掉。从供应方面看，没有规律的供水会使水管因为短时间水流量过大而导致水压上升、水管破裂，从而使大量自来水流失。不间断供水能使水压保持稳定，从而延长供水网络的寿命，水管破裂的机会也就大大减少，从而降低维修成本。

那些希望改善供水服务的南亚城市必须逐步从时断时续的供水方式向不间断供水过渡。这一改变过程可以因每个城市、每个国家的情况不同而不同，但这是使供水模式得以长期维持的唯一方法。不过，设计出一些综合性的计划并制订好相关落实措施也同样重要。技术改进的同时还必须进行某些经济、社会和制度的改革。

一开始，可以在地理信息系统（SIG）这一平台的基础上开发出一套结构严密的综合信息系统。为了

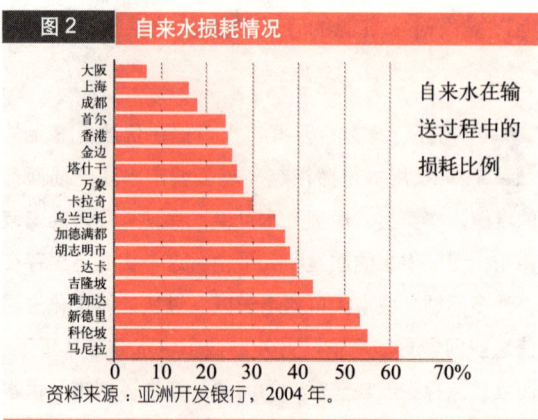

图1　供水情况

获得不间断供水的居民比例

资料来源：亚洲开发银行，2004年。

图2　自来水损耗情况

自来水在输送过程中的损耗比例

资料来源：亚洲开发银行，2004年。

提高效率，供水企业不仅必须拥有可靠的信息资源，而且还必须能够对技术和商业损耗进行控制，拥有完全的压力监督装置，公平的计量、计价体系，高效的收费体系 —— 在提供服务时能更好地计算成本与效益比，以及拥有切实的调节手段等。"公私合作关系"（PPP，public-private partnership）将能够把上述职能、资金以及公营和私营服务的经验都综合在一起。正因为如此，应当把"公私合作关系"在亚洲城市所取得的一些成功经验认真加以研究，使之能应用到南亚国家的城市当中。

消费者与服务商之间的关系也是成功的关键。在供水状态不稳定的情况下，认为服务不到位的用户自然不愿意付钱。而供水服务的稳定则可以使服务管理取得很大进步。在这一体制下，供应商必须能够不断地大量供应优质自来水。这种方式当然会令消费者满意，从而也有助于那些愿意出钱购买这一服务的人改善状况 —— 哪怕这些人住在贫民区 [2]。

在不间断供水的体制下，服务商必须设法改善服务。然而，如果不进行必要的机构改革，如果没有真正的政治意愿，这些努力就不会有任何收效。因此，必须在调节计划、管理效率、稳定财务、跟踪服务以及评估体系等方面引入有效机制，使这种体制能长久生存下去。另外，还必须加强对公众的宣传，要让他们明白自来水对人身体健康的好处，以及维持和控制需求的必要性。南亚城市从一个时断时续的供水模式过渡到不间断供水，是一个完全能够实现的目标，而且其中的成本也是可以接受的，但前提条件是要认真规划，精心落实。

参考文献

[1] Water and Sanitation Program, « Urban Water Sector in South Asia, Benchmarking Performance », *Field note*, Washington (D. C), Banque mondiale, mai 2006.

[2] « On top 24/7 », *CAD, User Mechanical Magazine*, 21 (5), juin-juillet 2008. Banque asiatique de développement, « Water for Asian Cities. Urban Water Demand Management as a Local Action, a Partnership between ADB and UN-Habitat » (disponible sur le site internet www.unwac.org).

> 如今,世界各地大约有8亿人生活在贫民窟里。这一数字意味着在2005年,发展中国家的城市人口中有36%生活在贫民窟。

阿兰·迪朗—拉塞尔夫（Alain Durand-Lasserve）
法国波尔多法国国家科学研究中心（CNRS）荣誉高级研究员

调节土地交易，创建包容城市

南方国家城市的发展首先意味着非正规区域的扩张，因为那些能让穷人负担得起的公营和私营住宅都不存在。只有一种积极主动的公共行为才能向市场发出扭转方向的信号，遏制地产投机，并使非正规部门放心参与住宅建设。这是防止城市空间布局的割裂和向外扩张的必由之路。

发展中国家的城市都存在着以下三种现象：一是人口高增长；二是空间扩张的速度通常快于人口增长的速度；三是存在着一些居民的地产没有保障的落后街区。不过，人们不能因为这一带有普遍意义的现象而忽视了其中所蕴含的各种多元的复杂形势，也不能忽视一些地区、国家和城市所具有的活力以及所给出的政治回应手段。本章旨在揭示城市不同参与方的土地策略在某些情况下是如何强化社会不平等现象的。探讨这一问题时，主要参考了土地市场和公共政策两方面的情况。

非正规街区的演变

如今，全世界有一半人口居住在城市。到2050年，发展中国家的城市人口还将增加一倍以上，从目前的23亿增加到53亿。未来40年间，全球新增的城市总人口中，有95%将被发展中国家的城市所消化[1]（见参照标准之十三、十四）。这些笼统的数据不应当掩盖各个地区不同的情况：2005年，非洲地区的城市化率约为38%，亚洲为40%，拉丁美洲为77%。如果最近几十年所得出的观察数据会变为现实，那么到2050年亚洲地区的城市化率将达到63%，非洲将达到50%。在这种背景下，城市土地将面临巨大压力，更何况这里本身就面临着设施匮乏以及土地所有权没有保障等问题。

贫民窟（Slums）还是"非正规街区"？ 住房以及住宅用地本身就存在着供需矛盾，再加上设施匮乏，这一切是造成英语所说的"Slums"（贫民窟）不断扩大的主要原因，"Slums"翻译成法语就是"Bidonvilles"（贫民窟）。按照联合国的定义[1]，一个住宅区能被称为"贫民窟"，必须符合以下五个特征中的一条：① 房屋不是由那些能提供有效保护的耐用材料建成的；② 每间房屋居住的人数在三人以上；③ 居住者无法获得优质的、足量的、价格适宜的可饮用水；④ 没有像样的环卫服务；⑤ 居住者的土地所有权没有保障[a]。按照这一定义，这类城市空间的占有形式具有这样的特征：贫困、缺乏必要的设施以及居住的不确定性[2]。居住者没有地产权，他们的居住权也得不到正式承认。从原则上讲，

> 住房以及住宅用地本身就存在着供需矛盾，是造成贫民窟不断扩大的主要原因。

---

a 在遇到排挤时，他们得不到任何法律或事实的保护。

b 2003年，全世界生活在贫民窟里的人大约有9.24亿。2006年，联合国下调了这一预估数字。数字的减少并不是说这些人的居住条件有了改善，而是因为界定"贫民窟"的五条标准中，有一条与环卫有关的标准进行了修改。

城市：改变发展轨迹　　**129**

他们既不能将自己所居住的土地出售，也不能将它们作为遗产转让他人。他们也享受不到城市最起码的设施与最低服务[3]。

如今，世界各地大约有8亿人生活在贫民窟里[b]。这一数字意味着在2005年，发展中国家的城市人口中有36%生活在贫民窟。当然，各个地区的情况存在着巨大差别：在北非地区，这一比例仅为15%；到了拉丁美洲和东南亚，这一比例则上升到了27%；南亚为43%，而撒哈拉以南非洲地区则高达62%[4]。除了少数经济高速增长、在住宅和相关设施建设领域大量投资，并对那些非正规街区进行正规化整治行动的国家（尤其是南非、巴西和中国）之外，这些非正规街区的人口并没有下降的趋势。尤其是这里1990～2005年间生活在贫民窟人口已经翻了一番，未来几十年形势将尤为严峻[5]。

"土地所有权有保障"具有法律、政治、社会、文化和经济含义[6]。它是指一块土地的居住者在遇到排挤时，他们能得到法律或事实的保护。这些排挤行动只有在一些特殊的情况下才能采取，而且在这种情况下，必须按照严格的、客观的法律程序进行：所有行动必须一视同仁，而且允许他人到法院上诉。由于土地的非正规性是这些贫民区最大的特征之一，因此我们把这一街区称为"非正规街区"，而不用英文的"Slums"（贫民窟）。不过，这些词语并不能体现这里的真实情况："非正规街区"强调的是占有者对土地的所有权情况以及使用是否符合城市规划、土地整治以及建筑的相关标准；而"Slums"（贫民窟）一词指的是其他的标准，如住房的特征或设备的等级等。

非正规街区的三种主要类型

在所有类型的城市中，人们注意到土地和城市规划的非正规性主要有三种主要表现形式，而与之相对应的则形成了三种不同类型的街区[2]。

擅自占据他人土地的街区。擅自占据他人土地的人是指未经主人同意，而且通常是违背其意愿，占有他人的土地或房屋。对土地的占据可以采取渐进方式——这是常用的方式，或采取入侵的方式——这种情况在20世纪80年代和90年代的拉丁美洲尤其常见，如今已经越来越少。这种擅自占据他人土地或房屋的人可以就是以前房屋或土地的租用者，因为后来业主想把这些土地或房屋变现或出售时，他们才开始采取行动。租户从此就变成了擅自占据他人土地或房屋的人。他们还可能拥有国有或集体所有土地的"居住证"——这种情况在撒哈拉以南非洲，尤其是法语非洲很普遍，由于这些人并没有在规定的期限内把土地交出来开发，因而也被视为非法居住。

非正规的规划土地。这是一些原本没有资质的地产开发商通过一些非正规途径开发出来的。土地的买卖是合法的，甚至拥有合法的买卖契约，但在这块土地上进行的开发却不符合城市规划的规定：设施的标准未得到遵守、没有建筑许可证、相关的税费和手续费也都没有支付。圣保罗市的"规划用地"（LOTEAMENTOS）以及墨西哥城的"居民点"（Colonias）或摩洛哥城的"非法街区"（quartier clandestion）都属于此列。其非正规的特性则因为各地情况的不同而不同。在这些街区，地产、城市规划或税收等三方面同时违规的民众很少。这类住宅通常被那些中低收入阶层的人居住，这些人没有能力购买正规开发商建造的住宅，但也拥有一定的收入而无须去抢占他人的土地或房屋。

抢占过度稠密的旧房屋。城市中心区的岛状住宅群或楼房是第三大类非正规形态。这些居住者的法律地位千差万别。这些人可能是强行占地或占房者，但通常情况下他们是既没有权力、也没有租房合同的一些小房间的房客或三房客。居住在这些房屋里的通常是那些流动性极强的年轻人，他们的居住没有任何保障，通常任由房东或中间商的宰割。墨西哥城的"Vecindades"（棚户区）或者圣保罗市的"cortiços"（贫民区）都属于这一类型：在旧城中心那些古老而破旧的房屋里，居住着近200万穷人。

最近几十年来，这三种非正规街区呈现出了不同的变化轨迹。强占他人土地或房屋而已经形成的街区，其扩张速度明显放慢；而另一些强占他人土地或房屋而形成的新街区却逐渐形成，尤其在城市的远郊地带最为明显。与此同时，一些经过规划的非正规街区也呈现上升势头，并导致了城市空间规模的扩张，扩张的速度通常会超过人口的增长速度。侵占老城区内的一些废旧房屋或未建空地的现象也有所变化。这种变化主要受到以下两方面相互矛盾的因素的影响：一方面要求低租金的租房需求剧增，另一方面这些旧城市纷纷开展了一些旧房改造、翻新、街区整治以及城市改造和正规化工程。非正规街区的变化实际上与房地产开发以及地产交易市场的变化进程是一致的。

房地产开发的行业系列

不同行业系列及其变化。住宅用地以及住房是由各经营方根据不同的思维逻辑以及经过不同的程序开发而成的。通过对房地产不同开发阶段以及各阶段不同参与方的分析可以清楚地知道，房地产开发大致可以分为三个行业系列。第一大系列是国营的。在这种模式下，住宅用地和住房都由国家或准国家机构开发。第二大系列是资本主义式的。对于这些经营者而言，赚钱是参与房地产开发的唯一目的。第三系列是民众型的。它既不属于国家型，也不属于资本主义型。这一系列的经营者有着各自完全不同的策略或想法，他们通常都按非正规的模式进行操作。人们可以发现，那些能对地产开发某一阶段产生影响的变化或者某一参与方在某一阶段的战略调整都可能会对整体的运行产生影响。从整个城市的范围看，人们可以将

之称为房地产开发的一整套体系。把它作为一种行业系列来分析，是为了能够更明白其中所蕴藏的活力。

正规土地的供给不能在量上满足要求。正规和非正规地产市场相互依存。通过对最近20年城市土地市场所作的分析可以发现，正规土地的供给不能在量上满足要求。正因为如此，非正规土地交易市场才得以蓬勃发展。在这里，这个词指的是那些得不到法律承认，但却被社会广泛认可、被城市土地交易所有参与方认为合法

> 尽管这些非正式交易很少得到国家的承认，但它们通常是被默许的。公共部门正在逐步退出房地产开发市场，民众参与房地产商业开发的比例越来越高。

的土地买卖、交换或转让。尽管这些非正式交易很少得到国家的承认，但它们通常是被默许的。

国家的退出以及土地交易市场的自由化。近20年来，人们注意到了这样一个现象，即公共部门正在逐步退出房地产开发市场，这种情况在最近10年间尤为明显。与此同时，民众参与房地产商业开发的比例越来越高。谁也没有渠道免费获得土地，一切设施——尽管它们全是非法的——都需要支付现金、特许费、开发税、捐税和入门费才能获得[7]。20世纪70年代至80年代，一些地产公司或从事土地整治的公司在许多国家相继成立或获得独立，国家也由此直接参与到房地产的开发当中，以便为那些新兴的中产阶级提供城市土地[8]。之后，国家逐步退出了这一市场。这种退出进程在撒哈拉以南非洲最为缓慢，因为在这些国家，当局一直掌握颁发土地使用证的特权[9]。国际金融机构以及那些发展援助与合作机构通常能为相关国家的退出提供帮助[10]。它们用以下两个论据来说服相关国家的退出：国家参与房地产开发的企业普遍效益不好，而且这些企业由于经常无视竞争规则，因而造成了地产市

场的运行不畅。

在正规市场上,投资者将自己的一切经营活动都锁定在那些高收入人群身上,只有在其他条件具备的情况下,才会顾及中等收入阶层的需求。社会环境以及经济背景会对这些市场的变化产生重要影响。房地产市场主要是靠以下因素拉动的:经济增长、公共部门在城市设施领域的投入以及北非地区、亚洲新兴国家以及拉丁美洲出现了一些有储蓄能力的中产阶级。

土地价格的变化

城市土地是那些手里有钱却找不到其他有稳定收益的投资途径的人最偏爱的投资领域。在小额存款的储存和利息的支付没有保障的情况下 —— 撒哈拉以南非洲的情况尤其如此,城市土地既能够为那些家庭提供一种应对通货膨胀的手段,甚至也成了一种社会保障手段。在许多城市里,土地的这种功能使得相关交易在那些半郊区地带变得异常活跃。城市土地还可能成为一些企业偏爱的投资领域,这些企业有的为了使自己所从事的经营活动多元化,有的是因为它们在自己传统经营的行业里遇到了困难。在高需求的大形势下,土地是实现资金增值的一种高效、低风险的手段。大多数地产或者(以及)房产开发公司都隶属于一些多元投资的集团,对它们来说,土地只是众多投资方式中的一种(见第二章)。

土地产权的安全是决定地价的一个重要因素。一块土地的价格并不仅仅取决于它的地段、交通是否便利、它的物理特性及其潜在的开发价值。它更多地取决于土地的法律地位,它的交易是否合法,它的产权证有没有保障。正规市场与非正规市场上土地的价格可以存在着很大的差异。这种差异在所有发展中国家的城市里都存在,在非洲尤其明显,这主要是由国家对土地的管理以及非正规市场所处的地位来决定的。

撒哈拉以南非洲的特殊性。撒哈拉以南非洲尤其是法语非洲至今仍具有一个特别之处,即土地市场的多元性。自非殖民化运动以来,许多新独立的非洲国家把殖民宗主国的一些特权据为己有。土地由国家来拨付:一般情况下,土地是不许买卖的,而是通过发放"居住证"对土地实行让与制。这种官方许可证既不可靠而且也是可收回的。从"居住证"过渡到正式的土地产权证,需要业主支付一定额度的开发税以及行政手续费,而且还要对这块土地进行开发。这些土地尽管原则上是不可转让的,但这些被让与的土地仍形成了一个十分活跃的市场。从此,那些在行政部门有特殊关系的城市居民纷纷设法以管理价获得一块土地,然后以市场价将它出售(见背景资料一)。其中的利害关系是如此巨大,以至于相关国家的行政机关一直置援助机构和国际金融机构的压力于不顾,坚持反对土地领域的改革,因为这些改革将剥夺它们在土地管理方面的特权 c。

这种传统的土地交易体制在撒哈拉以南非洲,尤其是在西非仍占据十分重要的地位。这种共同拥有的使用权可以传给后代,但原则上是不可以转让的。这些国家城郊的土地大部分会面临传统所有者追讨土地的问题,这些传统业主的权利有时会得到法律的承认(如加纳、乌干达、尼日尔、南非),但始终是被允许的,因为他们的要求具有很强的合法性,而且他们的作用也不可小视,因为正规的(公营和私营)住宅用地开发市场面临着供不应求的局面。这种传统的土地交易约占城市郊区住宅用地交易市场的半壁江山 d[11]。

在这个市场上购买的土地通常可以提出正规化申请。传统经营网络的参与可使土地以简便和快捷的

---

c 在权力下放方面一直被视为典范的马里早在2000年便通过了一个创新型的地产和土地法,然而有关这一法律的执行方式 —— 它将打破国家在土地管理领域的垄断 —— 至今尚未通过。

方式交易，而且交易成本也可以下降。传统经营网络可以保证土地的实际产权。但它们最主要的问题在于没有正式的销售合同，因而很容易与买主出现纠纷。另一个问题是这里所使用的设备很难与街区日后兴建的设施配套。

公共政策的局限

那些旨在改善非正规区现状的公共政策大致有以下四方面的目标，这些目标都是在国际层面达成过相当广泛共识的。

防止排挤。 最优先的目标是确保土地产权的安全，避免出现排挤现象[12][13]。公共机构有能力向那些最弱势的人提供保护，防止他们被强行排挤。那些被人占用的公共土地比被人占用的私人土地更容易实现这一目标。防止排挤的目标实际上只需要政治最高层的一个承诺就可以实现。事实上，土地产权获得保障，实际上就是国家或地方当局承认居住者权利的一个过程。这是第一步，第二步则是给这些非正规街区的居住者以一定的权利。这些权利通常有一定的期限，可以续签，但他们必须遵守严格的使用限制和土地转让条件。通过政府发放许可证使居住者避免遭受被排挤命运的做法将这些非正规街区纳入城市中来。在这一进程中，印度发明了一套法律与规章的框架，著名的《帕塔法》在印度许多城市公共土地被强行占用的街区得到了实施（见背景资料二）。

国家还可以采取别的方式来防止排挤现象的发生，如规定一些私人业主必须接受的排挤程序，比如规定他们在排挤前要与居住者进行谈判等。此举的目的是为了维护社会和平。泰国自20世纪90年代初便采取了这种做法（见背景资料三）。

尽可能在离被排挤地不远的地方重新安置这些居住者，这逐渐成了一种义务。例如，从2004年起，在有关国家和地方当局进行城市改造和调整时，世界银行把这一条作为向其提供援助的条件[e]。

非正规街区的土地合法化。 公共政策还可以把非正规街区的土地实现合法化作为目标[14][15]。颁发行政许可证通常会被认为是非正规街区的土地合法化的第一步，其最终的步骤是颁发真正的权证，如土地产权证、长期租赁合约或地上物权等，这些权证可用作抗辩第三方的证据，而且它们可以转让，可作遗产留给后代也可以用作抵押。此类合法化行动所遇到的困难，是由多方面原因引起的，但主要与这些非正规

---

d 在贝宁的科托努和波多诺伏，最近20年间，大约80%的规划用地是那些新一代传统交易商提供的。在雅温得（喀麦隆）、巴马科（马里）和达累斯萨拉姆（埃塞俄比亚），这一比例约为70%。

e 世界银行，《关于非自愿安置的操作政策声明》（Operational Policy Statement on Involuntary Resettlement），OP4, 12, 2004年。

背景资料一　传统的土地交易、地产权的正规化以及土地的价格

■ 作者2009年9月在马里的巴马科或塞古所作的观察表明，从一块土地的传统拥有者手里购买之后，如果这一买卖交易是在有见证人的情况下达成，并在市政府注册的，那么当它再次转手时，出售价格将是当初购买价格的3倍。如果这块地拥有了政府发放的许可证（居住证），那么它的价格将是原价的4~6倍。而如果买主办下了产权证（所有权证），那么地价将是原来的10倍甚至15倍。如果办理土地产权证花费了几年时间，而且费了很多周折，那么土地的售价将是原来的20倍。可以想象的是，这块土地最终在正规市场上的出售价格与当初从传统拥有者手里购买时的价格之间的差额差不多都进入了在正规化过程中出过力的各个参与方手里。获得正规产权证的可能性越大，这块土地在非正规市场上的售价就越接近于正规市场的价格。

街区的形式有关。在那些城中心土地价格远远高于各个家庭承受能力的街区做起来自然十分困难，而当那些居住者自己愿意掏一部分钱，而公权机关又能筹集到所需资金的话，此时的合法化行动就相对简单一些——20世纪90年代，墨西哥城的贫民区（非正规的规划用地）就是通过这种方式实现大规模合法化的。而那些土地被人强行占用的街区，它们处理起来的难度则完全不同：这主要取决于被占用的土地是属于国家、属于集体还是属于私人业主。如果土地属于私人业主，法院的介入势必会拖延这一合法化进程。另外，如果占用者需要按市场价来购买土地的话，那就意味着他们必须付出一笔巨款。

街区的基建。 土地的非正规问题与这些街区在基础设施建设方面存在的问题密切相关，基建是这些街区融入城市必不可缺的条件。与停止排挤一样，街区拥有基础设施在居民们看来也是他们得到承认的一种形式，也是迈向合法化的第一步。公权机关长期以来一直反对在这些街区搞基建，其借口是此举会被认为是对它们的一种承认，因而会对此类非法行为起到鼓舞作用，并导致更多非正规街区的出现。这种观点在20世纪90年代非常盛行，结果也带来了不少负面影响：贫穷落后的现状以及基础设施的缺乏使房产和能够产生收益的家政服务行业的投资望而却步，而这使相关家庭的状况更加恶化[2]。

防止出现新的非正规街区。 最后，公共政策还应当尽力防止新的非正规街区的出现。要做到这一点，就必须提供大量经过平整的、设施完备的地块。在这个地产市场开放和自由化的大背景下，在国家逐步退出、土地价格的上涨速度明显快于收入增长的时代，对许多城市来说，要实现这个目标并不容易。只有将以下各方面的因素综合在一起，才有可能实现这一目标：经济持续增长、人民生活水平提高、出台一些规范和治理土地市场的法律和税收手段、建立住房的融资体系等。符合上述条件的一些国家中——其中排在前列的是中国和巴西，生活在非正规街区的人口比例近年来显著下降。

非正规街区整合政策的作用。 上述这些目标都可以融入整个城市的非正规街区整合政策当中。这方

背景资料二　印度《帕塔法》

■ 根据1984年通过的无地人员法（《印度中央邦城市无地者（中央邦的租赁权）法》），也称《帕塔法》（Patta Act），所有生活在博帕尔（印度中央邦Madhya Pradesh）、强占公有土地面积低于或等于50平方米的人都可以签订一份长期的租约，但这一租约是不可转让的。这一法律将优先于其他法律条文以及城市规划法。在1983年确认的163个被人强行占用的街区中（被占用的主要是公共土地），有103个街区可签订30年的租约，27个街区将签订为期一年但可以续期的租约。只有33个街区——它们占用的是私人土地而且地权存在争议——无法适用这一法律。在维沙卡帕特南（visakhapatnam）（安得拉邦），5.2万个生活在贫民窟的家庭中，约58%的家庭享受到了《帕塔法》的照顾，他们的设施也得到了改善。

20世纪80年代末至90年代初，《帕塔法》提出的长期租约制几乎遍及了印度所有的邦。与这一行动同时展开的还有另外一些计划，如在一些街区的基础设施建设计划或住房贷款计划等。随着地产权的改善，更多的私人投资也进入了这些强占土地的非正规街区。从短期来看，设施的改善在这些街区产生了一些立竿见影的正面效应。然而，从长期来看，这时的居住条件反而进一步恶化。事实上，地产权的正规化将导致这里的建筑物更加密集，甚至密集到超过了街区的承受能力。这里的土地地块很小，街道狭窄，并导致基础设施和公共服务不堪重负。

资料来源：班纳吉（B. Banerjee），《地产权影响的最大化以及住房条件的基建计划：印度城市贫民窟的案例》，"人人享有合适的廉价住房：研究，政策，实践"国际会议，多伦多，2004年6月24~27日。

调节土地交易，创建包容城市

面最好的例子来自巴西，该国围绕着"产权和城市的社会功能"这一概念，出台了一系列创新性的政策。2001年通过的《城市地位法》在消除各街区之间的不平等、实现住房领域的民主化等方面赋予了各级市政当局很多权力（见背景资料四和第三章）。

有保障的地产权以及私有财产证。 保障地产权是不是意味着就要拥有私有财产，或者说发放相关"产权证"？按照德·索托（De Soto）的观点[16]，认同这一做法的人认为，此举既能为那些生活在非正规街区的家庭提供地产保障，同时还能令投资者放心，也有助于抵押贷款的获得[17]。然而，他们这样说的时候，恰恰忽视了这两个目标是相互矛盾的。事实上，个人土地产权证的发放必须具备以下条件：对土地管理政策和法规进行改革、简化土地管理和拨付的手续、在权力下放和民主化方面进行政治改革等。然而，在发展中国家的城市里，这些条件很难同时具备。这些城市所面临的情况复杂而多元，再加上缺乏资金、行政管理能力低下[f]、土地管理部门普遍存在贪污腐败行为等，这一政策大规模实行的可能性很低，而且从技术、行政、政治、经济和文化等角度来考虑也是不适宜的[15][18]。世界银行最近在这方面的态度与其过去所坚持的立场有了很大不同。例如，罗伯特·巴克利（Buckley）和杰里·克拉里卡尔（Jerry Kalarickal）认为，"片面地开展土地产权发放行动，只看到它能解决城市穷人的问题，这样的做法是很危险的……光靠这些行动并不能将这一资产解放出来"[10]。

政治和经济环境的重要性。 如果说仅凭现有的资料还不能得出"生活在非正规街区的人们的境遇总体上比过去有所改善"这一结论的话，但我们至少可以据此得出这样的结论：生活在非正规街区的人们的日子比过去安稳了一些。近来地产界形势的好转并非源于那些合法化计划，而主要是因为公权机关对待这些非正规街区的态度有了变化。那些取得成功的国家所确定的目标不是发放产权证，而是为那些非正规街区的居民提供地产的安全保障。

尽管只有少数国家通过了完备的反排挤法律文件，但这些排挤行动与20世纪90年代相比已明显减少[6][19]。一种排挤行动如果影响到一个大社群，那势必会带来政治风险。因此，通常情况下人们会采取谈判的手段而不会使用蛮力。一些小型社群，尤其是那些生活在市中心

---

f 在一个拥有600万人口、一半居民生活在非正规街区的城市，给每户家庭发放单独的地权证意味着这里的土地管理部门将增加巨大工作量：按每个工作日发放400份地权证计算，全部发放完毕需要整整10年时间。

背景资料三　泰国：对公共租赁市场的宽松调节

■ 几十年来，一些土地拥有者将自己的土地出租给那些低收入的家庭。由于市中心的地价很高，这些家庭在正常情况下并没有能力拥有这些土地。这些租户自己在这块土地上兴建起自己的房屋。这种形式使城市土地拥有者能够在等待未来土地开发前得到一定的收入，而租地者也可以居住在离上班不远的地方。这是一种非正规的安排，但这种租赁体制是得到认可的，有时他们还可以签订正式的租赁合同。地方当局也会根据租赁的期限，给这样的街区提供必要的公共服务。租赁合同需要结束之前，双方会留出足够的时间，以便使租户有足够的时间寻找新的业主。这样，这些贫穷家庭既能适应正规市场的压力，同时又不会影响到市场的运作。

在这些所谓的"分地"（Land Sharing）行动中，公权力也可以进行相对有效的干预，并确保业主能够收回一部分土地——通常是那些最具商业价值的部分——条件是他要把另外一部分价值相对低的土地留给租户。

资料来源：汶耶邦察（Somsook Boonyabancha），《泰国扩大贫民窟与棚户区改造：从城市层面开创社区驱动的综合型社会发展》，阿鲁沙会议，社会政策的新边界，2005年12月12～15日。

> 那些支持穷人拥有城市土地的政策要想取得成功，很大程度上取决于政治和经济环境。

或近郊商业区的人，则还是难逃被排挤的命运。穷人拥有城市土地情况最糟的是撒哈拉以南非洲地区（只有南非除外）：国家所有、土地管理部门腐败成风、城市人口急剧增长、贫困的城市化等，这一切都形成了这一地区糟糕的现状。

那些支持穷人拥有城市土地的政策要想取得成功，很大程度上取决于政治和经济环境。那些取得成功的国家一般具有以下一些共同点：经济持续高增长、政策延续性好、最高层有意将这些非正规街区进行整合。此外，这些国家在地产方面都拥有调节手段，并在城市土地问题上采取了一种综合的、而不是局限于一个部门的治理方法。导致正规房地产市场发展的正是这一环境，而不是将土地市场统一化的努力——那些大规模发放产权证的计划正是帮助这一市场实现统一的手段。有关对土地市场影响的研究表明，通过发放产权证实现合法化的做法将导致地价上涨，并刺激地产市场的发展，同时又会限制更多的人进入这一市场[18]。那些低收入阶层就因此被排斥在市场之外。

国家的作用

整合与排斥：市场的两种矛盾动向。市场的开放与统一化，是国际金融机构的开发政策所倡导的两大目标，它们意味着非正规市场将被全部纳入正规市场当中[20][21]。在大部分城市居民只能通过非正规的房地产开发链才能获得土地和房产的时候——因为无论私营的正规企业还是公权机关都无法向低收入人群提供地块，当土地价格上涨速度超过收入增长的时候，土地市场的统一只能起到排斥，而不是融合的作用。地产市场的自由化、国家的退出、市场机制所产生的排斥作用取代了过去的排挤，于是人们就看到了许多城市在走向衰落[7]。市场压力导致了随处可见的土地征购现象的进一步增加：人们通常以公共用途为名将一些地块征购，用于私人投资开发项目。在拉丁美洲以及南亚，人们也听到了一些用来排挤人群的新论调：为了保护环境及公众健康（一些街区太脏乱）。在那些开发价值很高的平民街区，这种论调与市场压力有着相当大的关系。

土地市场的必要调节。土地市场只有在一定条件下才能有利于那些最穷困人群的融合；此外它还能

背景资料四　巴西：土地合法化的综合方法

■ 巴西《城市地位法》为形成新的城市土地占用和开发方式提供了基础框架：只要履行了社会功能，其财产权就有保障。而社会功能是由各城市议会立法通过的。市政当局将本着私人土地业主的利益与其他团体的社会、文化和环境等利益兼顾的原则，制定国土和土地使用的相关政策。

"财产权与城市的社会功能"这一原则对1916年民法中的个人主义模式进行了修订。此外，《城市地位法》还能给城市的行政部门，尤其是在城市规划大纲中，调节和规划房地产市场提供了各种法律、城市规划以及税收手段，以实现社会融合以及环境的可持续发展。所有这些手段可以而且也必须综合加以运用，以便能够调节甚至指导城市空间的占用过程，使之能符合城市规划大纲所设计的"城市规划"方案。

由此，各级市政当局在促进或打压——尤其是出现过度投机行为或可能产生社会排斥或空间割裂等现象时——正规或非正规地产市场时拥有了更多的自由。《城市地位法》还能够给各级市政当局提供法律工具，使其能够对地产权进行合法化，使相关管理民主化，并为拥有住房限定条件。

资料来源：埃德西奥·费尔南德斯（Edesio Fernandes），《城市改革议程在巴西的实施情况》（Implementing the Urban Reform Agenda in Brazil），载于《环境与城市化》（*Environmement and Urbanisation*），19(1)，2007年4月，第177～190页。

够导致有地者与被排斥人群之间不平等现象的加剧。因此，地产市场必须采用系统的管理方法，这样才能使国家的干预行动考虑到非正规市场与正规市场之间的互动。反对排挤的行动仍应继续，其中尤其要关注那些用市场机制所逼迫的迁徙活动。反排挤行动要求承认各种形式产权的合法性，而发放正规土地产权证以及土地市场的统一化政策将使那些贫穷社群面临更大的市场压力。保障土地产权必须是一个渐进的过程，关键之处在于所发放的证件可以随着时间的推移而更换：如果居住者有这方面的意愿、他又愿意支付一笔资金，行政机构又有能力重新发放新证，那么这个证件就可以换成正式的土地产权证[4]。这就要求建立一个地产登记机制，将各种形式的地产证件都登记在册，并且能够记录其变化情况。公权机关能够"阻止别人去做"，但它也可以"做得"越来越少。国家在对地产市场的监管以及国家与市场、公民社会之间的关系进行重新审视的时候，要充分考虑到这些局限性。巴西的经验将为相关讨论提供更多的素材。如今，人们注意到全世界各地正在出现一个土地产权个人化以及拥有地产权的人越来越多的缓慢进程。国家必须把握好节奏，将其控制在社会能够接受的范围之内。国家的作用必须雄心勃勃，因为它必须始终存在，但其作用又是有限的，因为它所掌握的资源不多，而且很可能越来越少。

参考文献

[1] Nations unies-Habitat, *State of the World Cities 2008-2009*, Nairobi, UN-Habitat, 2008.

[2] Nations unies-Habitat, *The Challenge of Slums. Glogal Report on Human Settlements*, Londres, Earthscan-UN-Habitat, 2003.

[3] DURAND-LASSERVE (A.) et ROYSTON (L.) (eds), *Holding Their Ground : Secure Land Tenure for the Urban Poor in Developing Countries*, Londres, Earthscan, 2002.

[4] Nations unies-Habitat et Global Land Tools Network, *Secure Land Rights for All*, Nairobi, UN-Habitat, 2008.

[5] Groupe de la Banque africaine de développement (en collaboration avec la Banque mondiale et le FMI), *Achieving the Millennium Development Goals in Africa : Progress, Prospect, and Policy Implications, Global Poverty Report*, 2002.

[6] Nations unies-Habitat, *Enhancing Urban Safety and Security in Cities. Global Report on Human Settlements*, Nairobi, UN-Habitat, 2007.

[7] DURAND-LASSERVE (A.), « Market-driven Evictions and Displacements. Implications for the Perpetuation of Informal Settlements in Developing Countries », dans M. Huchzermeyer et A. Karam (eds), *Informal Settlements. A Perpetual Challenge ?*, Cape Town, University of Cape Town Press, 2006.

8. DURAND-LASSERVE (A.), « La question foncière dans les villes du Tiers Monde : un bilan », *Économies et sociétés*, 38 (7), 2004, p. 1183-1211.

[9] Agence française de développement, *Gouvernance foncière et sécurisation des droits dans les pays du Sud. Livre blanc des acteurs français de la Coopération*, Paris, comité technique Foncier et développement, France Coopération, Agence française de développement, ministère des Affaires étrangères, DGCID, 2009.

[10] BUCKLEY (R. M.) et KALARICKAL (J.) (eds), *Thirty Years of World Bank Shelter Lending : What Have We Learned ?*, Washington (D. C.), Banque mondiale, 2006.

[11] DURAND-LASSERVE (A.), « Land for Housing the Poor in African Cities : Are Neo-Customary Processes an Effective Alternative to Formal Systems », dans N. Hamdi (ed.), *Urban Futures. Economic Growth and Poverty Reduction*. Londres, ITDG, 2005, p. 160-174.

[12] UN Millennium Project, *A Home in the City. Achieving the Millennium Development Goals. Task Force on Improving the Lives of Slum Dwellers*, Londres, Earthscan, 2005.

[13] Nations unies-Habitat, *Global Campaign for Secure Tenure*, Nairobi, UN-Habitat 2000.

[14] «Securing Land for Housing and Urban Development», *Environment and Urbanization*, 21 (2), octobre 2009.

[15] DURAND-LASSERVE (A.) et SELOD (H.), «The Formalisation of Urban Land Tenure in Developing Countries», dans S. V. Lall, M. Freire, B. Yuen, R. Rajack et J. J. Helluin (eds), Urban Land Markets. *Improving Land Management for Successful Urbanization*, Dordrecht, Springer, 2009, p. 101-132.

[16] DE SOTO (H.), *The Mystery of Capital : Why Capitalisms Triumphs in the West and Fails everywhere else ?*, New York (N. Y.), Basic Book, 2000.

[17] High Level Commission on the Legal Empowerment of the Poor, Mission Overview, *Concept Paper*, 2005.

[18] PAYNE (G.), RAKODI (C.) et DURAND-LASSERVE (A.), « Social and Economic Impact of Land Titling Programs in Urban and Peri-urban Areas. A Short Review of the Literature ». dans S. V. Lall, M. Freire, B. Yuen, R. Rajack et J. J. Helluin (eds), Urban Land Markets. *Improving Land Management for Successful Urbanization*, Dordrecht, Springer, 2009, p. 133-162.

[19] Center on Housing Rights and Evictions (COHRE), *Forced Evictions : Violations of Human Rights – Global Survey n° 10*, Genève, COHRE, 2006.

[20] ANGEL (S.) et MAYO (S. K.), *Housing : Enabling Markets to Work. A World Bank Policy Paper*, Washington (D. C.), Banque mondiale, 1993.

[21] DEININGER (K.), *Land Policies for Growth and Poverty Reduction*, Washington (D. C.), Banque mondiale, 2003.

聚焦

突尼斯：何以住房条件如此糟糕

莫尔歇·沙比（Morched Chabbi）
突尼斯城市规划家协会（ATU）主席

自1956年独立以来，突尼斯城的人口数量增加了5倍，城市占地面积增加了6倍。20世纪70年代推出的针对中产阶级的住房政策根本没有顾及最穷困人群，他们只得流落到郊区那些非正规区。如果国家或国际的公共干预范式不发生彻底改变，这座城市对土地的影响将进一步扩大，危及郊区的农业和整个社会的团结。

1956年，突尼斯刚刚获得独立的时候，突尼斯城的人口为56万，其延伸范围大约10公里。2009年，突尼斯城总人口达250万，整个都市圈的范围从东到西延伸达60公里。这种空间变化的表象之下，掩盖着城市政策的影响、土地投机、郊区农业衰退等一系列复杂的进程。

城市政策对郊区城市化的影响

突尼斯城由四部分组成：城中心的欧洲区、麦地那、近城郊规划区以及贫民窟（gourbivilles）。贫民窟处在那些污秽不堪的区域，居住在这里的主要是从农村搬来的人口。他们居住在那些用黏土建造的房屋里，没有任何基础设施，也没有公共服务设备。1956年，生活在贫民窟的人口大约10万人，约占当时突尼斯城总人口的18%。

1960～1970年间，一直不承认贫民窟存在的突尼斯政府开展了对这些非法街区的清理，居住在这里的人被赶回了老家。然而，这种所谓的解决方法收效甚微，因为那些被赶回老家的人很快回到了突尼斯城，他们有的住到了麦地那，更多的人则建成了新的贫民窟——贫民窟的数量越来越多、规模越来越大，以至于政府最终无法再将它们全部拆除。这种局面导致麦地那和一些新贫民窟的人口日益密集。

在20世纪70年代，突尼斯建立起了以工业化和增加出口为依托的新型发展模式。然而，当地民众恶劣的居住条件、民众出行所需的公共交通手段的缺乏以及优惠措施的缺乏，使得这里无法吸收到外国投资。于是，政府采取了许多有利于中产阶级发展——中产阶级被视为1956年国家独立以来执政党的基础——的政策，如住房政策和普及教育等。为了执行这一政策，一个拥有公权力的地产住宅局于1974年成立。地产住宅局在突尼斯城北郊兴建了大量住宅，并形成了第一个针对中产阶级的住宅区。

由于国家一心只想着把中产阶级作为其社会基础，因此突尼斯的住宅新政策基本没有顾及普通民众的利益。这一局面使得大突尼斯城远郊以及农耕地里出现了许多非法的新型建筑，它们被称为"远郊区临时住宅"，是继贫民窟之后的第二代非法建筑物。它们的与众不同之处既体现在人员结构上，这里的居民基本上来自城市——72%的家庭来自突尼斯城；也体现在房屋的结构上——房屋主要是砖结构的；还体现在收入水平上——尽管他们收入一般，但都还能买得起最高达200平方米的土地。收入一般的家庭由此也可以自己能接受的价格拥有了自己的土地，而国有公司开发的公共房地产只有中产阶级才承受得起。

这种第二代非法建筑的蓬勃发展以及由此形成的一个专门针对贫穷人口的地产市场主要得益于以下两方面因素。一方面，自1964年突尼斯对定居点用地实行国有化之后，国家掌握了大突尼斯城地区大约65%的土地。然而，这些土地并没有进行登记造册，因而给人们囤积土地提供了方便。另一方面，这些住宅是在耕地上兴建起来的，将耕地变成住宅用地能够给土地的业主带来丰厚收入，农业收入与这种收益根本无法相提并论。这种转变主要集中在被认为是传统农业区的大突尼斯城西部地区。住宅的增加意味着用来种植庄稼的农耕地单位面积的缩小（10～15公顷）。这种转变导致了地产投机的增加，并使农业体系瓦解。此外，它还导致人们居住地与工作地之间距离的增加，与此同时一些中小型公司也到这里落户，因为它们能在这里找到劳动力以及与它们经营活动相适应的价格与土地。

从1984年开始，大量外来移民移居突尼斯城，使得越来越多的人在郊区安了家，从而导致城市规模的扩张。1994～2004年间，突尼斯城郊农村人口，尤其是大突尼斯城西部和西北部农村的人口数量每年以4%～5%的速度增长，而大突尼斯城的人口增长率为每年2%。相反，1960年拥有16万人口的突尼斯城的麦地那区，如今的人口数量下降到了8.5万人；城中心的欧洲区人口也下降了近5万。

非法街区的整治与空间扩张

直到20世纪70年代末，国家才容许这些非法街区的存在，但一直拒绝对这里进行任何整治。1987年1月26日的全国大罢工之后，突尼斯对非法街区的改造才在世界银行提供的贷款下得以展开。当时激烈的示威活动最终被警察镇压，造成数十人伤亡。这些示威人群中，就有来自贫民区的居民，而此时富有的中产阶级街区却发展得很好。

这一系列事件之后，政府开始关注贫民区的现状，并开展了针对贫民窟的整治计划。突尼斯"城市整治与修复局"（ARRU）于1981年成立，负责对这些非法街区的建设与修复。到1988年，"城市整治与修复局"在突尼斯各大中城市完成了35处街区的整治。自世界银行退出这些城市计划后，突尼斯政府制订了一个新的计划，即"贫民区整治国家计划"（PNRQP）。第一个"贫民区整治国家计划"的资金全部由国家财政承担。在接下来的三个计划中，法国开发署（AFD）提供了大约70%的资金。这四个计划总共在突尼斯全国整治了650处大大小小的街区。

这些整治计划的特别之处在于：当地受益的民众无须为此承担任何费用，相关资金大部分由国家提供，只有一小部分由市镇承担。

这种治疗式的干预模式鼓励或者说助长了那些非法街区的出现，那些非法分块出卖地皮者会把此作为自己的一个卖点。事实上，一个个居民区分散在大突尼斯城周围主要出于以下两种思维逻辑。其一，大家都想追求相对便宜的地皮；其二，这些非法街区展开的各种整治与修复计划有关。这些修整工程对民众来说是一种担保：他们知道，国家迟早会在自己所在的街区展开相关整治工程。这种信念也会被其他一些因素所证实：一些郊区公交线随着交通走廊的建成相继开通、地产新市场的发展以及农业活动的衰落等。另外，国家在公开的讲话中也会把这些整治计划说成是针对平民阶层的唯一抉择。在这种情况下，城市继续向外扩张就丝毫不奇怪了，如今整个大突尼斯城空间跨越的范围已经达 50～60 公里。不过，这种局势给交通带来了巨大的负面影响。那些新兴非法居住区内工业企业为数不多，很难满足近 15 万人的就业需求。那些需要跨越 50 公里、白天往往没有多少乘客的郊区长途汽车，则远远无法满足因大突尼斯城非法住宅区的扩大而带来的巨大出行需求。

迈向真正的社会住房政策

正如我们在对大突尼斯城所作分析时看到的那样，地产市场是导致城市对外扩张的一个主要原因。事实上，正是那些非法分块出卖地皮者以及土地的业主创造出了一个专门针对低收入或没有固定收入家庭的特殊地产市场。这些没有任何基础设施的小地块是这些民众唯一能够接受的土地产品，而这种产品只能作为城市荒芜地以一种非法的形式加以买卖。

从住房政策的角度来说，国家由于无法向低收入人群提供合适的土地供给，因此也只得默许城郊区此类住宅的出现。然而，这种形式的城市化代价高昂，因为它导致了大量农耕地的流失，而且日后进行的整治工程还要在基础设施和交通等领域花费巨大投入。另外，这种聚集在城郊的居民区还会产生各种污染，造成种种难以估量的后果。最后，国家又不得不通过整治工程认可这种形式的住宅。实际上，国家原本可以采取更加明智的做法，即通过提供大量基础设施齐全的规划用地，建立起一种真正的社会住宅政策，这样那些非法分块出卖地皮者将不再有容身之地。

这种政策需要以大量的土地储备为后盾。这些社会福利性住宅的资金可以来自地产的增值税——地产领域的利润相当丰厚，而且征税不足。1975～1995 年间专门为低收入或无固定收入的人兴建的 50 万套住宅就说明这些民众具有一定的"滞后支付能力"：这个滞后期大约为 10～15 年。因此，相关的融资方式必须与这些民众的实际支付能力相适应。最后，具体的实施过程中，必须采取一种自我开发的形式，并且要得到那些跨部门的工程行动指导小组的支持。这些跨部门的工程行动指导小组能确保所有工程的协调一致。只有在这些原则方向的指导下，那些将非法建筑取而代之的新型住宅才能出现，才能遏制城市规模不断扩张的势头，才能使那些低收入者拥有合适的住房。

3

第十章

玛丽·许赫泽迈尔（Marie Huchzermeyer）
南非约翰内斯堡南非金山大学建筑学院教授

第十章　非洲：城里人住在哪儿，都怎么住？

寻求城市的社会团结并不是一个新目标，许多非洲国家在这方面进行了尝试，而所取得的成果则各不相同。通过住宅标准来调节市场的办法，似乎并不能消除城市在空间上的割裂，也无法让那些最贫穷群体拥有自己的房产。相反，为了增强本地的经济吸引力，相关市政当局可能会限制新移民的进入或逼迫那些最穷困的人搬迁到郊区。保护居住权、改善现有住房、增加出租屋供应……在这个未来城市人口将增加20亿的世界里，这一切似乎是更加有效的手段。

全球未来将要新增加的城市人口中，很大一部分是那些非法占地的穷人。像样的而且价格能够被这些穷人接受的住房太少：无论这些房子是租来的、抢占来的还是与人合伙共同拥有的。穷人一般无法获得能够使他们在城市买地买房，或者用来改善住房条件的贷款。未来20年间，全球城市人口还将增加20亿，城市如何解决这么多人的住宿问题？城市如何通过改善住房来迎接社会融合这一挑战？

城市新增人口中，大部分将被那些"贫民窟"（英文为Slums）所消化。贫民窟是指那些缺乏以下一种或几种要素的区域：得体的住所、自来水以及环卫设施、没有受驱逐的威胁。然而，公权机关在管理这些贫民窟时所采取的是一种建立在城市竞争基础之上的管理政策。这一政策并不会接受现存的贫民窟以及里面的违章设施，更不会同意让其取得合法地位。此外，这一政策也不赞同为了容纳不断增加的城市新穷人而兴建新的非正规街区。不过，正如我们所分析过的那样，确保"居住安全"或者防止出现真正的驱逐是生活在城市贫民窟里的穷人们改善条件的最重要一步（见第九章）。公权机关不能提供此类保障，再加上社会排斥在现实中确实存在（不管它们是出于种族还是国籍等原因），这些将导致穷人社群之间的关系更加紧张，甚至引发自下而上的激烈的社会排斥行为。

未来的城市政策以及为了安置未来20年全球新增的20亿城市人口而采取的干预行动，不仅应当能够建造出足够多的符合城市可持续发展标准的新住房，而且还应当停止那些针对个人的驱逐行动（这一现象被低估）：很多人因此被迫离开城市或移居到郊区。本章将介绍两个大型贫民窟被清理的案例（两者针对的都是出租屋），由此看清城市这一行动的负面效应。

虽然各城市的主流居住形式在不同地区并不相同，但有一个强大的游说集团找到了一种解决居住安全问题的简单化方式，即业主住自己的房屋或让居住者获得产权。南非的约翰内斯堡和肯尼亚的内罗毕两个完全不同的例子说明两种不同的主流居住形式（前者是业主居住自己的房屋，而后者是提供出租屋）会造就两座不同的城市。这两座城市还有一点区别，即前者是一个有规划的城市，而后者几乎没有任何规

> 城市新增人口中，大部分将被那些"贫民窟"所消化。公权机关在管理这些贫民窟时所采取的是一种建立在城市竞争基础之上的管理政策。

城市：改变发展轨迹

划可言。这两座城市在为那些人数越来越多、越来越穷困的人提供住房时采取两种不同的方式。约翰内斯堡自有屋街区建筑物密度低，而且与其他街区是割裂的，而内罗毕的房屋都挤在一起，这一反差使我们意识到了在可持续发展领域一些出人意料的、反常的而且常常被人所忽视的效应。这些例子表明，在城市政策和住房政策领域，应当采取区别化的方式，要致力于营造一个密集、实用、可持续、包容的城市模式（见第五章）。

> 许多城市的市政当局故意设置了一些对穷人没有任何吸引力的条件。

最后，我们也会发现目前在全世界被倡导的城市竞争模式与真正的社会融合是互不相容的。如果要想使不断增长的城市人口得到妥善安置，就必须从城市的全球竞争逻辑转化到城市的社会融合逻辑上来。

贫民窟、城市竞争力和穷人的排斥

2000年，当联合国制定千年发展目标的时候，当时全球城市总人口估计为28.6亿。到2020年，这一数字将增加13.8亿，而从现在到2030年，这一数字预计将增加20亿。2001年，全球城市人口中约有31.6%生活在贫民窟，这种现象在非洲尤其普遍（见参照标准之十四、十五）。据联合国人居署估计，城市新增的人口中大部分将被贫民窟所消化。

一般而言，贫民窟具有以下一些特征：① 可饮用水供应不足；② 环卫设施不足；③ 住房质量差，没有安全感；④ 居住拥挤；⑤ 居住权没有保障。这些简陋的生存条件主要集中在那些非法的、通常未经过规划的居住点。随着城市规模的扩大、城市土地市场的发展，土地的其他用途（商业、工业和住宅用途等）所产生的收益很高，这势必会挤占到这些贫民窟。在这种背景下，随着地产市场的开放，那些非法建筑将难逃脱被拆除的命运。正如大家早已熟知的，居住安全或反驱逐成了如今城市贫民窟所面临的一个越来越重要的问题[2]。

那些非法的、未经过规划的、居住权没有保障的居民点通常被称为"非正规建筑"，它与"贫民窟"一词同属一个范畴。这些非正规建筑可能是由那些贫穷的城里人自己搭建的——如南部非洲或拉丁美洲的一些城市的情况大致如此，也可以是由一些有钱人针对穷人对住房的永恒需求而修建的——在内罗毕以及尼日利亚的哈科特港市，这种现象非常普遍。

这些非正规的建筑不仅大部分没有居住权保障，而且也具有上述贫民窟的另外四个特征（如上所述）。如果居住权没有保障，或者这些建筑没有合法地位，公权机关为改善这里的供水、环卫设施或居住条件而投资时会显得犹豫不定。与此同时，公权机关还会公开反对——其中只有少数的例外情况出现，如拉丁美洲的一些进步国家——给现有的非正规建筑提高居住权保障，尽管它们只需出具一份无须多大公共开支的法律文件。这种犹豫不定的心态体现了决策者心里一种普遍的想法，即将那些非法建筑合法化只会加剧非正规的城市化倾向，只会把更多的穷人吸引到城市来安家落户。那些将非法建筑合法化的城市同时都会担心自己的行动会把一些原本想前往其他城市的人吸引到自己这里来。许多城市的市政当局故意设置了一些对穷人没有任何吸引力的条件，以防止这类不受欢迎的移民大量增加。

20世纪90年代以来，各城市纷纷制定彼此展开经济竞争的政策，以实现自身经济增长或设法使自己拥有"国际竞争力"[3]。"城市发展战略"是在"城市联盟"——这是一个由国际出资者组成的联盟，包括世界银行、联合国人类住区（生境）中心以及一些与地方管理有关的国际机构（见参照标准之十二）——的鼓励下制定出来的，它们所关注的核心就是城市间的经济竞争这一目标。当然，有时也会

非洲：城里人住在哪儿，都怎么住？

试图解决城市越来越多的穷人的住房需求问题，尽管有时会因此而引发冲突。竞争性必然要求城市能吸引到比其他城市更多的国际或世界投资，而且也意味着——当然这是谁也不会明白说出来的——不要吸引太多其他城市所不欢迎的移民。城市的这种"消极"竞争有时会跨越国界，并导致人口的跨国流动。例如，南非的一些城市在竭力设法不要吸引津巴布韦那些经济状况不好的移民。我们稍后在谈到约翰内斯堡的情况时会介绍这种由国家主导的社会排斥行为的后果：与内罗毕一样，这里也导致了穷人之间激烈的社会排斥。

在城市竞争的背景下，只有少数城市会把穷人拥有住房作为自己的优先目标。更多的情况与此相反，城市穷人的巨大住房需求被视作一种负担、一种额外的问题，是经济增长和城市繁荣的障碍。许多城市想尽一切办法使穷人留在城外或离开城市。清理、驱逐、搬迁、重新安置等，这一切与各城市梦想成为现代化国际都市的愿望、与联合国为它们制定的任务相伴相随：联合国曾决心在 2020 年前消除城市贫民窟及非正规建筑。事实上，"没有贫民窟的城市"正是联合国在制定千年发展目标第七个目标时所提出的理想口号。这一目标规定，"到 2020 年使至少 1 亿贫民窟居民的生活有明显改善"。其结果是，一些城市向穷人关闭了大门。南非首都比勒陀利亚的情况便是如此：这个城市宁可花更多的钱聘请私人公司的保安去检查那些非正规建筑，也不愿花钱对这些街区简陋的设施进行改造。在当地，比勒陀利亚市这种做法被看做限制非正规建筑扩张的"好办法"。这一政策显然是想把穷人排除在城市之外。

为城市穷人提供居住保障

按照新自由主义政策的正统观，最繁荣的状态就是让城市穷人拥有自己居住地的产权[5]。现代城市规划接受了新自由主义这种拥有产权的观点，它以一种理想的方式倡导建设一些人口分布不太密集的郊区[6]。这里的房屋可以通过抵押贷款的方式购买——前提是假定生活在这里的大部分城里人拥有正式的工作、固定的收入，因而符合抵押贷款购置房产的要求。这种模式至今仍在规划和打造着目前的城市，尽管长期以来它一直被人诟病。人们指责它造成了城市的割裂、对汽车的依赖、生活成本高昂、相关房产只有那些有支付能力的人才买得起，因而导致了社会排斥。

大多数生活在城市郊区的穷人都把城市看做准工业化时代的市场，他们生活在这里并不是想有朝一日能找到一份正式的工作（工业企业），能申领到贷款、能买得起房子，而只想从那些非正规的商业零售或服务市场中分一杯羹。在谈到巴西的情况时，马塞洛·洛佩斯·德·索萨（Marcelo Lopez De Souza）使用了"超级简陋"[7]这个词来形容这里的普通民众。这是一些生活在半边缘国家的非正规行业的工人——们多数曾遭到过驱逐，他们在极端简陋的条件下工作与生活。在世界各地，人们都可以看到通过抵押贷款等形式帮助人们获得房产的努力。艾伦·吉尔贝特（Alan Gilbert）提到一种源自美国的鼓励人们拥有房产的政策倾向，即一个要把拥有房产变成国家文化核心内容的幻想。有一个利益集团也在推动着人们去设法拥有自己的房产，它便是房产开发商利益集团。处在这个利益集团边缘端的是"国际贫民窟居民组织"（Shack Slum Dwellers International）。这是一个拥有较大影响力的非营利性国际组织。它要求穷人通过储蓄、贷款等方式购置土地并在上面建起属于自己的房产。在印度、南非或肯尼亚[8]都可以这么做，也就是说这与国家背景无关（见第 151 页聚焦）。处在这一集团另一端的是一些捍卫自由政策的杰出人士，如秘鲁的经济学家德·索托（De Soto）。这些人用一种简化的方式解释说，城市穷人要想获得财富，只需把他们在城市所拥有的非法利益合法化，并颁发给他们相应的土地产权证。

这两种立场都不理解这样一个事实，即只要增加城市的租房机会，那些穷人或者比他们稍富一点的人就会到城市中来[10]。这两种观点不仅忽视了出租房存在的事实，而且也不知道必须对这个蓬勃兴起的租房市场进行有效的干预，改善这些房屋的总体条件——出租房市场基本上处于无人监管状态，而且大部分出租房与贫民窟相差无几。在这个正处于"发展中的世界"里，很遗憾的是，对这一现象的研究很少，房屋出租通常会被错误地认为是一个由"无数小业主"组成的市场。这种情况在拉丁美洲、亚洲或非洲南部的确存在，在这些地区，拥有自己的房产是常态。

然而，在许多非洲城市，租房户的数量远远高于亚洲或拉丁美洲。当一个城市租房户在总家庭中的比例超过3/4的时候，他们显然不可能都住在那些小业主家的"后院"了。当一个城市租房户在总家庭中的比例超过70%，而且出租的房屋主要是私人所有的时候（见图1所列出的第一批城市），很显然这些房屋掌握在几个"大业主"手里。这些隐身的"大业主"通常都有政治靠山，能够在不受处罚的情况下大量建造"贫民窟"级的住房。这种做法将产生剥削，也隐藏着危险。不过，它们导致了城市的密集化，也使城市产生了向心力：在这个经济形势不稳定、未来将面临石油短缺的时代，这一做法具有一定的意义。这一点我们稍后会在介绍内罗毕时提到。

> 这些隐身的"大业主"通常都有政治靠山，能够在不受处罚的情况下大量建造"贫民窟"级的住房。

在全球化和越来越多的公共土地被私有化——它导致了一些高档住宅区市场的出现——双重因素的作用下，城市里能够被业主用来自建廉价房的土地越来越少。这种现象在伊斯坦布尔十分明显：在这里，即使是那些从全球化中受益的高收入人群，也越来越多地开始租房居住[11]。同样，在基加利（卢旺达），那些自己拥有房产的穷人越来越少，50%以上的居民是租房户。在金边，这一比例约为20%~25%。这两座城市都出现了地产市场开放——它是城市之间的竞争政策所刺激的结果——以及许多居住在非正规区域的低收入人群被大规模驱逐——这是市场作用的结果——的现象。加文·沙特金（Gavin Shatkin）注意到了亚洲也存在类似的现象："在这个全球化时代，尽管亚洲一些城市的收入增加了，但许多穷人仍然面临着前所未有的住房危机"[12]。

虽然地产市场的开放迫使许多穷人去租住那些质量很差、而且通常位于贫民窟中的住房，但这些用于出租的非法住宅本身也是进入新千年以来发生大规模驱逐最多的地方。在尼日利亚首都阿布贾，那些反对1979年城市整治计划的租户被大规模地从贫民窟中驱逐出去。需要指出的是，这些出租屋主要建在部族村落的周围，是1979年城市整治计划所要清理的对象，该计划同时决定把住在这里的人重新安置到别的地方。然而，之后政府部门在进行了部分安置后便决定将安置期推迟。飞速发展的城市化进程使部族村落周边的土地被使用完毕。从一开始，按照雄心勃勃计划兴建起来的阿布贾市就没有设想过要兴建低价住宅。于是，村民们有了两种选择：要么将土地非法卖给个人，让他们出钱建造廉价出租房；要么自己出钱建造这样的出租房。当城市政策发生变化之后，其中的一个部族村连同所有的出租屋都被正式纳入了城市整治计划。然而，2003年阿布贾对贫民窟的强行拆迁使这种做法突然被叫停。据估算，2007年大约有80万户家庭始终无法再进入城市。其他驱逐行动未来仍将进行。

非洲：城里人住在哪儿，都怎么住？

图1	租房：解决居住的一种方式

南方国家城市租房家庭的比例

城市	比例
马沃科（肯尼亚）	91.2
哈科特港（尼日利亚）	86
凯里乔（肯尼亚）	85.3
内罗毕（肯尼亚）	84.7
基苏木（肯尼亚）	82
莫桑（坦桑尼亚）	78
……	
基多（厄瓜多尔）	46
约翰内斯堡（南非）	42
曼谷（泰国）	41

(%)

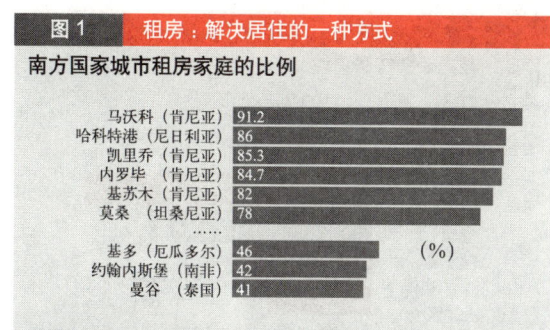

资料来源：萨亚加（Syagga），《肯尼亚的土地所有权与使用：以不平等角度为出发点的政策处方》(Land Ownership and Use in Kenya: Policy Prescription from an Inequality Perspective)，载于"国际发展协会"编纂的《肯尼亚不平等现象解读：行业动态与展望》(Reading on Inequality in Kenya: Sectorial Dynamics and Perspectives)，内罗毕，2006；肯尼亚国家统计局，2004；联合国人居署，《出租房屋：发展中国家城市贫民的一种基本选择》(Rental Housing: An Essential Option for the Urban Poor in Developing Countries)，内罗毕，2003；安德亚森（J. Andreassen），《城市住户和社群参与》(Urban Tenants and Community Involvment)，载于《国际人居》，20(3)，1999。

几乎在同一时间，而且也差不多是类似的手段，津巴布韦当局于2005年6~7月间发动了一场旨在整顿秩序的"清扫垃圾"（Murambatsvina）行动。非法市场、非正规建筑物、被人非法占用的土地以及院落里的小破屋在这场行动中纷纷被捣毁，70万人失去住所，另有30多万从事非正规商业活动的人失去了生存手段[13]。这一行动虽然遭到了国际社会的指责，但却引起了南非豪登省（约翰内斯堡所在的省）住宅部长的兴趣：他决定也要对省内的非法住宅采取类似行动[14]。

约翰内斯堡：郊区住房提供补贴。当国家对郊区穷人的住房提供补贴——南非的情况就是如此——的时候，这些穷人就很难融入城市以及城市的经济。然而，这些城郊廉价土地上实施的大规模工程，不仅需要大量投入，而且也因为距离的原因产生了诸多不便。令人奇怪的是，这种难以为继的城市化形式是严格遵守城市规划的标准和规定的结果，属于彻头彻尾

的"良好治理"。

根据2001年的普查数据，约翰内斯堡市总共有320万人，市区覆盖范围长度为130公里，宽为33公里。尽管市中心的商业区人口较为密集，但其他住宅区的人口密度很低，而这正是该市"空间发展框架"（Spatial Development Framework）计划所想解决的问题。在种族隔离的最后几年间，针对进入城市移民的"流入控制法"（influx control）被废除，隔离政策执行得越来越宽松。在这种情况下，很多的城市穷人只得寄居在国家和公司所提供的拥挤的工人宿舍里、黑人城镇一些合法房屋的院落里、黑人城镇郊区迅速发展起来的非正规建筑里以及郊区一些荒芜的农田里[15]。从20世纪90年代开始，城市里的穷人也开始向城中心进军：他们或租住或"占用"城中心一些几乎被废弃或经营项目转型得不成功的塔楼；2001年，大约有7.8万低收入的人生活在城市中心区。

在1986年开始实行"有序城市化"（orderly urbanisation）政策——这一政策倡导城市穷人也要拥有自己的房产——之后，国家对城郊地区许多土地进行了粗略平整，修建了简单的基础设施。

> 即使人们是严格按照相关程序、规章以及城市规划的标准来执行的，但人们仍然给城市穷人提供了一种昂贵的、强加的生活方式。

1994年民主选举之后，住房政策得到了进一步完善和加强。提供合适的住房被写进了国家宪法。在城郊为穷人大规模开展土地平整、修建基础设施的计划继续得到实施，发展到最后甚至修建了十分高档的基础设施，修筑了一些简易的房屋。在把这些房屋"免费"发放给城市穷人的时候，当局实际上在继续执行着种族隔离时代那一套将城市割裂和碎片化的政策。这里广阔的空间使城市的穷人们远离了城市所提供的便利以及一切经济机会。即使人们是严格按照相关程

| 图2 | 约翰内斯堡驱赶穷人 |

- 非正规建筑
- 建筑区
- 主干道

CBD*

约翰内斯堡市行政辖区

10 km
20 km
30 km

*中央商务区

资料来源：约翰内斯堡，空间发展架构（Spatial Development Framework），2008～2009年，http://joburg.za。

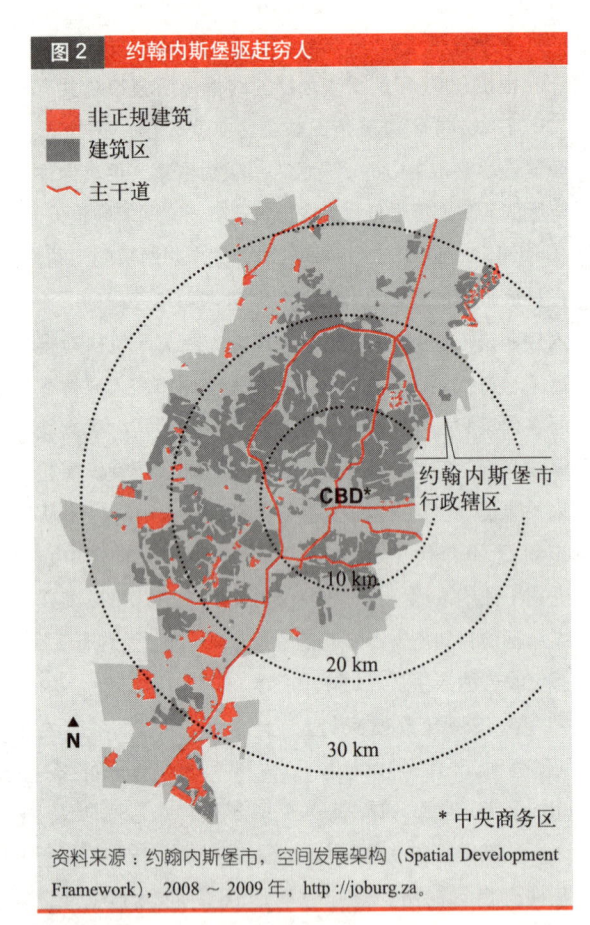

| 图3 | 约翰内斯堡的非正规住房 |

南非约翰内斯堡住房统计
该市共有312万人口，100.9万个家庭
居住方式（%）

- 正规及私人住房 39.1
- 非正规住房 29.6（包括租住他人院落及强占他人住宅）
- 市政所属房产 17.4
- 享受补贴的业主拥有的房屋* 13.9

* 自1994年以来兴建的

■ 正规住房　■ 非正规住房

资料来源：玛丽·许赫泽迈尔（Marie Huchzermeyer）根据2008版《约翰内斯堡城》以及2001年的普查绘制而成。

序、规章以及城市规划的标准来执行的，但人们仍然给城市穷人提供了一种昂贵的、强加的生活方式。那些在郊区得到房屋的穷人通常被迫返回他们原本在城中心的非正规住房里。

正如我们此前所说的那样，这种简单化的政策设计原本是想通过向穷人提供偏远地区的房产使他们融入社会。这种现象慢慢地扩展开来。然而，正如图2所描述的那样，约翰内斯堡将近30%的家庭得不到正规住房，而只能生活在该市总共179处非正规建筑（抢占的住房）以及许多在正规房屋的院子里搭建的简陋住所里。这些"不得体的"住所通常比那些

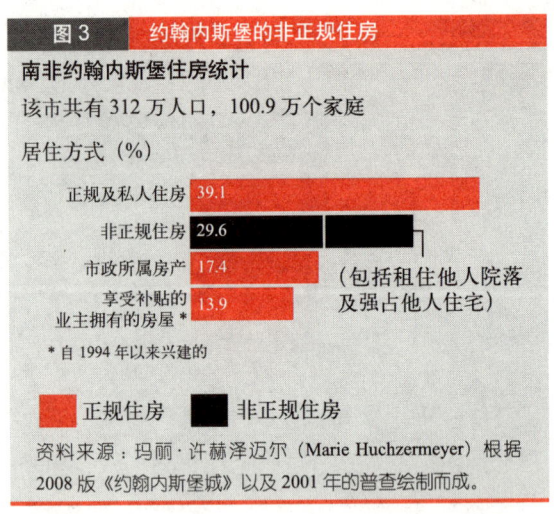

正规住房——也许这些人已经提出了申领正式住房的要求——更能使人们贴近经济生活。

在这场2014年前清理非正规建筑的全国性运动——这场运动的依据是联合国《千年发展目标》第七大目标所提出的第11个目标口号，即"没有贫民窟的城市"——的大背景下，出现了对原有设施进行改善的计划。与其他一些城市一样，约翰内斯堡市内大约有一半的住房适用这一措施，另外一半有的必须拆除，有的则必须将其中的居住者安置到郊区的新房中。这一清除战略也是为了避免出现新的非正规建筑区。这样一来，随着廉价房市场需求的增加，那些用来出租的非正规住房的居住密集度必将增大，因为这些住房既不能扩大，也不能新建。相关研究表明，在整个南非，1996～2007年间，租用正规住房院落里简陋住所的增长速度快于那些非正规的住房。

仇外的排斥。 在南非的城市里，社会排斥具有一种更加危险的成分。那些负责住房维安的人员明显对来自非洲其他国家的外国人存在歧视行为，显然是为了阻止这些不受欢迎的外国人进入他们的城市。这些外国人，多数是政治或经济难民，不能享受南非所提

供的补贴住房，因而势必在原本就欠发达的非正规出租房市场——这些廉价的出租房本身就已经人满为患——引发更激烈的争夺。从20世纪90年代末开始，人们注意到这种公开的歧视行为已经使南非的低收入人群，尤其是那些生活在非正规住房中的人产生了一种强烈的不满外国人的情绪。那些清除贫民窟的行动使新的非正规建筑区无法再产生，因而也加剧了这些被边缘化阶层之间的竞争。在这种情势下，2008年5月南非的穷人之间出现了令人担忧的排外暴力行动——这场暴力行动正是在约翰内斯堡引发的。一种自下而上的社会排斥以一种最激烈的形式呈现出来，而这一切发生在一个种族隔离政策所引发的种族冲突至今令人记忆犹新的国家。如今，紧张关系依然存在，据媒体报道，就在我们写这篇文章的时候，即2009年年中，一些仇视外国人的暴力行动再次出现。与此同时，一些要求公共服务部门改善服务的示威活动，表明了南非一部分被边缘化人群的不满：他们觉得有关方面对他们所作的承诺并未全部兑现，而其真正意义上的政治参与权也被剥夺。

内罗毕：建立在房屋出租和经营精神基础之上的密集城市。 与约翰内斯堡不同，一些城市并不提供任何住房补贴；在这里，经营精神被激发出来，这样一个不存在任何调节的城市经济则可以用一种自由的方式打造出一个密集、实用的城市。内罗毕便是这样一个城市。这里的政治人物并无意通过给穷人提供土地的形式让他们融入社会当中。相反，一个具有强大经营能力的租房市场为这些穷人提供了最基本的生存空间。虽然这里出租给穷人的住房绝大部分是不像样的、通常是拥挤不堪的，而且当然也是没有任何许可的，但它们的地理位置都非常好，与城市经济完全接轨，因而也便于居住在这里的穷人们参与零售商业活动。那些用于出租的楼房（通常能够提供很多的房间），底层通常会被用于零售商业活动。在内罗毕，那些只有一个楼层的简陋出租屋区通常会被称为露天集市。

内罗毕的出租屋之所以会如此盛行，主要是因为早在殖民时代就有大量的城市穷人无房可住，这种情况一直持续到了1963年。尽管在肯尼亚获得独立后的几年间，国际出资者在这方面提供了大量的支持与援助，但正规住房的供给与需求之间的鸿沟始终没有消除。相反，越来越多的内罗毕家庭开始到贫民窟里租住那些简陋的小屋：1970年，这一比例为1/3；到1997年增加到50%，而最新的估计达到了60%，尽管这一数字包括了那些用于出租的私人楼房。

在肯尼亚获得独立后，这个国家的许多领导人，尤其是乔莫·肯雅塔（Jomo Kenyatta，1963～1978年担任总统）和阿拉普·莫伊（1978～2002年担任总统），一直鼓励经营精神和财富的创造，允许非正规行业的发展，鼓励集体行为和对资源的集体开发[16]。一些土地收购公司（land buying company）在20世纪70年代开始成立，它们在日后的"造房运动"中发挥了重要作用，提供了大量用于出租的私人房屋。在"居住者可以拥有小块地产权"这一体制模式的启发下，首批经过粗略平整、修建了简单的基础设施的土地很快得以上市，而且最后都卖给了那些有钱人，他们在这里建成了一幢幢用于出租的楼房[17]。然而，肯雅塔和莫伊都听任自己的家人、亲属以及盟友搞贪腐，使大片的土地落入了这些人的手中。到了20世纪80年代莫伊执政时期，人们甚至说腐败是"从上面传下来的"。在房屋出租市场上，这种贪腐行为使得大量土地被征购，并被盖成了出租屋；也使大片土地被随意拨付，形成了一个个主要用

> 一种自下而上的社会排斥以一种最激烈的形式呈现出来，而这一切发生在一个种族隔离政策所引发的种族冲突至今令人记忆犹新的国家。

于出租的贫民窟:这里的房屋都是一些简陋房,既不通水,也没有任何环卫设施。

在内罗毕,那些非法占用区或非正规建筑区里,几乎没有人拥有居住产权。据肯尼亚国家统计局公布的数据,那些"不用付房租的非法居住者"只有1.4%(见图5)。城市穷人侵占土地或非法居住通常是那些没钱人通过非正常渠道获得城市土地的第一阶段,之后他们可能会出钱从原来业主手里把土地买下来,也可能被这些土地原来的业主赶走。为此,土地业主们甚至可能借用黑帮之手来解决城市土地纠纷[18]。在内罗毕,源自政治和种族排斥的黑帮暴力早在莫伊执政时代就已开始,而黑帮暴力加剧了社会排斥,而且通常会被赋予种族色彩。2008年总统选举之后出现的暴力冲突正属于这一情况:在苏珊·穆勒(Susanne D. Mueller)看来,多种因素诱发了"一系列因为种族原因而导致的屠杀与破坏,最终将使民族这一脆弱的概念产生裂痕"[19]。

> 在内罗毕黑帮暴力加剧了社会排斥,而且通常会被赋予种族色彩。

一个密集的城市,一个包容一切、反对一切的城市。在内罗毕,那些贫民窟(包括只有一个楼层的房屋以及多楼层的房屋)是城市经济不可或缺的组成部分。由于它们获得了政治支持,因此得以在一次次整治计划中生存下来,甚至还在城市的其他地方涌现出来。虽然说腐败、暴力和种族冲突严重阻碍了社会融合,但应当承认的是,城市里这么多没有围墙、零售商业活动集中的密集建筑营造出了街道与城市空间。城市位置优越、零售活动集中以及街道井然,这一切都为人们提供了生活和社交活

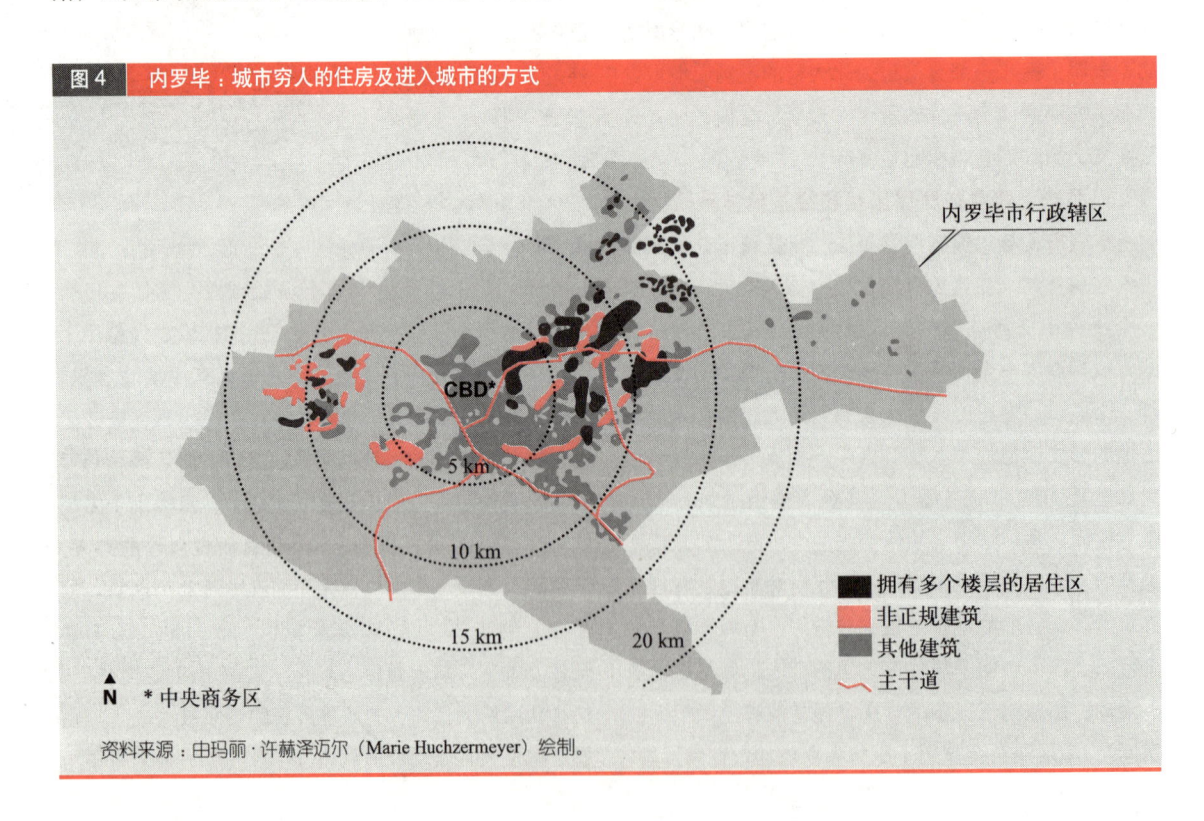

图4　内罗毕:城市穷人的住房及进入城市的方式

- 拥有多个楼层的居住区
- 非正规建筑
- 其他建筑
- 主干道

* 中央商务区

资料来源:由玛丽·许赫泽迈尔(Marie Huchzermeyer)绘制。

动的便利，而这种情况在约翰内斯堡的绝大部分街区是没有的。阿什·阿明（Ash Amin）和斯蒂芬·格雷厄姆（Stephen Graham）强调了这些"公共空间"的重要性：它将有利于"人们形成一种自信与自律的公民文化，这种公民文化将以维护广泛的公民权为核心，并在与陌生人的接触中学会容忍与交流"[20]。

内罗毕的城市政策并没有体现出这些非法使用土地的积极因素。内罗毕市最新发表的展望声明也把重点放在竞争性上，它要学习南非城市的经验（也包括其他国家的城市），将自己打造成为"非洲的世界级城市"。就像肯尼亚的城市政策一样，这一战略声明忽视了这里普遍存在的租房现象，而是想更多地发放地产权，而这种方法将有助于非正规房产领域的大量投资（或者允许大规模的行贿）。

住房与穷人的社会融合

马丁·默里（Martin Murray）认为，"通常情况下，融入城市生活一些最基本的参数包括稳定的工作和固定的收入、有可能获得合法的住房、能够享受城市公共设施以及最基本的社会服务……这一切将使居民在城市里拥有一个合法的地位"[3]。在边缘区国家的大部分城市中，如果想让城市居民拥有一套合法的住房，并能够享受城市公共设施以及最基本的社会服务，就必须改善现有住宅的情况并将它们合法化。然而，奇怪的是，当人们试图解决这一问题的时候（就像南非那样），人们都会把重点放在拥有有规划的房产上，而不是设法改善现有住宅并将它们合法化。这么一来，那些不实用的、昂贵的、难以为继的城市环境仍将继续存在下去。如果社会融合真的想考虑城市的空间因素，那就必须对那些经营型的租房市场进行规划、调节并提供现实性的指导，以免出现新的贫民窟。全世界各地的城市，尤其是南方国家在兴建城市过程中必须充分发挥当地的经营精神，这样在2030

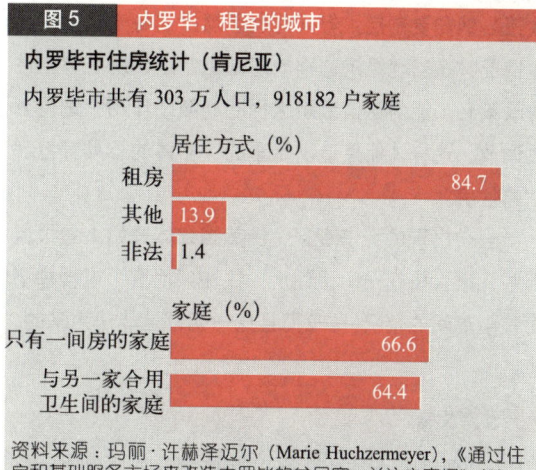

图5	内罗毕，租客的城市

内罗毕市住房统计（肯尼亚）
内罗毕市共有303万人口，918182户家庭

居住方式（%）
- 租房 84.7
- 其他 13.9
- 非法 1.4

家庭（%）
- 只有一间房的家庭 66.6
- 与另一家合用卫生间的家庭 64.4

资料来源：玛丽·许赫泽迈尔（Marie Huchzermeyer），《通过住房和基础服务市场来改造内罗毕的贫民窟：关注房产权》（Slum Upgrading in Nairobi within the Housing and Basic Service Market: a Housing Rights Concern），载于《亚洲与非洲研究季刊》（Journal of Asian and African Studies），43(1)，2008年。

年才有能力消化新增的20亿城市人口。在许多城市，公权机关都在住房市场上帮着制造民族、种族或一些与公民权有关的各类障碍。这些障碍必须迅速清除，以免那些自下而上的社会排斥损害到房产建设所带来的日益增加的好处。

虽然各城市的发展战略都提出了建设一座"包容城市"的构想，但它忘记了社会融合的目标与提高经济竞争力或世界级竞争力的目标是相互矛盾的。苏珊·帕内尔（Susan Parnell）和珍妮·罗宾逊（Jenny Robinson）这两位研究员是城市战略的支持者，他们认为应当对"解决经济增长与消除城市贫困这一困境所面临的难题"加以深入研究。他们坚信城市理论能够把"发展政策"与"建立在增长之上的城市战略"两者融合在一起[4]。我们认为，应当对那些关系到我们城市未来的战略进行重新思考，必须破除对那种试图建立"世界级竞争能力"想法的迷信。城市

> 必须充分发挥当地的经营精神，这样在2030年才有能力消化新增的20亿城市人口。

政策当然需要制定，但同时也必须根据每个城市的具体情况，在当地经济进程的基础上制定住房政策，住房政策必须能对这些经济进程起到鼓励作用并进行有效调节，这样才能建造出足量的、得体的、具有包容性的住房。

当前出现的经济衰退，使美国媒体开始大量报道那些几家人挤在一间租住房、住在"地窖"或楼梯下面狭小隔间的情况——而且这一切都是非法租来的。

在美国，越来越多的房屋被查封的情况使人们对那些供出租的集体住房又有了兴趣。这种意识的出现将使公共政策在处理出租房问题时会采取区别对待的方式，从而使城市穷人能真正融入城市这个世界。这种意识的出现还将有助于人们围绕一个被人们长期忽视的问题展开讨论：对私人的廉价出租房市场应采取何种干预方式、何种指导方式，才能使其提高效率。

参考文献

[1] DURAND-LASSERVE (A.), «Market-Driven Evictions and Displacements: Implications for the Perpetuation of Informal Settlements in Developing Cities», dans M. Huchzermeyer et A. Karam (eds), *Informal Settlements : A Perpetual Challenge?*, Cape Town, University of Cape Town Press, 2006, p. 207-227.

[2] ABRAHAMS (Ch.), *Housing in the Modern World*, Londres, Faber and Faber, 1966.

[3] MURRAY (M. J.), *Taming the Disorderly City : The Spatial Landscape of Johannesburg after Apartheid*, Ithaca (N. Y.), Cornell University Press, 2008, p. 73.

[4] PARNELL (S.) et ROBINSON (J.), « Development and Urban Policy : Johannesburg's City Development Strategy », *Urban Studies*, 43 (2), 2006, p. 337-355.

[5] DURAND-LASSERVE (A.) et ROYSTON (L.), « International Trends and Country Contexts. From Tenure Regularization to Tenure Security », dans A. Durand-Lasserve et L. Royston (eds), *Holding their Ground : Secure Land Tenure for the Urban Poor in Developing Countries*, Londres, Earthscan, 2002.

[6] HALL (P.), *Cities of Tomorrow : An Intellectual History of Urban Planning and Design in the Twentieth Century*, Oxford, Blackwell, 1990.

[7] SOUZA (M. Lopez de), « Social Movements in the Face of Criminal Power : The socio-political Fragmentation of Space and « Micro-Level Warlords » as Challenges for Emancipative Urban Struggles », *City*, 13 (1), 2009, p. 27-52.

[8] MITLIN (D.), « With and beyond the State. Co-production as a Route to Political Influence, Power and Transformation for Grassroots Organizations », *Environment and Urbanization*, 20 (2), 2008, p. 339-360.

[9] SOTO POLAR (H. de), *The Mystery of Capital : Why Capitalism Triumphs in the West and Fails Everywhere Else*, New York (N. Y.), Basic Books, 2000.

[10] KEYDER (Ç.), « Globalisation and Social Exclusion in Istanbul », *International Journal of Urban and Regional Research*, 29 (1), 2005, p. 124-134.

[11] SHATKIN (G.), « Planning to Forget : Informal Settlements as « Forgotten Places » in Globalising Metro Manila », *Urban Studies*, 41 (12), 2004, p. 2469-2484.

[12] DU PLESSIS (J.), « Forced Evictions, Development and the Need for Community-Based, Locally Appropriate Alternatives : Lessons and Challenges from South Africa, Ghana and Thailand », dans M. Huchzermeyer et A. Karam (eds), *Informal Settlements : A Perpetual Challenge ?*, Cape Town, University of Cape Town Press, 2006, p. 180-206.

[13] HUCHZERMEYER (M.), « The Global Governance Response to Informal Settlements. Relieving or Deepening Marginalisation ? », dans M. M. Valença, E. Nel et W. Leimgruber (eds), *The Global Challenge and Marginalization*, New York (N. Y.), Nova Science Publishers, 2008, p. 331-343.

[14] BEALL (J.), CRANKSHAW (O.) et PARNELL (S.), *Uniting a Divided City : Governance and Social Exclusion in Johannesburg*, Londres, Earthscan, 2002.

[15] HUCHZERMEYER (M.), « A Legacy of Control ? The Capital Subsidy and Informal Settlement Intervention in South Africa », *International Journal of Urban and Regional Research*, 27, 2003, p. 591-612.

[16] KANYINGA (K.), « Governance Institutions and Inequality in Kenya. In Society for International Development », dans E. Ogechi (ed.), *Readings on Inequality in Kenya : Sectoral Dynamics and Perspectives*, Nairobi, Society for International Development, 2006, p. 345-397.

[17] HUCHZERMEYER (M.), « Tenement City : The Emergence of Multi-Storey Districts through Large-Scale Private Landlordism in Nairobi », *International Journal of Urban and Regional Research*, 31 (4), 2007, p. 714-732.

[18] OBALA (L.), « The Relationship between Land Conflicts and Inequity : The Case of Nairobi », *Draft PhD thesis*, Johannesburg, University of the Witwatersrand, School of Architecture and Planning, à paraître.

[19] MUELLER (S. D.), « The Political Economy of Kenya's Crisis », *Journal of Eastern African Studies*, 2 (2), 2008, p. 185-210.

[20] AMIN (A.) et GRAHAM (S.), « The Ordinary City », *Transactions of the Institute of British Geographers*, 22 (4), 1997, p. 411-429.

聚焦

亚洲与非洲：支持贫民窟居民联合会

黛安娜·米特林（Diana Mitlin）和戴维·萨特里韦特（David Satterthwaite）
英国伦敦国际环境和发展学会（IIED）经济学家

亚洲和非洲城市中有1/3甚至一半的人口生活在贫民窟中，没有任何基础服务（电、水以及环卫设施），甚至连基本人权也得不到保障（卫生、教育和公民权等）。如果说公共政策以及外国的干预都已经失灵的话，那么今天可以将希望寄托在那些居民协会身上：这些协会正在形成覆盖全国的联合会，并提出了一些切实可行的替代方案。

全球人口中有一半生活在城市（见参照标准之十三、十四），而且主要是在那些中低收入国家：这些国家中有9亿人生活在贫民窟。在大部分非洲和亚洲城市，大约有1/3至一半的人居住在城市的贫民窟。贫民窟的人通常住得十分拥挤——经常是三个人甚至更多的人挤在一个房间里，既没有正常的供水以及环卫设施，也没有学校和医疗服务。他们因为自己所生活的位置而一直受到歧视、蔑视、遭人唾弃、受人剥削。如果某个行政机构要在这里搞建设，或者他们房子所在的地块被某位开发商看中，那么他们的房子就会被推土机推平。通常，贫民窟是不通电的，有时也可能有人私自把电接进来，但也是十分危险的。大部分贫民窟处在非常危险的地带：这里比其他地方更容易发生火灾或水灾。而发生火灾或水灾，或者出现急诊病人或事故时，这里没有任何救援手段。这里的住房受到损失或彻底毁坏时得不到任何赔偿。由于没有合法的地址，这里的居民不能进入公共学校上学或到公共卫生机构就诊，也不可能有银行账户。由于同一个原因，他们可能在某些地方还无法在选民登记册上注册登记。

最近40年来，城市的贫困状况没有多大改善，大部分国际援助机构已或多或少不太关注这一问题。不过，消除城市贫困的斗争中，出现了一种重要的动向：一些由生活在贫民窟或简陋小屋里的居民自发组成的协会正在出现，并且正在形成属于他们自己的全国性联合会，以便在住房问题上提出真正的解决之策。这些全国性的联合会如果能得到公权机关或国际机构的支持，那么它们就能够开展一些大规模的行动。

联合会

这些联合会的基础会员是一些由生活在贫民窟或简陋小屋里的居民们——他们希望改善生活质量、提高住房安全、接通自来水并拥有环卫设施等——所自发组成的储蓄或借贷协会。这些联合会的会员大部分是妇女，正是这些女性在坚持斗争：凭着她们的抗争与坚韧，凭着她们为了获得土地以及建造住房时所付出的努力，她们发挥了与男人一样或近乎一样的职能，同时又使她们自己所坚持的优先目标和需求得

城市：改变发展轨迹　151

到了尊重。这些储蓄协会首先是在一个城市范围内组成了联合会，之后扩大到了全国。一个个协会在相互学习的过程中也拿出一部分资金来组建互助机构，加强了自身的实力，以便解决住房问题并与各级行政当局展开谈判。如今，已有17个国家拥有此类联合会，而且随着那些储蓄协会的发展，此类联合会也将会在更多的国家出现（见表1）。许多联合会设立了专门针对城市穷人的基金，帮助其成员管理他们的存款，对他们的一些计划提供资金支持。例如，"柬埔寨无家可归者联合会"下设的基金资助了2.2万多个家庭购置或开发土地、建造住房、创造收入来源以及生产食品等[1]。为此，日本住宅协会2009年把著名的"无家可归者收容安置国际年"纪念奖颁给了它。

在许多国家，一些储蓄协会设计并建造出了一些新型建筑；在另外一些国家，这些协会管理着数万套新建成的楼房。在泰国，一些由地方储蓄协会所发起的计划自2003年以来兴建或改造了大量的住房或贫民区，惠及40多万低收入人员[2][3]。在南非，"南非城市贫民联合会"共兴建了2万套住宅，目前正着手准备出台新的机制，对现有贫民窟进行改造。肯尼亚、马拉维以及纳米比亚等许多非洲国家的穷人联合会也都制订了一些大型的住宅建设计划[4][5][6]。在印度，全国贫民窟居民联盟（National Slum Dwellers Federation）以及由生活在贫民窟或露宿街头的妇女组成的储蓄协会联合会"妇女团结组织"（Mahila Milan）已经兴建了数千套住房。此外，它们还经营

表1	各联合会储蓄与借贷项目的例子					
国家	日期①	居民点数量	储户数	储蓄额（美元，估计数）	建成的房屋	被居住的房屋数（家庭的数量）
印度	1986	5000	100000	120万	6000②	80000
南非	1991	750	30000	120万	15800	23000
泰国	1992	42700	5000000	20600万	40000	45000
纳米比亚	1992	60	15000	60万	1500	3700
柬埔寨	1993	288	11300	145000	2798	5000
菲律宾	1994	148	42727	631830	547	26166
津巴布韦	1995	62	45000	不适用	1100	4035
尼泊尔	1998	396	3147	173402	50	85
斯里兰卡	1998	130	21506	29469	50	120
哥伦比亚	1999	1	60	10000	—	60
肯尼亚	2000	50	20000	50000	110	5600
赞比亚	2002	45	14000	18000	66	1048
加纳	2003	15	12000	—		120
乌干达	2003	4	500	2000	—	300
马拉维	2004	100	20000	50000	750	3050
巴西	2005	5	100	4000	—	7000
坦桑尼亚	2004	16	1000	2000	—	500

① 重要储蓄机制开始出现的年份。有的情况下采用的是联合会正式成立前一年的年份。
② 在印度，3万个家庭拥有了新住房。这些新住房虽然不是由这些协会兴建的，但它们是在协会的推动下才建成的。

资料来源："国际贫民窟居民组织"（Shack/Slum Dwellers International），www.sdinet.co.za。

和管理着一些专门供贫民窟数千居民使用的公共环卫设施[7]。

一些愿意与当局真诚合作的组织

这些地方性联合会是一些非典型性的组织，因为它们虽然是群众性的组织，但它们的成立并不是为了谴责什么或要求得到什么东西。它们所要求的仅仅是向公权机关表达这样一个诉求：它们愿意为未来可能出现的伙伴合作关系付出自己的知识、技能和财力。它们也会把自己所能做的一切告诉给公权机关，因为它们知道如何用低于国家或传统经营者的成本建造房屋，而且速度更快。此外，它们还会告诉公权机关自己能够在多大规模的范围内采取行动，而且如果当局能够提供帮助的话，那将使效率大大提高。这样一来，那些政界人物以及公务人员对城市穷人的看法就会发生变化：他们会发现这些穷人也是能够解决问题的，而不是一切"问题"之源。

穷人联合会与当局的一些伙伴合作关系在南非、纳米比亚、坦桑尼亚、马拉维和肯尼亚都取得了不错的成果；在赞比亚，这种关系正在形成，而在印度、泰国、菲律宾、柬埔寨以及亚洲其他国家也都十分活跃。巴西的圣保罗市也成立了一个非常强大的联合会，而且它已经引起了巴西国内其他城市以及拉丁美洲其他国家一些城市的关注。

这些联合会还与地方的一些非政府组织一起成立了一个监管组织："国际贫民窟居民组织"（Shack/Slum Dwellers International）。"国际贫民窟居民组织"以协会的名义与国际机构商谈融资问题、帮助管理那些来自外部的资金、鼓励各个联合会之间的学习与交流。它还为那些愿意学习工作方法的联合会和国家组织一些参观活动。

来自内部和外部的资金

对于大部分活动，联合会都会由自己提供动力、技能或者储蓄金等支持。此外，它们还可以与地方政府商谈，争取获得支持，如他们建房所需的地皮或者他们所建的房屋不会被拆除的一纸承诺等。在许多情况下，如果能得到外界的资金支持将十分有益，条件是这些支持首先应当提供给联合会，然后再由联合会来负责使用与支出。"城市穷人国际基金"是一个重要的外来资源提供方。各联合会通过"国际贫民窟居民组织"的一些成员来管理着这一基金。它们定期组织会议，让各联合会提出自己的计划并决定是否提供资助。这一基金是2001年在得到"西格丽德·罗辛财团"（Sigrid Rausing Trust）赞助后成立的。该财团答应将向基金提供长期支持，目前基金每年可提供约500万美元的援助。"城市穷人国际基金"还得到了英国大彩票基金（The Big Lottery Fund）、Allachy 信托公司（Allachy Trust）的支持，2007年，基金还得到了"比尔和梅琳达·盖茨基金会"提供的一笔巨额支持。

参考文献

[1] PHONPHAKDEE (S.), VISAL (S.) et SAUTER (G.), « The Urban Poor Development Fund in Cambodia : Supporting Local and Citywide Development », *Environment and Urbanization*, 21 (2), 2009, p. 569-586.

[2] BOONYABANCHA (S.), « Baan Mankong ; Going to Scale with "Slum" and Squatter Upgrading in Thailand », *Environment and Urbanization*, 17 (1), 2005, p. 21-46.

[3] BOONYABANCHA (S.), « Land for Housing the Poor by the Poor : Experiences from the Baan Mankong Nationwide Slum Upgrading Programme in Thailand », *Environment and Urbanization*, 21 (2), 2009, p. 309-329.

[4] MITLIN (D.), « With and beyond the State ; Co-production as a Route to Political Influence, Power and Transformation for Grassroots Organizations », *Environment and Urbanization*, 20 (2), 2008, p. 339-360.

[5] MITLIN (D.) et MULLER (A.), « Windhoek, Namibia : towards Progressive Urban Land Policies in Southern Africa », *International Development Planning Review*, 26 (2), 2004, p. 167-186.

[6] ZELEZA MANDA (M. A.), « Mchenga – Urban Poor Housing Fund in Malawi », *Environment and Urbanization*, 19 (2), 2007, p. 337-359.

[7] BURRA (S.), PATEL (S.) et KERR (T.), « Community-Designed, Built and Managed Toilet Blocks in Indian Cities », *Environment and Urbanization*, 15 (2), 2003, p. 11-32.

> 公权机关正在失去昔日的垄断，获益方则是各式各样的私人代理以及将城市分割成一块块碎片的安全机制。

第十一章

吕卡·帕塔罗尼（Luca Pattaroni）和伊夫·佩德拉齐尼（Yves Pedrazzini）
社会学家，城市社会学实验室（LASUR），瑞士联邦理工大学，洛桑

不安全与割裂：拒绝令人恐惧的城市化

有关安全的言论在大部分现代城市里——无论是北方国家还是南方国家——十分盛行。这些言论不仅培育了一种不安全文化，而且还使一种建立在检查基础之上、加剧城市社会和空间割裂的"恐惧的城市化"成为正统观。相反，一个可持续发展的城市则是一个包容的城市：在这里不同的人能找到不同的位置，但他们能组成一个共同的世界。应当实行更加雄心勃勃的城市化政策。

有关安全言论的盛行——尽管它们不一定都与违法犯罪有关——对于北方国家以及南方国家城市的发展造成了两大后果：① 一小部分人被贴上了标签，尤其是穷人和年轻人成了不安全的载体；② 城市在规划上出现了调整，培育了一个不安全的市场。这两种现象引发出了我们所说的"恐惧的城市化"：通过一系列与建筑以及城市化有关的社会和技术装置，将城市从外形和社会上分割开来。这种新型城市秩序——即"恐惧群岛"的格局——的出现，取代了原先想建设一个现代化城市的计划，取代了那个想营建所有陌生人能够和谐共处的一个公共空间的理想。我们甚至可以作出这样一种假设：当代城市的一部分暴力正是由于这些不信任和相互封闭的装置所造成的，因为它们本身就是社会歧视的象征，本身就会给人造成每天受到侮辱的感觉。因此，从内心看，恐惧的城市是令人无法忍受的。

会面临许多复杂的现实问题，尤其是那些被人硬凑到一起而形成的所谓"城市暴力"问题。违法、犯罪、贪污、骚乱，这些概念很快打造出一个可以得到现实"验证"的危险城市。

于是，人们无论在北方国家还是在南方国家都发现了一种所谓的"恐惧的城市化"[a]，这是一种从警察的角度来看待的城市，而不是从建筑学家的角度来看的。当那些旨在增加城市安全、消除居民恐惧感的行动转变成城市规划和城市建设行动的时候，当那些所谓"安全"的土地一平方米一平方米增加，最后使安全成为一个利润丰厚的大市场的时候，重新启动那些包容性的城市计划就显得迫在眉睫了。这项任务——主要是政治任务——的完成不应当以城市的割裂为代价，也不能置一部分人群以及建设包容性城市的计划于不顾。事实上，秩序与割裂之间的这种紧张关系历来是城市建设过程中政策和规划工作的中心[1]。

城市的可持续性面临异质性的考验

面对全球化进程给城市造成的流动性以及异质性的增大，城市想在社会和地域发展上实现可持续似乎更像是一种祈愿，而不是一个用来规划人们日常生活的实实在在的计划。可持续发展计划在实施过程中

---

[a] "恐惧的城市化"一词与迈克·戴维斯（Mike Davis）提出的"恐惧的生态学"（Ecology of Fear）一词相类似[15]。另请参阅南·埃林（Nan Ellin）的《恐惧的建筑学》（Architecture of Fear），纽约，普林斯顿建筑出版社，1997。

城市：改变发展轨迹　　**155**

城市秩序：城市的开放与封闭体系

城市的发展可以被看做城市外形的布局设计及其所支撑的社会体系的变化过程。随着时代的变迁，按照人的社会地位来安排一切的方式被另一种安排方式所取代，即按照地理位置以及公共空间与私人空间之间的界限来安排。解放与平等这一现代观念使人们致力营造出一个和平的、对所有人开放的公共空间，尽管此时的城市在空间布局上依然处于严重的割裂状态（见背景资料一）。

> 公权机关正在失去昔日的垄断，获益方则是各式各样的私人代理以及将城市分割成一块块碎片的安全机制。

与建立民族国家的基础一样，现代城市的建立也是为了营建一个实用空间，使每个人能够从中获得一种独立于其身份或收入的安全感。这一计划既有赖于一整套政治原则，也有赖于一系列制度与技术体系的建立：国家对暴力的垄断权（国家警察）、取消歧视性规则、建立一些有利于"弱势群体"（儿童、残疾人以及老年人等）人员流动的机制等。与这种公共空间与私人空间分开的观点相对应的是一种城市的文明文化：每个人要想在城市立足，就必须拥有尊重他人的能力。

随着人们所说的"安全大杂烩"[6]现象的兴起，人们逐渐放弃对城市所有居民进行文明教育的计划。这种文明教育被一整套有形的检查设施（栅栏、自动检查体系以及镇压等）所取代。从更广的范围看，这种蜕变意味着人们将放弃建设一个对所有人开放、每个人——无论穷人还是富人、年轻人还是老人、男人还是女人——能在其中和平生活的现代化城市的计划。公权机关正在失去昔日的垄断，获益方则是各式各样的私人代理以及将城市分割成一块块碎片的

背景资料一　割裂与城市暴力

■ 城市的割裂并不是一个新出现的现象。相反，它是西方现代城市的一个象征。在准工业化时代的城市里，富人和穷人们都住在一起，随着城市工业化的发展，他们之间在城市空间上的距离逐渐拉开。正如20世纪上半叶一些城市社会学的先锋人物①所分析的那样，城市工业化的发展好像成了不同社会阶层之间在城里争夺优势地段的产物：大家都会根据不同用途来争夺最佳的地段。一个严重割裂的城市由此出现：不同的行业、不同的社会阶层分别住在不同的位置。伯吉斯（Ernest Burgess）所描述的同心圆模式就是这方面最好的写照（见图1）。新古典经济使这一做法得到进一步推广，

并且它把这种割裂现象解释为住房大小与交通成本之间平衡的结果。

割裂的机制与传统形式。 然而，为适应市场约束而出现的调节机制并不应当成为解释这种割裂的唯一原因。解释这一现象的第二个原因是与土地相关的各类配置（视野、空气质量、服务等）的分配不合理。穷人只能流落到那些条件很差的地方，而投资却集中在那些各方面条件都很优越的地方。最后，还有与城市调节政策有关的所谓"专属区划"（exclusionary zoning）机制。因此，城市的割裂通常是由一系列有意的进程造成的结果（如种族隔离或犹太人定居点等）。从这个角度看，20世纪初在美国最早出

现，之后又传到欧洲的区划式城市规划——按照各种产业活动来划分各个区域——是将城市富人与穷人分开的一种强有力的工具。

事实上，世界上还存在着许多与同心圆模式完全不同的城市：四周由高墙围起来的殖民城，东欧地区所常见的郊区高楼林立、城中心相对低矮的"空心城"，以及东南亚一带随着汽车推广而兴建起来的"多中心城市"[2]等。每种类型的城市都有自己不同的割裂形式。

会不会出现一种新的割裂形式？ 尽管存在着多种形式的城市，而且每个城市也有不同的割裂方式，不过在国际层面上，一种过去从未出现过的、但时下颇为流行的割裂模式似乎正在

3

不安全与割裂：拒绝令人恐惧的城市化

安全机制。这些检查设施影响了城市的流动性，使许多生活在城市中的人无法进入城市的某些区域。它必然意味着一些人将面临更大的危险：金钱，有时是社会地位、属于这个或那个社团（种族、文化或性别）等，这一切成了人们拥有安全感的条件。

这种转型是一步一步进行的，但它势不可当。几年间，那些不安全的言论已经导致了一种新秩序的形成。在城市规划领域，这种新秩序表现为地域上出现的一个个星星点点，我们把这种特殊的形状命名为"恐惧的群岛"。

从违法到安全言论

目前，安全政策培育出了一种不信任及不安全的文化。这主要是因为真正的犯罪——那些报纸上所报道的"社会新闻"——与不安全感之间有着很大的不确定性。事实上，不安全感的变化很少与实际的违法情况有关，因为它不仅仅取决于一些"客观"事实，而且也取决于社会感知的变化以及对"违法现象"[7]的感知。从这个角度看，媒体以及政治言论对于这些感知的产生有着不可小视的影响：它们以一种危言耸听的方式去报道那些违法事件，并把那些轻罪犯人描述成不可救药的人。无论是北方国家还是南方国家，安全言论彻底改变了城市里的社会关系以及具体的城建方式。

当然，我们在此并无意否认违法现象与城市暴力之间的联系："与农村相比，生活在城市更容易成为违法甚至暴力行为的受害者"[4]。然而，人们注意到的另一个现象是：那些大部分成员受到排斥的社群，"其受到犯罪和暴力侵害的机会，要高于那些与社会主流网络以及权力结构相衔接的社群"[4]。因此，仅仅对城市不安全作出回应是不够的，还应当关注这种不安全与割裂之间的关系。

出现，即一个类似于有防御工事的"城堡"的形态[2][3][4][5]。这种形式的空间隔离与传统割裂形态的变化有关：（按不同行业分类的）传统区划注定将要消失，而富人与穷人之间的空间分隔正在日益缩小。城市的"绅士化（gentrification）进程"（指将日渐破败的市区改造为良好的中产阶级居住区。译者注）——它意味着一部分中产阶级将回到原来市中心的破败区域——正是这种新型混合体的写照。"封闭小区"①的大量出现表明"穷人与富人之间的空间距离在缩小"[2]。空间的封闭取代了距离的间隔。

不过，应当指出的是，这种现象并不是千篇一律的。尽管封闭小区在世界各地都有，但它们在美国和拉丁美洲的数量明显多于欧洲国家。对此有一种解释是欧洲一直存在着强烈的公共规划的传统，而拉丁美洲国家的城市则奉行新自由主义政策，私营投资者有很大的自主权[4]。

从更广范围看，现代城市越来越像一个由各种不同城市掺杂在一起而组成的马赛克：其中每一个小城都有自己的网络，有自己的特殊公民——这些人能够和平相处，但从不交往。因此，人们可以把城市分为以下几类：豪华城市（luxury city）、绅士化城市（gentrified city）、近郊城市（suburban city）、租屋城市（tenement city）和废弃城市（abandoned city）[3]。

本章提出了"恐惧群岛"的模式，正是为了能够更好地理解城市的碎片化现象。至此，我们觉得有必要说明一点，即真正的问题并不在于空间上的割裂——尽管它在城市里一直存在着，而是在于人们逐步放弃了那些彼此社交的空间——即一个能让每位居民行使城市权的公共空间。

① 这里所指的是美国芝加哥学派的城市社会学家，包括欧内斯特·伯吉斯（Ernest Burgess）、罗德里克·麦肯齐（Roderick Mackenzie）和路易斯·沃思（Louis Wirth）等。

② 据统计，21世纪初美国大约有3200万人生活在15万个封闭小区里。在墨西哥的瓜达拉哈拉，封闭小区占该市总面积的10%，而小区内的居住人口占总人口的2%[4]。

城市：改变发展轨迹 **157**

通过委内瑞拉首都加拉加斯的例子，佩德罗·加西亚·桑切斯（Pedro Garcia Sanchez）向人们提示了自20世纪80年代末以来，"一种不安全的气氛是如何笼罩在加拉加斯城市上空的"[2]。尽管有时候这种气氛与政治家没有任何关系，但它有时是被媒体和某些政治传言所引发或靠其维系的："媒体或传言每天传播那些轶闻、故事、不幸的意外或教人如何预防不测等"，并且始终在影射这些城市小犯罪与穷人区的小流氓背后一定隐藏着大人物[8]。此外，那些越来越多的"与安全有关的公民协会"的出现也印证了这些传言，并使传言逐步变成了家常便饭。从此，这些密集的言论、散乱的事件、恐惧以及错视综合在一起，在城市"公共空间的核心处"造成了混乱与不安。此时，普通的城里人内心会产生一种不安全感，并把这一切体现在了看待其他城里人的眼光中。当他面对一个陌生人的时候，他所表现出来的并不是一种"谦恭的冷漠"，即与其保持距离并对其保留一点信任，而是用一种怀疑的态度来对待他。于是，城市的社会关系出现了一种真正的变化，形成了一种所谓的"监视型社交"：那种密切的关系只能在最邻近的人之间产生——在那些"相互熟识的人"之间产生，而陌生人之间的关系始终是互不信任的——陌生人通常会被视为一个潜在的袭击者，甚至是个偏执狂[6]。

> 不安全的气氛有时是被媒体和某些政治传言所引发或靠其维系。

从安全言论到恐惧的城市化
不安全与空间的碎片化。 加拉加斯的例子充分说明，相关安全言论的泛滥是如何导致不信任感的增加，并使整个城市空间出现了防御性的格局。尤其是最近10～15年间，在一些私人计划的推动下，出现了几百个带有检查站的城市居住区，这些岗亭和栅栏影响了人们的出行方便。这种"门禁社区"（gated communities）在北方国家及南方国家的许多城市迅速普及，有的设施先进，有的则是临时搭凑的 b[9]。

栅栏清楚地划出了内外两个界限。居民与路人之间不会再有任何不确定性，他们被明确地分离开来：居民的身份是明确的，因此他可以通行；而路人是可疑的，因此必须保持距离，甚至被拦住。那些原本应对所有人开放的公开空间因为这些检查而遭殃：正如这里的居民所说，虽然他们没权阻止"外人"的进入，但也要给他们的行程"增加难度"[10]。这种对公共空间的"负面征用" b，构成了"私人城市规划"的主要内容[10]。由安全言论而导致的城市新布局反过来又会改变人们的日常行为和感知，使人一方面产生不安全感，另一方面会导致对社会的蔑视。

安全市场。 人们还清楚地发现，自20世纪80年代以来，尤其是1989年严重的城市骚乱之后，委内瑞拉出现了一个安全市场。安全公司的数量剧增，从1987年的72家增加到了1997年的509家，也就是说十年间增加了700%。安全市场的活力最明显的体现是许多警察功能的私有化以及那些或多或少具有专业色彩的安全设施的持续增多：栅栏、警报器以及防卫装置使城市与家庭空间变得四分五裂。

安全市场的发展并不仅仅出现在南方国家的城市中。事实上，北方城市安全市场的发展更加迅速。2000年进行的一项研究表明，北方国家城市安全市场的年增长率达30%，而南方国家城市的增长率为8%[11]。例如，从20世纪90年代初开始，美国"私人警察"的人数就超过了"公共警察"的人数，比例为3:1。无论是北方国家还是南方国家，其中存在

---

b 我们这里所用的是"负面"这个词，因为我们常去的那些地方经常会出现被征用的现象。这里所要提出的问题是这些土地的征用是有多少比例是专用的、是不能用作他用或不允许他人进入的。

着一个巨大的市场：根据《安全》杂志所作的预测，2006 年安全服务商的营业额达 3500 亿欧元，比 2005 年增加 9%。

城市暴力的前景

镇压政策、污辱与羞辱。 虽然说在某些城市居民看来，面对自身的不安全感以及那些违法行为，人们采取一些回应措施是可以理解的，然而正是这些用来应对"城市不安全"的措施导致了一种新的"暴力前景"。

哲学家、社会学家阿克塞尔·霍内特（Axel Honneth）认为，当代的一些痛苦应当与"拒绝承认"和"社会蔑视"[12]有关。这种"拒绝"主要表现在三个方面：缺乏爱、得不到法律的承认、没有社会身份。由于缺乏爱，人就缺乏自信；由于得不到法律的承认，人就缺乏了自尊的基础；在政治上得不到承认，人就无法自重。埃马纽埃尔·雷诺（Emmanuel Renault）说得更明确："他人的目光、言论或行为会影响到我们的自信、自尊与自重"[13]。我们需要其他人以及机构才能真正存在，才能过上满足的生活。

因此，尽管机构一直试图表现得公正，但它可能成为"拒绝承认"或使人感到羞辱的元凶[14]。也正因为如此，那些要求社会援助的人，当他们被官僚机构当作一串串"号码"来对待的时候——也就是被当作一种物品来对待的时候——会感到难以启齿或有一种受辱的感觉[14]。

这种来自制度或实际生活中出现的"暴力"前景使我们不仅对于现行解决方法的公正性提出质疑，而且对它们是否"得体"——即会不会使人感到羞辱——产生质疑[14]。当代城市政策犯下了双重"拒绝承认"的错误：既不承认某些人的基本权利，也不承认社会尊重（不信任法国移民的后代；对失业者和非法移民的污辱）。随着这些羞辱而出现的，便是愤怒和检举。如果这一切得不到很好的疏导，那么就将直接导致暴力。

恐惧的语义。 "恐惧的语义"并不仅仅是指每个人都感到不安全的状态，而且也意味着对那些嫌疑人或犯罪分子的"妖魔化"[10]。对违法现象的看法发生改变，是世界各地所有安全言论的一个主要内容。这种情况在美国尤为明显：在美国，人们有一种认为违法者天生就是个坏坯子的倾向——而不是把他们看成是恶劣环境造成的"结果"，因此普遍主张要对这些人进行严惩，因为他们是不可改变的。此类言论并非只是美国所独有。一项在瑞士进行的研究表明，那些认为最没有安全感的人恰恰是那些最看不惯违法分子的人，他们把违法行为看成个人离经叛道的结果——违法者都是"坏蛋"或"捣乱分子"，而不是社会进程所导致的结果[7]。

> 由安全言论而导致的城市新布局反过来又会改变人们的日常行为和感知。

不安全感的增加似乎使那些能认真看待违法现象的言论以及与此相关的预防性政策销声匿迹。取而代之的是一些对现实感到惊慌的看法——这种观点体现在了法国人对"郊区"问题的认识上，并最终导致对个人的镇压。在埃马纽埃尔·雷诺看来，"如果戴着不安全这副有色眼镜来分析，那么平民区将不再是一个苦难之地，而是各种非法行为的庇护所、一个需要动用刑事手段加以解决的地方"[13]。

不安全这副有色眼镜会抹杀社会背景，也会使人否认那些被认为是暴力行为元凶的人所遭受的痛苦。然而，对城市暴力还可能存在另一种解读方式，此类解读受到上述研究成果的启发，认为一切是因为受到污辱或"拒绝承认"所造成的。如果我们能倾听那些郊区年轻人的声音，就会听到要求得到尊重的永恒诉求。这些年轻人也感受到了一种社会蔑视，这种感觉让人联想起前面我们提到的那些害怕他们的人们心里的不安全感[13]。这种社会蔑视感并不只是源自始终受到怀疑的经验，它还因为社会关系和职业生活中一些肯定他人的传统因素消失了。在法国郊区乃至大部分北方国家大城市——南方国家的城市存在得更久，只是方式有所不同——中所存在的简陋状态实际上是一种"孤立的"简陋状态。生活在这里的人们非常脆弱，因为他们失去了工作，也没有社会关系，更无法利用这些关系使自己得到某种形式的承认——如果有了这种承认，他们就能够去面对来自主流阶层的蔑视。[13]

当代城市政策犯下了双重"拒绝承认"的错误：既不承认某些人的基本权利，也不承认社会尊重。

"监视型社交"的出现意味着那些一无所有的人或者时常遭受污辱的民众将被彻底弃置，他们甚至会在自己的"圈子"里遭到"拒绝承认"的命运。因此，当一切使他们觉得自己"一无是处"的时候，离暴力的出现就不远了。没有一种暴力是针对生活条件的，暴力的出现只会针对"那些社会蔑视的载体、针对那个对他们产生不良印象的环境"[13]。正是这种愤怒导致了后来出现的违法、小的犯罪案以及城市暴力。

贫穷与暴力之间并没有直接的联系。应当通过一整套的中间机制去观察，尤其要关注那些造成社会和空间不平等的因素。与没有收入相比，那种"相对贫困"的感觉、失落感，再加上对自我认知的丧失，才更加容易导致暴力的出现。因此，"不平等与社会排斥加剧了不安全，而它反过来又形成恶性循环，导致贫困加剧，暴力升级"[13]。

因此，今后在解决安全问题时，应当从一种完全公平的角度出发，既要认真分析有关犯罪的真实情况，同时也要认真分析那些可能导致不安全感增加的因素。从这个角度看，尽管从全球范围看，人们注意到了"一些大城市出现了犯罪率下降的许多积极信号"[13]，然而那些可能对某些阶层的民众造成空间割裂以及社会排斥的不安全言论以及"恐惧的城市化"并没有减少。事实上，那些安全政策都会被视为一些断章取义的政策，非但不能解决问题，反而会使安全形势更加恶化。

恐惧群岛：城市秩序的新形式？

人们是不是见证了一种新型的城市秩序形式正在取代那个在"创建一个对所有人开放的公共空间"这一理想基础上建立起来的现代城市的旧模式？

城市空间碎片化的"全球化"模式。 围墙、界限成了一座防御性的城市永久的景观，那些得到"防护的"地块价格飞涨，哪怕是在危机时期也是如此。安全城市化所产生的景观以及实用设施出现在了社会和地域条件完全不同的各个地方。我们虽然不能说一种普遍意义上的防御性城市已经出现，但至少可以说各种不同形式的空间安全布局已经在世界各地出现，如"门禁社区"（gated communities）、有警卫的塔楼以及带监视系统的住宅区等。这种"全球化"的模式意味着城市空间将出现一种便于检查的碎片化趋势。一旦城市碎裂成为一块块表面上看起来是属于大家、而实际上被私人所控制的空间的时候，城市就变成了一个群岛。组成这一群岛的各个小岛不仅可按照其主人或租客所具有的能力装上安全设施，而且还更容易从外部加以控制。现代城市一种建立在社会和空间极化基础上的新型形态由此出现：城市将被一个个安全的飞地与一个个贫民窟分割得四分五裂。

在后殖民和现代城市社会里，这种防御工事的社会形态并不会被视为一个有计划的灾难——一个最终将使城市乃至任何一个地方都无法继续生存的灾难。相反，如今它似乎已经成功地使居民和决策者觉得它的存在是合理的，甚至是有必要的。然而，这种安全原则势必导致城市某些部分的防御自主权增加，而另

不安全与割裂：拒绝令人恐惧的城市化

外一些更脆弱、同时也是暴力出现更频繁的地方将彻底被放弃，成了一个形势危急却没有任何希望的地方。一方面，我们看到了迪士乐园变成了一个阿帕奇要塞；另一方面，我们又可以看到在那些遭人遗弃的城市中心，一些无家可归者点燃的灯火四处闪耀。灯火之间，则是警察和保安在不停地巡逻，以及装有安全设施的道路。中间地带有什么呢？从今以后，将什么都不会有了。公共空间、街道、那些供人们相互交流的中介——广场等，这一切都消失了。它们当中，有的是因为"安全原因"被私有化了；有的则因为被最下层人抢占而成了空地。街道这个公共空间上的人越来越少，"街道"的数量也随着私有化计划的逐步实施而进一步减少，以至于到后来那些夜晚在街上闲逛的人会被视为疑犯。在这个历来就"隔离"的城市中——城市分为穷人区和富人区，某一空间的消失意味着不同社群的人将相互碰面，一起生活，这显然是一个严重的问题。相反，在那些正在出现的多层级城市里，不同阶层的民众可以同时前往各自所属的地方，在自己的网络里自由活动，甚至意识不到那些相邻网络的存在[11]。

就连那些遭蔑视的人群也参与到了空间阻隔中，他们通过私搭乱建强化了贫民区的界限。同样出于安全原因，他们也想尝试土地的私有化。例如，墨西哥城中心所有的社会福利房都变成了禁止外人进入的堡垒。当然，这种迹象最明显的仍然是城市精英们所集中居住的豪华区（luxury city）（见背景资料一）。这座"受监视的城市"在空间上主要呈现三种形态：第一部分是住宅区；第二部分是用来兴建监狱或其他关押犯人的地方；第三部分是用于建设商业设施的高度安全的飞地——它们就像自治区域一样被管理和保护着。那些公共空间则以一种近乎军事撤退的方式躲进了设在郊区的大规模购物中心或体育俱乐部里，而且这些公共空间在设计和技术上的堡垒化趋势只能用一个原因来解释：要保护消费者权益。大规模购物中心重新构建出了一个城市，但降低了城市里的担忧，安装上了空调，给它配上了礼貌的销售人员以及那些无辜的顾客。

安全是一种奢侈产品。 在城市割裂进一步加剧的背景下，那些用财产来衡量的特权逐步变成了用准入权来衡量的特权。安全成了一种服务，一种准入，并且成了一种奢侈服务品。如今新建成的一些著名建筑基本上都体现了这种安全化的城市化。如让·努维尔（Jean Nouvel）为巴塞罗那设计的 Agbar 大楼（2005年）、罗杰里奥·萨尔莫纳（Rogelio Salmona）为波哥大设计的区档案馆（1990年）、弗兰克·盖里（Frank Gehry）——迈克·戴维斯（Mike Davis）把他称为"城市里伸张正义的人"——设计的沃特·迪士尼音乐厅以及班克·希尔（Buncker Hill）对洛杉矶部分街区进行的城市改造和强化安全行动等。

从某种意义上说，这些开发商们通过自己的工程帮助建造了一些恐惧的社会。这种帮助行动并不一定意味着他们就认同这一安全观。他们似乎都是在按要求去做，他们只是为了借此能使自己过上好日子。然而，正是得益于他们所提供的技术，恐惧城

> 郊区乃至大部分北方国家大城市存在的简陋状态实际上是一种"孤立的"简陋状态。

市化今后才能变成一种空间绝对割裂的进程。除了传统意义上的碎片化之外，如今又出现了一种新的分裂形态，即按照安全度或者说危险度来划定的地域。

令人印象深刻的是：瑞士的日内瓦市中心一条最主要的大街上，所有的楼房在短短20年间都安装上了数码门控装置。然而，更令人惊异的是，所有这些安全装置从来就未能使这里变得更安全。人们对安全问题越上心，不安全感就越强。正如迈克·戴维斯所说，"社会对威胁的感知并不是源于犯罪率，而是源于安全被动员的程度"[15]。此外，城市环境的碎片

化还可能增加那些生活在"安全区"以外的人对犯罪的恐惧[4]。

因此,"恐惧的城市化"本身就是一个令人恐惧的城市化。这种迎合着不安全感的城市化会制造出一个人为想象的全球地理图,正是靠着它,那种认为城市是个野蛮之地——南方国家的城市是如此,北方国家的城市也是如此——的想法才得以在全世界传播开来。说生活在城市里的人都有暴力倾向,而且这里毫无秩序。正如齐格蒙特·鲍曼(Zygmunt Bauman)所说,"奇怪的是,那些原本为了给居民提供安全而建立起来的城市,如今带给人们的却不是安全而是危险"。c [16] 无论是当代城市的形象还是其实际的外观都诱发出了一个割裂的世界:在这里城市和平所需的最低条件——"谦恭的冷漠"已被全面的不信任所取代。

> 大规模购物中心重新构建出了一个城市,但降低了城市里的担忧,安装上了空调,给它配上了礼貌的销售人员以及那些无辜的顾客。

图1　同心圆城市

按照伯吉斯(Ernest Burgess)所描述的模式
芝加哥市各街区(20世纪20年代)

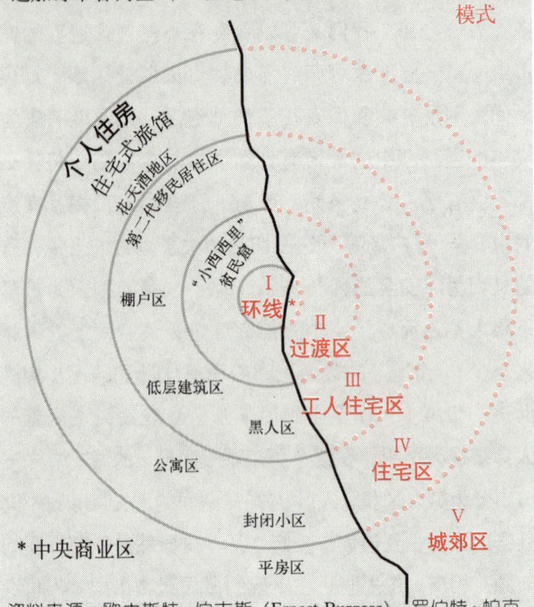

模式
个人住房
住宅式旅馆
摩天大酒地区
第二代移民居住区
"小西西里"
棚户区
贫民窟
Ⅰ 环线
Ⅱ 过渡区
Ⅲ 工人住宅区
低层建筑区
黑人区
Ⅳ 住宅区
公寓区
封闭小区
Ⅴ 城郊区
平房区
＊中央商业区

资料来源:欧内斯特·伯吉斯(Ernest Burgess)、罗伯特·帕克、罗德里克·麦肯齐(Roderick Mackenzie),《城市》,芝加哥(Ⅲ),芝加哥大学,1925。

失败

当今城市化的条件似乎已经难以为继,因为它意味着可持续发展这一包容性的理想已经失败。这种失败体现在经济领域,因为割裂与恐惧影响了"城市的竞争力"(见第十章);这种失败还体现在社会领域,因为社会与空间的不平等以及影响人们出行的障碍增加了彼此的不信任,甚至会引发违法犯罪与暴力;这种失败同样体现在生态领域,因为贫民窟的增加将使城市生态管理的原则难以实施[17]。

相反,一座包容的城市必须能够平息那些安全言论,重新激发那些违法乱纪者内心的人性,促进一种倡导承认的城市化,使每个人能够在城市中找到自己的位置、能够拥有其所向往的生活手段。这就是未来城市社会能够存在的条件:无论是北方国家还是南方国家的城市都是如此。

---

c 这是我们翻译的。

参考文献

[1] PATTARONI (L.), «La ville plurielle : quand les squatters ébranlent l'ordre urbain», dans M. Bassand, V. Kaufmann et D. Joye (dir.), *Enjeux de la sociologie urbaine*, Lausanne, Presses polytechniques et universitaires romandes, 2007.

[2] Nations unies-Habitat, *The Challenge of Slums. Global Report on Human Settlement 2003*, Londres, Earthscan – UN-Habitat, 2003.

[3] Nations unies-Habitat, *Cities in a Globalizing World. Global Report on Human Settlement 2001*, Londres, Earthscan – UN-Habitat, 2001.

[4] Nations unies-Habitat, *State of the World's Cities 2006-2007 : The Millennium Development Goals and Urban Sustainability*, Nairobi, UN-Habitat, 2006.

[5] Nations unies-Habitat, *State of the World's Cities 2008-2009: Harmonious Cities*, Nairobi, UN-Habitat, 2008.

[6] GARCIA SANCHEZ (P.), « Ressources et dilemmes de la vigilance. Des épreuves du trouble ordinaire à la sociabilité de surveillance », dans J. Roux (dir.), *Être vigilant : une activité distribuée*, Saint-Étienne, Publications de l'Université de Saint-Étienne, 2006.

[7] WIDMER (E.), LANGUIN (N.), PATTARONI (L.), KELLERHALS (J.) et ROBERT (C.-N.), « Du sentiment d'insécurité aux représentations de la délinquance », *Déviance et société*, 28 (2), 2004, p. 141-158.

[8] PEDRAZZINI (Y.) et SANCHEZ (R. M.), *Malandros : bandes, gangs et enfants de la rue. La culture de l'urgence dans la métropole latino-américaine*, préface de M. Castells, Paris, Declée de Brouwer et Éditions Charles Léopold Mayer, 1998.

[9] CALDEIRA (T.), *Cidade de Muros: crime, segragação e cidadanía em São. Paulo*, São Paulo, Edsup, 2000.

[10] GARCIA SANCHEZ (P.) et VILLA (M.), « De la sociabilidad vigilante a la urbanidad privativa », *Perfiles Latinoamericanos*, 20, juin 2002.

[11] Nations unies-Habitat, *Enhancing Urban Safety and Security. Global Report on Human Settlement 2007*, Londres, Earthscan – UN-Habitat, 2007.

[12] HONNETH (A.), *La Lutte pour la reconnaissance*, Paris, Cerf, 2000.

[13] RENAULT (E.), « Précarités sociales et violences urbaines », *Le Passant ordinaire*, 39, mars-avril 2002.

[14] MARGALIT (A.), *La Société décente*, Paris, Climats, 1999.

[15] DAVIES (M.), *City of Quartz. Los Angeles, capitale du futur*, Paris, La Découverte, 1997.

[16] BAUMAN (Z.), *City of Fears, City of Hopes*, Londres, Goldsmiths College, University of London, 2003.

[17] BERQUE (A.) et BONNIN (P.), GHORRA-GOBIN (C.), *La Ville insoutenable*, Paris, Belin, 2006.

> 城市所承载的这种碎片化感觉并不是源于各城区之间连接得不通畅,也不是源于日益严重的社会分化现象,而是因为在社会公正民主化进程和公民身份等方面所出现的种种裂痕。

4

治理

> 郊区乃至大部分北方国家大城市存在的简陋状态实际上是一种'孤立的'简陋状态。

第十二章

蒂埃里·波莱（Thierry Paulais）
美国华盛顿城市联盟城市金融高级专家

打造可持续的城市融资方式 *

当前的国际金融危机并未使城市幸免。在打击国际融资和投资体制的同时，这场危机也直接威胁到了社会团结和环境保护。目前为应对全球金融收缩而采取的措施并不是一定适合城市的要求，尤其是那些快速增长的南方国家城市的要求。因此，重新思考城市的融资体系、城市的规划政策以及城市的住房政策已经成为当务之急。

面对全球金融危机的冲击，各个城市所面临的问题都不尽相同，但这些问题所产生的影响却是累积性的，它们有时会使形势变得更加错综复杂。这场危机的影响大致可以表现在以下四个方面。① 收入。收入可能出现大幅下降，这既包括城市本身收入的下降，也包括国家转移支付的减少。② 支出。支出可能提高。一方面是因为经济活动的减少，另一方面是失业救济以及其他社会补助将会增加。③ 融资能力。融资能力将会下降，因为借钱将变得更加困难，而且借贷的成本将要增加。④ 外国投资将会减少，一些正在进行的项目可能下马，有的计划会被推迟甚至取消。

目前两大融资渠道——发行债券以及那些专业或非专业的金融机构——都受到了重创。各国政府根据各自不同的政治和制度背景分别采取了不同的应对措施。然而，这些应对措施（拯救金融机构、刺激或振兴计划）都是以国家为中心的或者说都是分散型的，而不是专门针对城市的。因此，它们的实际作用可能很小，或者会延迟出现，比如许多投资计划要等到真正实施之后才能体现出实际效果。无论如何，除了这些短期的行动之外，各个城市所面临的形势要想有所改观，必须进行彻底的改革：在许多国家，这个问题将涉及国家与城市之间关系的重新定位；无论

在哪一个地方，融资体系的结构已经受到了严重的破坏。事实上，这场危机正是从城市住房这一领域引爆的。

> 目前两大融资渠道都受到了重创。

住房和整治政策面临危机

美国的住房政策。 美国住房领域独特的机制——即所谓的证券化（见第49页聚焦）——拖垮了美国整个金融体系，对此我们已经有所了解。相反，这场危机实际上与美国的住房政策多多少少也有关系，这一点恐怕人们知道的并不多。而这个问题对于了解这场危机的整个过程十分关键。

美国住房和城市建设部（HUD）历来靠两个"政府发起企业"（GSE），即联邦国民抵押贷款协会（FannieMae，房利美）和联邦住房抵押公司（FreddieMac，房地美）来解决中产阶级的住房问题。帮助穷人购买房产是美国联邦住房管理局（FHA，Federal Housing Administration）的责任，它的作用是提供购房信用担保，使人们可以在无须支付首付款的

---

* 文章中所阐述的观点只代表作者本人的立场，并不一定是"城市联盟"的立场。

城市：改变发展轨迹　　**167**

情况下便能获得特殊贷款。20世纪90年代中叶，为了执行政府提出的建设住房和购买房产的政策，美国住房和城市建设部授意"房利美"和"房地美"可以在绕开美国联邦住房管理局的情况下自行帮助穷人购买房产，并逐步提高了对这些"政府发起企业"所下达的目标。这些"政府发起企业"为了完成国家所下达的目标，推出了一些雄心勃勃的计划，如"美国梦承诺"（American Dream Commitment）和"抓住美国梦"（Catch the Dream）等，帮助那些最穷困的家庭实现购房梦。之后，私营银行进入这一市场，并通过一些独立的代理商进行了一系列复杂的分包操作，其中有些手段是不正当的。[1] 这些计划所倚仗的是一些新型金融产品：零首付或极低的首付金；贷款期30年；低利率（如2/28或3/27等）；有时每月的月供甚至可能低于利息的钱，而不足的部分则可以按原来的期限归还 [即所谓的"负摊还"（Negative Amortization）]。

事实上，此类机制是建立在这样一种基础之上的：购买者在未来几年可以用已经增值的房产获得一笔更高的贷款 [所谓的"套现"（cash out）或"房屋净值贷款"（home equity line of credit）]，这样购房者就会有钱来支付原先所欠的利息。这种机制属于"可充值式按揭"，它是建立在房价上涨这一基础之上的。于是，在这种机制的推动下，房价不断上涨，泡沫开始形成。这些有利于"套现"的措施（没有惩罚、免税的利息）使得购买者纷纷采取这种再借贷形式，而且购房者竞相购买那些大面积的住房，因为房屋越大，通过"房屋净值贷款"获得的借款就越多，甚至可以通过这种方式获得消费支出或其他日常开支。[2] 当房地产市场开始转向，房产价格开始下跌的时候，它所波及的不光是那些一

> 1997～2006年西班牙出现的增长期因为房地产泡沫的破裂而被突然打断。

穷二白的穷人（他们的支付能力是人为炮制出来的）或者那些游走在泡沫边缘的投机商，而且也包括那些拥有支付能力的购房者——他们成了最大的受害者。尽管他们当初按照自己的承受能力购买了相应大的住房，而且按照每个月的月供老老实实地还贷，然而到头来他们也像其他人一样，自己的房产变成了"负资产"——他们所欠的贷款额度高于房产的实际价值。目前，美国大约有1200万个家庭属于这种情况[a]。根据美国大部分州的相关法律和税收规定，在这种情况下，对于那些"负资产"的人来说，摆脱困境最好的办法就是停止付款[2]。他们的房屋将依法查封，于是泡沫就像雪化了一样破灭，房价开始走上了漫漫下跌路。也有一些"负资产"的房主选择保留自己已经贬值的房产，等着下一次抵押贷款或房价的回升。他们也因此失去了，至少是暂时失去了流动的机会，这反过来又会影响就业形势。在美国许多地区，失业率与拥有房产者的比例之间存在一定关系。

西班牙的住房和整治政策。西班牙是欧洲衰退最严重的国家。1997～2006年这个国家出现的增长期因为房地产泡沫的破裂而被突然打断，这个国家的所有经济指标也是在房地产的带动下才持续走高的。这一泡沫的机制有一部分与美国的情况相似，但其中也有一些与西班牙本国独特的社会、经济和制度背景有关，也与这个国家的国土整治政策有关。由于人口的增长，家庭规模的缩小，西班牙对房产的需求逐渐增加，也由此带动了经济的增长。对住房的需求主要表现在购房上，因为这个国家的相关法规从来都在限制私营租房市场的发展。无论是年轻人还是那些穷困家庭都想方设法购置自己的房产。10年间，西班牙人均拥有的房产数量翻了一番：平均每千人拥有568

---

a 穆迪经济公司网站援引伊奎法克斯公司（Equifax）的数据。

套住房，这一比例在欧洲各国是最高的[3]。为了支持这一增长，银行推出了一些对购房者很有吸引力的金融产品，而与此同时，房价则在一路上涨。按揭贷款的期限最长可以达到 40 年，首付款的门槛也越来越低，最后变成了可有可无。如此优惠的措施以及当时的大背景使得公寓式住宅和旅游住宅大量出现，而且投资这些项目的主要是投机资金。到房地产泡沫破灭时，西班牙的房产价格一年内上涨了 17%[3]。

房产泡沫的破裂加速了许多房地产开发商和建筑商的破产，也使全球经济危机的负面影响在西班牙变得尤为严重。泡沫的破裂还使许多城市的市政当局陷入了巨大困难。事实上，这些城市很大一部分收入来自建筑业、建筑许可证的发放以及土地的增值。上述特征再加上理论上应当负责国土整治的各个地方自治区在国土整治方面并没有正规的法律条文，因此导致了房地产市场的最终崩塌。一些市镇曾经十分热衷于国土整治项目，因为此举可以增加它们的日常收入。这种做法之所以盛行，还有一个原因就是每一次国土整治行动之后，都会有一部分土地划归到市镇当局，用于公共设施建设。而实际上，这些土地通常会被市镇当局重新卖掉，以增加当地的日常收支[3]。这一系列因素的共同作用加快了地产市场的发展，最终促成了房地产市场的泡沫。它们所导致的是一种掠夺式的、混乱的、大量侵占土地的城市化。

不可持续的政策。通过这些因素可以看到一些本质的东西。一方面，没有一种神奇的金融秘方能够解决一个贷款者的支付能力。在按揭购房者得不到任何社会保障——如向他们提供帮助——的情况下，这种人人拥有住房的政策是无法长久维系的。让私营或准公共部门来为这一政策融资而不给政府的预算增加一点成本的做法也是短命的。另外，这些主张人人拥有房产的政策更多是属于一种文化理想，它在经济上是缺乏理性的。一个国家或一个民族的富裕程度与拥不拥有房产之间并没有关联性。以欧洲为例，那些私有房产比例高的国家（希腊、保加利亚、罗马尼亚和波罗的海沿岸国家），其贫困指数也很高；相反，那些私有房产比例不高的国家（瑞典、德国、瑞士和荷兰）等都跻身于世界上最富裕国家的行列，而且这些国家穷困人口以及社会排斥的比例都是世界上最低的之一。在发展中国家的城市里，发展有管理的、安全的（房东和房客都有安全感）租房市场——其中也包括私营房产出租——能够使那些最贫穷的人员、那些新来的移民找到寄身之所，从而能够解决劳动力市场的流动性问题，并为地方政府带来储蓄。一个管理良好的租房市场是一种均衡住宅政策的重要组成部分，因而值得出资人提供资金支持（见第十章）。最后，试图让人人拥有房产的政策将导致个人住房的增加，占用更多的土地并造成城市扩张；它们还可能导致一种成本高昂的城市化模式：巨大的设施投入，不停地来回奔波，尤其是交通、能源和社会服务领域的成本都将增加。

危机对城市当局的影响

资源的减少。在这方面，各地的情况并不完全相同。有的制度设计会让一些城市相对躲过一劫，而有的则让城市完全处于风口浪尖。从资产的角度看，那些能够在金融市场投资的市政当局将直接面临资金的损失。在美国，那些在投资方面最谨慎的城市，其损失额度占资金总额的 20%～25%，而那些投资对冲基金的城市，其蒙受的损失将要大得多。在英国，各城市在冰岛的金融危机中总共损失了大约 10 亿欧元的资产，这还不算它们原先估计的应当产生的收益。此外，在一些东欧国家，有的债务是用变动汇率或外汇的比价来计算的，因此某些城市的预算将受到严重影响。

在税收方面，各城市在房产、建筑以及地产方面的税收将明显下降。还是以美国为例,财产税是一些城市的主要税收来源,它们的税收收入比上一年度下降了45%。这种情况还不仅仅体现在城市上,各州也将面临巨大的财政困难:大部分州未来两年间将无法实现预算平衡,总共的缺口约为3500亿美元。

总体上看,经济活动的全面下降将会对地方财政产生重大影响,这一点无论是新兴国家还是发达国家都一样。这个问题对于那些有大量企业倒闭的城市来说更为严重,例如美国的汽车城底特律。最后,许多城市的预算还受到国家转移支付减少的影响,因为国家本身也面临着财政困难。这样的国家主要是一些东欧国家,以及那些最不发达国家:原材料的出口收入以及海外移民汇回来的钱都急剧下降,而且这些国家的城市本身又没有多少收入来源。

在收入减少和福利开支负担增加的双重压力下,一些市政当局被迫大幅度削减日常开支。

日常开支的增加。开支增加的另一个原因是国家在公共服务领域的投入在减少,而其中一些很难压缩的开支通常是由市政预算承担的。在那些最发达国家中——其中包括那些受危机冲击最严重的国家,各个市镇的社会福利开支明显增加:一方面是失业人员增加了,另一方面是失去住所的家庭以及那些无家可归者在增加。即使是在那些社会福利开支非常少的国家,如新兴国家,市政当局的开支也在增加。在收入减少和福利开支负担增加的双重压力下,一些市政当局被迫大幅度削减日常开支。一些美国的城市,由于法律规定了必须实现平衡预算,因此它们不得不每个月将某些开销巨大的设施关闭几天,让一些员工自动放假。而在那些落后国家,日常开支的削减涉及所有非商业服务领域,如环境卫生、垃圾的收集与处理等。

举债变得更加困难。市政当局日常收支情况的恶化导致了它们举债变得更加艰难。整个金融体系缺乏流动性、许多金融机构或银行形势不佳、大家普遍缺乏投资欲望以及资金成本的提高等,这一切都不同程度地影响到了市政当局——不同的影响方式取决于不同的借贷文化和当地的金融体制结构。当然,在一些新兴国家(如中国或越南),各级市政当局是没有权力直接借贷的,或者在那些最不发达国家,市政当局根本就借不到钱——撒哈拉以南非洲大部分国家都存在这种状况,这里的情况会略好一些。在那些拥有准公营专业金融机构的国家,贷款的限制会很少,有时甚至可能没有,尤其是当国家通过这些金融机构来振兴一个地方经济的时候。不过,在大部分发达国家,为举债所设立的限制是市政当局获得贷款的又一个障碍,有时甚至是最关键的障碍。在一些国家,比如匈牙利,市政当局所借的款项只能用于日常开支,而举债的成本将使原本就不多的预算更加捉襟见肘。在大部分情况下,借来的款项是用于投资的,贷款受到限制意味着项目或计划的缩减、延期甚至取消,从而给当地的经济活动和就业产生不良影响。最后,资金成本的提高对这个借钱的市政当局来说,意味着未来负担的加重。

投资的崩溃与"公私合作关系"。世界各地在国土整治、办公楼以及配套设施领域的直接投资都急剧减少。"公私合作关系"所开展的活动也明显减少。许多计划被延期、叫停甚至取消。一些行业所面临的形势比其他行业稍好,如需求一直旺盛的能源业以及电信业。然而,那些受打击最严重的行业恰恰是与市政当局关系最密切的行业,如水、环卫、交通运输等,这些项目的规模或数量被削减了40%~50%[5]。受经营活动下降影响最严重的是那些发展中国家。只有少数一些项目,如尼日利亚和刚果(金)等有出口收入保障的国家的电信业未出现衰退,原因是投资者十分看好这个行业未来丰厚的利润。不过，从总体上看，资源的匮乏以及资金成本的提高会使投资者和经营者减少在高风险地区的投入或经营。

损坏的融资体系与工具

城市的债券市场。在美国，发行债券是各个市政当局几乎唯一的融资方式。由于此类债券可享受免税优惠，因此这里的债券市场通常十分发达——这个市场的总额达到了25000亿美元，每年的发行量达2000亿美元。如今，这个市场出现了严重萎缩。那些金融评级为中等或下等的城市如今面临着巨大的融资难题。利率的上升迫使这些城市降低投资规模。一些原本很容易融资的项目，即那些可通过发行"项目收入保障债券"（Revenue bonds）来融资的项目，如今也不得不放弃。资金成本的提高所带来的痛苦之所以如此深切，还有另外一个原因：在此之前，各市政当局刚刚过了一阵摆阔的奢华日子，它们所发行的债券都投到了一些收益奇低的项目当中。如今，那些金融评级为中等或下等的城市实际上已经被排挤出了借贷市场。这些城市当然也无法再得到信用的增值服务（详见下文）。这些信用增值服务本身也落了难：它们同那些评级机构一道，被认为是造成当前市场颓势的元凶。

信用增值公司遇难。信用增值是金融公司用来向债券认购者提供担保的一种机制。在1985年之前，这种业务一直仅限于为市政债券提供担保。一个被定为AAA的公司，如果能够给一个金融评级不高的城市所发行的债券提供担保，那么这座城市就可以按照一种比较优惠的利率（如果没有这一担保，它是得不到这种优惠利率的）发行债券，募集到所需的资金。这些提供担保的金融公司也被称为"债券保险公司"（monoline insurance companies），尽管在某些观察家看来，它们的业务并不是纯粹意义上的保险。

信用增值公司在这个本身没有多大风险的市场中之所以会得到蓬勃发展，主要得益于相关法律的规定：这些法律规定养老基金等机构投资者必须投资那些优质资产[BBB或以上的信用评级，即人们统称的"投资级别"（Investment Grade）]。于是，那些评级等级在这一级别以下的城市便成了"债券保险公司"的"捕捉"对象：它们为相关城市的债券评级，使其能够募集到所需的资金。为了增加自己的业务或使业务实现多元化，一些"债券保险公司"开始对其他一些与资产证券化相关的结构性产品提供担保服务。首先是抵押贷款，后来随着证券化技术的日益发展（见第49页聚焦），也开始为其他更为复杂的金融产品提供担保。

"债券保险公司"对这些金融产品的开发和推广起了重要作用，尽管这些产品有的后来被证明是"有毒资产"[6]。随着金融危机的爆发，资产价格的下跌，这些信用增值公司犹如遭到了"海啸"袭击。事实上，它们的所谓等级评定所依据的是它们手中有没有足够的资产来履行其承诺。眼前发生的一切自然使它们不再具有这种能力，于是评级机构下调了对大部分"债券保险公司"的评级，从而宣告了它们的破产。在目前仍在运行的十几家"债券保险公司"中，只有三家得到了AA的评级。昔日美国债券保险业巨头Ambac，其评级一度降到了C级，成了"垃圾级"，而另外一些"债券保险公司"则根本未能进入等级评定，因而注定将要消失。"债券保险公司"业务的经济正当性、它们的作用及其未来，已经成为目前人们讨论的话题[7]。

正在输液的专业机构。在那些城市靠银行或专业金融机构借款而不是靠市场来募集资金的国家，信贷供给出现了明显的收缩，因为那些大银行普遍出现了困难。与此同时，贷款的利率也在上升。在欧洲，许多老牌的专业银行出现了再融资的困难，如挪威的 Kommunekreditt 以及奥地利的 Kommunalkredit 等，后者最终被收归了国有。不过，最典型的插曲发生在世界上头号专门向市政当局提供资金的银行——德克夏银行（Dexia）。

德克夏银行在再融资出现困难的同时，还面临着其他方面的问题：公司 2000 年在美国收购的信用增值公司 FSA 出现了严重亏损；与此同时德克夏银行分散在各国的许多股东（包括比利时各城市）对公司亏损纷纷表示不满，而那些购买了德克夏银行大肆推销的一些有毒结构性贷款的城市——这些"有毒资产"就好比是一个个定时炸弹——更是怨声载道。从技术上看，此时的德克夏已经破产，幸亏后来法国和比利时两国出面相救，才使公司逃过一劫。

这两个国家之所以会出面相救是因为，两个国家的城市在这个银行拥有太多的存款，因而它们不得不为它重新注资，使其有钱重新放贷。此举之所以会有一种特别的意义是因为，德克夏银行本身就是法国 20 多年前开始的一系列私有化进程所导致的结果[b]。

重新获得准公营地位——至少暂时是如此——意味着公司此前制定的地缘扩张战略将被叫停，尤其是在那些新兴国家市场上的扩张。在这些新兴国家，那些为地方政府提供融资服务的专业金融公司的情况各不相同。突尼斯的"地方政府信贷及援助银行"（CPSCL）历来通过国际资助者融资，因而在再

融资方面应当不会有太大问题。相反，南非开发银行（DBSA）以及印度的"泰米尔纳德开发基金"（TNDF）等主要靠市场融资的机构今后将不得不采取直接融资的方式，或者被迫寻找新的资金源，如寻求国际资助者的帮助——条件是它们愿意用当地货币提供援助。

危机的出路何在？

美国。政府至今并没有表达要进行全面结构改革的意图。美国的危机处理迄今为止只是集中在金融体制上——其中的难题远未解决，而且相关行业政策所产生的问题并未真正触及。两个在按揭市场发挥再融资功能的"政府发起企业"（GSE）仍在继续亏损——联邦国民抵押贷款协会（FannieMae，房利美）2009 年第一季度的亏损额达 370 亿美元，其中的原因是贷款者无法归还的贷款额一直在增加。这两家企业今后仍需美国财政部重新注入资金。美国政府目前正准备将这两家企业进行拆分，在两家企业内分别成立一个专门处理那些无法转让的不良债权（bad bank）的机构[8]。"债券保险公司"（monoline insurance companies）也在思考着同样思路：有的公司试图成立一个专门的部门将那些"有毒资产"隔离开来，而公司自身则可以凭借重新获得的"AA级"或"AAA级"评级，进入市镇债券市场。不过，"债券保险公司"及其相关业务未来的前景如何，人们还在争论之中。与此同时，人们对信用评级公司的信任也出现了动摇。世界上三大信用评级公司实际上处于一种寡头垄断的状态。它们对那些结构性产品的分析方法被证明是错误的，而且它们被指责卷入了利益之争[10]。

而地方政府协会则提出了通过其他信用担保机制来发行债券的主张。第一种方式是一种经典的做法，即根据 2008 年通过的《经济稳定紧急法案》（*Emergency Economic Stabilization Act of 2008*）所规

---

b 1986 年，当时法国的国营公司"地方政府装备援助金管理局"（CAECL）通过私有化，变成了一个国家参股的私营公司"法国地方信贷银行"（CLF）。之后，法国逐步减持了在该银行的股份，直到 1995 年撤出全部股份。1996 年，"法国地方信贷银行"（CLF）与"比利时市镇信贷银行"（CCB）合并成了德克夏银行。

定的相关刺激措施，让美国财政部为各城市发行的债券提供临时担保。第二种主张提出了一种更持久的解决方法，即成立一个担保互助基金。该基金将为发行固定利率的一般责任债券或"项目收入保障债券"(Revenue bonds)提供担保。这将是一个全国性的担保机构，由地方政府负责经营，属于非营利性机构。但它的启动需要联邦政府提供拨款，然而这样一个计划恐怕难以获得足够的政治支持。此外，也有一些人提出了在联邦范围内建立一个公有和私有基础设施银行的设想[11]。总体上看，经营者和市场始终在期待之中。许多参与方似乎倾向于认为，一旦经济危机走出最低点，加上"有毒资产"被隔离，并且在证券化方面出台一些规范措施，那么这个行业的业务就没有理由不会走出低谷。

欧洲。欧洲的金融体制得到了大量救市计划的救助。如上面所说，德克夏银行以及奥地利的Kommunalkredit银行重新回归国有，就证明了地方政府以及地方经济仍是各国的优先目标。在各国向市政当局提供的援助中，人们看到了一些共同点：税收安排（如增值税的返还）、特别的转移支付、针对地方经济的刺激措施等。那些拥有公营和准公营融资工具的国家纷纷调动起了这些功能，其中主要用于对某些贷款的重组或重新启动某些项目。

在法国，"储蓄和信托银行"(CDC)向德克夏银行注了资。在德国，"重建信贷银行"(KFW)向一百多个市政当局伸出了援手；由于保险商等级的下调，这些城市与美国银行签订的中长期信贷合同的期限将重新商定。西班牙正在考虑成立一个地方投资基金。政府已经采取了第一阶段的行动，通过了一系列与城市规划和住房结构改革相关的法律文件，其中包括旨在遏制无序城市化和规划住房补贴的社会政策的新地权法。政府还启动了一系列税收和法律手段，刺激租房的供给。与这些措施相配套的是另一个更大

规模的针对开发商的债务重组计划（最高限额可达30亿欧元的贷款，用于租赁那些未售出的房屋以及闲置土地的回购）。

这些措施只是国家所要开展的一个大工程中的一部分，这一工程将涉及与城市相关的所有行业，包括地方政府的融资体系——随着房地产泡沫的破裂，这些体制不合时宜的特性以及负面的外延效应已十分明显。从这个角度看，西班牙的例子将成为其他欧洲国家的效仿对象。在紧急救援计划以及经济振兴方案之后，这场金融和经济危机如今使人们开始质疑那些已过时的规章和法律条文，尤其是地方税收以及国家与地方政府之间关系等领域的相关条文。

新兴国家。目前有关新兴国家如何支持地方政府的信息并不多。实际情况是，那些已经采取特别干预措施的国家，在地方层面也开展了相应的振兴计划。通常，此类针对城市的计划是最能促进就业的。此类振兴计划面临着双重难题：一方面，资金要能够尽快拨付到位，就意味着行政系统必须是运行通畅的、可靠的；另一方面，地方政府也必须拥有足够的能力，能在规定的期限内将这些计划付诸实施。这两种条件很难同时具备。从这个角度看，那些拥有市镇开发基金或城市开发银行的城市会好于别的地方。

一般来说，此类机构对这方面的业务十分精通，因此也容易使这些城市吸引到国际出资者提供的资金。这些国际出资者并不缺乏货币的流动性，至少在那些低分红或没有分红的金融产品领域是如此。相反，他们所寻求的是一些有过实施经验的计划或载体。而那些拥有此类工具、且面临着国内流动性短缺以及外国投资和"公私合作关系"萎缩的国家，蕴藏着很多机会。中国也认识到了应当通过地方发展来防止经济衰退，但它采取了一种新颖的策略：向国际市

> 欧洲的金融体制得到了大量救市计划的救助。

> 那些拥有市镇开发基金或城市开发银行的城市始终会好于别的地方。

场发行了300亿美元的债券。这些资金将由"城市发展投资公司"(UDIC)分配到各个地方政府。"城市发展投资公司"是20世纪90年代由中国政府成立的专业机构[12]。它们属于各地方政府所有——地方政府是没有资格举债的，地方政府掌握着这些投资公司的资产和负债。它主要为城市的基础设施建设融资，包括银行贷款、建立"公私合作关系"或土地增值（签订建设合约等）；它们还担任新投资项目的工程监理，并监督投资项目的经营。也就是说，在当前的情况下，这些"城市发展投资公司"成了国家在地方投资各类项目的执行者。

最落后国家以及脆弱国家。 最落后国家可能成为这场危机的最大受害者。它们所能得到的资金将减少，从而严重影响公共预算。那些原本就少得可怜的、能让这些城市受惠的外国投资和"公私合作关系"变得更加稀少。各国和国际社会所关注的是另外一些领

背景资料一 针对那些"被困"城市的专门计划

■ 那些脆弱国家的城市面临着许多障碍。基础设施的投资需求十分巨大，实施能力却有限，支付能力或举债能力很低或者几乎没有。日常管理或治理中所存在的问题更降低了私营投资者的投资欲望，从某种程度上说，也会降低国际出资方的信心。这些国际出资方与相关国家一样，面临着卫生和食品安全等一些更重大的问题。

正因为如此，许多城市，尤其是非洲国家的城市近年来经济、金融、社会和环境形势每况愈下。这些城市各方面形势都呈现螺旋式下降——正因为如此，我们把这些城市称为"被困"的城市。如果没有外来援助，这些城市将几乎无法摆脱当前的困境。

这种援助在最初的时候并不一定需要巨大的资金投入，因为这些地方政府最初并没有多大的资金吸纳能力。不过，地方经济要想实现振兴，就必须在基础设施建设和基础服务领域展开一些紧急项目。而这一切离不开一定的资金投入，这些资金并不用于直接投资，而是要为这些设施的建设提供便利。此外，为使相关管理机构能够逐步壮大实力，那些长期参与这些项目的外来合作方必须有所投入。

城市的这一计划将在商业服务企业（供水、供电、固体垃圾、环境和交通等领域的一些企业集团）和出资方、地区开发银行以及一些基金（其中有一些已经参与到了城市相关行业当中）、各个国家以及北方国家的城市之间共同组成"公私合作关系"。这一计划的初始资金可以在国际出资方或发达国家的城市的支持下从市场筹集而来。非洲大陆的一些主权基金可以用于这一计划，因为这一计划所关注的首先是非洲经济及其生产效率。

北方城市在这一伙伴关系中的作用主要体现在机构或制度建设上，而这需要数年的持续投入。于是就产生了北方城市以何种方式介入的问题：北方城市所拥有的财富与许多国家相当，甚至有过之而无不及。因此，人们完全有理由提出这样的疑问：这些城市的互助功能是不是被局限了在了金融领域。在募集资金方面，这些城市既具有经济条件，也具有签署文件的资质，比如提供担保或通过一些特别收费服务来获得收入等。

这一计划并不会将所有的资金以补助的形式全部提供给相关受益城市：一方面，作为有形投资，这些资金将很快被用完；另一方面这一计划本身就是为了在当地发挥出杠杆效应，其目标是在城市里创建一些能使当地政府募集到本地资金的机制。

资料来源：蒂埃里·波莱（Thierry Paulais）、茱莉安娜·比凯（Juliana Pigey）、《适应与缓解：发展中国家的地方政府可采用什么融资方式？》(Adaptation and Mitigation: What financing is Available for Local Government Investments in Developing Countries)，世界银行城市研究研讨会，2009年。

域，或另外一些同样令人担忧的问题，如粮食危机。粮食危机以及气候变化所造成的影响将增加许多城市在移民和社会秩序等方面的压力。此外，许多国家刚刚进行了重大的权力下放改革。这些改革的推进本身就会在税收和公共财政方面遇到很多困难，今后将因经济危机的冲击而变得更加艰难。

这种情况在非洲尤为明显。这些国家过去几年间的财政状况曾经有所好转，2009年这些国家的预算赤字在国民生产总值中所占的比例一度缩小到了5%。如今，国际社会已经开展了一些支援非洲经济的计划，扶持重点是那些没有出口资源的国家。不过，城市很少能成为这些行动的优先目标，地方政策很难从这些项目中获得直接好处。那些拥有出口资源的国家则可以借鉴中国的经验，在城市内开展一些支持地方经济的投资计划（见前面所述）。不过，多数国家缺乏相应的制度框架和实施手段。这些国家援助地方政府的具体方法还有待探寻（见背景资料一）。

新的融资，新的金融工具？ 面对气候变化这一前景，许多新型融资方式开始出现，如减碳信用（carbon credit）以及一些为适应气候变化所作调整而出现的基金或计划。不过，对于地方政府，尤其是发展中国家的地方政府来说，需求与融资之间仍存在着不相适应的地方。融资存在着总量不足、过于分散以及适应性相对差等问题；它们的使用方式通常十分复杂，成本高昂，而且其针对的主要是那些独立的借款人，而不是地方政府[13]。地方政府需要的是建议以及支持——这种支持不仅仅表现在技术层面，而且也为了捕捉各种不同来源的融资机会，并对这些机会加以综合运用——由于受到金融、使用期限、行政干扰、规章制度等众多因素的制约，要做到这一点并不容易。最近流行着一种"循环基金"的概念，它的出现主要就是为了解决这些问题的。

这一模式早在20世纪80年代在美国出现过，主要是人们在使用联邦环保局提供的补贴时使用过。通过各州政府建立的循环基金（SRF，State Revolving Fund），环保补贴内出现了一些来自市场的资金，用于为一些环保项目提供贷款。欧盟不久前成立的"杰西卡基金"——即"欧盟城市区域可持续投资共同援助基金"（Joint European Support for Sustainable Investment in City Areas）就是为了支持城市环境改善而设立的，它将为城市提供多种交叉援助：欧盟的补贴、各国的转移支付和援助、地方政府自有资金、私营投资、欧洲开发银行以及其他金融机构提供的贷款或信用担保等。该基金本身就拥有一个帮助地方实施具体计划的部门。最近世界各地出现的许多融资工具或计划都与这一模式有着类似之处，就好像在危机面前，大家的政策开始趋同一样。

> 不过，对于地方政府，尤其是发展中国家的地方政府来说，需求与融资之间仍存在着不相适应的地方。

政策开始趋同吗？

各个城市恢复元气的程度将取决于各国中央政府所采取的振兴和改革措施的性质。这场危机彻底动摇了这一领域盛行了几十年的传统范式：这种范式认为，各种体制的现代化离不开结构性投资、市场融资以及"公私合作关系"。如今，这种说法已经不再可信。不过，那种认为此类技术手段和工具已经过时的想法也是错误的。在各地打造可持续城市所用的策略中，此类手段与工具依然处于核心位置。这些解决方法有着一定的务实性，尤其是借用了半公营经济这一概念。不过要想更好地发挥出过去几十年所积累的经验，就必须用一种新的观念来加以指导。由于国际援助的数额一直处于停滞状态，甚至相对有所下降，再加上需求的增长，因此这种新方向对那些最不发达国家来说显得尤为必要。在这个后危机时代，城市投资的可持续融资机制将更多地依赖对本地储蓄的募集、促进本地房地产市场的投资、使土地升值以及新一代的"公私合作关系"。

参考文献

[1] KELLY (H.), « Mortgages, Finance Markets, and the Imperative of Growth », *The Stamford Review*, 2, 2009.

[2] WALLISON (P. J.), « Cause and Effect : Government Policies and the Financial Crisis », *Critical Review*, 21 (2-3), 2009.

[3] VORMS (C.), « Surproduction immobilière et crise du logement en Espagne », *Études foncières*, 138, mars-avril 2009, p. 21-26.

[4] MCNICHOLS (E.) et LAV (I. J.), *State Budget Troubles Worsen*, Washington (D. C.), Center on Budget and Policy Priorities, 2009.

[5] LEIGLAND (J.) et RUSSELL (H.), « Another Lost Decade ? Effects of the Financial Crisis on Project Finance for Infrastructure », *Grid Lines*, 48, 2009.

[6] SCHICH (S.), « Challenges Related to Financial Guarantee Insurance », *OECD Financial Market Trends*, 94, juin 2008.

[7] ROSE (J.), «Is Municipal Bond Insurance Dead?», *Goodfinancialcents.com*, 14 août 2009.

[8] Conseil des communes et régions d'Europe, *The Economic and Financial Crisis. Impact on Local and Regional Authorities*, Bruxelles, CCRE, 2009.

[9] ZANDI (M.), CHEN (C.), DERITIS (C.) et CARBACHO-BURGOS (A.), « Housing in Crisis : When Will Metro Markets Recover ? », *Moody's Economy.com*, février 2009.

[10] WHITE (L. L.), « The Credit-rating Agencies and the Subprime Debacle », *Critical Review*, 21 (2-3), 2009, p. 389-399.

[11] ROHATYN (F. G.), *Bold Endeavors : How Our Government Built America, and Why It Must Rebuild Now*, New York (N. Y.), Simon and Schuster, 2009.

[12] WEIPING (W.), « Urban Infrastructure and Financing in China », dans S. Yan et C. Ding (eds), *Urbanization in China : Critical Issues in an Era of Rapid Growth*, Cambridge (Mass.), Lincoln Institute of Land Policy, 2007.

FMI, *Global Financial Stability Report : Containing Systemic Risks and Restoring Financial Soundness*, Washington (D. C.), FMI, 2008.

FMI, *The Implications of the Global Financial Crisis for Low-income Countries*, Washington (D. C.), FMI, 2009.

Groupe de la Banque africaine de développement et Fonds africain de développement, *Impact of the Global Financial and Economic Crisis on Africa*, Tunis, Groupe de la Banque africaine de développement, 2009.

聚焦

发展援助：城市规模的综合管理方略

纳塔莉·勒·丹马（Nathalie Le Denmat）*
法国开发署（AFD）地方政府与城市发展处主任

南方国家城市所面临的诸多挑战需要各类援助机制作出相应的回答。权力下放虽然拓宽了相关援助的干预领域，但对外援助不应把目光只放在那些局部性的紧急情况上，而应当真正介入国土整治的综合性规划工作当中。

世界各地城市化的发展、其不可逆转性及其对气候变化的影响使城市发展成了21世纪的优先目标。因为如果城市化设计得当，那它毫无疑问会成为发展的载体，而相反，如果控制得不够就会造成严重的后果——而且这种后果将会越来越严重。除了各种复杂的特殊情况之外，有一点几乎可以肯定：最近几十年城市发展的"负面外延效应"既体现在局部层面（贫穷、犯罪、污染等），也体现在全局当中（加剧温室气体排放、破坏文化遗产等），这一切给公权机关的城市规划和城市管理提出了挑战。城市的增长离不开相关的配套措施。而且最好是必须对城市的增长加以精心规划，因为发展中国家到2030年形成的城市格局中，有一半将需要新建。

地方政府的作用

配套行为通常离不开地方政府的资金。虽然国家政策仍然非常重要——尤其是在平衡地方政府的预算、促进地方的均衡发展等领域，但随着权力下放政策的逐步推广，地方政府在地方发展问题上所起的作用越来越大。从法律角度看，地方政府是当地执行政策的合法（尤其是在权力下放之后，出现了地方民主之后）以及合适（它能进行合适的管理）的行为体。更何况，地方政府所拥有的自主权有利于提高管理效率，而它的地域接近性又有助于提高决策的针对性。

不过，权力下放将是一个复杂的进程。要想使可持续发展的目标得以实现，它既要求不同级别的行政单位之间保持团结，同时又要求在各层级的行政单位内部，权力与手段（包括人力和财力）之间能保持一致。而且，随着权力下放进程的深入，还必须出台一些配套措施，以便加强各相关行为体的权力、保障它们之间的互补性及其掌握的资源。对出资者来说，这就意味着他们必须与各地方政府保持密切的对话，核心内容是确保金融战略与发展计划之间的一致性。这种在地方实施公共政策时能考虑到一个地方的财政维持能力的方法尤其具有意义。

---

* 这篇文章由法国开发署（AFD）城市部组织完成，参与撰写的人还包括萨拉·马尔尼耶斯（Sarah Marinesse）、萨米埃尔·勒菲弗（Samuel Lefevre）以及埃米莉·宽代（Emilie Coindet）等。

城市：改变发展轨迹　　177

城市的综合性方略

与此同时，这种配套行为所关注的不仅仅是资金问题，它正在成为一种能全面顾及一个地区与发展相关的各类问题的城市综合性方略。由于时间的紧迫性，城市所采取的传统方法通常只考虑局部问题，掩盖了社会、经济以及环境等其他多种因素的存在及其互动。改善一个肮脏街区的环境卫生当然是需要的，然而在没有适合的出行手段、没有工作、没有像样的公共空间、没有社会的"混杂性"的情况下，想让民众参与、融入当地的区域规划，显然是不会受欢迎的。只有采取一种全面的方式，才能对城市国土整治有关的一切不平等现象加以综合考虑，包括住房、单位所在的位置、城市的流动性、公共设施以及与城市一切功能有关的环境保护问题等。这种全面的或者说"综合性的"方略在2007年通过的《莱比锡宪章》中定义为"以同步和平衡的方式去考虑城市发展的迫切需要和主要利益"。当然，这并不意味着所有的问题都要同步处理，但它意味着每一次行动都必须与地方政府的既定方略相符合，而且要同时考虑到这个地方的财政维持能力问题以及这些计划可能在经济、社会、文化、环境以及空间布局等方面造成的后果。这种方法能够吸引越来越多的出资方。

为此，法国开发署（AFD）用一种新型的综合性方略来支持地方政府以及城市的可持续发展。地方政府在其中所发挥的作用十分明确：它们是一个地方可持续发展的关键参与者。

即使法国开发署在支持某个地方的局部领域的计划时，也会把这一计划纳入该地区的综合性方略加以思考，并不对它进行任何综合财务预测。在这方面，各种不同的融资渠道（募集税收资金、建立与提供服务相对应的税费或租费、对资产尤其是地产进行有效管理、借贷以及公私合作关系）将由地方政府逐一审议。这种全面的探查有助于开发署与地方政府继续展开建设性的对话，并让市镇议员们清楚地知道自己将作出的决定可能出现什么样的后果。这种分析还将有助于形成一些有针对性的支持措施，以确保这一战略发展计划在财政和技术上的维持能力。

实用主义

基苏木城市计划（KUP）是法国开发署"城市"方略的代表作：它为地方政府在建立综合城市计划时提供了支持。肯尼亚政府把即将从法国开发署获得的4000万欧元的贷款全部提供给了基苏木市，基苏木城市计划也因此被肯尼亚联合政府认定为城市可持续发展领域的第一个试验性计划。基苏木是肯尼亚第三大城市，经济和环境潜力都很大，只是没有得到很好开发：从结构上看，基苏木投资不足，债务负担沉重；从地理和社会角度看，这是一座四分五裂的城市——同肯尼亚许多城市一样，这个城市是一个个街区连成一片后组成的，而这些街区则是以社群为基础形成的。在这种情况下，该计划的首要目标是帮助市政府制定一个全面的战略，能够将各个不同的社群融入同一个区域规划当中，并使它们把自己当作是整个城市，而不只是一个街区中的一员。只有通过起草综合战略这一政治行动才能使当地市政府启动一个能被居民广泛接受的城市改造进程。归根到底，这一计划将有助于提高当地政府的治理能力，提高当地公权机关的合法性并促进当地民众的福祉。它将在多个被市政当局确定为优先目标的领域进行投资，而且这些投资将尽可能分散到更多的街区，以扩大项目的社会影响。这是一种务实的方略：从肯尼亚当地地产市场的实际情况出发，在空间规划方面更注重战略性而不是规范性。最后，由基苏木市与肯尼亚政府之间签订合同的方式也将有助于分清各参与方的责任，提高资金转移支付过程的透明度。基苏木城市计划除了在资金规模上创下了肯尼亚国内城市发展领域的纪录之外，它还是一个具有创造性的计划：实用主义与城市发展的综合方略结合在了一起。

发展与调整

另一个具有标志意义的行动发生在另一个地理背景下：在越南的胡志明市，法国开发署为这里一个应对环境挑战的综合性区域规划提供了资金并参与了实施。法国开发署通过胡志明市下设的市政府城市发展基金（HIFU）向该市提供了资金支持，使这座城市在应对发展过程中各种挑战的同时，能在卫生、教育、环境和福利住房等领域采取一些为适应气候变化而进行的调整和减缓行动。事实上，拥有 700 万人口的胡志明市是越南经济和金融中心，也是该国发展的发动机。这里一直吸引着那些"向往"城市美好生活的民众。人口的增长给市政当局提出了巨大的挑战，但这绝不是唯一的挑战：土地整治对这座城市同样重要，因为与红河及湄公河口三角洲地区一样，这里的环境因为气候变化而变得十分脆弱，首要挑战便是水灾。到 2050 年，胡志明市 61% 的土地可能经常会受淹（见参照标准之二十）。《胡志明市 2025 年规划纲要》中对水位上涨作了预测，并根据那些易受淹地的特点制定了特殊的建筑标准。市政府城市发展基金等地方机构募集资金用于购买各种集体设施等都列入了《胡志明市 2025 年规划纲要》中。法国开发署也因此得以参与一些社会设施的开发，以改善城市化在社会和环境方面的影响。与此同时，当地的战略融资机构也得到了加强。

直接贷款

还有另一个例子，这一回是在拉丁美洲：这便是巴西的库里蒂巴（Curitiba）市开展的"改善城市环境和交通设施项目"。由法国开发署直接向巴西的地方政府提供贷款，并由当地人负责工程监理，这是法国开发署干预战略的另一大特点：事实上，它采纳了当地政府及其整个辖区的总体方略，推动了相关计划的一致性以及公共政策的财政维持能力。从内容看，这一计划将有助于应对气候变暖以及保护生物多样性。这也是法国开发署在保护生物多样性领域参与的第一个项目。

第二个项目落户在土耳其开塞利省的省会所在地开塞利市（MMK）。参与项目的名称为"开塞利市投资计划援助项目"，旨在支持该市从 2005 年开始实行的投资政策。这一标志性的贷款具有双重"身份"。这首先是一种直接提供给市政府（没有国家担保）的风险贷款；此外，它也是一种预算手段，法国开发署由此向开塞利市 2005～2009 年市政规划方案提供了部分资金。通过这一方式，法国开发署不但要向世人展示土耳其的城市能筹措到其投资所需的资金，而且——从一个更广的意义上说——也表明它支持这个国家自 2004 年以来开展的权力下放和地方机构民主化进程。

> 城市成了一个战略空间：一些对环境极具破坏力的力量与环境可持续发展的强烈需要在这里发生直接交汇，而且通常是激烈的交汇。

萨斯基亚·萨森（Saskia Sassen）
美国哥伦比亚大学社会学教授

全球生态危机：城市给出的答案

城市消耗着越来越多的自然资源，并不断排放污染。这种景象并不是一个必然的结果，而是由于城市规划过程中没有考虑到生态问题的缘故。因此，必须对城市加以改变，使之能为应对全球生态危机提供解决之道。这是一个政治议程。

随着全球经济扩张，对某些企业和某些地方来说，让世界更广的范围来为自己服务将变得更加容易。我们所关注的并不是城市本身的生态特征，而是城市的这种多尺度性，即分析城市所能影响到的、而且城市也需要它们来满足自己需求的众多地域和领域（它们并不是城市的一部分），也就是说那些与城市化进程相关的众多机制及其反馈作用所产生的影响。我们所关注的是城市生态学与自然生态学之间的联系与互动，因为城市里正在发生的各种主要进程所具有的多尺度性和生态特性决定了它们必须成为城市治理的一部分。要想建立一个从环境和生态发展方面可持续的社会，离不开这种治理。

必须把形式与内容区分开来

城市化和工业化使人类成为所有生态体系中最重要的消费者。城市化是一个特殊的现象，它会以直接和间接的方式改变自然界的各种生态系统，如气候、生物多样性和海洋的清洁度等。它还会对环境构成新的威胁，如"热岛效应"（见前文）、臭氧层的空洞、荒漠化以及水体污染等。这一切因素的综合作用形成了一些前所未有的生态条件。

大城市构成了全球行动中独特的社会和生态系统。城市及其居民的需求总是越来越多，再加上农业食品行业对利润的追求，这一切严重影响到了传统的农耕经济及其从耕作上适应生物多样性的悠久传统。农村人口总是在消费着大量由工业经济生产出来的产品，包括食品，而城市经济对生物多样性的敏感度要低得多。农村生活，无论是其物理形态、文化形态还是智力形态都在发生着变化，也变成了一种对生物多样性不太关注的新型社会关系体制。面对这些变化，我们可以说城区（即建成环境）、文化以及城市生活的方式成了塑造未来环境的决定性因素（不管是好是坏），并将导致人类与地球其他地方之间的关系发生深刻变化。

全球生态威胁源自都市本身，源自城市的密度，也就是说源自它的形式，还是源自我们所创造的城市发展模式，也就是说源自它的内容（它包括交通、垃圾、建筑、取暖与制冷、食品的供应、全套的工业生产过程 —— 包括开采、制造、包装、销售、丢弃我们所用的一切食品、服务以及其他各式各样的东西等）？毫无疑问是第二种因素，也就是有史以来我们集体创造的各种城市体系与进程，它使得我们每向前走一步，都会由于一些贪财重利的原因而放弃其他选择 —— 我们已经没有能力摆脱我们所选择的道路，即所谓的路径依赖理论（Path Dependence）。

可持续选择的例子

当我们审视当今世界上一些大城市的时候，我们

> 当我们审视当今世界上一些大城市的时候，我们会惊讶地发现各城市在环境的可持续发展方面存在着巨大差距。

会惊讶地发现各城市在环境的可持续发展方面存在着巨大差距。这些差距主要源自不同的公共政策、产业政策、经济结构、文化以及民众不同的生活方式（见背景资料一）。这些因素很可能十分关键，因为国家和企业的政策是可以修改的，正如以下两个例子所说明的那样。这两个例子都说明一个好的城市政策，再加上由一些开明的议员及个人来实施，就算在一个传统上被视为反对管理、反对由中央政府来实施计划的国家，也可以产生完全不同的效果。

第一个例子是一向以石油开采而著称的美国得克萨斯州的奥斯汀市。这个例子表明，在缺乏必要的政治气氛之下，人们是如何推动建立可持续城市计划的。2000 年，奥斯汀市推出了"绿色建筑计划"（Green Building Program），如今它已成了一个世界流行的模式。这一计划通过一些针对需求方（购买者）和供给方（公共工程的专业公司）的宣传和推介活动，并配之以资金援助等方式，改变了当地建筑和公共工程市场。该计划主要由奥斯汀市公营的"奥斯汀电力公司"提供资金并负责实施。这一市属公司本身也从事一些可再生能源的开发：在当地建有 59 台风力发电机组、4 套从垃圾填埋气中净化回收甲烷的装置、3 套发电能力在 153 千瓦以上的太阳能发电装置。得克萨斯州一向被认为是最支持共和党——共和党最信奉市场，反对国家干预和管理，而在奥斯汀市却选出了一位来自民主党的市长。这个例子表明，即使在一个表面上看起来条件不太好的地方，一个计划只要设计得当，加上执行的决心，就可能取得成功。

第二个例子发生在芝加哥。这里的城市经济主要是靠重工业、钢铁业和食品加工业打造的，它也是美国最重要的公路交通枢纽之一。芝加哥已经决心在未来五年内将自己建设成为环境优化的城市：这里 20% 的能源将来自可再生能源（太阳能、风能、生物能、小型水电站以及垃圾填埋场废气回收等）。过去五年间，芝加哥市种植了几千棵树，设立了 160 公里的自行车车道，为城市内各博物馆安装了太阳能板，在市政厅顶层设立了一个露天花园。芝加哥市政当局还通过了一系列旨在降低"热岛效应"的措施，如只允许安装反射式屋顶或那些种有植物的绿色屋顶。

背景资料一　生态经济

■ 生态经济学认为，人类从各种生态系统或生态过程中获益。这些好处也就是人们所说的生态系统的服务功能、生态服务功能或生态服务等。这些服务功能早已被人认可，而且在生态经济学模式中，它们被看做一种非商品类的财富——这是一个与商品经济财富相对应的概念。生态服务包括民众的粮食供应、水的供应、调节水灾和疾病、消遣娱乐及精神享受、整个营养链的循环以保障地球上生命的延续。要想用"可持续的、真正的福祉"来衡量经济发展，而不是仅仅从国民生产总值（GDP）的增长来衡量经济发展，就必须考虑到那些非商品因素对这种幸福生活的贡献，尤其是那些源于自然、社会关系、健康以及教育等方面的因素。为了能够很好地衡量那些非商品因素对人类幸福生活的贡献，生态经济学家们提出了另外一些发展指标。他们也强调，经济增长总存在着局限性。新古典主义理论认为，技术能够解决一切因环境问题而造成的障碍，而生态经济学则认为这些障碍不仅客观存在，而且不可逾越。生态经济学认为，与其片面追求增长，不如转而鼓励提高质量，这样可以用很少的资源产出更多的经济益处，也就是说能够提高效率。

这两个例子表明，公共政策以及积极的参与是实现环境可持续发展的关键因素，其中既要求普通人改变能源消费习惯、推动"更绿色"法律条文的通过，且还与那些曾经明显对环境造成过危害的当地和全球企业"清算"。

规模的问题

人们在设想那些与环境有关的问题时，可以从规模的角度来分析。事实上，一种既定的生态条件在不同规模的城市所发生的作用并不相同。从这种意义上说，城市让人们看清了"规模"的概念。例如，一条柏油路和几幢空调屋会在一个小村里排放出一些热量。而几千条柏油路和几千幢空调屋聚集在一起就会形成一种新的社会和生态形态，这便是"热岛效应"。换言之，城市里的人们已经看清了生态系统的这种多尺度性。城市"规模"这种能让人看清环境问题的能力今后还应进一步加以开发与强化，因为认清环境问题对于城市乃至城市区域以外的地区今后制定公共政策十分关键。

多尺度的恶化

在破坏其周边地理环境方面，城市也是多尺度的。有些破坏是针对大气的，另外一些是专门针对建成环境的，有的破坏则波及更远的地方，甚至全世界，如对森林的乱砍滥伐。臭氧层的空洞则是更高规模的、更为严重的破坏之一：它是所有汽车、家庭、工厂、房屋等共同作用的结果，然而它最明显的后果却出现在地球上既没有汽车也没有房屋的地区上空，即南北两极上空。

城市成为多尺度冲突的中心

还应当看到的是，在每一种空间规模内部以及不同的规模之间都可能出现冲突。环境学家所关注的是一个范围十分广阔的时空空间，并能够观察到那些局域性的活动对宏观层面的影响，如气候变暖、酸雨的形成以及资源的全面枯竭等。那些主张采用管理手段的环境学家通常会在一定的期限内、在一个有限的区域内采取干预行动，如对某个特定的地方进行污染治理或环境修复行动。如果此时环境恶化已经十分严重，此类小规模的治理行动并不会有多大的作用。它甚至会降低人们对一些涉及范围更广的问题（如资源消耗等）的紧迫性的认识，并导致一些原本十分必要的措施迟迟不能出台。而经济学家和企业则始终追求一个地方、一定时间内效益的最大化。

城市的复杂性及其全方位影响

正如我们所看到的，城市化本身并没有什么不好，而是城市化的方式以及地方经济所选择的生产过程对环境产生了不良的影响，如化学产品使用过度、乱砍滥伐森林、空调房屋导致臭氧层空洞的扩大以及这种类型的其他互动等。然而，城市的复杂性正是解决方法的组成部分之一。

事实上，城市的复杂性及多元性使我们能够处理法律体系和利益动机的问题，着手整顿我们社会中那些危害环境的行为。城市要想实现可持续发展，不能只关注那些不触及城市核心体系的小问题。此外，各个不同国家的城市，同一个国家的不同城市，它们的城市体系都有着各自不同的特点。对于一些重大问题（如对于某些濒临灭绝物种的栖息地的保护），我们只要按照现有的科学步骤去办就能取得很好的成效，然而在处理城市和社会问题时却不是这么一回事。一些非科学的因素也会起到非常关键的作用：权力问题、贫困与不平等、意识形态与文化偏好，这一切既是问题，也蕴含着解决方法。

全球决策的地理学

那些环境恶化最严重的地区往往远离环境恶化的源头 —— 如一些矿业集团的总部所在地，而我们应当找到与这些污染源，并与之清算。我们应当特别关注世界各地那些可能对环境造成影响的大项目的投资。乱砍滥伐、矿产开采以及大型水坝等，这一切都是这方面最明显的例子。这些大规模的投资越来越具有全球化特征，而且很多是私人投资，无论是公民、有关当局还是非政府组织都无权干涉其投资方案，或影响其实施。

不过，有一类特别的城市，即那些"全球化城市"可以成为那些强大而又不负责任的企业的结构性平台：它们能够调节这些企业的行为和争议。事实上，在那些全球性项目的管理、协调、支持和融资方面，全球化经济的地理学能起到十分关键的作用。两个大型课题研究 [万事达公司，2008 年以及科尔尼公司 (AT kearney)，2008 年] 的结果显示，那些全球化大公司的总部所在地大约集中在全球 75 座城市里。因此，世界上存在着一些经济交易和决策领导集中的地方（全球化城市网络），这便形成了全球决策的地理学。由此，我们也看到了一幅由大型企业总部 —— 它就是我们要与之清算环境账的企业 —— 所组成的战略地理图。这些企业可能掌握着分散在全世界各地的数百家矿区，而企业的总部就位于一个或多个这样的全球化城市当中。

全球化经济体系的特征正是权力越来越集中于少数大型跨国集团或全球性的金融市场，因此我们要求清算环境账、施加压力要求其改变投资标准的地方恰恰是越来越集中，而不是越来越分散了。事实上，起诉一家公司的总部要比起诉分散在全世界各地的，甚至可能有兵力把守的几千座矿山或工厂，或者这些集团分散在世界各地数以百万计的销售点要容易得多。如今，消费者、政治人物以及媒体都承认环境危机的存在，这一切使人们在要求相关全球化企业的总部采取行动时变得更加容易。当然，当人们把目光集中在这些大集团总部的时候，那些对环境恶化也负有责任的小企业就容易被人忽视，而这些小企业对国家的规章制度和地方的环保行动更为敏感。

城市的生态治理

如今，城市成了一个战略空间：一些对环境极具破坏力的力量与环境可持续发展的强烈需要在这里发生直接交汇，而且通常是激烈的交汇。这种对抗引发了两个关注点。其一，城市的治理必须与城市化在环境方面的可持续发展要求相适应；其二，这种适应性意味着对城市与自然之间存在的各种生态系统予以最高的重视。这些生态系统的每一点都能够成为沟通城市与自然之间的桥梁。

人们根据经验而总结出来的各种条件促成了城市生态与自然之间的复杂关系。例如，大部分国际和国家环境标准会在城市里得到落实（通过罚款的方式），而不仅仅停留在国际或国家的层面上。事实上，城市包含着很大一部分对环境有害的进程，包括许多并不是城市所独有的进程。此外，城市的多尺度性使它包含了一些全国性甚至是全球性的进程。与这一特性相对应的是，每个城市的所有因素综合在一起也会形成自己的特色，就像每个城市在融入当地和本区域的生态体系时拥有自己的方式一样。这一特性使各个城市形成了自己独有的手段，而这些手段又会反过来影响到更高的层级，并有助于人们理解一个国家甚至全球的形势。

所有这些问题之所以都显得十分重要，是因为如

> 城市成了一个战略空间：一些对环境极具破坏力的力量与环境可持续发展的强烈需要在这里发生直接交汇，而且通常是激烈的交汇。

全球生态危机：城市给出的答案

今将城市及城市化纳入全部的解决方案之中已经势在必行：我们必须借助这些能对城市的物质和组织生态产生影响的特性，使城市与自然生态形成互动。这些互动及其所涉及的众多领域将构成一个新兴的社会和生态体系，从而在城市生态与自然生态之间构建起一座沟通的桥梁。应当努力使一切能对环境产生积极影响。一些城市所独有的特性将有助于这一目标的实现：规模经济、密集度以及在提高资源利用率方面所拥有的潜力、密集的交通及通信网络（这是一张容易被人忽视的重要王牌）将有助于环保行为的出现。从纯粹分析的角度看，如果说城市是由一个个制造空间、时间、地点以及自然的进程所组成的话，那么这些进程将可以被加入一些能够发生变化的因素。比如，时间因素对于那些保护环境的计划非常重要：生态经济学使我们意识到那些包含有长远时间观的环境标准将会更加有效，将能够产生出更高的附加值。而传统的市场标准是短视的，因此它必然是效率低下的，甚至是不利于价值创造的。

长期以来，城市是一个创新和发展的场所、一个创建一系列复杂的物质和组织体系的场所。在此之前，这些体系主要是靠那些与市场及追求利润等密切相关的标准所驱动的。在此，我们必须把格式与内容区分开来：今后，我们应当着手制定和实施一些复杂的体系，并用它们来解决我们所面临的环境问题。只有从城市的复杂性出发我们才能找到解决环境问题——至少是部分解决——的方法，并为城市化这个社会和生态体系的重组找到一些新模式。城市中蕴藏着许多信息网络与节点，它们将有助于强化家庭、国家与企业之间的沟通。这种沟通将使家庭、国家和企业了解更多的情况，使它们为那些环保计划的实施、为创建真正有助于转型的机构贡献出各自的力量。

城市是一个由各种复杂变量组成的小宇宙，而这些变量都是我们在变革计划中必须加以考虑的。城市体系催生了许多社会关系体系，这些社会关系对当前的政治和经济组织形态起了促进作用；而在某些情况下，我们需要将这些关系部分地或彻底地打破。从消费和垃圾制造的地理学上看，城市存在着许多复杂的体系，这一复杂性决定了相关参与方在寻找环保对策中的重要性。城市某些环保行动的地理学在全世界范围内也同样适用。那些全球化城市所组成的网络成了一个全球性的空间，它不仅有利于对现有投资的管理，同时也会对那些对环境有害的投资进行再造，使它们变成一种负责任的投资。那些对环境破坏最严重的企业，它们的决策中心很可能就处在这个全球化的城市网络当中，或者那些能证明其破坏环境的场所就在这一网络当中，人们因此可以向它们发起清算。这个网络的规模将不同于组成这一网络的各个城市的规模。那些环境学家们想竭力引进城市的"循环逻辑"——使产品的再利用率最大化，尽可能少产生垃圾——需要一个前提条件，即城市存在着能在不同规模运行的空间网络。这些网络中，有的是针对家庭的，有的是针对全城的，而有的则能够超越城市的范围，扩展到全球各个角落。

> 那些对环境破坏最严重的企业，它们的决策中心很可能就处在这个全球化的城市网络当中，或者那些能证明它们破坏环境的场所就在这一网络当中。

城市：改变发展轨迹　**185**

参考文献

Journal of International Affairs, 58 (2), 2005, p. 11-33.

BEDDOE (R.), COSTANZA (R.), FARLEY (J.), GARZA (E.), KENT (J.), KUBISZEWSKI (I.), MARTINEZ (L.), MCCOWEN (T.), MURPHY (K.), MYERS (N.), OGDEN (Z.), STAPLETON (K.) et WOODWARD (J.), « Overcoming Systemic Roadblocks to Sustainability: The Evolutionary Redesign of Worldviews, Institutions, and Technologies », *PNAS*, 106 (8), 2009.

COSTANZA (R.), «Stewardship for a "Full" World», *Current History*, 107, janvier 2008.

COSTANZA (R.), HART (M.), POSNER (S.) et TALBERTH (J.), « Beyond GDP : The Need for New Measures of Progress », *The Pardee Papers*, 4, Boston (Mass.), Boston University, 2009.

DALY (H. E.), *Steady-State Economics : The Economics of Biophysical Equilibrium and Moral Growth*, San Francisco (Calif.), W. H. Freeman and Co., 1977.

DIETZ (T.), ROSA (E.A.) et YORK (R.), « Environmentally Efficient Well-Being : Rethinking Sustainability as the Relationship between Human Well-being and Environmental Impacts », *Human Ecology Review*, 16 (1), 2009, p. 114-123.

ETSY (D.C.) et IVANOVA (M.), « Globalisation and Environmental Protection : A Global Governance Perspective », dans F. Wijen et al. (eds.), *A Handbook of Globalisation and Environmental Policy: National Government Interventions in a Global Arena*, Cheltenham, Edward Elgar, 2005.

LOW (N. P.) et GLEESON (B.) (ed.), *Governing for the Environment : Global Problems, Ethics and Democracy*, Basingstoke, Palgrave-Macmillan, 2001.

PORTER (J.), COSTANZA (R.), SANDHU (H.), SIGSGAARD (L.) et WRATTEN (S.), « The Value of Producing Food, Energy, and Ecosystem Services within an Agro-Ecosystem », *Ambio : A Journal of the Human Environment*, 38 (4), juin 2009, 186-193.

REDCLIFT (M.), « The Environment and Carbon Dependence : Landscapes of Sustainability and Materiality », *Current Sociology*, 57 (3), 2009, p. 369-387.

REES (W.E.), « Ecological Footprints and Appropriated Carrying Capacity : What Urban Economics Leaves out », *Environment and Urbanization*, 4 (2), 1992, p. 121-130.

SASSEN (S.) (ed.), *Human Settlement and the Environment*, EOLSS Encyclopedia of the Environment, Oxford 14, EOLSS et Unesco, 2006.

SASSEN (S.), *La Ville globale. New York, Londres, Tokyo*, Paris, Descartes, coll. « Les urbanités », 1996.

SATTERTHWAITE (D.), HUQ (S.), PELLING (M.), REID (H.) et ROMERO LANKAO (P.), « Adapting to Climate Change in Urban Areas : The Possibilities and Constraints in Low- and Middle-income Nations », *Human Settlements Discussion Paper Series*, Londres, IIED, 2007.

SCHULZE (P.C.), « Cost-Benefit Analyses and Environmental Policy », *Ecological Economics*, 9 (3), 1994, p. 197-199.

聚焦

东南亚：开创环境合作

黄大志（TAI-CHEE WONG）
新加坡南洋理工大学人文与社会科学学院副教授

在对待城市可持续发展这一问题上，东南亚国家做法各不相同。各国根据对这个问题的认知、各自所拥有的经济资源以及各国地方政府的不同组织架构，采取了各不相同的做法。然而，如果各方能够采取协调行动，那么该地区所面临的最严重污染问题——大气污染——就有望得到有效治理。

东南亚国家联盟9个成员国[a]发展水平不一，经济增长速度也各不相同。因此，东盟成员国的城市可持续发展政策也千差万别，各国为建设可持续发展城市所投入的技术、行政和财政资源也不相同。然而，推动可持续发展的三大要素（社会、经济和环境）的努力，将取决于这种三角关系如何确定资源分配的重点。那些对东盟国家接受环保政策产生重大影响的全球化力量似乎与这些国家接受国际规范的能力和所采取行动有着很大关系。本文将东盟国家分成三大组，对其在建设可持续城市方面不同的倾向和能力进行介绍。其中重点关注的是那些经济向市场全面开放，而且城市污染比较严重的国家。

东盟9个成员国（应为10个。——译者注）大致可以分成三大组。新加坡一个国家可以单独成为一组，因为这个城市国家实行的是鼓励经营的专制民主。新加坡的各种网络已完全实现国际化，加上先进的技术和金融能力，因此它完全能够按照自己的方式保护自己的环境，主要是建成环境。

第二组国家都是亲资本主义国家。尽管这一组中许多国家在融入世界时都因国内政治原因而遇到了困难，但马来西亚、泰国、印度尼西亚、文莱和菲律宾在制定各自的城市政策时都紧跟着西方的环境规范。

第三类国家的经济都处在转型当中，即由过去的中央计划型经济转变为市场经济。这些国家包括缅甸、越南、柬埔寨和老挝。这些国家的城市化和工业化程度都很低，不过环境恶化和污染的情况则相对较轻。同样，在环境保护方面所拥有的技术手段和财力也是最差的。表面上看，这三组国家对城市可持续发展的关心程度与它们各自国家的城市化水平大致相当（见表1）。

新加坡，一个完全融入世界的、强大的城市国家

从1965年开始，新加坡便凭借着自由贸易以及国际和国内投资，开始了融入世界的进程。它十分注

---

[a] 东南亚国家联盟9个成员国包括新加坡、菲律宾、印度尼西亚、泰国、文莱、缅甸、越南、老挝和柬埔寨。（东盟应当是10个成员国，还应加上马来西亚。——译者注）

重发展本国的教育体系、基础设施以及工业体系，其中工业体系完全是以技术进步为支撑而发展起来的。新加坡的城市化步伐非常迅速，因此在其制定的经济优先目标中，环境保护以及景观的美化被当成了绝对的需要：这既为了吸引那些跨国企业，而且也被发展主义理论 b [1] 视为提高人民生活质量的手段。这一政策想在建立一个现代化国家的同时，又能够改善选民的物质生活条件，因此很容易得到民众的支持。新加坡非常注重建设清洁和生态环境，并致力于环境的可持续发展，因此这个富裕国家对本国的环境与水资源部提供了大量资金投入。新加坡环境与水资源部拥有充足的资金和大量高素质的人才，还能够动用国家巨额的财政盈余，因此该部一直在严格执行着许多环境保护计划，并对一些不法行为课以重罚。从组织结构上看，新加坡的环境保护主要依赖以下三大支柱：企业的技能、公共机构的效率以及民众的参与[2]。例如，新加坡环境与水资源部在与企业签订设备购置协议或其他经营合同时，特地增加了一些环保计划——这些经营活动不仅需要遵守环保标准，而且还能够获得较好的回报，以利于再投资。同样，在人们注重环境与经济形成合力的同时，新加坡完备的立法和监管体系同样发挥了补位的作用：它们始终为相关行动做着引导、评估、审计和惩处的工作。

亲资本主义的经济

除了文莱这个经常受西方经济衰退冲击的国家之外，这一组的东盟成员国正在努力融入全球化。在全球化力量的推动下，这里的城市化步伐以及消费品

---

b 发展主义理论是经济理论的一种，它认为对那些落后国家来说，最好的发展方式是建立一个稳定而多元的国内市场，并对进口物资征收高关税。

表1　东南亚国家的城市人口

国家名称	城市人口在全国总人口中所占的比例（%）					2007年人口总数（千人）
	1990年	2000年	2002年	2005年	2007年	
新加坡	100	100	100	100	100	4589
菲律宾	48.8	58.6	60.2	62.7	63	88575
印度尼西亚	30.6	40.2	44.5	48.1	49	225642
泰国	18.7	21.6	31	32.5	30	66041
文莱	—	72	75.5	73.5	78	390
缅甸	24.6	27.7	28.9	30.6	31	57504
越南	19.7	24.2	25.1	26.9	27.4	85155
老挝	18.1	23.5	20.2	21.6	22	5608
柬埔寨	12.6	23.5	18	17.7	20	14364
总计	30.1	37.1	41.3	43.7	44.3	575111

资料来源：东盟秘书处，《东盟2008年统计年鉴》，雅加达，2009年7月。

的进口和本地再生产的速度达到了一种警戒状态。外国投资者在工业和服务业领域长达40年的投资之后，技术转让与当地的创新使这些国家得以参与国际贸易。与此同时，交通阻塞、污染以及公共空间的消失等现代城市的综合征也开始在这里出现。

与此同时，生活条件优越的中产阶级队伍越来越壮大，导致了汽车数量的剧增、消费方式的改变，而且在城市化的带动下，城市的规模也出现了随意扩张的趋势。过去一些学者如沙姆·萨尼（Sham Sani）等人进行的研究表明，雅加达、曼谷、吉隆坡以及马尼拉等首都城市的固体悬浮物浓度极高，主要是因为这里汽车大量出现以及工业化所造成的污染，其中也与缺乏有效的污染治理措施有关[3]。

曼谷是该区域内的首位城市（Primate City）（首位城市指在国家政治、经济、社会、文化生活中占据明显优势的城市。——译者注）。泰国总共2100万辆汽车中约1/4集中在这座拥堵不堪的大都市。这里的空气污染（固体悬浮物、一氧化碳和二氧化硫）已经达到了令人无法忍受的程度。然而，到2015年，这里的燃油消费量预计还要比1995年翻一番。在这种背景下，这座城市在这方面所采取的治理措施却只注重技术因素（排放控制、交通管理以及罚款等），而从来没有考虑过限制上路的汽车数量。

在印度尼西亚首都雅加达，空气污染水平与曼谷不相上下。世界银行最近公布的一份报告显示，固体悬浮物每年在这里造成至少1200～2300人死亡，另外还导致18.4万～54.1万人出现哮喘。印尼是该地区温室气体最大的排放国之一，因此该国在遏制环境恶化方面采取了一系列措施。然而，由于这个国家很多的地方还是贫困的农村，再加上它受到了来自国际社会要求其保护热带雨林的强大压力，因此印尼把可持续发展的重点放在了农村而不是城市。此外，由于当局在落实财政、技术和环境法规时遇到了很多障碍，因此那些试图改变易造成污染的不良行为以及加强环境监控的措施，其收效均不明显。直至2005年，印尼环境影响管理局（BAPEDAL）仍未能实施其制定的排放标准，甚至无力追究那些污染企业[4]。

从总体上看，第二组国家基本上都没有能力改善其城市环境，这主要是由于其缺乏监管权威以及相对充足的资源，尤其因为其缺乏必要的政治和技术手段，使得相关环境保护立法无法得到遵守[4]。马来西亚最大的都市区巴生谷——首都吉隆坡就位于这里，由于各个郊区散落分布，加上缺乏高效的公共交通网络，因此这里的交通主要依赖汽车。该地区另一个大城市——菲律宾首都马尼拉，其空气污染的指数也大大超出了世界卫生组织的标准。这里治理污染所需的费用非常高昂，远远超出了国家财政的承受能力。

转型经济

第三组东盟国家的城市化速度通常要比东盟的其他邻国缓慢。事实上，这些国家中大部分仍是农村经济。由于经济体制相对封闭，靠外国直接投资来实现工业化的迹象并不明显。因此，对于这些国家的执政当局来说，城市的可持续发展更多的是一个停留在口头上的问题而不是一个实践问题。由于财力所限，加上各国都不具备必要的经验，因此各国在这个问题上均没有什么紧迫感，于是我们在作分析时只好撇开了这一组中的另外三个国家：缅甸、老挝和柬埔寨。

第四个国家越南是这一组国家中人口最多的：总人口为8500万，其中30%生活在城市。按照目前的势头，到2020年，越南的城市人口将占总人口的46%[5]。由于城市化规模较大，工业化程度又相对先进，因此越南会更多地关注可持续发展问题以及环境保护问题。从1998年开始，越南各城市就流行起了"生态城"的概念，提倡建设"绿色、洁净和漂亮"的城市。例如，拥有500万人口的胡志明市，共有2万家设备和技术十分落后的家庭小工厂，严重危害人们的身体健康，为此市政当局决定将那些分散在居民区和城郊的数千家小工厂逐步关闭。而城市的整治计划也开始将目光瞄准城区的150万辆摩托车（它们所使用的基本上是含铅汽油），并准备着手发展公共交通。不过，对于这个城市化进程正蓬勃发展的越南来说，污染治理的长期效应还不明显。

加强国际合作

到目前为止，除了新加坡外，东盟国家在城市可持续发展方面普遍只停留在口头上，而没有多少真正运用了资金和技术手段的具体行动。相关机构以及监管机关的失职影响了一个健康的、可持续环境的建设。不过，新加坡在这方面是个例外，它正在全力保护好自己有限的生存空间。不过，大气污染是没有国界的，这个城市国家的空气质量完全可能因为周边国家的污染而受到破坏。由此，我们可以得出以下两点结论。首先，如果我们没有充足的财政和技术手段用于治理污染，那么城市化和工业化进程很可能使我们的环境进一步恶化，从而使未来需要我们付出更加沉重的修复代价。其次，由于污染是没有国界的，东盟各国当局应当在这方面加强国际合作。由西方国家拉动——未来或许是由中国拉动——的全球化对该地区的影响可能进一步加深，而且这里的城市化步伐也将进一步加快，可以想象人们总有一天会更加重视可持续城市化以及相关的行动计划。

参考文献

[1] WONG (T.-C.) et YAP (L. H. A.), *Four Decades of Transformation. Land Use in Singapore 1960-2000*, Singapour, Eastern University Press, 2004.

[2] Ministère de l'Environnement et des ressources en eau (MEWR), *About MEWR*, Singapour, 2008 (disponible sur le site internet http://app.mewr.gov.sg/)

[3] SHAM (S.), « Urban Environment in Asean : Changing Concerns and Approaches », dans M. Seda (ed.), *Environmental Management in Asean : Perspectives on Critical Regional Issues*, Singapour, Institute of Southeast Asian Studies, 1993, p. 83-110.

[4] ROCK (M. T.), *Industrial Transformation in the Developing World*, Oxford, Oxford University Press, 2005.

[5] DANG (P. N.), « Environmental Sustainable Urban Development in Vietnam », *Science Council of Asia*, publié en ligne le 12 mai 2005, p. 1-3.

Banque mondiale, *Philippines Environment Monitor : Environmental Health*, 2009 (disponible sur le site internet http://web.worldbank.org/)

第十四章

热雷米·卡韦（Jérémie Cavé）
法国马恩-拉瓦雷大学技术、国土与社会实验室（LATTS）博士生

若埃尔·吕埃（Joël Ruet）
法国马恩-拉瓦雷大学技术、国土与社会实验室（LATTS）、法国国家科学研究中心（CNRS）经济学家

当新兴城市创建自己的标准时

得益于一些前所未有的新技术和新制度安排，一些提供基础服务的新方式如今在一些新兴城市悄然出现。用不了多久，这些地方性的经验就会变成提供这些基础服务的标准，成为这些领域的融资标准，成为供水、环卫以及垃圾处理等领域公营与私营部门之间分担任务的标准。这种潜能促使人们去重新思考公权机关的作用，并对城市发展政策的分析工具进行调整。

当人们在分析南方城市公共服务的基础设施时，通常会使用"危机"这个词：自然资源危机、公共资金投入的危机、由此引起的服务管理危机以及基础服务推广范式的危机。其中所得出的结论也是大家所能接受的：服务水平落后，服务扩张的速度跟不上城市化的步伐而相关融资则几乎已经没有可能[a]。

然而，如今的南方国家出现了许多创新型的公共服务提供方式。活跃在许多行业的无数经营业者——有的只是本街区的，有的是本城市的，而有的则组成了全国性的网络——在城市公共服务方面提供了许多务实、有效的解决方法，涉及城市社会的方方面面。这些差别化的服务也使人们的支付能力浮出了水面——这些支付能力虽然是局部性的，但它们很讲信用，而且支付力很强。这些资源如果能得到充分挖掘，人们就能建立起与城市化发展节奏相适应的机制。在那些"新兴"——这里是指经济高度现代化，并且那些先进的技术和管理经验的传播对象已不再局限于公共机构——国家，长期以来被视为公权机关所独享的"禁猎地"的城市管理如今已向各种民间组织开放[b]。

与那些"发展中国家"相比，新兴经济体的特性正是体现在它们能够以一种不依靠国家的独立方式，迅速地将一些新机制产业化，或者利用规模经济效应对这些新的机制进行复制，从而达到降低生产和运营成本的目的。

与传统中央集权式的公共管理（它是围绕着一种技术、一个单一的网络进行的）相比，这些差别化服务的特别之处并不是体现在服务规范的不同（数量）上，而是体现在性质的不同上。这些提供基本服务的（新型）技术体系之

> 新兴经济体的特性正是体现在它们能够以一种不依靠国家的独立方式，迅速地将一些新机制产业化。

---

[a] 所有支持私有化的著作或多或少都是围绕着这一思想展开的：由于收益没有任何保障，因此任何多边或双边援助都不会瞧上这些行业。这些行业至今还被认为是正统管理权的象征，尽管这些管理机关的财力非常有限。

[b] 在2000年前，除了拉丁美洲国家以及电力行业之外，很少的国家真正将城市基础服务设施的经营权私有化——这里指的是产权的转移。此外，本章所关注的并不是那些对现存公共服务进行"集体"私有化——此举可使国家继续发挥一个重要调节者的作用——的行动，而是各种不同的经营业者同盟所提供的各种新型服务。

城市：改变发展轨迹 **191**

所以会出现变化，是因为建设此类体系所需的最低规模°在缩小[1]。然而，一旦某个项目的试验阶段过后，这些集权式公共体系所需要的各种规模不同的协调机制便不断出现。鉴于这些体系都具有经营性质（不一定是可持续的），这种变化使人们产生了对公权机关的作用进行重新定位的想法：在供应方面少些集权化，在调节方面多一些责任心。

新体系的"扩散"同时也提出了一些前所未有的挑战：对那些不会消失的集权化体系进行技术整合的挑战、新产生的分散经营体系（而且它们的规模通常更大）所面临的挑战以及城市居民在社会融合方面所面临的挑战等。然而，如果仅仅把这些分散在四处的变化看成应对危机的临时之举，那就等于忽视了它们在城市整治方面的潜力。

对这些问题的分析是不是也出现了危机？新兴社会在不停地创造着各种解决方法。"新兴"这个词的定义本身就包含着这些新出现的模式具有"创造体制"的能力，从而也为发展援助创造了机会。为了超越城市基础服务领域传统管理方式上所存在的一个悖论，我们在此提出一个"俱乐部财产"（bien de club）的概念，即这里的经济物品在使用上不存在竞争性，但某些个人或集团可能被排除在使用范围之外。虽然说发展理论是在公共物品这一经济理念的基础之上建立起来的——也就是说物品的使用不存在"竞争性"和"排他性"，然而在现实生活中，这些物品在管理时所遵循的却是短缺与歧视性的原则。"俱乐部财产"模式既然能达到高效的目标，而且还通过调节来解决排他性的逻辑，因而它能够产生出真正的公共物品，却不会遇到公共服务所存在的供应不足这一暗礁。因此，理解了"俱乐部财产"这一逻辑，我

们能更清楚地去说明南方城市在社会和空间的布局方面所面临的重大问题。

南方国家出现了很多创新型的解决方法

2005年，新兴国家（中国，印度和巴西）的城市人口大约与欧洲和北美洲城市总人口相当。不过，新兴国家的城市人口仍在不断增加。这些国家所面临的城市问题也都是全新的。要想更好地理解这些城市问题必须抓住以下两个重大特征：严重的结构性不平等，那些所谓"非正规"行业处于优势地位。

城市化的强劲势头很可能使原本存在的收入差距进一步加大：由于城市里发展起来的各行各业，它们的赢利能力有高有低，因此南方国家的一些大城市不停地吸引着大量的弱势移民。一旦这些人融入城市经济圈，他们的收入原则上能高于农村人的平均水平，但他们仍是城市里的穷人（相对的穷人）。城市将出现一大批中产阶级，这只是一个对未来的想象：这不仅因为目标人群数量过于庞大，而且新兴国家融入世界经济的进程正是建立在内部工资差别化这一基础之上的。档次不同的生活水平体现在城市景观上就是城市里同时存在着——甚至相互挨着——各种完全不同的城区：这种差异性既表现在空间布局上，也表现在经济能力上。

在理解城市这种"非正规性"的时候，首先遇到的是对这个词本身理解的问题——它本身就是对城市现实一种愚钝的看法。更准确的说法应该是：在不受国家控制的情况下，城市里出现了各种形式的经济和民居。如今，平民区已经成了新兴大都市城市格局中最主要的形式，而且这种现象将长期存在：到2025年，生活在平民区的人口将比2005年翻一番[2]。经济领域的情况也同样如此，所谓的"正规"经营活动只是浮在水面的冰山一角：2008年，印度在"正规"行业的从业人员仅占就业人口总数的9%[3]。新

---

c 一个体系所需要的最小规模，如果小于这个规模，那么整个体系就无法设计或无法生存。

兴国家——这些国家拥有数亿城市人口——经济的兴起，一部分是建立在技术与创新的基础之上，另一部分则是靠着城市穷人支撑起来的。向他们提供基础服务需要一些与他们实际支付能力、与每个城市不同的治理结构相适应的体制。

经营业者同盟所承担的计划。 国家在社会和经济发展过程中发挥主导地位的模式虽然取得了无可辩驳的成就，但其中的局限性也十分明显。如今，这一模式正在走下坡路。新兴国家向现代化转型的漫长过程中，将会出现大量的私营经营业者。例如，城市基础服务领域就出现了各种形式的私营业者：无法再垄断公共服务基础设施，也包括服务本身的公营或准公营部门；"城市私营企业家"、地产开发商以及大型服务商（国家或跨国服务商，它们勉强能提供统一的行动方式）或小型服务商（它们都是从民间经济中起家的，最大的特点是地位多种多样）；公民社会（包括那些关注全球性问题的非政府组织，更包括那些地方性的社群组织）[4]；国际融资机构——这些资金的受益者越来越多元化，这一点从越来越多的"非主权"贷款[d]就可以得到证实。随着城市管理方越来越多元，城市服务供应方式也就越来越多。

多元化的新型体系。 与城市新问题——其特征表现为城市空间的基本间隙越来越小——相适应的各种供应体系以不同的形式出现在世界各地。例如在供水领域，那些为邻近居民供水的小型管网的经营者——他们的作用正在得到承认（见第八章）——所起的作用主要表现在以下三个方面。第一，他们的出现并不是为了扩大正规水网的供应范围，他们有时发挥替代作用，有时则作为正规供水网的补充——在水资源的回收或将自来水接入各家各户方面，他们的效率可能更高。第二，他们为许多低收入家庭提供了自来水，尤其是那些生活在传统供水服务不发达城区的家庭；那些生活在贫困街区

的人们，其生活条件也由此得到了改善。第三，他们在没有得到任何补贴的情况下，提供了一些能与主流经营者的服务（甚至是主流经营者所没有的服务）相媲美的服务（它体现在水压、供水时间以及成本上[e]）。

在垃圾方面，那些私营业者所从事的经营活动十分分散（收集、分类、清理、再利用、废品收购以及回收利用等），但这仍然是一个巨大的产业：参与该行业的经营者人数众多，所处理的垃圾数量也相当可观。例如，由那些非正规或本地的经营者参与的垃圾回收，可以使垃圾从源头进行分类，从而能够大大提高垃圾回收和处理的效率[f]。

开发分散型管理体制。 在同一个时期，所有领域（水、环卫和垃圾等）都出现了一些分散型的社群管理模式。这些供应及回收体系是按照"短环的原则"来运行的：这种体系并不需要借助那些大型的、外延式的网络，而是通过一个内部小网络，以一种相对独立的方式运行，如背景资料一和资料二所显示的那样。

此类体系会成为一种独树一帜的风尚吗？会的，只要人们改变观看的角度，因为正如奥古斯丁·玛丽亚（Augustin Maria）所说，那些城市发展机构只会支持建立起一些"它们完全能控制的体制"[5]。然而，

> 所谓的"正规"经营活动只是浮在水面的冰山一角；2008年，印度在"正规"行业的从业人员仅占就业人口总数的9%。

---

d 是指出资方在没有国家担保的情况下，提供给公营或私营企业的贷款。

e 这里并不包括价格，因为主流网络的水价是有补贴的。

f 从社会角度或工作条件的角度来看，这种非正规性应当受到批评。然而，通常情况下，公共服务部门都会把这种工作交给一个不太认真细致的员工。

> 当这些创新被人们广泛接受，而且被证明是有用的和可行的之后，它们便会被各个经营业者所掌控。

这些新出现的替代型体制要比传统体制复杂得多。如今，技术服务商和城市参与方联手开发出了越来越多的创新与投资：城市参与方已不再满足于充当需求者，而是要自己制定有关标准体制的参照系数[g]。

因此，公权机关在参与这些变化进程之前就必须承认这些参与方所发挥的作用。在那些新兴国家，各种经营模式尚未完全定型（开发和管理成本尚未形成一套统一标准，技术模式也未确定等），不过此类模式的大量出现不仅可以使人们对它们进行相互比较，而且还可以形成一个大规模的潜在市场。可以说，这类计划将有助于培养城市新一代经营者或企业家，有助于巩固他们的工作方法，并可使人们进行相互比较。

新兴国家的规范潜力

在我们看来，新兴经济与发展中经济之间的区别表现在以下几个方面[6]：① 人力、技术以及制度等方面的一些门槛已被打破；② 形形色色的经营业者通过实践获得了相关经验并推动了这些经验的传播；③ 通常这些国家本国的市场规模就已经非常大，因而可凭借规模效应复制那些最佳经济模式。第一点和第三点是经济发展的传统动力。制度的抗压能力以及经营业者的多元化，则源自城市经济，甚至可以说源自"发展实验室"的效应——这个"发展实验室"本身就是新兴国家的一个真实指标。新兴经济体的低生产成本同样体现在设计领域：这些国家拥有自己的经济实验室，因此它们具有很强的适应性，甚至能够适应一些特殊市场的需求。

都市经济与创新能力。大城市经济在整个都市圈中的活力（见第一章）构成了第四个关键因素，因为它能够刺激各经营业者的创新能力：经营业者将培养彼此携手合作的能力，强化自己发明创造的能力，创造出一些可立即得到应用的解决方法。大城市经济意味着高密度。在同一个区域里同时存在着许多不同的、能相互补充的经营业者，这将有助于它们彼此之间实现机制与经验的影响与对接[h]。而且它还有助于各种新的技术方法与一些组织体系相互结合，满足某种需求或某一现实的期待。当这些创新被人们广泛接受，而且被证明是有用的和可行的之后，它们便会被各个经营业者所掌控。

在我们刚刚列举的例子中，那些为了解决居民供水不足而设想出来的战略之所以能够实现，既得益于技术的进步，也得益于各个层级的经营机构手里都拥有自己的技术。在德瓦卡（Dwarka）（见背景资料一），正是因为技术上提供了相关解决方案，才使"合作建房公司"（Cooperative group-housing societies）能够从房屋设计阶段就想到了那些起补充作用的技术体系。许多成本低廉的技术，如能够降低水含盐量的逆向渗透技术，正在印度得到大力推广。某些技术体系正是从私人计划中产生出来的。许多居民协会有时会找到城市企业，要求其提供一些技术含量很高的

---

g 这一想法非常强烈，请参阅卡永（M. Caillon）的《形成中的社会：技术研究作为社会学的分析工具》（Society in the Making: the Study of Technology as a Tool for Sociological Analysis），收录于比克（W. E. Bijker）、休斯（T. P. Hughes）和平奇（T. J. Pinch）合编的《技术体制的社会建构》（The Social Construction of Technological Systems），马萨诸塞州剑桥市，MIT 出版社，1987，第 83~103 页。

h 这也是萨斯基亚·萨森（Saskia Sassen）的论文之一，收录于《全球化城市：纽约、伦敦与东京》（The Global City: New York, London, Tokyo）（普林斯顿大学出版社，2001）。即使在这个信息化时代，在同一块土地上同时存在着不同的功能依然十分重要。以基础服务为例，从组织结构的角度看，那些由非政府组织推动的体制从一个行业影响到另一个行业：以印度德瓦卡（Dwarka）为例，这里各种不同的"居民福利协会"（resident welfare association）在与那些技术公司联系业务时，都借鉴了其他协会的组织架构和技术管理经验；这是一个相互学习的过程。

服务，有的甚至是分包工程。最终，由于各种不同体系的经济和技术效率各不相同，它们对集权式管理体系的依赖程度也不尽相同，因此它们所供应的水的档次也参差不齐。这个领域的巩固和强化进程目前正在展开，还远未到结束的时候。

规范能力。从长期来看，新兴国家所出现的这些模式会在其他国家得到复制或推广，一切取决于每种模式的效率。一种体制效率的高低主要取决于三个方面：① 技术性（这种体制能满足什么需要吗？要付出多大的代价？）；② 经营业者的看法（这种体制在他们看来是可行的吗？）；③ 试验性计划被接受的程度（这种设计形式进行过广泛试验吗？各类经营业者对它有兴趣吗？他们一定能够掌控这一技术吗？）。

德瓦卡（Dwarka）的例子表明，相关的试验计划越多越好，这样潜在的代理商可以将它们进行充分对比，而开发者则可以把它们综合成一种（可随时应用的）"货架技术"（shelf-technology），一些小型企业将因此而得以快速成长。这些企业将由过去的服务商以及材料安装商变身为上门推销员、变成创新服务的设计者[i]，甚至能够提供属于自己的全套服务[j]。

---

[i] 例如，在印度的杜森（Doshion）公司，其经营范围包括逆向渗透技术、挖掘运河、水净化处理站、为工业企业提供服务、针对居民协会的服务体系（包括回收废水的"短环装置"等）。这家成立于1977年的公司如今在40个国家拥有分公司。见www.doshion.com。

[j] 这种情况在风能发电行业正在出现。请参阅约翰逊（A. Johnson）和雅各布森（S. Jacobsson）的《一个增长行业的出现：德国、荷兰和瑞典的风力发电机工业比较分析》(The Emergence of a Growth Industry: A Comparative Analysis of the German, Dutch and Swedish Wind Turbine Industrie)，熊彼特会议（Schumpeter Conference），曼彻斯特，2000年。

背景资料一　印度德瓦卡（Dwarka）分散型供水管理体制

■ 新德里市郊的德瓦卡（Dwarka）是一个正在开发的住宅区。按照设计，这里将容纳100万中上阶层的居民。这里出现了两种不同的城市创建模式：一种是由德里发展局（Delhi Development Authority）建设的项目；另一种是由"合作建房公司"（Cooperative group-housing societies）建设的项目。在第二种情况下，先由一个90~200名成员组成的"合作建房公司"出面租下一块地，然后再在这块地上兴建他们共同拥有的房屋。

尽管这是一种专门针对城市富裕人群的正规城市开发模式，但这里公共服务的基础设施是欠缺的。公共网络对这里的供水量并不够。在那些由德里发展局建设的住宅里，每家每户都接通了自来水，但供水不足的问题却难以解决。虽然这里的"居民福利协会"（resident welfare association）也进行了游说工作，但它们所取得的效果却不如那些合作公司：这些合作公司早在建房前十几年就已经成立，因而拥有更雄厚的资金实力。事实上，这些"合作建房公司"所建设的住宅区虽然没有将自来水接入每家每户，而是大家共用一个水表，但为了应对市政供水不足的问题，他们想出了各种形式的解决方法：共同使用自来水或地下水；对雨水进行回收利用；利用集体的储存设备将水储存起来，并通过安装第二条管道对水资源按用途（可饮用水与不可饮用水）进行差别化管理；安装一些小型水处理系统，对小区内的灰水进行再处理——这样经过处理后的灰水被用于回补地下水。

资料来源：奥古斯丁·玛丽亚（Augustin Maria），《哪些技术和制度模式能使印度城市中的人享受更多的供水和环卫服务？》，论文，巴黎，巴黎九大经济学博士学院（Edocif），国际研究中心—能源与原材料地缘政治中心（IRI-CGEMP），2006年。

> 那些最高效的、可持续、环保的城市投资应当首先到那些机遇最多的地方去寻找。

将一个新兴国家所出现的创新型社会技术体系在本国，或者到另一个国家进行复制，就意味着这些城市化演变进程被赋予了规范性含义。当这些分散型的新技术能够被富裕人群所接受的时候，这两者的历史性结合便导致了新规范的产生。这里也存着规模效应的问题：这些富裕人群代表几亿人，在印度属于少数派，他们比中产阶级更属于精英阶层。但这些人拥有丰富巨大的购买力，有能力将这些体制大力推广——随着此类体制的推广，那些如今仍处于萌芽状态的模式将得以迅速实现"产业化"。由于体制的复制将使成本大大降低，这一特性决定了这种复制进程将会有条不紊地进行。

在此，我们并无意将那种尚未定型的类型学固定化，但从这些变化的趋势中至少可以得出以下几点：那些以社群为单位、由跨国机构提供资金建立起来的服务基本上处于一种较好的状态——不管这些服务是由行业协会负责经营的，还是交给市政当局经营的（孟买市的环卫服务就属于这种情况）；那些公共资源（水、电）的获取会导致出现一些公营与私营部门之间的协议安排，条件是必须有参与制治理结构的存在——新德里市的"Bhagidari 计划"（从 2000 年开始在新德里出现，它是由公民团体、社区组织、NGO 及民间团体为新德里发展繁荣而组成的伙伴组织。——译者注）或新德里的居民协会都是其中的例子；城市基础设施的管理可能源自其他地方的一些先进经验，如班加罗尔议程行动组（BATF）就是由国家、政府和企业联合协调行动，

背景资料二　印度生活垃圾的分散式处理机制

■ 在印度，一个非政府组织将那些拾荒者（Ragpicker）组织起来，在一个个街区挨家挨户上门清理垃圾。这些垃圾收集者不但每天上门服务，而且对垃圾进行分类（分成固体及液态垃圾）。要做到这一点，必须在居民中进行宣传使他们接受这种方式、教他们学会对垃圾进行分类、制定罚款的规定等。几个月后，30% 的家庭开始对垃圾进行分类。而另外 70% 家庭的生活垃圾则由这些拾荒者进行分类。

垃圾中分拣出来的可回收物——易拉罐、废纸、废旧金属等，将卖给流动的旧货回收贩子或批发商；那些有机垃圾则用来堆肥。通常情况下，市政当局会免费提供一块土地，这是政府提供的唯一一种补贴形式。其余的垃圾将被运到垃圾场。这是一些没有任何利用价值的东西或者无法用来堆肥（因为太脏）的有机物。之后，这些"最后的"垃圾（大约只有最初拉回来时的 20%～50%）将由拾荒者扔进社区回收箱（community bins），交给市政垃圾清理部门统一处理。

物料平衡将体现在以下三个方面：有机物的再利用、相关材料的再利用以及没有利用价值的进行填埋。如果算上更新投资所需的费用，平均每吨垃圾的处理成本大约为 300 卢比，平均每人约合 40 卢比。每位居民每月交纳固定的 20～50 卢比的垃圾费。这笔费用再加上将废品卖给垃圾回收商所得的收入，足够用来支付这些拾荒者工资。

资料来源：美国印度基金会（American India Foundation），《"固体废物联盟"展开的社区卫生保健计划，2007 年》（Solid Waste Alliance for Community Health and Hygiene Program, 2007）；阿如斯（Arushi），《固体废物处理的一种可持续模式：穆斯坎·乔蒂与印度烟草公司的支持，2007 年》（A Sustainable Model for Solid Waste Management: Muskan Jyoti with Support from the Indian Tobacco Company, 2007）；《有毒物质链：对固体废物分散管理的计划》（Toxics Link, An Initiative towards Decentralised Solid Waste Management），基于社区的零废物管理模式（Community-Based Zero Waste Management Model），新德里防卫区，2009 年。

当新兴城市创建自己的标准时

它到2004年才告一段落。

现在的问题是随着这些小规模计划的增多，它们如何变成宏观的、成体系的经济计划。那些最高效的、可持续的、环保的城市投资应当首先到那些机遇最多的地方去寻找，去那些新基础设施所要服务的人数最多的地方去寻找；从长期来看，这些基础设施将引导人们未来的需求，将决定人类未来的能源足迹。而在未来几十年间，经济增长以及资本积累将主要集中在新兴国家。

这些体制对于那些社会和经济水平高、富人集中、绿化地带相对很多的街区所能产生的规范作用是毋庸置疑的，但这种规范作用在那些落后街区则没有那么明显。这么一来，就出现了这样一个问题：新兴国家——这些国家本身就是发展的产物与局限性的体现[6][7][8]——的基础设施如何能够始终作为"新兴"（我们前面介绍过它的定义）的要素？那些分散型服务技术的广泛应用会不会导致整个城布范围内出现地域上的碎片化？对以下这一重大问题的分析或许就能找到答案：在私营环境下发展起来的"俱乐部财产"与人们离不开的那些公共资源（地下水、全城市的垃圾清运等）是如何协调的。

南北合作的一个窗口？

正如人们所看到的那样，城市基础服务提供方式的变化将带来许多棘手的问题。从这个角度看，"俱乐部财产"这一概念将具有启发意义和指示作用；当然，这个概念在许多方面仍需要作出明确的界定，但否认它的现实影响是不会有任何好处的。与公共财产、私有财产或属于团体（或市镇）的公共财产一样，它也是经济理论中的一个传统概念而已——这些概念的具体含义见表1。

应当指出的是，一种财产的经济性质既取决于其生产技术，也取决于广泛的社会和制度选择：在不

表1	什么是俱乐部财产	
	排他性	不排他性
竞争性	私有财产 如汽车	团体（或市镇）的公共财产 （或非纯粹的公共财产） 如地下水
非竞争性别	俱乐部财产 如收费的高速公路	公共财产 如人们呼吸的空气、国防等

久之前，一座桥梁和一条道路都被认为是公共财产典型的例子，而到了今天再举这种例子已经不合适，因为生产技术和社会及政治约定都发生了变化。如果说"俱乐部财产"不太常见，尤其是在城市公共服务领域，但它在分析和操作方面的针对性会得到加强。那些以俱乐部财产形式加以管理的模式会越来

> 一座桥梁和一条道路都被认为是公共财产典型的例子，而到了今天再举这种例子已经不合适。

越多，尤其是新技术的出现使最低规模的门槛越来越低，而且操作方式也更加灵活多样。此类技术今后将被运用到那些遭他人排斥的社会阶层身上。

用俱乐部财产方式管理的发展可能带来危险。世界上多数大城市里，原先的公共财产分配方式越来越难以为继：它们面临着资源短缺以及会造成不平等现象等问题。公共财产被定义为一种用户在消费时既不存在"竞争性"——一个管理得非常好的网络能够通过分摊成本的方式实现扩张——也不存在"排他性"——即它不排斥任何用户——的产品或服务。然而，南方国家在服务领域的现实完全不是这种情况。正如埃里克·斯温格道（Erick

---

k 它们是发展主义公共政策的产物。这些政策的特征是大量兴建基础设施，但它们也有问题需要克服：这些公共机构与现代社会存在着一定的不适应性。

城市：改变发展轨迹　　**197**

Swynguedouw）所解释的那样，在这个成分多样的城市里，只设计一种针对所有人的解决方案势必会导致其他不受管制的替代方法的出现：这些替代方法无论是价格还是质量都没有任何保障[9]。事实上，发展中国家的那些集权式管理的正规服务是容许，甚至是鼓励这种俱乐部财产管理形式存在的。新兴经济体在融资和建设"半分散型管理"体制方面具有的能力将使这种潜能变成现实。

公共部门的改革与私营服务在城市住宅区迅速发展，这两者正在进行速度赛，而且后者似乎占了上风。公共体制是在地理基础设施共享这一理念基础上建立起来的，因此在这一体制下，即使是富人——从长远看，他们迟早会成为住在附近穷人们的"俘虏"——也会赞同网络的普及，因为只有这样才能降低单位价格。而在那些新出现的技术与组织模式中，成本下降靠的是在区域以外形成的批量效应。这种模式的发展靠的是其他城市富人的加入，而不是靠同一城市其他街区的富人。同一城市内各种公共服务之间的互助目标似乎已失去意义。简而言之，正是由于公权机关试图创建公共财产的想法及其已非常明显的失败，才导致了此类独特管理形式的出现。从地理布局上看，新兴城市正演变成为一个个"门禁社区"（gated communities）。用技术经济术语来说，这就是一个个"俱乐部"。

这种潜在的技术割裂有可能破坏整个社会的团结。事实上，绝大部分社会阶层不能享受这种服务。此外，俱乐部模式的广泛出现还可能导致政府部门在提供全民补助时捉襟见肘。这种体制能让富裕阶层过上更自足的生活，但富裕阶层可能会因此而停止对公共服务提供资金支持。因此，真正的危险在于新兴社会的富人们选择了导致城市分裂的形式，而这必将影响到国家对穷人的资助能力。

这么说来，这些"俱乐部"难道本质上就是有害的吗？既然它们在没有国家任何财政和实质支持下便能够让城市一部分区域先发展起来，难道这些体制之间不能形成某种互补，从而能被公权机关加以利用，最终达到促进社会团结的目标？即使这种选择源自"窄门"现象，但我们认为，无论要与这种现象作斗争，还是对当前这种强劲的势头视而不见都毫无意义。想在太平洋上修筑一条大坝显然是徒劳的。不如让我们正视其中所蕴藏的危险，设想出相应的调节之策：既然这些体制能够创造出经济价值，那么它就可以成为资助其他用户的资金来源——这种资助既可以是直接的，如直接从主干网络中提取少量资金；也可以是间接的，如资金转移支付；还可以用一种更长远的方式，即建立一些能达到"产业化"商业经营规模的类似体制。

对这些体制、对它们所导致的社会成本的节约进行深入研究，或许能提供更多的答案。事实上，这些社群模式并不能以一种自给自足的方式生存：它们需要在资源方面实现循环。例如，一个分散经营的供水系统完全可以按照"俱乐部财产"的思维逻辑来经营，不向街区以外的任何人供水。然而，这个系统要想得以长期运转，前提是这里的地下水不会受到污染。然而，地下水并不是一种"俱乐部财产"，而是一种可再生的有限资源，即属于社团（或市政的）的公共财产。对地下水的管理需要以集体的名义进行集体调节。这样，水资源会成为一个真正的公共财产，因为它有助于社会融合。从整个都市范围看，建立这种公共财产非常需要：既有利于地方的集体利益，也有利于各种俱乐部体系。更清楚地了解、划清俱乐部财产与公共财产之间的界限；对属于社团（或市政的）的公共财产重新赋予所有权；国家必须通过各种不同

当新兴城市创建自己的标准时

的工具，在各种机制中体现出自己的存在；设立或重新设立财政转移支付手段：这些便是国家以及公共援助所面临的挑战。

为促进社会团结与空间融合而进行的制度创新。在我们看来，由这些变化趋势而引发的诸多问题将能发挥杠杆作用。如果有人认为有许多滞后的地方需要弥补，如果人们承认"社会不平等以及大多数人收入过低将会成为新兴国家真正、永久的特征"这一事实的话，那么一些新的行动余地就会显现。新兴社会将主要面临以下两大挑战。一是对城市体制在技术和经济方面进行有效整合，使自己全面参与目前正在出现的技术分散化进程。在这种情况下，人们对新兴国家所提出的要求将不是资金支持或设施建设，而要求其加强协调治理的能力（见第一章）。二是对公共调节机构进行改革，使之从组织与制度上实现现代化，从而能够保全整体利益，而不会使城市的某些社会阶层陷入被遗忘的境地。

换言之，我们或许并不需要以"俱乐部财产"的管理方式会导致不平等为借口而将它们彻底打碎；这些机制难道没有存在或运行的价值吗？集权式的管理模式不是也导致不平等现象了吗？目前的趋势不过是用一些显性的"俱乐部财产"管理模式取代了过去隐性的模式。不过，最重要的一点是要防止那些"枯死"地区越来越多。从长期看，公共部门应当顾及穷人的利益，应当有能力对这些新出现的技术与组织"孤岛"进行整合。展开新行动的必要性正是体现在这里：将"俱乐部财产"系统打开，以弥补常规公共管理部门所存在的不足，并由此达到对公共财产进行重建的目的。目前，许多国家和城市正在出现这样一种趋势，不过由于一些主流行为体的阻挠，这一进程显得十分缓慢。从这个意义上说，公共发展援助能够起到补充、参与以及鼓励的作用。

得益于经营业者的多元化以及技术与管理经验

的推广，新兴国家能够对那些分散经营的模式与集权式体制加以整合，从而形成所谓"半分散型"体制。这种变化趋势将引发人们就服务标准和融资方式等问题展开新的辩论，而这种辩论势必会涉及社会团结这一大问题，即在那些碎片化的城市里如何实现社会团结？

> 从长期看，公共部门应当顾及穷人的利益，应当有能力对这些新出现的技术与组织"孤岛"进行整合。

有些情况对新兴国家是有利的：会有很多用户愿意付费；增加内部转移支付资金的数量并且会更容易获得长期的资金支持；拥有足够的人力和制度手段，能够对公共服务进行改革并在管理方面推出创新之举。总体上看，这种机遇将体现在以下三个方面：资金、经验的推广以及技术模式。用阿玛蒂亚·森（Amartya Sen）的话来说，发展可以理解为技能或经验在社会上的传播。发展型国家（developmental state）的模式就是在这一原则基础上建立起来的：新兴（或者说尚未兴起的）国家拥有的财力有限，而人力资源更为短缺。因此，要对他们进行培训，并将权力进行集中。与发达国家相比，新兴国家的公私部门之间更加分明，因为发达国家的公共部门通常需要私营部门来购买设备或提供服务。如今，各式各样的经营业者创造出了多种多样的技术和组织经验。这些经验产生出了许多种模式：这些模式在小规模范围内被证明是有效的，而且也容易被掌控。

公共发展援助能使这些模式得到更新。因为它被一部分人掌控并不意味着能被一个集体掌握。简而言之，这些技术和经济模式一开始是由企业家（他们可能是一个人，也可能是一个集体）首先掌握的。这是非常重要的一步：如果没有这一步，这些模式将始终显得无关紧要。在这个时候，它仍只是一种私有财产。在这一阶段，所提供的服务远未达到标准化：它必须接受有经验的消费者以及那些有兴趣的社会团体的检验。这些用户将把这些体制转移到俱乐部财产或社团（或市镇）财产领域。最后，这些机制必须被公权机关所掌控，以便对它们进行政策调节并在一个不同的范围内重建公共财产。调节并不是件容易的事，而且在这方面所进行的思考刚刚处于起步阶段。不过，承认这些模式的创新性及其对新体制的促进作用，而不是只盯着旧体制的败笔，这样可以明确未来变革的财政和人力引擎之所在，并进而更好地引导这些变革。

新兴社会，当代城市化实验室。 随着分散型或半分散型技术体制的出现，新兴城市纷纷开始重组。西方国家首都在19世纪形成的城市架构如今看起来是可以超越的。发展的潜力、规范的权力，这一切似乎都掌握在南方国家手里。在这些新兴国家，基础服务体系将发生变化；它们对社会团结和城市空间碎片化的影响也有所不同；集体行动的需求与起源也正发生变化。发展援助的概念必须重新设计，使它的含义变得更具合作性和对称性。真正的挑战在于"联手打造"出一种真正的可持续发展。

一个时间的机会窗口正摆在那些南方的新兴国家面前。这种机会便是：这些国家将可以在无须从外国进口的情况下创造出一些"国产"模式，创造出自己的价值观，促进本国的发展。不过，通常情况下，这些新兴的解决方案都存在着不全面的缺点：它所针对的主要是那些富裕的"目标俱乐部"，而忽视了其余的大部分城市居民。在这方面，公共发展援助能发挥自己的作用。在这种情况下，承认新兴经济体城市服务具有"俱乐部财产"性质将可以消除一种虚伪的态度：这些新兴的服务并不是唯一的排他性服务；这些新的经营业者和新技术——他们当中有许多人已开始规范自己的供给，并实现了"产业化"——都是一些能够吸引城市服务投资的手段。当然，前提条件是其中必须存在着最低限度的调节，以减少这些财产之间的竞争；就可以利用加强调控所获得的收益，在国家和社会提供必要手段的前提下，缩小城市内的贫富差距，并在更广的范围内促进团结互助。理解这些问题之所以会显得如此必要，是因为此类用可持续的尺度来衡量的分散式或半分散式管理体制在不久的将来很可能会在发达国家出现，尤其是当这些国家需要更新网络的时候。

参考文献

[1] RUET (J.) et TAWA LAMA-REWAL (S.) (eds), *Governing India's Metropolises*, Londres, Routledge, 2009.

[2] GIRAUD (P.-N.), RUET (J.), LEFEVRE (B.) et MARIA (A.), « Le financement des services essentiels dans les villes pauvres », *Revue d'économie financière*, 85, septembre 2006.

[3] KUNDU (A.) et MOHANAN (P. C.), « Employment and Inequality Outcomes in India », *International Seminar : Employment and Inequality Outcomes*, Paris, conférence de l'OCDE, avril 2009.

[4] RUET (J.) et KERAGHEL (C.), « Inde : les leçons du forum social », *Sociétal*, 44, 2004.

[5] MARIA (A.), *Quels modèles techniques et institutionnels assureront l'accès du plus grand nombre aux services d'eau et d'assainissement dans les villes indiennes ?*, thèse, Paris, Université Paris-Dauphine, Edocif, IRI-CGEMP, 2006.

[6] RUET (J.), « Globalisation des firmes multinationales des économies émergentes et recomposition des variétés du capitalisme », *Revue économique et sociale*, 67 (1), janvier 2009.

[7] RUET (J.), *Privatising Power Cuts ? Ownership and Organisational Reform of State Electricity Boards in India*, New Delhi, Academic Foundation, 2005.

[8] RUET (J.) et ZERAH (M.-H.), « An Alternate Approach to the Water Supply and Sanitation Infrastructure in Urban India », *working document*, 2008.

[9] SWYNGEDOUW (E.), *Social Power and the Urbanization of Water*, Oxford, Oxford University Press, Oxford, 2004.

BARBIER (C.), GIRAUD (P.-N.), RUET (J.) et ZERAH (M.-H.), « L'accès aux services essentiels dans les pays en développement au coeur des politiques urbaines », Iddri, *working paper*, septembre 2007.

COUTARD (O.), JAGLIN (S.) et RUTHERFORD (J.), « Splintering Urbanism à la française ? Une approche exploratoire », dans P. Aubertel et F. Ménard (dir.), *La Ville pour tous, un enjeu pour les services publics*, Paris, La Documentation française, 2008, p. 117-134.

COLLIGNON (B.) et VALFREY-VISSER (B.), « Les opérateurs privés du secteur informel qui approvisionnent en eau les petits centres et les quartiers péri-urbains », 2e rencontre *Dynamiques sociales et environnement*, Bordeaux, 9-11 septembre 1998.

KEHLE (N.), MAHADEVIA (D.) et PARASHER (A.), « Centralized and Decentralized Solid Waste Management Practices in Bangalore » dans M. Darshini et J. M. Wolfe (eds), *Solid Waste Management in Indian Cities : Status and Emerging Practices*, New Delhi, Concept, 2008, p. 85-132.

RUET (J.) et ZERAH (M.-H), « Providing Water Supply and Sanitation in Chennai : Some Recent Institutional Developments », dans P. Cohen et S. Janakarajan (eds.), *Water Management in Rural India South India and Sri Lanka : Emerging Themes and Critical Issues*, Pondichéry, Publications du département de sciences sociales, 7, Institut français de Pondichéry, 2003.

United Nations, Department of Economic and Social Affairs, Population Division *World Population Prospects : The 2006 Revision World Urbanization Prospects : The 2007 Revision* (disponible sur le site internet http://esa.un.org/unup).

> 南方国家的城市通常会面临两方面的问题：一是缺乏实施计划所需的资金，二是缺乏真正的政策。

第十五章

伊丽莎白·加托（Élisabeth Gateau）
西班牙巴塞罗那城市及地方政府联盟（CGLU）秘书长

城市网络：表达需求，强化职能

城市处在本区域社会团结、环境保护以及经济发展的第一线。如果说目前北方国家和南方国家所风行的权力下放政策突出了城市的作用，但各地方当局并没有足够的人力和物力确保其职能的履行。城市国际网络的形成将能满足它们提高职能的需求，并使各城市参与国家和国际城市政策的制定。

问：继里约"地球峰会"和1994年面向可持续发展的欧洲城镇宪章（《奥尔堡宪章》）之后，各国的地方政府于2002年在南非的约翰内斯堡承诺要"在我们的城市和市镇内建立起一种新型的、深层次的可持续发展文化，包括实行一些能促进社会和环境健康的消费政策和消费方式，可持续的规划、投资、资源管理，促进公共健康以及开发洁净能源等"。您对此有何看法？

伊丽莎白·加托答：这是一个多元的、复杂的概念中的一部分，这一概念的定义涵盖了城市生活的方方面面。

说简单一些，我称它是一条有组织、有规划的政策；是一条涉及各个方面的横向型政策：经济发展、社会团结与建设、文化以及保护环境的强烈意愿等；更重要的是，这是一条在团结精神基础上建立起来的政策：街区与街区之间的团结、地方与地方之间的团结、北方与南方之间的团结。

我们大家面临着一个共同的挑战，这就是我们的地球、我们所生活的世界的可持续发展——我们曾经滥用地球的资源，今后我们还要把它留给子孙后代。如果我们不能齐心协力共同行动，那就等于没有采取任何行动。此外，我们的城市如今正以一种前所未有的速度快速增长，而且今后还将会继续增长：如今，全球50%以上的人口生活在城市；到2030年，也就是说明天，城市人口还将增加20亿（见参照标准之十三、十四）——这一切迫使我们的城市、地区、国家以及整个国际社会采取上述可持续的城市化政策。如果没有此类可持续的城市化政策，明天的城市会出现多少贫民窟？会有多少儿童失学？那些没有供水服务、没有环卫服务、社会排斥和暴力行为随处可见的街区会有多少？如果没有这些可持续政策，我们就不可能完全实现联合国所设定的千年发展目标。

然而，我们的城市本身已经设定了许多雄心勃勃的目标。以巴黎为例，市议会早在2007年便通过了一个气候计划，规定到2020年将温室气体排放量降低25%；在同一时间内，可再生能源在能源消费总量中所占的比例也将达到25%。当然，北方国家的城市，其中可能也包括那些新兴国家的城市，通常拥有更多的制度和资金保障，能在城市规划、教育、供水、垃圾处理、能源生产、出行通畅以及交通等领域采取更持久、更

> 许多地方政府都在可持续城市化方面出台了许多措施或计划，有的目标甚至非常宏大。

城市：改变发展轨迹　　**203**

有效的行动。而发展中国家在这方面则需要得到支持。通常，这方面所缺乏的并不是政治意愿，而是将一切付诸实施的能力。不过，今天我们已经不再是考虑这些政策是否妥当的时候了。我们所面临的挑战已十分清楚，对现状的认识也没有分歧。离开了可持续的、团结互助的城市环境建设，未来城市的繁荣与稳定将无从谈起。

问：最近20年来，经合组织国家的城市没有出现多大的变化。言语和现实上是不是出现了差距？

答：我的看法完全相反，许多城市都实行了可持续的城市计划。尤其是自里约"地球峰会"以来，全世界有几千座城市制定了各自的21世纪议程。具体地说，仅经合组织成员国的城市，我就可以举出许多例子。刚才我提到了巴黎。另一个城市是土耳其的伊斯坦布尔，它建立了一种非常高效的公共运输系统，即"城铁巴士"（Metrobus）。这一系统可以使人们的出行时间缩短75%，因此每天吸引了数十万人乘坐；德国的斯图加特自2004年便制订了打造绿色和紧凑型城市的计划，并在2006年成立了一个权力巨大的"运输方式综合管理中心"；德国的另一个城市蒂宾根是世界上最早决定停止空间规模扩张的城市，这个城市与私营服务供应商所签订的一切合同都必须以可持续发展为核心内容；西班牙的毕尔巴鄂和巴塞罗那，都对市中心破败的老城区进行了改造，以便重新吸引新的居民；而美国的纽约自1997年起就开始注意抓城市供水的质量问题，它并没有把钱花在水处理上，而是从环境资源保护得很好的内地买水（见第七章）；瑞典城市韦克舍在1996年就决定成为一座不用化石能源的城市：10年后，这里所使用的能源有一半以上来自可再生能源。

在经合组织以外的国家，这方面的例子也有很多：中国的广州就制定了在2015年前建成"花园城市"的目标，并为此出台了一个涉及多方面内容的行动计划，包括水资源管理、垃圾处理以及发展环保产业等；南非的约翰内斯堡从2001年开始在供水和水网改造方面投入巨资，2009年该市发起了一场名为"水战士"的大规模水资源保护宣传教育活动；阿根廷的罗萨里奥利用公路和河流两边的土地，发展起了大规模的城市农业；南非城市纳尔逊·曼德拉湾与瑞典的哥德堡市于2000年在城市管理和垃圾回收领域联手开展了合作计划；秘鲁的埃尔萨尔瓦多（Villa El Salvador），回收水全部用来清洗公共场所，等等。

我还可以再举出一连串的例子：许多地方政府——不管它们是什么层级的，什么规模的——早在十几年前便在可持续城市化方面出台了许多措施或计划，有的目标甚至非常宏大。

问：市民在其中将处于什么位置？政客们能允许他们在城市发展方向的决策过程中占有一席之地吗？

答：政策的落脚点在地方，它们是由地方政府来实施的。这些政策具有贴近民众的特点，能够体现他们的真实需求。它们在制定过程中通常也会征求民众的意见或让公民直接参与。当然，这方面的做法不可能全面推广，其中一个最重要的原因是各地的法律条文并不相同。最近我所参与的城市及地方政府联盟（CGLU）内部举行的一些讨论（见参照标准之十二）表明，这个问题引起了我们联盟成员的关注，同时也看到了一些市民参与的机制正在形成当中。

问：权力下放政策已经推广了20年，城市真正拥有行动能力了吗？

答：城市及地方政府联盟2008年发表的《地方民主与权力下放全球观测报告》——这是全世界发表的第一份有关权力下放和地方自治的报告——显

城市网络：表达需求，强化职能

示，最近十年来全球各地在权力下放方面大致都取得了进展，但这方面要做的事还有很多，尤其是发展中国家普遍面临着资金无法到位的问题。在行动能力方面，尤其是政策和资金因素上，人们不能简单地只把富裕城市与贫困城市对立起来——尽管这是用来寻找答案的一条很好的标准：北方国家的城市以及那些贫困国家的富裕城市都面临着法律与制度能力不足的问题。不过，当前的形势下仍存在着许多不同的趋势：发达国家的地方当局——它们普遍已经成立多年——所面临的问题是责任不断加重，而相关的能力却无法得到加强——法国的情况便是如此；发展中国家的地方当局——它们很多是新成立的，或在最近20年间经历了重大的改革——在职能和财力上的平衡非常脆弱，有的甚至处于停滞状态——南非一些城市的情况就是如此；还有一种情况，一些国家的地方当局仍处在建立过程当中，它们的责任尚未明晰，财力也十分有限，有的甚至没有任何资金——许多非洲国家的情况便是如此；最后更不用说那些地方民主还在建设当中的国家——如许多中东国家或那些仍处在冲突中的国家。这种趋势显然是无法走上可持续发展之路的。

问：城市的权力似乎被转移到了一些私人参与者身上。在地方职能得到加强的同时，它们作为公权机关在管理地方经济方面的权力却在缩小，你不认为这是一种矛盾现象吗？

答：这或许是一个很有意思的讨论话题，尤其是这些私人参与方是通过与国家签订协议而获得权力的：在整个过程中，没有人与地方当局事先有过任何协调，或者地方当局并没有足够的能力去监督投资的质量及可持续性。不过，我个人倒认为有一种模式会渐渐流行开来，那就是"公私合作关系"（PPP）。我内心不带任何偏见，我仍然觉得这是一种能够提高公共行为效率的务实的做法——只要对整体利益有利，那些民主选举出来的地方当局就可以充当担保人。

问：城市主要会面临哪些困难？那些至今未选择走可持续发展道路的城市最缺的是什么？

答：我觉得地方当局都已经意识到了自己所肩负的责任，而且这种意识一天比一天强，尽管这方面要做的事还有很多。我也觉得这种意识在城市居民心里也越来越清楚。国家和国际机构在这方面所表达的信念也越来越清晰，尽管它们当中有人不愿意把这些目标说得很清楚或将它们量化，怕这样会影响到发

> 南方国家的城市通常会面临两方面的问题：一是缺乏实施计划所需的资金，二是缺乏真正的政策。

展。南方国家的城市通常会面临两方面的问题：一是缺乏实施计划所需的资金，二是缺乏真正的政策。光靠城市间的互助有时是不够的，必须从国家和国际层面采取更加积极的行动。

问：各参与方（公权机关、私营业者、公民社会等）应当进行何种协调，才能对可持续发展政策更有利？

答：在地方层面所采取的行动中，地方当局必须展现自己的"领袖"风范，而且所要建立的架构必须是真正具有融合能力的——必须考虑到所有阶层的利益，尤其是街区的平民、妇女和处于边缘化的民众的利益。在这种情况下，各种形式的做法都是可行的：伙伴关系、咨询、全民公决等。或许，最重要的一点是务实，要使相关行动建立在一些共同的价值观基础之上，如透明度。

问：一些城市试图在国际上发出自己的声音，尤

其是在一些论坛上。它们这样做的想法是什么？它们能和国家一起发挥什么作用？

答：地区或地方当局面临着这样一种尴尬的情况：当国际上在讨论一些涉及民众日常生活或对其居民的未来十分重要的问题（金融问题、气候变化、扶贫以及重大疾病的防治等）时，根本没有人会听取它们的意见，而根据这些文件所制定出来的措施，最后却需要它们来落实。因此，它们的第一个想法是让别人听到自己的声音。它们的第二个想法是在国际上宣扬一些对它们日常工作非常重要的价值观，如能够促进和平的团结精神以及文化的多元性等。

为了使地方政府的声音更统一、更强大，一些城市开始组建成了网络。当这些网络形成一定规模并具有一定代表性之后，它们便能够被邀请参与到政策的设计过程中来：如城市及地方政府联盟受到了联合国人居署的邀请；在提高发展援助方面，则受到了经合组织或联合国发展合作论坛（DCF）的邀请等。团结就是力量，这些联合起来的网络通过一个个小小的胜利一步步向前迈进：城市及地方政府联盟及其伙伴网络已经将地方政府和市镇当局的一百多条意见纳入了哥本哈根气候变化大会的讨论文件当中。无论如何，这说明我们的声音正越来越受到关注。

> 我个人倒认为有一种模式会渐渐流行开来，那就是"公私合作关系"。

5

可持续发展的20项参照标准

平等的要求
全球角色，地方挑战
应对危险

平等的要求

5 参照标准一

人口 (1)：
人口众多、流动频繁

到2050年，世界人口增长将达到高峰：人口将达90亿左右，比2009年增长24亿。大部分的增长来自发展中国家，那里的人口将从56亿上升到79亿。其中，最不发达国家将维持最高增长率：年增长2.3%。

尽管生育率预期将呈现整体下降，但是联合国预测表明，从现在到2050年，仍有31个国家的人口将再增加一倍，新增加总计达17亿。阿富汗、布基纳法索、索马里、东帝汶和乌干达从现在到2050年人口增长将超过150%。以下9个国家人口的增长就可能占此期间世界人口总增长的一半：印度、巴基斯坦、尼日利亚、埃塞俄比亚、美国、刚果民主共和国、坦桑尼亚、中国和孟加拉国。

相反，45个国家在此期间的人口将出现净减少。白俄罗斯、波黑、保加利亚、克罗地亚、古巴、格鲁吉亚、德国、匈牙利、日本、拉脱维亚、摩尔多瓦、波兰、韩国、罗马尼亚、俄罗斯联邦和乌克兰的可预见的人口降幅至少达10%，其中最重要的原因是生育率的下降。这些国家中大部分是工业化国家。事实上，从现在到2050年，北方国家的人口增长将接近停滞状态：从目前的12.3亿增加到12.8亿。这一轻微的增长还是得益于从目前到2050年每年有240万移民的到来。如果没有外来移民，北方国家的人口将减少到11.5亿左右。根据联合国预测，从现在到2050年，欧洲必须接纳外来移民1.5亿，否则其人口将出现不可逆转的萎缩。

移民起决定性的贡献。以下9个工业化国家或地区——比利时、中国澳门、卢森堡、马耳他、卡塔尔、新加坡、斯洛伐克、斯洛文尼亚和西班牙——的移民净人数是人口自然增长（出生率减去死亡率）的两倍。以下11个国家（或地区）的移民抵消了死亡超过出生那部分，它们分别是奥地利、海峡群岛、克罗地亚、捷克、德国、希腊、匈牙利、意大利、日本、葡萄牙和俄罗斯联邦。据联合国预测，2010～2050年期间，高出生率和低出生率地区之间人口的流动仍会继续。近年来，移民的动机和方式呈多元化，除了双边协议监管下的工作移民之外，还包括家庭移民、经济移民、季节性移民和非永久移民等形式。移民不再因单一或唯一的理由才从A地移到B地；其路线是复杂的，动机是多样的而且这些动机之间相互影响。因此任何移民政策都应考虑其复杂性并找到相应的解决方案。

人口 (2)：
老龄化

据联合国预测，到 2050 年，由于发展中国家人口总量及其在世界总人口中的比例增长，世界人口将面临一个新关口。这个趋势只会使那些最弱势的人口面临更大的压力，同时引发粮食供应、医疗卫生和其他服务方面的新问题。不过，2005 年以来发表的不同预测所体现出来的还不是最重要的质变：2050 年将出现的新问题是全世界人口将面临前所未有的整体老龄化。世界上 60 岁以上的人口比例将增长 3 倍，从 2000 年的 10% 上升至 2100 年的 32%。

日本和意大利是当今率先跨入老龄化的两个国家，自 2005 年以来，这两个国家 60 岁以上的人口比例超过了 20%。鉴于本国的低出生率，日本 2015 年的劳动力人口将比 2002 年减少至少 850 万。目前，日本 15 岁以下的人口比例只有 13.5%，这一数字稍低于意大利（14%）和德国（14.3%）。虽然大多数发达国家还没有出现这种情况，但到 2020～2030 年间，这些国家也将会出现类似的人口结构。

更新的现象是，发展中国家的人口也正进入一个空前的老龄化阶段。从现在到 2050 年，发展中国家 15 岁以上人口的增长数量将与全世界新增人口数量相当，15～59 岁的占 12 亿，60 岁以上的有 11 亿之多。据联合国的预测，南亚国家的老龄化比例到 2030 年将与发达国家相当，中东地区会在 2040 年左右出现，而撒哈拉以南非洲到 21 世纪中叶会出现。这种深刻变化的第一个可预见的后果就是全球缺乏劳动力。

南方国家的劳动力。2050 年，全球劳动力人口（15～64 岁）可能达 59 亿，现在为 42 亿。亚洲仍为世界劳动力的主要储存库，在 2005～2050 年间世界有半数以下的劳动者将来自这里：从 2005 年占全球总数的 67.7% 降到

> 2050 年：劳动力主要集中在南方国家

预测人口老龄化（人口以 % 计），1950～2050 年

劳动力人口（15～64 岁）

尼日利亚　埃及　印度　印度尼西亚　世界平均

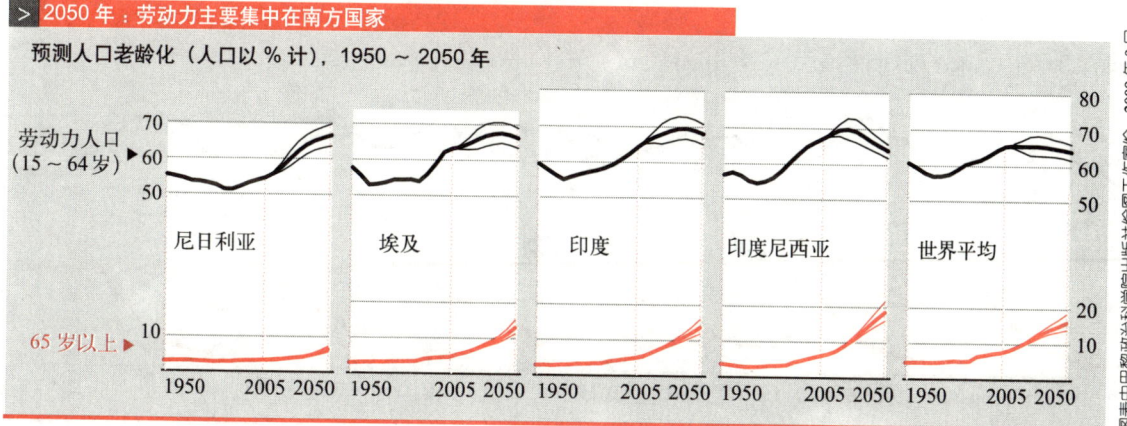

65 岁以上

图表由巴黎政治科学院出版社绘图工作室绘，2009 年 9 月。

城市：改变发展轨迹

平等的要求

2050 年的 57.8%。这一份额的轻微降低是由于中国的人口变化引起的。从 2020 年起，中国劳动力人口将下降，从 2005 年占全世界劳动力人口的 22.2% 下降到 2050 年的 14.6%。相反，这一时期的印度所占份额却从 16.8% 增至 19%。

这一期间的欧洲劳动力人口份额仍然下降：从 2005 年的 11.9% 下降到 2030 年的 8.2%，至 2050 年仅为 6.5%。在北美，这种减少不那么显著，或许是由于有大量移民流入的缘故。目前的比例为 5.3%，到 2030 年之后将始终维持在 4.7% 左右的水平。拉丁美洲占世界劳动力人口的份额仅有轻微变化：2005 年为 8.5%，到 2030 年升至 8.7%，而到 2050 年会回落至 8.3%。劳动力人口唯一会出现增加的大陆是非洲。据联合国预测，非洲大陆的劳动力人口将从 2005 年的 12.1% 增至 2030 年的 17%，到 2050 年将达到 22.1%。

人口的这种预期冲击必然会改变全球不同地区的政治力量和经济关系。面对北方国家正在出现的人口老龄化以及劳动力人口即将出现的缺乏，移民政策的好坏将对这些国家维持经济活动和满足人口需求起到决定性的作用。这一人口变化同样也对各国的一系列政策产生影响：除了退休政策之外，气候政策和农业政策都将为了适应这一新形势而作相应调整。人口老龄化也意味着使用交通越来越少，家庭供暖要求越来越高，吃肉越来越少……

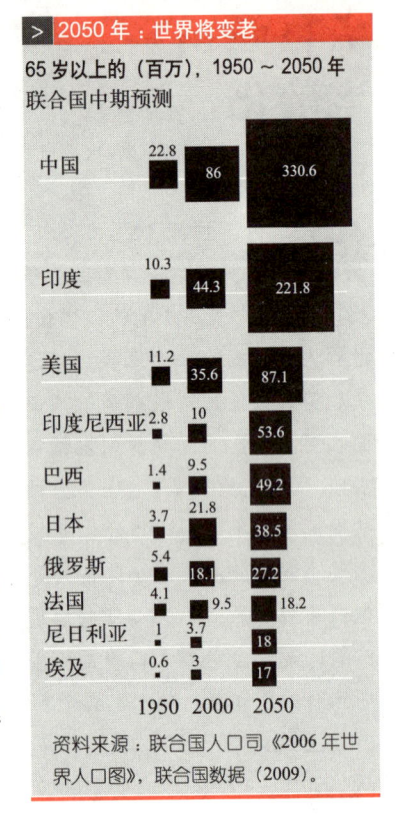

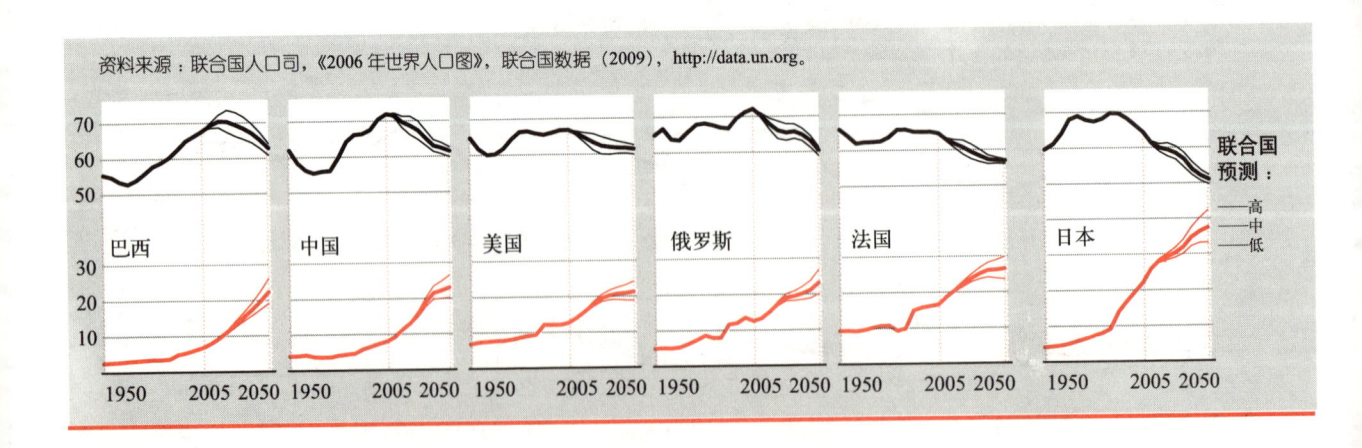

> **2050 年：世界将变老**

65 岁以上的（百万），1950～2050 年
联合国中期预测

	1950	2000	2050
中国	22.8	86	330.6
印度	10.3	44.3	221.8
美国	11.2	35.6	87.1
印度尼西亚	2.8	10	53.6
巴西	1.4	9.5	49.2
日本	3.7	21.8	38.5
俄罗斯	5.4	18.1	27.2
法国	4.1	9.5	18.2
尼日利亚	1	3.7	18
埃及	0.6	3	17

资料来源：联合国人口司《2006 年世界人口图》，联合国数据（2009）。

资料来源：联合国人口司，《2006 年世界人口图》，联合国数据（2009），http://data.un.org。

巴西　　中国　　美国　　俄罗斯　　法国　　日本

联合国预测：
——高
——中
——低

能源模式：
明天是哪一种？

在导致气候变化的温室气体中，最主要的是在化石能源（石油、天然气和煤炭）的消耗过程中排放出来的二氧化碳。因此，任何一种雄心勃勃的气候政策都必须从控制能源需求、引导人们逐步摆脱对化石能源的依赖入手。能做到这一点吗？这一政策的经济后果又如何能知晓？如何预测消费变化或化石能源市场的行情走势？如何判断2050～2100年国民生产总值（GDP）的增长率、技术的进步以及个人的偏好，尤其是那些经济高增长国家的情况（如中国、印度和巴西等）？模型设计理论试图根据消费方式、技术或生活方式的不同变化，推算出未来各种不同的设想方案。

如果南方国家和我们一样。这是第一种方案，也可以被称为是"参考方案"。它是指在没有任何气候政策的情况下，发展中国家与发达国家的生活方式越来越趋同。发展中国家的增长使得这些国家的家庭消费出现一种追赶差距的趋势：具体将体现在居住面积、半耐用品消费水平、拥有汽车的数量以及人均出行工具的数量等。城市的继续扩张以及人们出行需求的增加，大规模发展公路交通的需求开始突出，并使全球的汽车数量到2050年将是今天的3倍。在这种方案下，经济对化石能源的依赖将进一步增强，而一旦化石能源的生产地区出现冲突，经济就更容易遭受打击。在

说明：因为追赶生活水平而导致的家用设备增加以及人口的增长，南方国家的汽车拥有量在2050年前将大大增加。而在发达国家，家用设备的拥有率已接近饱和。不过，按照"参考方案"来预测，2050年中国和印度的人均私家车拥有量（中国为每千人130辆，印度为每千人200辆）仍远远低于经合组织成员国的水平。

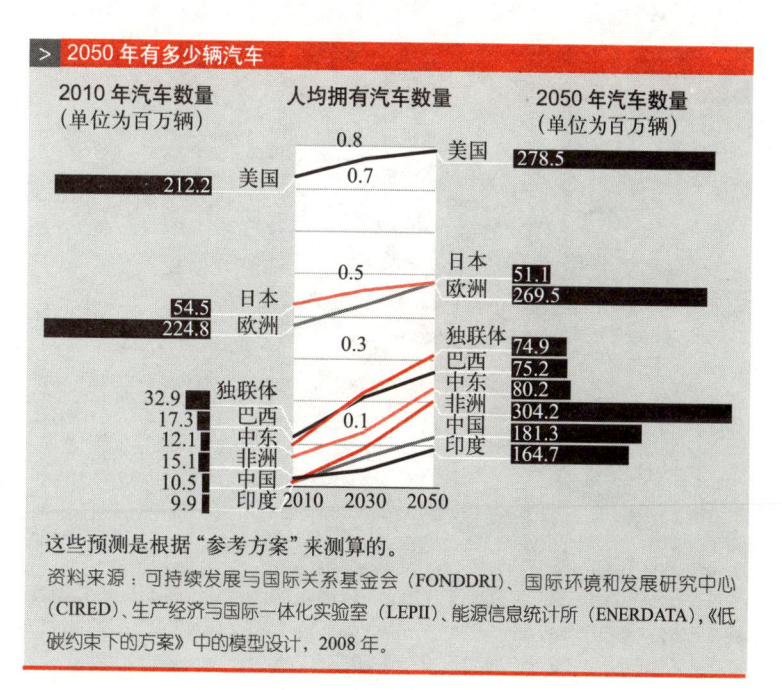

> 2050年有多少辆汽车

2010年汽车数量（单位为百万辆）	人均拥有汽车数量	2050年汽车数量（单位为百万辆）
美国 212.2	美国 0.8 / 0.7	美国 278.5
日本 54.5	日本 0.5	日本 51.1
欧洲 224.8	欧洲	欧洲 269.5
独联体 32.9	0.3	独联体 74.9
巴西 17.3		巴西 75.2
中东 12.1	0.1	中东 80.2
非洲 15.1		非洲 304.2
中国 10.5		中国 181.3
印度 9.9		印度 164.7

这些预测是根据"参考方案"来测算的。
资料来源：可持续发展与国际关系基金会（FONDDRI）、国际环境和发展研究中心（CIRED）、生产经济与国际一体化实验室（LEPII）、能源信息统计所（ENERDATA），《低碳约束下的方案》中的模型设计，2008年。

平等的要求　　　　　　　　　　　　　　　　5　参照标准三

这一方案下，节能技术将受到限制，因此当石油资源日益枯竭的时候，人们很可能会陷入技术困境。家庭以及企业的能源开支将急剧增加，将给政府的社会管理构成巨大挑战。例如，到 2050 年，一个印度家庭将把 20% 的收入用于能源消费。最后，由于到 2050 年二氧化碳的排放量将比目前增加一倍，因此届时出现极端天气的频率会更高，造成的破坏会更大。

如果我们限制排放。第二种设想方案将对全球温室气体排放设定一个限制目标，从而使全球气温到 2100 年上升的幅度低于 2℃。到 2050 年，那些与碳排放有关的一切活动都将按照每吨二氧化碳 100 欧元的标准收费，这样可使经济增长逐步与能源消费脱钩。这种低碳税的征收将有助于"低能耗设备"和某些新技术（如可再生能源、工业的碳截存技术等）的迅速推广。它还将有助于提高能源的利用率，尤其是在交通运输和住房领域。不过，那些能源消费量巨大的发展中国家的经济却要经历一个艰难的转型期，需要一定的时间来消化温室气体排放方面的各种约束。

更换模式。最后一种设想方案被称为是"非模仿"模式。除了碳排放方面的约束之外，它还提出了一种另类的发展模式，即从排放的源头抓起。也就是说，根据每个城市的具体特点，通过调整出行政策以及

在所有排放将受到约束的设想方案中，常规汽车的数量都会有所减少，而混合动力车以及电动车则都会增加。如果加上"非模仿"设想方案，城市活动的空间调整会降低能源消费，从而能缓解石油供应的紧张状况，并有利于混合动力车的发展。

> **2050 年开洁净汽车**

按不同技术将汽车分类（%）

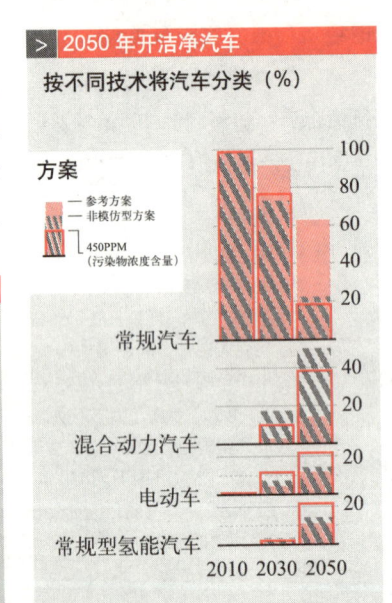

方案
— 参考方案
— 非模仿型方案
▨ 450PPM（污染物浓度含量）

常规汽车
混合动力汽车
电动车
常规型氢能汽车

2010 2030 2050

资料来源：由克里斯托夫·卡森（Christophe Cassen）根据以下资料绘制：可持续发展与国际关系基金会（FONDDRI）、国际环境和发展研究中心（CIRED）、生产经济与国际一体化实验室（LEPII）、能源信息统计所（ENERDATA），《低碳约束下的方案》中的模型设计，2008 年。

> **为了减排而对城市进行重新思考**

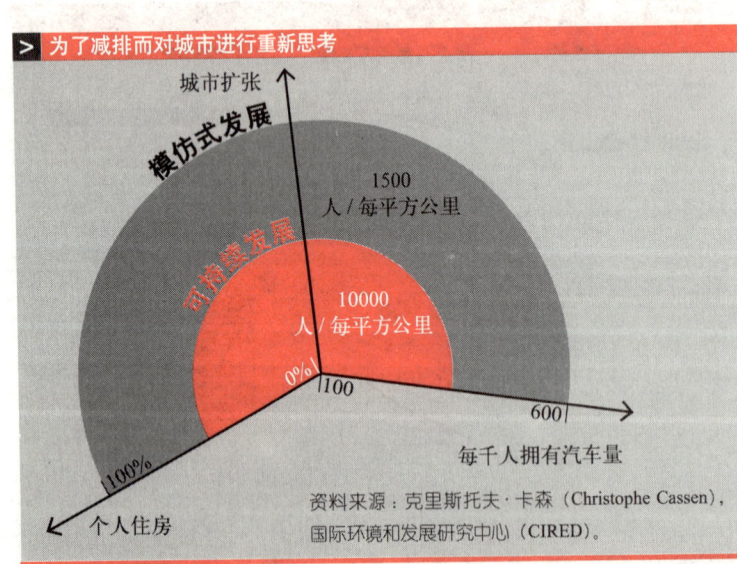

城市扩张
模仿式发展
可持续发展
1500 人/每平方公里
10000 人/每平方公里
0%
100
600
每千人拥有汽车量
100%
个人住房

资料来源：克里斯托夫·卡森（Christophe Cassen），国际环境和发展研究中心（CIRED）

温室气体有 45% 是城市排放的。因此，一切降低碳排放或城市为应对气候变化而作出的调整方案都离不开那些会使城市活动的空间布局发生变化的规划政策或交通运输政策。

生产活动的分布来限制能源消费。为解决城市的规模扩张问题——这是北方国家和南方国家城市所共同面临的问题，相关政策将鼓励能源生产和供应逐步分散经营。多模态运输网络的兴建，再加上能源生产的分散经营（如家用充电电池），可以部分解决因城市规模扩张而带来的出行问题。在生产活动主要集中在城市的亚洲，人们正在设法降低出行需求以及汽车交通。这种模式可使印度的汽车数量与"基准线情景"相比减少一半。家庭以及公司能源负担的减轻将最终减轻能源转型对经济的影响，从而使发展与环境政策能够协调一致。以较小的代价向低碳社会转型并不一定只有实现减排目标这一条路可以走，它还可以通过基础设施领域一些雄心勃勃的政策（如出行方式、住房等）对经济活动进行空间上的重组，从而彻底改变人们的行为方式。这种转型开始得越早，基础设施更新的步伐就可以越慢，所需付出的代价也就越低。不过，它需要公共行动能对投资发挥出强大的引导力，并能保证这些投资的长期收益。

平等的要求　　　　　　　　　　　　　　　**5**　参照标准四

生物燃料（1）：
回归农田

生物燃料在汽车工业界是一个由来已久的想法。不过，生物燃料的工业化生产并将它们作为满足全球能源需求的一种方式，倒是个新现象。如今，生物燃料的生产与消费结构并不相符，生物燃料的供应更无力满足欧洲、美国或其他国家政府最近所制定的消费目标。

目前，美国的生物燃料供应能力最强。2008年，美国生物燃料的消费总量达到了360亿吨标准石油（MTEP），是世界上最大的生物燃料市场，紧随其后的是巴西（200亿吨标准石油）。这两个国家所生产和消费的主要是乙醇。在欧洲，尽管这方面有十分悠久的经验，而且相关政治意愿也很强烈，但生物燃料的推广仍遇到了不少问题：欧洲至少有一半的汽车是柴油车，而目前市面上所供应的生物燃料主要是从油料作物中提炼出来的，因此与粮食生产有一定的冲突之处。只有法国、德国以及意大利等拥有土地资源的国家有能力进行相关生产，不过产量远低于需求。在第

> **在汽车发动机中加入植物油，是一个由来已久的想法**

1853年，达菲（E. Duffy）和帕特里克（J. Patrick）成功完成了对植物油的酯基转移，使之能够用于汽车发动机。

1893年，德国：狄塞尔（R. Diesel）发明了一种能够使用花生油的发动机。1900年，狄塞尔获得了巴黎世博会大奖。

1903年，美国：福特（H. Ford）推出了一款可用乙醇驱动的汽车"Ford T"。这款汽车直到1926年才投入生产。

1920年，美国：福特（H. Ford）与标准石油公司（Standard Oil）联手开始销售乙醇，乙醇的销量占其油品销售总量的25%。

1937年，比利时：沙瓦纳（G. Chavanne）申请了把植物油转化成燃料的专利。目前的生物柴油正是用这种方法生产的。

1939～1945年，石油产品的短缺使德国出现了使用土豆酒精的发动机。英国则出现了用小麦酒精的发动机。

1970年，美国：《清洁空气法》（Clean Air Act）颁布了将植物油用作燃料的相关标准。

1973年，第一次石油危机。

1975年，巴西：政府推出了"酒精推广计划"（PROALCOL），对用甘蔗来生产酒精提供补助，以减轻对石油进口的依赖。

1977年，巴西：帕伦特（E. Parente）申请了首个生物柴油生产工艺的专利。

1978年，国际能源机构成立了生物能源机构，这是一个专门从事生物能源开发的专业机构。

1979年，第二次石油危机。

1982年，美国：第一届植物油与有机油国际大会召开。

1985～1986年，巴西：75%的汽车（以及90%以上的小轿车）用甘蔗酒精作为燃料。

1987年，奥地利：第一家用油菜子生产生物柴油的工厂建成。

1990年，欧洲：捷克、德国、瑞典以及法国开始用菜子生产"DIESTER"牌生物柴油。

1992年，美国：能源法制定了到2010年乙醇、天然气、氢气以及电力等其他替代能源在汽车燃料中所占比例达到30%的目标。

2004年，"可持续棕榈油圆桌会议"（roundtable on sustainable palm oil）提出要促进棕榈油的可持续生产。

2009年，国际可再生能源机构（IRENA）成立。

这一大事记是由《地球信使》杂志的伊莎贝尔·比亚焦蒂（Isabelle Biagiotti）整理完成的。

> **争夺水资源**

生产每升生物燃料所消费的水量（升）*

醇乙
甜菜	1388
土豆	2399
甘蔗	2516
玉米	2570
木薯	2926
大麦	3727
黑麦	3990
水稻	4476
小麦	4946
高粱	9812

生物柴油
大豆	13676
菜子	14201
麻风树**	19924

* 包括种植、收割、运输以及将其转化为生物燃料的整个过程。

** 这些数字是对五个国家（巴西、危地马拉、印度、印度尼西亚和尼加拉瓜）所测定数据的平均值。

资料来源：由法国石油研究所的达芙妮·洛恩（Daphné Lorne）整理绘制。

第一代生物燃料会对那些大量占用土地、用水量大和高投入的大规模种植业构成竞争。正因为如此，应当支持第二代或第三代生物燃料的研究。

二代，甚至第三代生物燃料（见参照标准之五）出现之前，欧洲国家的生物燃料（西班牙、波兰以及英国等）主要靠进口植物油甚至直接进口提炼好的生物柴油。欧洲的乙醇生产（法国、德国、西班牙、波兰以及匈牙利）则动用了各种各样的资源：粮食（小麦或黑麦）、甜菜甚至是酿酒所多余的酒精。至于一些土地资源贫乏的国家（瑞典、英国与荷兰）则主要从巴西直接进口，因为这样价格更低。

对农业的竞争。市场上的生物燃料因为其生产过程对环境和农业所造成的影响而遭到人们的批评。此外，生物燃料的生产还会对那些大量占用土地、用水量大和高投入的大规模种植业构成竞争。农业占用了全球86%的淡水资源。通过灌溉种植来生产生物燃料势必会牵涉不同地区、不同国家乃至全球的自然资源分配问题。事实上，不同的产业、不同的种植方式对水的使用量会有很大的不同。例如，生产出同样数量的能源，如果种植小麦、高粱或者水稻等作物，就需要大量用水，人们也就会对这种做法提出质疑。此外，第一代生物燃料在先期的资金投入上会有很高的要求。虽然它们取代了粮食作物，但其污染程度并没有改变。如果这些植物是种在了新开垦的土地（不毛之地或种植了树木的土地），那么问题将更加严重，它很可能导致周围水质的恶化。上述种种局限 —— 土地有限、与其他粮食作物之间的竞争、水体污染等 —— 为第二代生物燃料的问世创造了条件：这些作物的种植要求没有那么高，能够回应人们的种种批评。

城市：改变发展轨迹　　**215**

平等的要求

5 参照标准五

生物燃料 (2)：
评估对气候的影响

那些旨在开发第二代、第三代生物燃料的研究，其确定的目的之一是开发出更多的石油替代产品。这些新型燃料还将有助于减少温室气体的排放，从而为应对气候变化贡献自己的一份力量。世界各地相继推出了许多旨在促进生物燃料发展的公共政策。对这个行业本身的排放作出精确的测定成了一个重大的政治和经济问题。然而，将各种生物燃料放在一起进行对比，本身就是一项艰巨的任务，因为相关的对比结果会因为种植过程、使用的肥料、种植的土地、运输方式、所采用的加工方式等的不同而不同。迄今所进行的各种研究中，大家唯一认同的一点就是：在整个生命周期中（从生产到消费），生物燃料所排放的温室气体要低于化石能源，当然其中的前提是相关植物的种植过程对土地的用途没有任何改变（开垦处女地或破坏森林等）。

测算排放。欧盟2009年4月通过的《鼓励使用可再生能源的指令》，是在生物燃料方面制定相关测定与选择标准的第一次尝试。今后，欧盟各成员国自己生产或者进口到欧盟的生物燃料，若想被划入各国交通运输领域所使用的可再生能源的指标范围，就必须在可持续方面符合一系列标准。在整个生命周期内温室气体的排放量上，各种生物燃料究竟要比化石能源（天然气和柴油）下

如果不考虑种植活动对土地的影响，欧洲市场上主要的生物燃料在整个生命周期内所排放出来的温室气体，要比化石能源至少低35%。

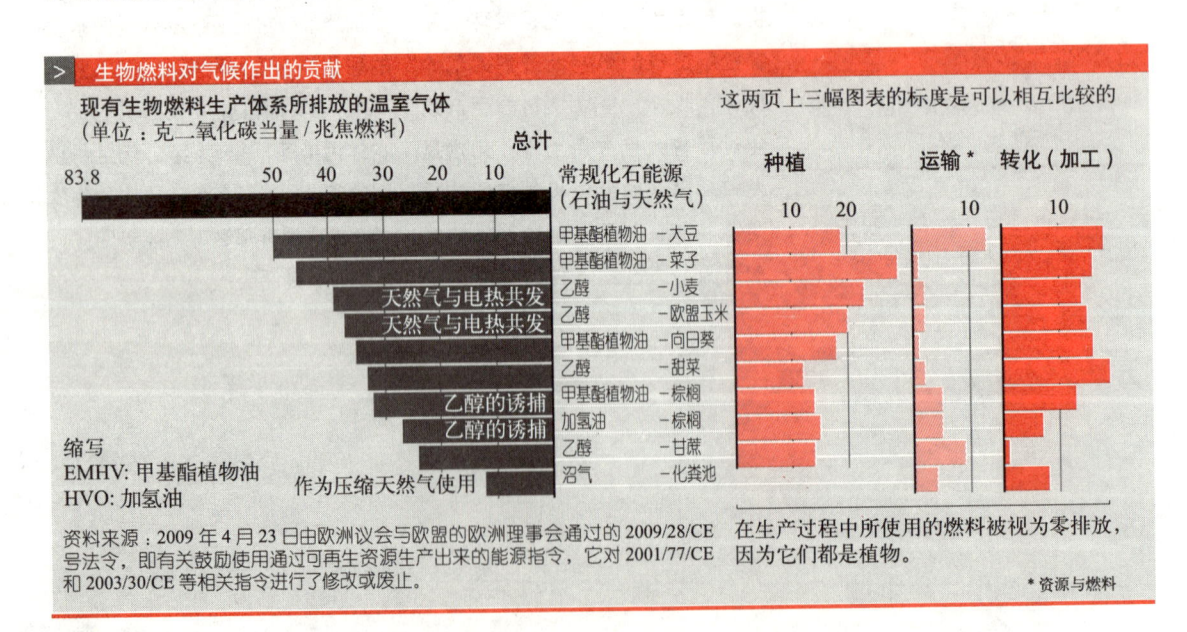

> **生物燃料对气候作出的贡献**

现有生物燃料生产体系所排放的温室气体
（单位：克二氧化碳当量/兆焦燃料）

这两页上三幅图表的标度是可以相互比较的

	总计		种植	运输*	转化（加工）
83.8 50 40 30 20 10	常规化石能源（石油与天然气）		10 20	10	10
	甲基酯植物油 — 大豆				
	甲基酯植物油 — 菜子				
天然气与电热共发	乙醇 — 小麦				
天然气与电热共发	乙醇 — 欧盟玉米				
	甲基酯植物油 — 向日葵				
	乙醇 — 甜菜				
乙醇的诱捕	甲基酯植物油 — 棕榈				
乙醇的诱捕	加氢油 — 棕榈				
	乙醇 — 甘蔗				
作为压缩天然气使用	沼气 — 化粪池				

缩写
EMHV: 甲基酯植物油
HVO: 加氢油

在生产过程中所使用的燃料被视为零排放，因为它们都是植物。

资料来源：2009年4月23日由欧洲议会与欧盟的欧洲理事会通过的2009/28/CE号法令，即有关鼓励使用通过可再生资源生产出来的能源指令，它对2001/77/CE和2003/30/CE等相关指令进行了修改或废止。

*资源与燃料

216 看地球2010

降多少，指令规定了一个最低标准。所有生产生物燃料的新企业都必须能证明自己的温室气体排放比化石能源生产企业的排放量低至少35%。从2013年4月1日起，这一标准将适用于所有的生产设施，无论其新旧。这一标准到2017年之后将更加严格，与被替代的化石能源相比，温室气体的减排幅度要达到50%~60%。除了明确了相关标准之外，指令有关排放的计算方法也值得一提。事实上，人们把一种农业资源转化成燃料的时候，会产生其他产品——通常生产一吨燃料会产生两吨其他共生品。例如，用菜子生产"甲基酯植物油"这种生物柴油时，会产生秆、豆饼（可用作动物饲料）以及甘油。把加工过程中所产生的气体排放以及所消耗的能源全部算在生物燃料身上显然是错误的。指令按照产品和共生品的能源价值，把相关排放摊到了两者身上，这种方法所受到的批评最少。不过，由于它未把种植过程中土地使用情况的

对森林开发所产生的垃圾进行回收利用——这个过程无须使用任何肥料——将使那些生产第二代乙醇或生物柴油的行业企业在温室气体排放方面明显低于生产第一代产品的企业。据欧盟相关指令所公布的数据，第二代乙醇所产生的气体排放比传统从原油提炼出来的汽油或柴油的排放量降低76%~87%，有的新方法所生产的乙醇降幅甚至可以高达92%~95%。这些指标都高于欧盟目前以及未来所要规定的最低标准。但它没有考虑到生产这些资源时土地用途的改变方面所产生的影响。

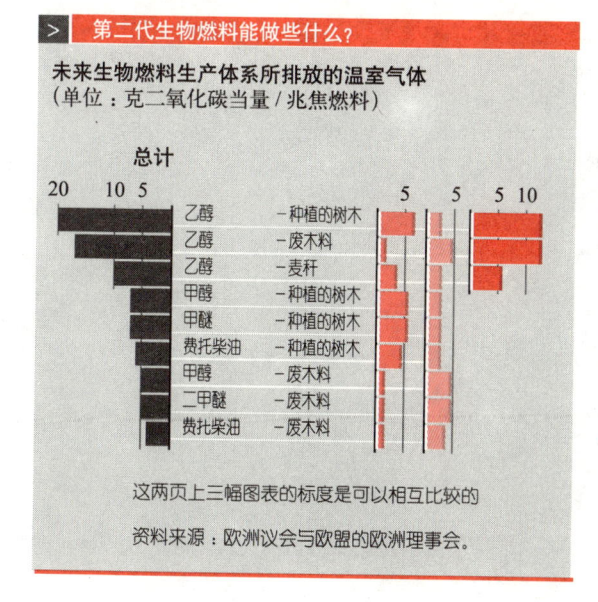

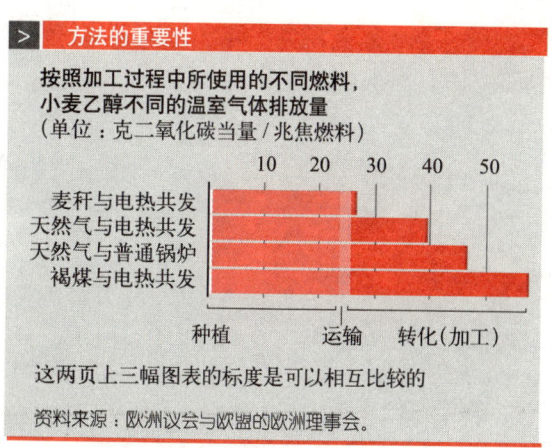

> **第二代生物燃料能做些什么？**
未来生物燃料生产体系所排放的温室气体
（单位：克二氧化碳当量/兆焦燃料）

这两页上三幅图表的标度是可以相互比较的

资料来源：欧洲议会与欧盟的欧洲理事会。

> **方法的重要性**
按照加工过程中所使用的不同燃料，小麦乙醇不同的温室气体排放量
（单位：克二氧化碳当量/兆焦燃料）

这两页上三幅图表的标度是可以相互比较的

资料来源：欧洲议会与欧盟的欧洲理事会。

对于一个给定的生物燃料行业（如用小麦生产乙醇），加工过程中所使用的燃料不同，所产生的温室气体排放量也不同。

变化计算在内，也可以说是有意在忽略对环境的部分影响。

如果把这一计算方式运用到目前在欧洲具有代表性的一些生产行业上，那么就会发现所有这些生物燃料的温室气体排放都比化石能源低35%以上。效果最好的生产系统是垃圾的回收利用（生活垃圾、粪便、废弃的植物或动物油等），因为这些东西几乎被认为是零排放的。同样，巴西用甘蔗来生产乙醇的工艺也被认为是低排放的，因为整个生产过程中所使用的燃料是废渣（甘蔗被榨干后剩余的部分），因而它所排放出来的二氧化碳被认为是能够抵消甘蔗在生长过程中所吸收的二氧化碳。最后，那些生物原料以及生物燃料的运输对于进口行业也十分重要（如巴西用甘蔗生产出来的乙醇、巴西的大豆或印度尼西亚或马来西亚的棕榈油等）。

要想评估生物燃料对气候变化的影响，必须从头到尾对整个生命周期每一阶段的排放量作复杂的分析。这方面的分析已经取得了很大进步，但一种全球通用的计算方法并未问世。这方面仍需要付出巨大努力，尤其要更多地思考土地用途变更所造成的影响。这将是一项十分艰难的工程，因为即使方法正确，在具体计算时仍要考虑当地的一些实际情况，如因使用氮肥而造成的排放以及土地的质量等。如今，采用国家或行业平均值的做法只能满足很小的一部分需要。

农业：
2050年能养活整个地球？

到 2050年，全球将需要养活近90亿人。全球的农业能够在经济、社会和环境可持续发展这三者兼顾的前提下养活这么多人吗？这个问题自2008年粮食危机之后变得更加尖锐，因为当时有人在解释这场危机的原因时提到了这样一个现象：人们对农产品需求的增长与粮食产量的增长之间存在着结构性的差距。自2006年以来，法国国际合作发展中心（CIRAD）和法国农业科学研究院（INRA）在它们联合开展的"Agrimonde"（农业世界）项目中对这个问题进行了深入研究。

大部分分析家认为，粮食需求的增长并不会改变人们的消费模式，因而需要世界粮食产量大增：据联合国粮农组织预计，到2050年粮食需求平均将增加70%，而一些发展中国家的需求则可能增加100%。要想提高产量，则需要大幅度扩大种植面积或增加投入（水、肥料、良种等）。

当然，地球上目前没有被开垦的土地还有很多，尤其是在拉丁美洲和撒哈拉以南非洲地区，但如今围绕着这些土地的开垦引发了激烈的争论，尤其是它们对气候与生物多样性的影响方面。采取提高单位面积产量——这样就

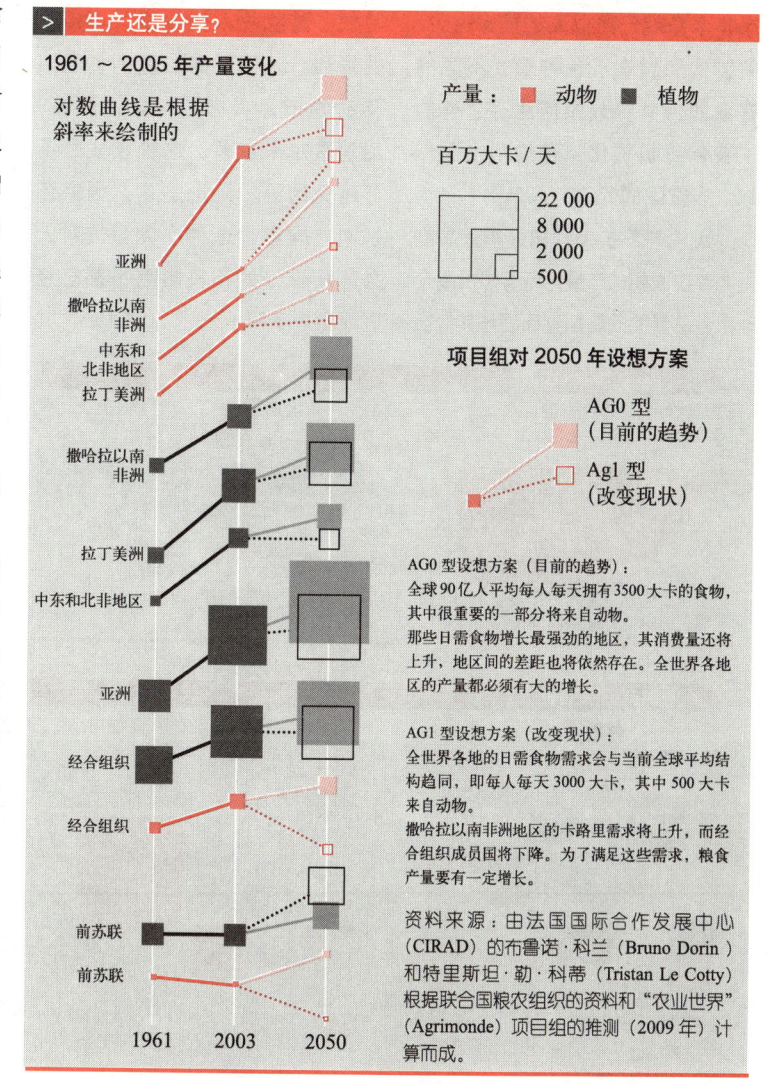

到2050年，全球总人口将接近90亿。如果按照过去的趋势（日需食物越来越丰富、动物卡路里含量越来越多）来估算未来的需求，全球农产品产量几乎要增长一倍。如果认为未来的需求会与当前全球平均的日需食物结构（经合组织成员国的动物蛋白需求下降）趋同，届时的农业需求只是目前水平的1.3倍。

> **生产还是分享？**

1961~2005年产量变化

对数曲线是根据斜率来绘制的

产量：■ 动物　■ 植物

百万大卡/天

- 22 000
- 8 000
- 2 000
- 500

项目组对2050年设想方案

- AG0型（目前的趋势）
- Ag1型（改变现状）

AG0型设想方案（目前的趋势）：
全球90亿人平均每人每天拥有3500大卡的食物，其中很重要的一部分将来自动物。
那些日需食物增长最强劲的地区，其消费量还将上升，地区间的差距也将依然存在。全世界各地区的产量都必须有大的增长。

AG1型设想方案（改变现状）：
全世界各地的日需食物需求会与当前全球平均结构趋同，即每人每天3000大卡，其中500大卡来自动物。
撒哈拉以南非洲地区的卡路里需求将上升，而经合组织成员国将下降。为了满足这些需求，粮食产量要有一定增长。

资料来源：由法国国际合作发展中心（CIRAD）的布鲁诺·科兰（Bruno Dorin）和特里斯坦·勒·科蒂（Tristan Le Cotty）根据联合国粮农组织的资料和"农业世界"（Agrimonde）项目组的推测（2009年）计算而成。

城市：改变发展轨迹　**219**

平等的要求

不会破坏森林或草地——的做法难道不是更好吗？按照现有的技术，撒哈拉以南非洲以及前苏联一些地区的产量很容易就能够提高，这在一定条件下还能提高当地农村穷人的收入水平，使他们能享受到各种产品与服务。对于经合组织成员国或亚洲一些农业产量本身就已经很高的国家来说，关键的问题在于各种形式不同的农业如何共存或如何生存：有的主要依靠机械化，有的则主要依靠众多贫困的劳动力人口。

无论是靠扩大种植面积还是靠提高单位面积的产量，所有想提高全球粮食总量的战略都会面临与其他行业或活动争地、争水或争能源的问题：随着城市化的发展、农产品的非食用用途的增加（如生物能源、生物材料等）以及气候变化等因素的影响，这种矛盾将更加突出。

改变食谱和农业。人们还可以用另一种方式来提出粮食安全的问题，即检讨一下我们的饮食习惯：随着收入的提高，城市化的发展，人们对高热量的食物以及动物产品（肉、牛奶、蛋等）的消费越来越多。这种模式是不可避免的吗？无论是北方国家还是南方国家，这种饮食习惯对人身体所带来的不良影响不都已经显现出来了吗？

目前各种不同的食谱表明，对于那些需要的地区，要提供足够的热量和营养，而那些过量的消费方式则需要纠正。例如，所有的食谱都应当趋向同一标准，即每人每天提供3000大卡，其中500大卡来自动物。如果出现这一情况，那么人类对食品生产的需求就会有所不同，人们也就有更多的机会来生产其他产品或服务，尤其是与环保相关的产品。这里介绍的"Agrimonde"（农业世界）项目所提出的各种方案表明，其中存在着一些行动余地，而这恰恰为公共政策提供了发挥作用的空间：明确农业的另类发展轨迹——不要过多依赖化石能源，尽可能对资源（土地、水和生物多样性等）造成小的影响；重新思考动物的饲养；改变食品模式的变化趋势（既要改变消费者，也要改变生产行业）；对国际贸易进行调控，使那些结构性缺粮的地区既能获得其他地区的产品，同时又不会影响到本地农业生产的发展等。这一工作日程表才刚刚打开……

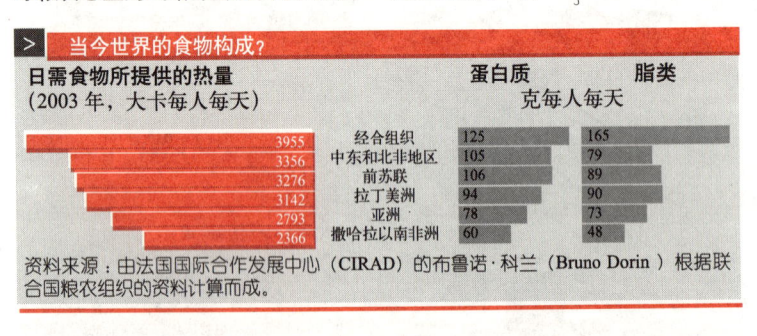

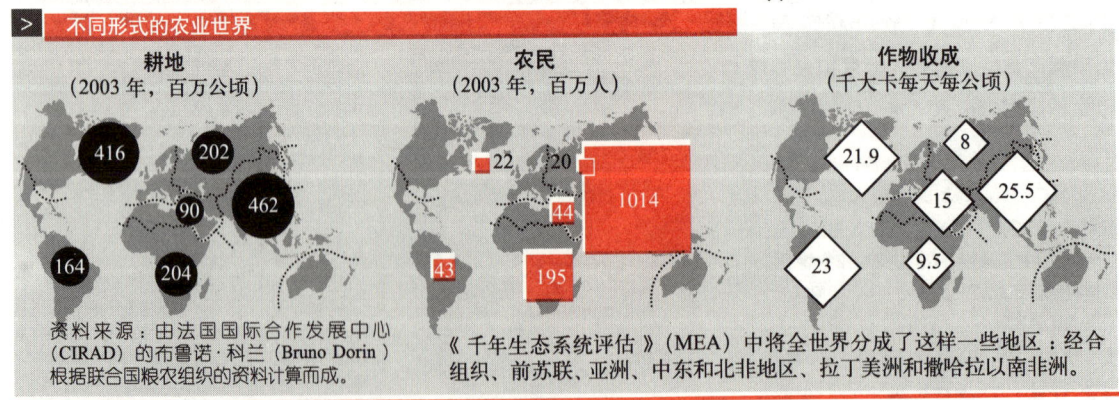

> **当今世界的食物构成？**

日需食物所提供的热量 (2003年，大卡每人每天)	蛋白质 克每人每天	脂类 克每人每天
经合组织 3955	125	165
中东和北非地区 3356	105	79
前苏联 3276	106	89
拉丁美洲 3142	94	90
亚洲 2793	78	73
撒哈拉以南非洲 2366	60	48

资料来源：由法国国际合作发展中心（CIRAD）的布鲁诺·科兰（Bruno Dorin）根据联合国粮农组织的资料计算而成。

> **不同形式的农业世界**

耕地（2003年，百万公顷）：416、202、90、462、164、204

农民（2003年，百万人）：22、20、44、1014、43、195

作物收成（千大卡每天每公顷）：21.9、8、15、25.5、23、9.5

资料来源：由法国国际合作发展中心（CIRAD）的布鲁诺·科兰（Bruno Dorin）根据联合国粮农组织的资料计算而成。《千年生态系统评估》（MEA）中将全世界分成了这样一些地区：经合组织、前苏联、亚洲、中东和北非地区、拉丁美洲和撒哈拉以南非洲。

参照标准七

电力：
发展之能源

能源，特别是电力，是经济和人类发展的重要资源。电是用来支撑基本供应的，如教育（提供学校和家庭照明）、食品卫生安全（使用冰箱）、使用通信技术或提高农业和经济活动的效率。然而，联合国开发计划署（PNUD）估计，到 2005 年，仍有 16 亿人——大多居住在最不发达国家——用不上电。非洲的情况尤其严重：在 20 多个国家中，75% 的居民还没通电，这种困难的情况也见于缅甸、阿富汗、朝鲜、巴布亚新几内亚和柬埔寨。

在发展中国家，城市和农村地区之间的情况也有很大差异。在那些通了电的地方，有些城市地区的供电也不可靠（不稳定的网络、收费的问题等），但它们仍是获得服务最好的地方。只有在那些电的普及率平均在 75% 以上的国家，相关的差异才没有这么明显。在一些非洲国家，只有不到 40% 的城市居民能用上电：利比里亚（7%），中非共和国（14%）或卢旺达（25%）。然而，在所有国家，城市用电数量虽然有限，但仍远远高于农村地区。这种差距在一些国家特别明显：在阿富

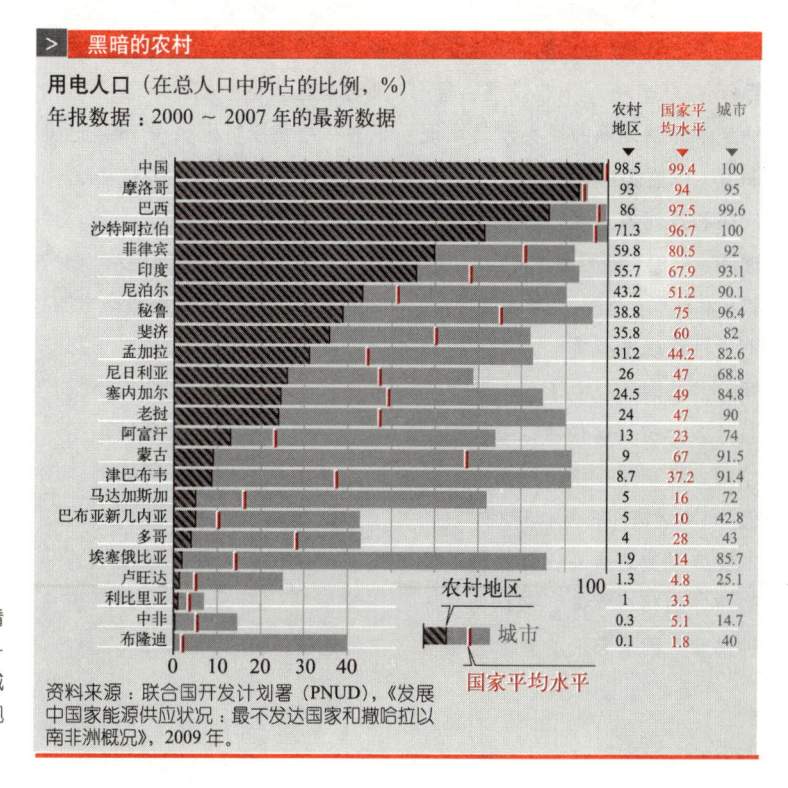

尽管各地情况千差万别，但总体来看城市能用上电的情况要好于农村。一个国家发展程度越高，用电方面的城乡差距就越小，也就是说用电是体现居民生活水平的一个很好的指标。

> **黑暗的农村**

用电人口（在总人口中所占的比例，%）
年报数据：2000~2007 年的最新数据

	农村地区	国家平均水平	城市
中国	98.5	99.4	100
摩洛哥	93	94	95
巴西	86	97.5	99.6
沙特阿拉伯	71.3	96.7	100
菲律宾	59.8	80.5	92
印度	55.7	67.9	93.1
尼泊尔	43.2	51.2	90.1
秘鲁	38.8	75	96.4
斐济	35.8	60	82
孟加拉	31.2	44.2	82.6
尼日利亚	26	47	68.8
塞内加尔	24.5	49	84.8
老挝	24	47	90
阿富汗	13	23	74
蒙古	9	67	91.5
津巴布韦	8.7	37.2	91.4
马达加斯加	5	16	72
巴布亚新几内亚	5	10	42.8
多哥	4	28	43
埃塞俄比亚	1.9	14	85.7
卢旺达	1.3	4.8	25.1
利比里亚	1	3.3	7
中非	0.3	5.1	14.7
布隆迪	0.1	1.8	40

资料来源：联合国开发计划署（PNUD），《发展中国家能源供应状况：最不发达国家和撒哈拉以南非洲概况》，2009 年。

城市：改变发展轨迹 **221**

平等的要求

参照标准七

汗,只有13%的农村家庭接通了电网,而有74%的城市家庭用上电。在塞内加尔,24%的农村家庭通电,而城市居民却有85%用上电。在秘鲁,这种比例也很相似:只有38%的农村家庭通上电,而城市居民有88%。而布隆迪、中非、埃塞俄比亚和利比里亚,可以说只有城市居民才能用上电。

国际合作已经在设法补救这种状况,特别是联合国在2000年通过了包含八大目标的"千年发展目标"(OMD)。"千年发展目标"确定了非常明确的目标及其实现期限,以监测在消除贫困、饥饿、疾病和反对排斥等领域所取得的进展,同时促进两性平等、健康、教育和环保。尽管"千年发展目标"不包括明确的有关电力发展的目标,但是国际社会承认,获得能源可以为实现这些目标发挥重要作用。特别是,使用所谓的"现代"燃料做饭和取暖(与动物粪便、木炭或煤炭之类的固体燃料不同的液体燃料或气体)被认为是一种进步,因为它们的能源含量高

并能降低健康风险(见参照标准之八)。然而,目前的电力发展远远低于所需,特别是在撒哈拉以南非洲。国际能源机构(IEA)估计,如果没有新的战略来增加能源供应,在2015年之前这种情况将维持不变。

合作的挑战。 发展可持续的、公平的以及在经济上是可行的现代能源服务,尤其是建立电力供应体系,对于那些最贫穷的国家来说并不是件容易的事。所需的投资是巨大的:据国际能源机构估算,所需投资至少在2000亿美元。在某些情况下,分散电力生产(柴油发动机、小型水电站、太阳能、生物能源)可能会是一种比扩大现有的(通常是很昂贵的)网络更为明智的选择。对于那些最不发达国家来说,合作不仅仅意味着转让技术。给最贫困阶层的人通上电的同时也需要加强制度、财政和技术上的能力。关键的挑战是把获取能源的发展置于国家发展战略的核心,筹集资金并促进当地的能源服务。

2000年,国际社会承诺要在2012年之前大幅度消除贫困,这就意味着发展中国家用电人口将增加12%。非洲一些国家在这方面尤其要付出巨大努力,这里的用电人口将增加一倍。

> **国际承诺**

"千年发展目标"(OMD)
不同的设想方案,到2015年用电人口比例(%)

发展中国家
① 75
② 87
③ 87

撒哈拉以南非洲地区
① 29
② 48
③ 64

① **基本设想方案:**
用电人口比例与2007年相同。

② **各国使用能源的设想方案:**
各国所制定的目标均已实现。

③ **与"千年发展目标"相适应的设想方案**
用不上电的人口要比2007年减少50%。

资料来源:联合国开发计划署(PNUD),《发展中国家能源供应状况:最不发达国家和撒哈拉以南非洲概况》,2009年。

能源：
能用得起、多样化、洁净与安全

能源是一切发展问题的核心。有了能源，就能提高农业生产力，就能享受供水、医疗保健和教育等服务。然而，发展中国家的能源服务不但数量有限，而且有时所使用的能源对健康和周边环境都十分有害。不同地理区域，做饭和取暖用的燃料千差万别：天然气在非洲很少使用，除了北非马格里布地区一些国家之外，木材和木炭仍是这里使用最广泛的能源。南美洲就不同了，天然气是这里的主流燃料。

在这些国家，特别是在农村地区，取暖和做饭所使用还是"传统"燃料（如木炭，粪便或木材等固体燃料），而不是所谓的"现代"燃料（气体或液体，如石油或天然气）。

在 2007 年，发展中国家只有 40% 的人口能够获取这些"现代"能源。撒哈拉以南非洲的情况尤其令人担忧，这里使用"现代"能源的比例仅占 17%。2000 年通过的"千年发展目标"是：在 2015 年前将这两个比例分别提高至 70% 和 58%。

"现代化"解决方案。这是一项重大的挑战：国际能源机构（IEA）估计，此举意味着超过 10 亿人将更换他们日常用的燃料。传统燃料的使用会对环境和健康造成严重影响：据世界卫生组织（WHO）估计，每年死于室内燃料污染的人数高达 130 万，超过了死于疟疾的人数。这些国家开发"现代"能源也意味着它们要迎接能源可持续性和安全方面的挑战。

国内能源来源多样化将面临着许多棘手的问题：提高能源效率，从而降低用户的成本；减少有害的室内污染；最后还要保护当地环境，以免其受到过度开发的破坏。

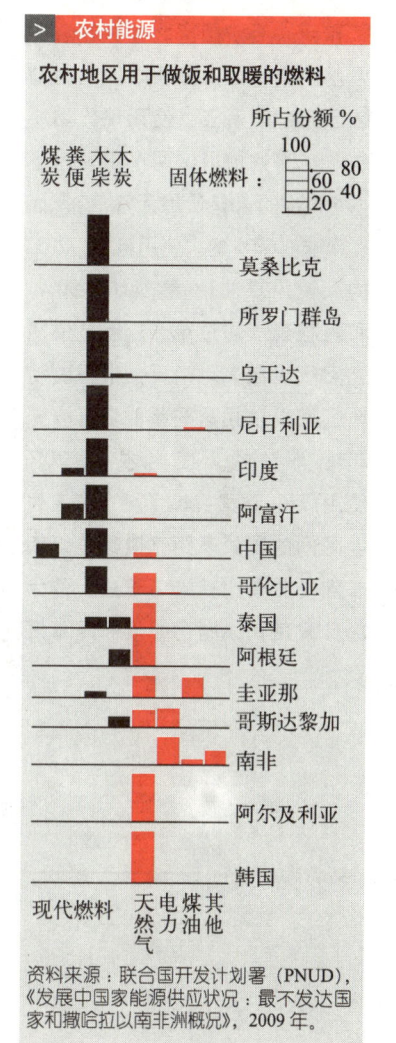

> **农村能源**

农村地区用于做饭和取暖的燃料

所占份额 %

固体燃料：煤、粪便、木柴、木炭
现代燃料：天然气、电力、煤油、其他

莫桑比克
所罗门群岛
乌干达
尼日利亚
印度
阿富汗
中国
哥伦比亚
泰国
阿根廷
圭亚那
哥斯达黎加
南非
阿尔及利亚
韩国

资料来源：联合国开发计划署（PNUD），《发展中国家能源供应状况：最不发达国家和撒哈拉以南非洲概况》，2009 年。

城市：改变发展轨迹　　**223**

许多家庭没有获得可靠能源的渠道，它们把很大一部分金钱或时间用在了获取能源上。总体而言，我们注意到了最不发达国家和新兴经济国家之间存在着巨大差别。例如，在韩国的农村地区和阿尔及利亚，使用现代燃料是非常普遍的（这两个国家差不多100%的人口使用天然气），而在南非（60%的人使用电力，20%的人使用煤油）、泰国（约50%）和阿根廷（超过60%）也是使用天然气者居多。相反，中国农村地区很少使用这些新能源（少于20%，60%的人使用木材，20%使用煤），这又突出了城市和农村地区间的国民差距。撒哈拉以南非洲（莫桑比克或乌干达）的大部分只使用木材，印度和阿富汗的情况亦是如此。总体上看，农村地区的电力是欠发展的（见参照标准之七）。

现有的技术手段多种多样，但相对容易使用：它可能是用一些分散安装的、可再生能源（太阳能、小型水电站）所生产的电来取代柴油或煤油灯；也可能是将木材或煤炉换成改进型的煤油或煤气灶具，或者是安装电水泵等。然而，在许多欠发达国家，以消除贫困为目的的战略计划很少包括改进能源获取方式的目标。因此，国际间的合作应着眼于发展制度能力，帮助各国制定提高能源供应的国家战略，为发展现代和可持续的能源募集资金，并传授相关技术知识和经验。

> **国际承诺**

"千年发展目标"不同的设想方案，到2015年获取现代燃料人口比例（%）

发展中国家
① 40
② 70

撒哈拉以南非洲地区
① 17
② 58

① 基本设想方案：获取现代燃料人口比例与2007年相同。

② 与"千年发展目标"相适应的设想方案：无法获取现代燃料的人口比例要比2007年减少50%。

现代燃料指与传统的固体燃料（木柴、木炭、畜粪、煤炭）相反的液态和气态燃料（液化石油气、天然气、煤油）。

资料来源：联合国开发计划署（PNUD），《发展中国家能源供应状况：最不发达国家和撒哈拉以南黑非洲概况》，2009年。

环境：
要不要给大自然付报酬？

2005 年由联合国发布的《千年生态系统评估报告》中提出了"生态系统服务"这一概念，它是指自然界与其社会和经济用途之间密切而牢固的关系。运用这一概念的人通常会得出这样一个结论，即人类从生态系统服务中所获得的各种惠益（水、空气、种子、肥力）并没有被各公共或私营参与方认识清楚。在这种情况下，许多建议者——他们并不仅仅限于经济学家的圈子——认为应当将生态系统的价值货币化，此举将对那些致力于保护生物多样性——生物多样性的破坏令人忧虑——的参与方提供很大帮助。这些参与方包括环保领域的非政府组织、企业以及联合国环境规划署（PNUE）等国际组织。在这个经济规则至上、数字力量无比强大的世界里，给自然界所提供的服务定价似乎有助于扭转当前的一些趋势。人们自然而然会认为，相关选择方案的经济优化——使之更具理性——可能会在生物多样性保护方面产生积极作用。

将经济分析用于生物多样性保护的做法早在20世纪60年代就已出现，如今它已经成为一种体系。在这方面，罗伯特·科斯坦萨（Robert Costanza）及其同事们1997年发表的那篇著名文章具有标志性意义：他们在文章中按照自然资源所提供的17种主要服务，给全球生态系统算出了价格。他们虽然承认自己的计算模式存在不足，但仍强调其价值所在：算出了这些服务的潜在价值、对它们的重要性进行了等级划分、明确了未来评估的需要。十年后，帕万·苏克德夫（Pavan Sukhdev）领导的"生态系统和生物多样性经济学"研究项目发表了一份中期报告（2008年），提出了两大目标：一是提出严格的、可供决策者参考的评估方式；二是对生态系统服务恶化所造成的代价进行评估。这一研究还强调应当明确这些生态系统的真正用户。如果仅从那些最穷困人群的需求这一角度出发，那么生态系统的经

> **保护的机会**
> **生态系统服务价值与自然资源商业开发所产生的收益之间的对比**

机会成本 高
每一单位面积生态系统开发所产生的收益

农耕地
热带森林（用于种植高附加值的农业产品）
温带森林
河口
湿地
珊瑚礁
生态系统服务付费*
低
公海
热带森林（仅用于森林开发）
沙漠
*优先区域

生态系统服务（单位面积的价值）

资料来源：根据法国可持续发展与国际关系研究院（IDDRI）的拉斐尔·比耶（Raphaël Billé）和罗曼·皮拉尔（Romain Pirard）提供的数据。

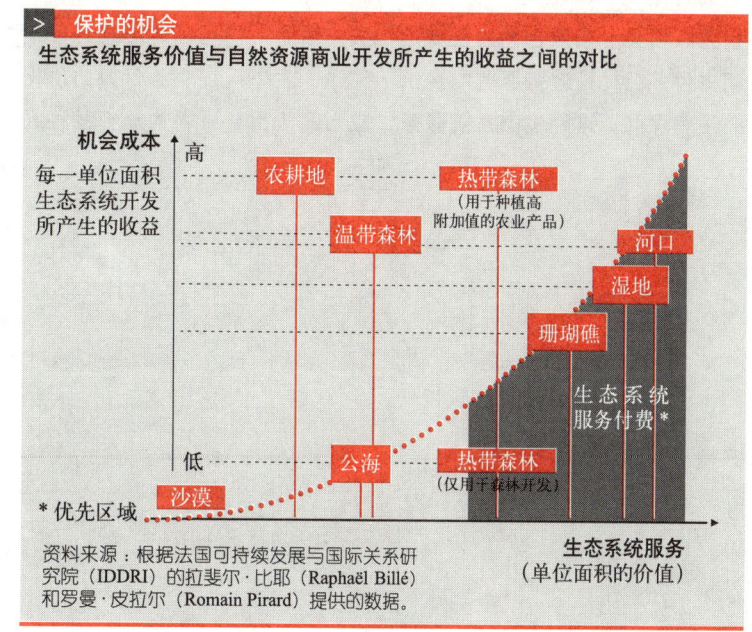

城市：改变发展轨迹 **225**

平等的要求

济贡献是非常大的。人们普遍认为，到2050年生物多样性的破坏将使全球国民生产总值减少7%。对于那些最穷困的人群来说，这一损失可能相当于其国民生产总值的60%。

服务的价格。作为环保市场出现的主要象征，生态系统服务付费（PSE）越来越被视为是一种环保工具。它们通常需要由生态系统服务的购买方（如一个水电站的经营者）自愿与相应的生态系统服务出售方（大坝上游森林的传统用户）签订一份合同。相关款项将会按照合同的条款定期支付，前提是这些服务的提供必须有保障。这种生态系统服务付费最简单的表现形式是：相关经济体因为放弃某些可能破坏环境的经营活动而获得一定的经济补偿。

通过对生态系统服务的评估可以得出一个需要支付的参考价，当然这个参考价必须得到受益方的认可，交易才能完成。然而，在实际操作中，这个参考价格往往超出了购买方所能接受的范围。因此，这个机会成本的确定也具有相同的重要性，因为这个价格至少不能低于出售方因为放弃某种经营活动而遭受的损失。由此人们可以得出这样一个结论，生态系统服务付费的价格应当高于出售方因为放弃某种经营活动而遭受的损失。在森林的碳存储作用方面，由于这种功能的价格就体现在市场上每吨碳的出售价格，因此生态系统服务付费的价格就必须高于直接出售"碳信用"（即温室气体排放权）所获得的收益。相反，如果一个经营项目能够给业主带来丰厚的利润，那么生态系统服务付费也将无法成为保护生态系统的一个有力工具。无论如何，生态系统服务付费所关注的只是地球表面众多生态系统当中一个小小的侧面。更何况，这种价格是在为生态系统所提供的服务、对它们的货币价值，以及非常粗浅的了解基础上计算出来的。

气候、生物多样性：公正、公平与谈判

从环境破坏被认为是一个全球性问题开始，各国就开始了谈判与合作，以期采取协调和有效的行动。自1972年第一次地球峰会召开以来，有关此类问题的国际会议便定期举行。这些国际会议普遍发出了要求公正与公平的呼声：既要在经济和社会发展与环境保护之间找到平衡，同时在解决每一个问题时又要在资源、行动及成本的分配上做到令各方满意。公平与公正如今成了各国在谈判过程中为各自立场辩解所通用的关键词。

人人享有公正。从政治哲学的角度看，环境领域的相关谈判主要体现三方面的公正：一是分配的公正，即一个协议必须最终体现出权力与成本分配的公平性；二是程序的公正，即整个谈判过程必须在公正的条件下进行；三是补偿的公正，即要追究过去的责任并提供相应的补偿。在这三个方面，每一方都会提出一些在它看来能站得住脚的原则立场，而实际上其中既体现了各方所面临的特殊形势，同时也与一项协议的谈判背景与其所涉及的内容有关。整个谈判过程就是要对这些不同的表述进行梳理与引导，以

> 国际谈判的公平性

1972年，第一次地球峰会在斯德哥尔摩召开，发展中国家首次表达了协调好环境保护与发展的需要两者之间关系的要求。

1987年，《布伦特兰报告》（Brundtland Report）发表，该报告首次提出了可持续发展的概念，并强调要兼顾代内公平与代际公平。报告强调尤其应当关注那些最穷困的人群，要对他们予以特别关注。

1991年，阿尼尔·阿加瓦尔（Anil Agarwal）和苏尼塔·纳拉因（Sunita Narain）发表《一个正在变暖的不平等世界》（Global Warming in an Unequal World）的文章，对"生存排放"与"奢侈排放"作出了区分；认为把富裕国家汽车的二氧化碳排放与发展中国家稻田里的甲烷排放相比较是不公平的。

1992年，第二次地球峰会在里约热内卢举行。此次会议通过的《气候变化框架公约》正是建立在公平的基础之上，它还在应对气候变化方面提出了"共同但有区别的责任"这一概念。《生物多样性公约》则强调了"以公平合理的方式共享遗传资源的利用"。

1995年，在政府间气候变化问题研究小组（GIEC）的第二份报告中，第三工作小组专门用一个章节谈了社会与公正问题。

1995年，发展中国家的协调机构"南方中心"成立，其目标是研究和协调与发展有关的一切问题。它在国际舞台上扛起了"公正"与"公平"的大旗。

1997年，在《京都议定书》中，发达国家承诺将自己的温室气体排放量降低5%（与1990年相比），而新兴国家和发展中国家则无须承担这一责任。

2002年，在南非约翰内斯堡举行的第三次地球峰会更加关注南方国家的发展问题，尤其要实现联合国所制定的千年发展目标。代内公平的重要性超过代际公平，消除贫困成了优先目标。

2007年，联合国气候变化大会第13次缔约方大会通过了"巴厘岛路线图"，启动了《京都议定书》全面实施的谈判进程。在为准备2009年哥本哈根第15次缔约方大会所进行的一系列谈判中，公平与公正一直处于核心地位。

这一大事记由巴黎政治学院的马修·索若（Mathieu Saujot）和莫里茨·雷米希（Moritz Remig）整理。

平等的要求

使形成共同的观点,并最终达成一个政治协议。由于公正这个问题并不存在客观的、唯一的判断,因此谈判的过程就是让有关公正的各种论据发生互动,从而达成一个能令人满意的、能让人接受的协议。

公平的要求。在气候变化方面,自 1992 年《气候变化框架公约》通过以来,有关公平问题主要体现在温室气体减排努力的分配标准上。发展中国家自然而然地提出了北方国家在气候变化过程中所应承担的历史责任问题,因为在温室气体累积过程中它们起了主要作用。它们也由此得出结论:发达国家应当首先采取行动。印度认为应当用人均排放量的原则来体现这种公平,因为在使用大气方面,每个人的权利是平等的。日本则站在了发达国家的立场上,认为重要的是关注能源的密度:公平性应当体现在创造财富过程中能源的使用效率上。最后,美国认为应当以目前的排放量为起点,达成一个考虑到各方责任、惠及未来的协议。

探求协议。这些要求公平的诉求以及建立碳交易市场的行为背后,实际上体现着一个更为普遍的问题,即全球财富的公平分配。这一点也体现在有关生物多样性的谈判当中。南方国家普遍

> **一个公平的协议,必须具备三种公正**

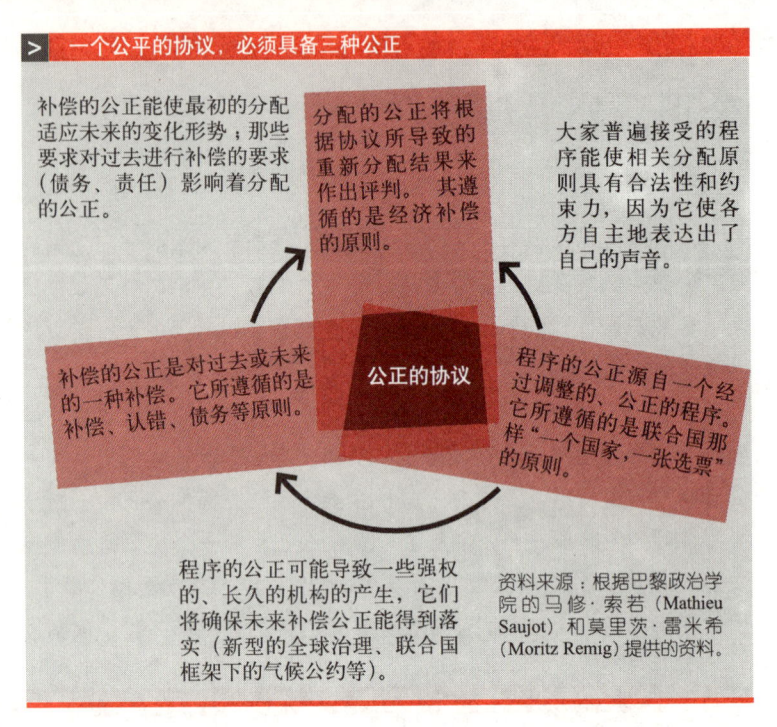

补偿的公正能使最初的分配适应未来的变化形势;那些要求对过去进行补偿的要求(债务、责任)影响着分配的公正。

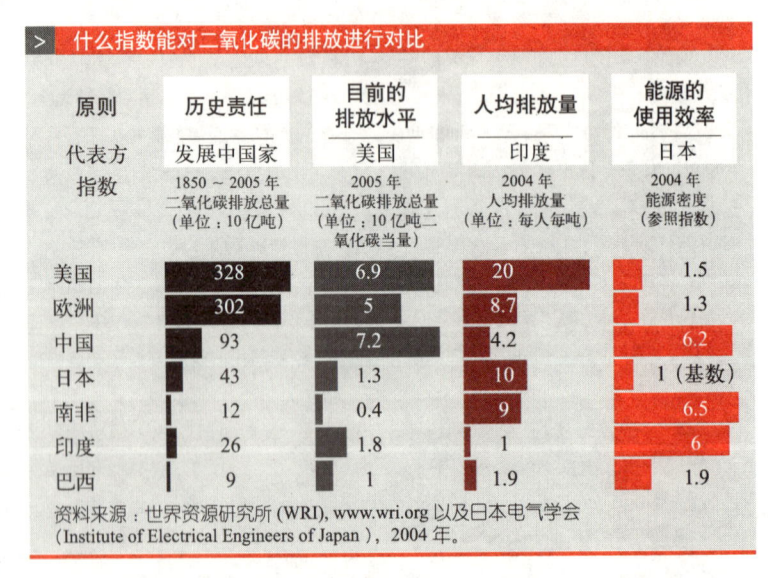

分配的公正将根据协议所导致的重新分配结果来作出评判。其遵循的是经济补偿的原则。

大家普遍接受的程序能使相关分配原则具有合法性和约束力,因为它使各方自主地表达出了自己的声音。

公正的协议

补偿的公正是对过去或未来的一种补偿。它所遵循的是补偿、认错、债务等原则。

程序的公正源自一个经过调整的、公正的程序。它所遵循的是联合国那样 "一个国家,一张选票" 的原则。

程序的公正可能导致一些强权的、长久的机构的产生,它们将确保未来补偿公正能得到落实(新型的全球治理、联合国框架下的气候公约等)。

资料来源:根据巴黎政治学院的马修·索若(Mathieu Saujot)和莫里茨·雷米希(Moritz Remig)提供的资料。

> **什么指数能对二氧化碳的排放进行对比**

原则	历史责任	目前的排放水平	人均排放量	能源的使用效率
代表方	发展中国家	美国	印度	日本
指数	1850～2005 年二氧化碳排放总量(单位:10 亿吨)	2005 年二氧化碳排放总量(单位:10 亿吨二氧化碳当量)	2004 年人均排放量(单位:每人每吨)	2004 年能源密度(参照指数)
美国	328	6.9	20	1.5
欧洲	302	5	8.7	1.3
中国	93	7.2	4.2	6.2
日本	43	1.3	10	1(基数)
南非	12	0.4	9	6.5
印度	26	1.8	1	6
巴西	9	1	1.9	1.9

资料来源:世界资源研究所(WRI), www.wri.org 以及日本电气学会(Institute of Electrical Engineers of Japan),2004 年。

这个能够使二氧化碳排放量进行对比的指数使人们对于每个国家应在气候变化问题上所负责任的看法发生了彻底改变。它也使人们得以了解什么样的协议才对各方都是公平的。

认为,自己的遗传资源已经被一些北方公司"窃取",因而不停地要求建立一个法律框架以保护自己的遗传资源,并且把这些资源与文化多样性和传统习俗联系在了一起。它们经常提到1992年通过的《生物多样性公约》中第三条的规定,即"以公平合理的方式共享遗传资源的利用"。那些生物多样性非常丰富的发展中国家的确想对自己的资源拥有自主权,以便能对它们进行经济开发。而北方国家自然不愿接受生物资源的控制政策,更不愿与人分享利润,因此它们希望目前的知识产权保护体制能够维持。

总而言之,要求公平的诉求本身并不是目的,而是能够让大家坐在一起商谈的条件,以便促成一个各方都能接受的协议。

平等的要求　　　　　　　　　　　　　　　　　　　　　　　　　　　5　参照标准十一

绿色经济：
政策调控的时代

自2008年以来，全球各地主张促进绿色经济和绿色环境的政治承诺越来越多。当前的经济衰退以及生态和气候危机要求人们改变当前的轨迹，因此越来越多的国家和国际机构确信今后各国的政策将更加注重环保与生态平衡。联合国环境规划署（PNUE）为2009年9月在匹兹堡召开的二十国集团峰会而发表的一份报告指出，在各国所宣布的经济振兴计划中，15%的资金将用于绿色产业。

众多的理论资料显示，良好的环境保护会与经济增长之间出现积极的互动。虽然说各种环保政策需要有短期的投入——治理污染所需的费用或者消费资源需要付费等，但这些政策从长期来看将产生积极的效应，因此这些支出从长期来看可以算作一种投资。这些环保政策能够通过以下三种途径促进经济增长。

（1）环保政策的第一大支柱是自然资源使用的优化。这种优化是以技术为依托的：环保政策把许多投资吸引到了洁净技术上——它们可以提高资源的利用率，从而使经济经营者改变原有的生产流程，降低生态足迹。无论这些政策是属于环境成本内化型的（税收、排放权以及标准等）还是直接向洁净技术提供补贴，它们的经济效果都是一致的：企业将提高对有限资源的利用率，从而提高企业的竞争力——尤其是那些资源

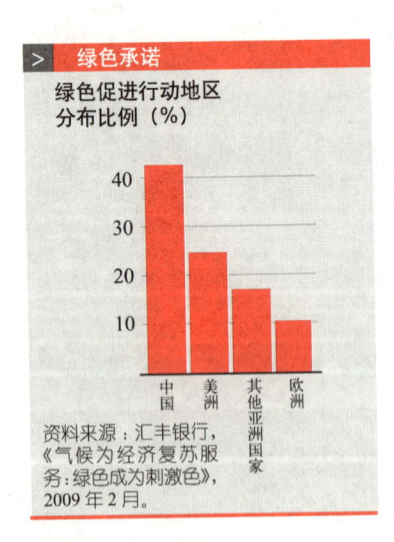

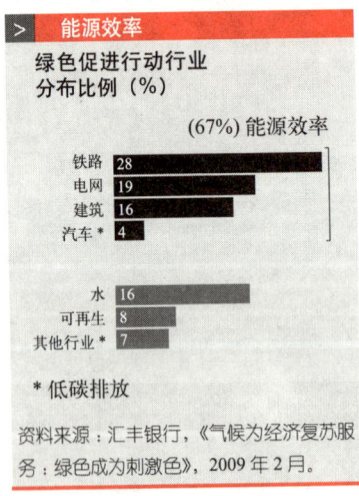

> **绿色承诺**

绿色促进行动地区分布比例（%）

- 中国：约42
- 美洲：约25
- 其他亚洲国家：约18
- 欧洲：约11

资料来源：汇丰银行，《气候为经济复苏服务：绿色成为刺激色》，2009年2月。

> **能源效率**

绿色促进行动行业分布比例（%）

（67%）能源效率
- 铁路 28
- 电网 19
- 建筑 16
- 汽车* 4

- 水 16
- 可再生 8
- 其他行业 7

* 低碳排放

资料来源：汇丰银行，《气候为经济复苏服务：绿色成为刺激色》，2009年2月。

> **铁路、电、建筑**

能源效率领域的开支（单位：10亿美元）

按行业分类
- 铁路 121.8
- 电网 91.7
- 建筑 65.4
- 低碳排放汽车 19.9

按国家分类
- 中国
- 美洲
- 欧洲
- 其他

资料来源：汇丰银行，《气候为经济复苏服务：绿色成为刺激色》，2009年2月。

那些已宣布的绿色振兴计划主要集中在以下三个行业的转型上：能源、运输与建筑。这些措施将鼓励这些行业向无碳经济、低能耗以及促进本地就业等方面发展。韩国、美国和中国所承诺的资金投入最多。

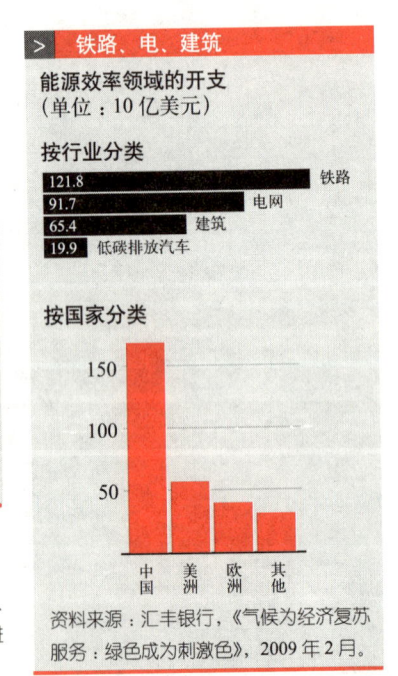

参照标准十一

> **绿色政策的三大支柱**

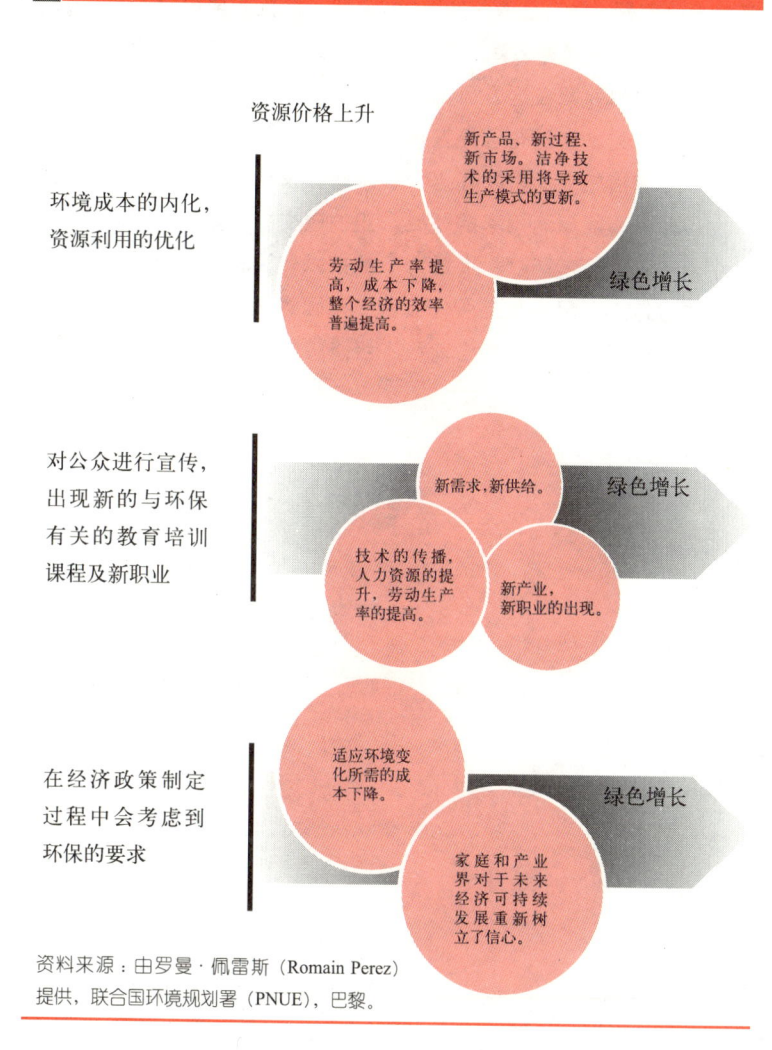

环境成本的内化，资源利用的优化
- 资源价格上升
- 新产品、新过程、新市场。洁净技术的采用将导致生产模式的更新。
- 劳动生产率提高，成本下降，整个经济的效率普遍提高。
- 绿色增长

对公众进行宣传，出现新的与环保有关的教育培训课程及新职业
- 新需求，新供给。
- 技术的传播，人力资源的提升，劳动生产率的提高。
- 新产业，新职业的出现。
- 绿色增长

在经济政策制定过程中会考虑到环保的要求
- 适应环境变化所需的成本下降。
- 家庭和产业界对于未来经济可持续发展重新树立了信心。
- 绿色增长

资料来源：由罗曼·佩雷斯（Romain Perez）提供，联合国环境规划署（PNUE），巴黎。

消耗型的企业，并有利于洁净技术的推广。

（2）对民众进行教育和宣传，使他们更好地认识到环境问题的重要性，而这也会产生经济效益。它们能够催生新的需求，创造新的职业。像所有知识的推广一样，对环境问题的宣传教育还可以提高全社会的人力资源水平，从而提高劳动生产率。

（3）最后，环保政策还能够降低环保方面的不确定因素对经济决策的影响（投资、消费以及储蓄）。事实上，减少我们的行为对环境的影响也会降低生物圈的反常现象所造成的损失。农业收成、防御自然灾害、获取水资源以及其他自然资源、公共健康以及人的寿命等，这一切都取决于生态环境的质量。通过降低风险，给相关参与方明确的决策指标参考，这些绿色计划就能够使人们增强对未来经济前景的信心。

努力不够。在所有国际组织中，联合国环境规划署（PNUE）是推动绿色政策最积极的一个。早在2008年，该组织就启动了"绿色经济行动倡议"（Green Economy

城市：改变发展轨迹　**231**

平等的要求　　参照标准十一

Initiative)，要求各国政府重新考虑其开支，并鼓励私营资本投向洁净技术、可再生能源、供水设施、绿色运输、垃圾处理、高环保标准的建筑以及农业和森林的可持续管理等领域。这一倡议有四大目标：振兴全球经济；巩固甚至创造就业，尤其是在可再生能源和环境保护领域创造一些无法被迁移的就业岗位（美国估计有200万个，欧洲有100万个）；加快应对气候变化和环境恶化问题；最后是消除贫困。

据联合国环境规划署估算，亚洲，尤其是中国和韩国在这方面走在了世界的前列。在那些已经宣布的振兴经济措施中，将近有70%将投入到提高能源利用率的领域当中。不过，尽管这些计划听起来非常惊人，但实际上所付出的努力还很不够。为了使当前经济真正向低碳经济转型，专家建议至少应投入全球国民生产总值的1%，即7500亿（美元），而目前的实际投入只有这个数字的一半。此外，这些振兴计划还要求国际架构发生改变，建立起真正的碳交易市场、生态系统服务的技术转让和交易市场，并要求二十国集团以外的国家也向绿色经济转型。

城市：
可持续发展的学习网络

长期以来，城市被降级到在国家管理的车轮中只起当地齿轮的作用，但是，在20世纪，它们逐渐发展成完全意义上的政治行为体，在国际上获得了承认并形成了自己的组织。作为这场运动的原因与结果，城市网络如雨后春笋般涌现。这些网络多种多样、随处可见，并在解决当地一些可持续发展问题时显示出了自己的效率，比如改善住房、环境保护、医疗和运输服务等。

1913年，城市及地方政府联盟（CGLU）前身

地方当局国际联盟（IULA）在海牙（荷兰）创建，旨在加强地方当局的权力。第二次世界大战后，地方当局国际联盟在各个国际组织，尤其是在联合国当中，代表着地方政府的利益。

1900年五个最大的城市：
（单位：百万人）

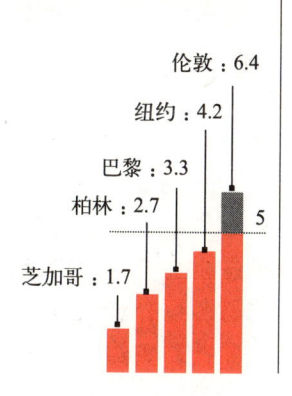

- 伦敦：6.4
- 纽约：4.2
- 巴黎：3.3
- 柏林：2.7
- 芝加哥：1.7

1953年，欧洲（Europe）

欧洲市镇议会首届全体大会通过了《欧洲城市自由宪章》。

1950年五个最大的城市：
（单位：百万人）

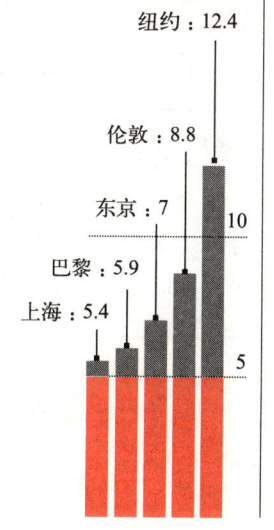

- 纽约：12.4
- 伦敦：8.8
- 东京：7
- 巴黎：5.9
- 上海：5.4

1956年，城市及地方政府联盟（CGLU）前身

世界友好城市联合会（FMVJ）在艾克斯莱班（法国）成立，以促进城市间的交流。这个网络在20世纪80年代末更名为世界联合城市联合会（FMCU）。

1956年，美国（United States）

美国总统艾森豪威尔启动了旨在发展公民外交的国际友好城市活动。

1967年，（联合国）世界卫生组织（WHO）

世界卫生组织（WHO）年会讨论城市化和公共健康之间的关系。

1975年，城市及地方政府联盟（CGLU）前身

世界联合城市联合会（FMCU）法国分支机构——法国城市联盟，联合了500多个参与国际合作活动的法国地方政府。

1976年，联合国（UN）

第一次联合国人类住区会议上成立了联合国人类居住区规划署（UN-Habitat）。

1979年，法语国家市长国际协会（AIMF）

在巴黎（法国）和魁北克市长（加拿大）的倡议下，创建了法语国家市长国际协会（AIMF），在其网络内发展地方民主，提高政治参与度。

城市：改变发展轨迹

全球角色，地方挑战

1982 年，和平市长 (Mayors for Peace)

广岛市市长创建一个反对使用核武器的城市网络。今天，该网络包括 119 个国家的 700 个城市。

1984 年，大都会 (Metropolis)

阿比让、亚的斯亚贝巴、巴塞罗那、布宜诺斯艾利斯、开罗、科伦坡、伦敦、洛杉矶、墨西哥城、纽约、巴黎、东京和都灵创建了"大都市"——汇集了世界上最大的城市，以提高其对政策制定的影响。如今，这个拥有 100 个会员城市的组织已经加入到了城市及地方政府联盟（CGLU）。

1985 年，欧洲 (Europe)

《欧洲地方自治宪章》获得通过，欧盟将采用德国的体制模式来组织地方民选代表。

1986 年，欧洲城市网络 (Eurocities)

欧洲城市网络在鹿特丹（荷兰）成立，汇集了鹿特丹、巴塞罗那、伯明翰、法兰克福、里昂和米兰等城市，以加强大城市对欧盟委员会的游说能力。

1987 年，联合国 (UN)

世卫组织欧洲办事处建议城市通过"城市健康计划"参与其"全民健康"的行动。其他类似网络也将在北美、拉丁美洲、亚洲和非洲展开类似行动。

1987 年，大都会 (Metropolis)

"愿所有人的都市生活更美好"大会在墨西哥城举行。

1990 年，欧洲 (Europe)

《城市环境绿皮书》发表，这是欧洲共同体第一次对其境内城市环境作出诊断，它表达了欧洲城市在环境管理方面的共同需要。

1990 年，联合国 (UN) – 国际地方环境行动理事会 (ICLEI-Local Governments for Sustainability)

来自 43 个国家的 200 多个地方政府，在联合国总部纽约召开的有关可持续发展的地方政府世界大会上，成立了国际地方环境行动理事会（ICLEI）。

1990 年，联合国 (UN)

联合国人居署推出了"可持续城市计划"以增强发展中国家市政当局的环境规划和管理能力。

1990 年，能源－城市 (Energie-Cités)

能源－城市组织（法国）由贝桑松的市长罗伯特·斯赫温特（Robert Schwint）创建，它吸引了那些愿意在本地实行可持续能源政策的欧洲城市。

1990 年，气候联盟 (Climate Alliance)

法兰克福（德国）市市长建立了气候联盟，旨在促进欧洲气候保护的积极政策和对亚马孙森林的保护，与几个土著美洲印第安人组织建立伙伴关系。

1990 年，地方及国际环保组织 (KIMO)

地方及国际环保组织（KIMO）成立。目前包括 12 个国家的 120 个地方当局，共同为（清除）北海海域污染努力。

1991 年，城市及地方政府联盟（CGLU）前身

城市及地方政府联合会（CGLU）第 13 届世界大会通过关于环境、健康和生活方式的《奥斯陆宣言》。

1991 年，城市发展伙伴关系 (PMD)

在世界银行和法国对外合作局的倡议下，成立了城市发展伙伴关系（PMD）以帮助非洲城市完成权力下放框架内的任务。城市发展伙伴关系设立了两个代表处：一个是在科托努（贝宁），负责西非事务；一个是在哈拉雷（津巴布韦），负责东非事务。

1992 年，联合国 (UN)

《里约宣言》和《21 世纪议程》为不同层级的政府划定了可持续发展目标的路线图。《21 世纪议程》的第 28 章强调了地方政府在实现这些目标中所发挥的关键作用。

1993年，（联合国）世界卫生组织（WHO）

首届国际健康城市会议上，50多个国家介绍了各自的经验。

1993年，国际地方环境行动理事会（ICLEI）

在纽约召开的第一次世界气候变化市长峰会汇聚了150名地方政府代表，要求城市实施量化目标，以减少温室气体排放、改善空气质量和居住条件，实现可持续发展。今天，600多个城市参加了这些行动。

1993年，气候联盟（Climate Alliance）

德国、奥地利、意大利和荷兰的许多城市成了该组织的成员，其秘书处设在法兰克福（德国）。

1993年，大都会（Metropolis）

蒙特利尔大会（加拿大）关注的是"公民与可持续发展"之间的关系：在关注低收入人群、大气污染及其对健康的影响、运输服务、规划、经济战略和固体废物管理等方面制定政策。

1994年，国际地方环境行动理事会（ICLEI）欧洲分部

"欧洲城市可持续发展宪章"在奥尔堡（Aalborg）（丹麦）通过，确定了城市在实现可持续性发展中将发挥关键作用。

1994年，国际地方环境行动理事会（ICLEI）与经合组织

由经合组织与欧盟委员会组织的海德堡会议，介绍了在气候变化和能源的地方管理方面所取得的成果。

1994年，城市发展伙伴关系（PMD）

城市发展伙伴关系（PMD）管理大会设立，其成员是管理西非国家网络的各地方当局协会。

1995年，21世纪委员会（Comité 21）

"21世纪委员会"（Comité 21）由66个城市和一个大都市组成，旨在指导"《21世纪议程》在法国的行动"。

1996年，联合国（UN）

联合国人居议程（伊斯坦布尔）是联合国历史上的第一份文件，承认地方政府可以在可持续战略和提供合适住房方面发挥参与者和合作者的作用。

1996年，世界城市和地方自治协作协会（AMVAL）

世界城市和地方自治协作协会（AMVAL）举办了第一次全球大会，会上成立了一个跨协会的协调部门，旨在国际会议上用一个声音说话，并且致力于推动《地方自治世界宪章》。该机构因为缺乏资金已于2004年停止运作。

1996年，欧洲（Europe）

1000多个地方政府参加的第二届欧洲城市可持续发展大会上批准了"里斯本行动计划"，这个计划旨在贯彻落实《奥尔堡宪章》。

1997年，（联合国）人居署（Habitat）

受欧洲人所准备的文本启发，10个地方政府协会与联合国人居署启动了起草《地方自治世界宪章》的行动。这一进程几起几落，《宪章》至今未能问世。

1999年，城市联盟（Cities Alliances）

世界银行与一些国家、国际机构以及地方政府协会成立了城市联盟（Cities Alliances），这是一个为南方国家城市提供资金和政策支持的机构。它是在柏林成立的。

2000年，欧洲（Europe）

来自36个欧洲国家的250名市长在第三届欧洲城市可持续发展大会上发出了"汉诺威呼吁"，重申了在保护环境和减少城市对气候的影响等方面的承诺。

2000年，城市及地方政府联盟（CGLU）前身

联合国地方当局咨询委员会（UNACLA）

城市：改变发展轨迹　**235**

全球角色，地方挑战　　5　参照标准十二

正式成立，以便在联合国人居议程执行过程中加强各国政府与地方当局之间的关系。联合国地方当局咨询委员会（UNACLA）的成员有一半由地方当局任命，是联合国系统内第一个与地方当局有关的正式咨询机构。

2000 年，气候联盟（Climate Alliance）

气候联盟在博尔扎诺（意大利）举行的大会上，几百个会员城市发表承诺声明，将制定短期的减排目标。

2001 年，城市及地方政府联盟（CGLU）前身

地方当局国际联盟（IULA）和世界联合城市联合会（FMCU）在里约峰会上呼吁"全世界各级地方政府支持这两个网络的合并进程，以建立一个强大和团结的地方政府世界性组织"。

2001 年，城市发展伙伴关系（PMD）

城市发展伙伴关系（PMD）成了一个由西非和中非的全国性地方当局协会组成的区域性组织，该区域 24 个国家中 15 个国家加入其中。

2002 年，欧洲城市（Eurocities）

"欧洲城市"加入了欧洲未来公约，这是一个旨在对欧盟机构重组的公约。2003 年 6 月发表的《欧盟宪法条约》草案明确承认了地方和地区当局的权力和责任。

2002 年，国际地方环境行动理事会（ICLEI）

在约翰内斯堡（南非）可持续发展的世界首脑会议之后，国际地方环境行动理事会（ICLEI）推出了"地方行动 21 世纪议程"，目的是在环境保护问题上推动参与性治理的方式。

2002 年，姊妹城（Sisters Cities）

此举旨在开发一个涵盖所有与"约翰内斯堡行动计划"有关的发展项目的专业网络。

2003 年，21 世纪委员会（Comité 21）

21 世纪委员会（Comité 21）、法国的"欧洲市镇和地区理事会协会"（AFCCRE）以及法国联合城市等共同签署"可持续发展的地方分权合作宪章"。

2003 年，健康城市（Villes-santé）

世界卫生组织（WHO）为参与"健康城市"计划的城市创建一个支持、共享网络。

2004 年，创新型城市（Villes créatives）

联合国教科文组织发起成立了创新型城市（Villes créatives）网络，旨在促进社会、经济和文化的发展。网络将使公营和私营部门能在地方的艺术和文化创新领域建立起一些伙伴合作关系。

2000 年五个最大的城市：（单位：百万人）

东京：34.4
墨西哥城：18
纽约：17.8
圣保罗市：17
孟买：16

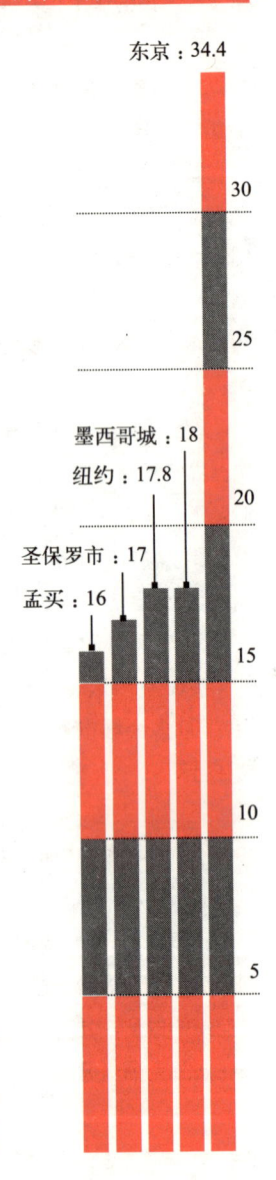

背景资料：城市联盟：南方国家的城市网络

原则

世界银行在1999年发起的城市联盟，其主要目的是减轻贫穷。这是一个给南方国家地方当局提供援助的网络，而不是一个城市间的网络。它使国际合作能在南方国家的城市这一层面开展，而不必通过国家政府。

该网络的总预算为1.1亿美元，由其成员提供。它将促进多边机构和金融机构与各城市之间的联络。它将提高地方政府在发展援助过程中所发挥的作用，并通过可持续的融资战略（吸引资本和外国投资、给予机构支持……），提高地方政府在城市发展方面的管理能力。

行动计划：

城市联盟资助的项目有以下三个行动计划。

■"城市发展战略"计划，旨在支持当地政府制定促进经济增长和减少贫穷的政策，帮助它们确定投资重点。

■"城市和全国贫民窟改造方案"是"消灭贫民窟的城市行动计划"的一部分，其中包括地产开发、增加融资渠道以及通过公共政策来防止贫民区的扩展等。

■"可持续融资战略"旨在支持那些将长期投资吸引到城市基础设施的措施。它的目标是创造稳定的资金来源并增加城市资产。

成员：

■国际贫民窟居民组织（Slum Dwellers International）
■城市及地方政府联盟（CGLU）
■下列国家：澳大利亚、巴西、加拿大、智利、尼日利亚、挪威、南非、西班牙、瑞典、英国和美国
■亚洲开发银行（The Asian Development Bank）、欧洲联盟（the European Union）、联合国开发计划署（the UN Development Programme, UNDP）、联合国人居署（UN-HABITAT）、世界银行（the World Bank）

请参阅网址：www.citiesalliance.org

2004年，城市及地方政府联盟（CGLU）

地方当局国际联盟（IULA）和世界联合城市联合会（FMCU）合并，最终使"城市及地方政府联盟"在巴黎成立。新网络的技术总部位于巴塞罗那（西班牙）。巴黎市长贝特朗·德拉诺（Bertrand Delanöé）（法国）、茨瓦内（南非）市长斯曼加利索·姆卡楚瓦（Smangaliso Mkhashwa）和圣保罗市（巴西）女市长玛尔塔·苏普利西（Marta Suplicy）当选为联盟主席。

2004年，欧洲城市（Eurocities）

欧洲城市向其他经济组织开放。例如，在法国，雷诺卡车公司、阿尔戈咨询公司和Kéolis公司都成为其商业合作伙伴。

2004年，国际地方环境行动理事会（ICLEI）

"Procura运动"旨在通过当地政府采购，带动生态和社会产品的需求及其服务。

2005年，C40城市（C40 Cities）

伦敦首脑会议汇集了18个主要城市讨论全球变暖这一主题。会议结束时，发表了一个公报，强调各城市应当为减少温室气体排放而采取措施并展开合作。

2005年，"克林顿气候行动"（CCI）

"克林顿气候行动"（Clinton Climate Initiative, CCI）在全球启动，其首要目标是帮助大城市减少碳排放。

2006年，气候联盟（Climate Alliance）

气候联盟大会通过了减少二氧化碳排放的目标。

2006年，欧洲（Europe）

"欧盟能源效率行动计划"想创建一个"市长公约"，以加强和承认各城市所采取的行动，并增加地方政府和欧盟机构之间的对话。

全球角色，地方挑战

2007年，C40城市（C40 Cities）

C40的会员城市在纽约举行会议，承诺它们将确定减少温室气体排放的目标。

2007年，"克林顿气候行动"（CCI）

"克林顿基金会"在5家银行为16个特大城市提供担保贷款，以资助旧楼改造——这些旧楼房占这些城市70%的温室气体排放。

2008年，联合国（UN）

联合国人居署通过关于权力下放和加强地方政府权力的指导方针。

2008年，生态市镇（éco-municipalité）

第一届生态市镇国际会议在赫尔辛堡（瑞典）举行，聚集了来自瑞典、意大利、爱尔兰、芬兰、加拿大、美国、智利、新西兰、日本、肯尼亚、埃塞俄比亚、南非和乌干达等国家的城市代表。

2008年，欧洲（Europe）

"市长公约"正式启动。参与该公约的包括那些准备在提高能源效率方面超过欧洲目标的城市。"欧洲城市和地区理事会"、"气候联盟"、"欧洲城市"和"能源城市"等组织也都参与了这一行动。

2009年，C40城市（C40 Cities）

80个主要城市在首尔（韩国）举行第三届C40首脑会议。这些城市在会议的最后宣言中承诺减少其碳排放和碳消费，并对其所作的努力作定期报告。

2010年，欧洲（Europe）

第六届欧洲可持续发展城市会议在敦刻尔克（法国）举行。

大事年表由巴黎索邦大学政治研究中心的马伊塞蒂（N. Maisetti）、《地球信使》杂志的伊莎贝尔·比亚焦蒂（Isabelle Biagiotti）和法国可持续发展与国际关系研究院（IDDRI）的马赫蒂摩—阿索（B. Martimort-Asso）整理完成。

2009年五个最大的城市：（单位：百万人）

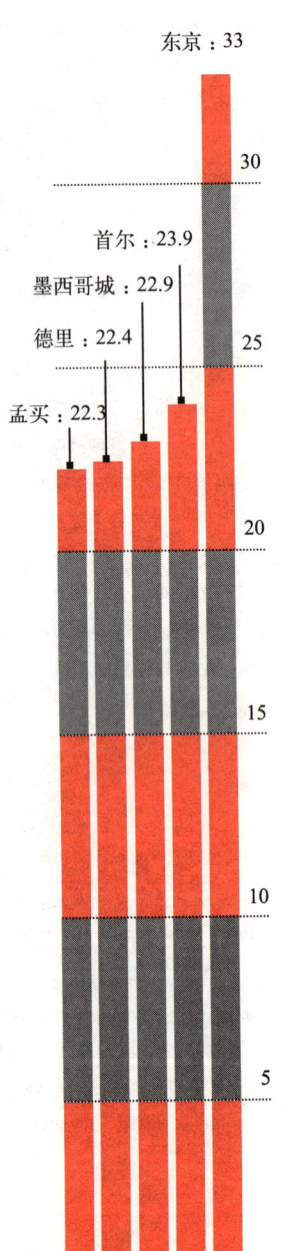

东京：33
首尔：23.9
墨西哥城：22.9
德里：22.4
孟买：22.3

可持续发展的城市网络

城市间的跨国网络并不是20世纪的发明。在拥有使用暴力和征税垄断权的现代化国家出现之后，在长达几个世纪的时间里城市的国际作用受到影响。但是，直到第二次世界大战结束，公民外交的出现，它们才设法在国际舞台上展露自己。30年来，这一运动已经大大扩展，多数国家的普遍趋势是国家的作用在减少，大多数国家开展了权力下放进程。

经济增长呈现出了连通性、流动性以及去区域化交易等特征，城市成了这种形式经济增长的重要参与方。因此，它们竞相吸引资本和外国投资。城市也是为最贫困或脆弱人群解决社会问题的最重要的公共机构，它们甚至为此建立了国际

表1	网络、游说、宣传：城市网络的工具				
	城市及地方政府联盟 (CGLU)	欧洲城市 (Eurocities)	21世纪委员会 (COMITÉ 21)	能源城市 (ÉNERGIE-CITÉS)	气候联盟 (CLIMATE ALLIANCE)
成立的日期和地点	2004年 巴黎	1986年 鹿特丹	1995年 巴黎	1990年 贝赞松	1990年 法兰克福 (Frankfurt-am-Main)
地理范围	世界	欧洲	法国	欧洲	欧洲
机构联系	联合国	欧盟	生态环境部	欧盟	欧盟
网络	世界范围的组织	分享知识和想法 - 交流经验 - 通过论坛、工作组和项目来分析问题和开发解决方案	汇总创新工具和最佳做法，并提出有关策略和方法的建议	将欧洲城市在能源效率、可再生能源和城市流动性等领域开展的行动加以归纳整理，并上网公布	分享在节能性能领域和在越来越多使用可再生能源时的最佳做法
游说	对地方政府的作用和影响及其参与全球治理等方面施加影响	在所有与城市及其公民有关的欧盟立法、政策和方案等各方面发起与欧盟机构的对话，"给欧洲城市一个说话的机会"	出版和散发有关最佳做法的文件资料	在欧盟机构内代表会员利益，以影响欧盟的能源、环保和城市政策	对公众舆论进行宣传教育，让决策者们意识到热带森林砍伐的利害关系
宣传	支持高效、创新、亲民的地方政府	让地方当局和市民意识到城市问题	支持成员实现可持续发展：提高国内意识，明确战略和管理问题，实施21世纪议程	实现由欧洲资助的项目，组织年度会议	参与减少温室气体排放，从现在到2011年减少10%
成员	195个国家的1000多个城市	34个欧洲国家的137个成员	400名成员分为4个组（企业、地方政府、协会、公共机构和媒体），联合国环境署（UNEP）和开发计划署（UNDP）是权利成员	26个欧洲国家的1000多个地方当局	1400个成员（地方和地区当局和欧洲的一些NGO组织）

城市：改变发展轨迹 **239**

5 全球角色，地方挑战　　　　　　　　　　　参照标准十二

网络。城市发展过程中所产生的环境干扰，也使它们自己成了最大的受害者，因此它们也是相关创新性解决方案的试验地：水与垃圾的管理、运输或环保建筑，等等。在这方面，城际合作也发展了许多网络：按环保主题构建的网络、世界性的网络、区域性的网络或全国性的网络等。

虽然该名单并不详尽，但是人们仍可以根据其主要逻辑战略将它们分为两类，一类是得到其覆盖范围内现行政治制度正式承认的网络（联合国系统下的城市及地方政府联盟、法国的法国城市联盟），另一类是致力于管理可持续发展问题的网络[能源城市、气候联盟、C40城市、健康城市、国际地方环境行动理事会（ICLEI）和21世纪委员会]。所有这些机构均致力于在超国家层面代表和维护地方政府利益，并围绕三个主要原则展开工作：网络（成员间分享经验）、游说（影响政府政策制定者或政府间谈判）、宣传（使地方当局和市民们都意识到城市问题）。

表1　网络、游说、宣传：城市网络的工具　　　　　　　　　　（续表）

	C40城市 (C40 Cities)	健康城市 (Villes-santé)	国际地方环境行动理事会 (ICLEI)	创新型城市 (Villes créatives)
成立的日期和地点	2006年 伦敦	1987年 雷恩	1990年 华盛顿	2004年 巴黎
地理范围	世界	世界和欧洲网络法国部	世界	世界
机构联系	世界银行	世界卫生组织	联合国人居署	联合国教科文组织
网络	参与"洁净发展机制"	交流当地促进健康的经验和工具		在创意旅游框架下，在全球平台上交流经验
游说	对政府和国际组织在有关减少温室气体方面施加压力	动员人们参与"全民健康"项目，以期减少不平等和发展多元化及创新型经济		加强公私合作伙伴关系
宣传	参与世界银行项目，资助碳市场	举办有关公共健康问题的专题讨论会，并宣传"渥太华宪章"和"全民健康"的原则	通过三大宣传项目——"地方行动21世纪议程"、"城市气候保护"和"水运动"提高地方当局的意识	强化地方在培训当地文化经营者和提高知名度等方面的能力
成员	40个"世界级"城市	在欧洲，网络由30个国家的1200个城市组织，包括法国的66个城市和1个都市区	68个国家的1104个城市	联合国教科文组织选定的20个城市

资料来源：由巴黎索邦大学政治研究中心的马伊塞蒂（N. Maisetti）提供。

城市增长：
对治理的挑战

自2007年以来，世界人口大多数居住在城市而不是农村（见参照标准之十四），尽管这个事实存有争议，但是世界各地城市区域仍在快速膨胀。这个趋势可用近年来人口的高速增长以及农村地区人口流入城市步伐加快来解释。

城市增长主要出现在发展中国家。50个人口高密集城市中仅有2个位于工业化国家。目前，东京仍是世界上最大的城市，人口超过3300万，但是世界上50个人口最多的城市中，有36个是发展中国家或新兴国家的城市，主要是在东南亚。拥有1700多万人口的墨西哥城是发展中国家中最大的城市。

这一趋势在未来将更加明显：在100个增长率最高的城市当中，只有5个位于工业化国家——奥斯汀、亚特兰大、拉斯维加斯（美国）、水原（韩国）和布尔萨（土耳其）。那些将出现高成长的城市是北海（中国）、加济阿巴德（印度）、萨那（也门）、苏拉特（印度）和喀布尔（阿富汗）。大部分非洲城市也正经受一个前所未有的膨胀：巴马科（马里）、拉各斯（尼日利亚）、达累斯萨拉姆（坦桑尼亚）、卢本巴希（刚果民主共和国）和坎帕拉（乌干达）每年的增长幅度将超过4%（见参照标准之十五）。

重大挑战。 高增长将给城市治理带来重大挑战。挑战首先来自住房问题：那些刚刚来到新兴国家和发展中国家城市的人们往往只能居住在城郊的贫民窟。日益增长的人口对资源的压力也将对食品安全（见参照标准之十六）和可饮用水的供应提出问题。城市的水和粮食资源越来越有限，而且还必须和越来越多的居民分享。

到2025年，最大的城市将在新兴国家和发展中国家出现，只有东京和纽约能与它们并驾齐驱。大城市在非洲的出现，表明了从现在起就为这些地区建立应对未来挑战的治理工具是多么重要。

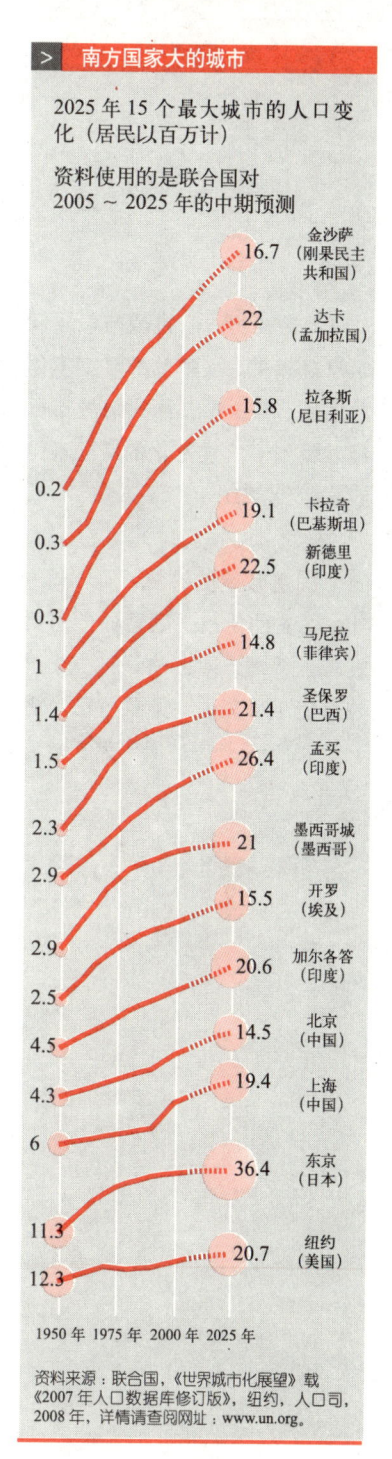

南方国家大的城市

2025年15个最大城市的人口变化（居民以百万计）

资料使用的是联合国对2005～2025年的中期预测

- 金沙萨（刚果民主共和国）16.7
- 达卡（孟加拉国）22
- 拉各斯（尼日利亚）15.8
- 卡拉奇（巴基斯坦）19.1
- 新德里（印度）22.5
- 马尼拉（菲律宾）14.8
- 圣保罗（巴西）21.4
- 孟买（印度）26.4
- 墨西哥城（墨西哥）21
- 开罗（埃及）15.5
- 加尔各答（印度）20.6
- 北京（中国）14.5
- 上海（中国）19.4
- 东京（日本）36.4
- 纽约（美国）20.7

1950年 1975年 2000年 2025年

资料来源：联合国，《世界城市化展望》载《2007年人口数据库修订版》，纽约，人口司，2008年，详情请查阅网址：www.un.org。

城市：改变发展轨迹

全球角色，地方挑战　　　　　　　　　　　5　　　　　　参照标准十三

城市的另一个挑战与气候问题息息相关：大多数的温室气体是由城市排放的，而沿海城市已经感受到了气候变化的威胁（见参照标准之二十）。

民主政治的挑战

民主的挑战。尽管城市网络越来越得到国际上的认可，其影响力也越来越大（见参照标准之十二），但是地方当局仍大都游离于国际治理机制之外，在气候变化问题上尤其如此。然而，城市当局原本可以在应对全球变暖中发挥重大作用：无论是在采取减缓措施还是在采取适应性调整方面都是如此。在西雅图市市长格雷格·尼克尔斯（Greg Nickels）的倡议下，近1000个美国城市已承诺将自己的温室气体排放量降至低于1990年的水平。如今，这些城市已经要求在气候谈判桌上拥有一席之地。

从更广泛的意义上说，城市治理以及在国际层面拥有来自城市的代表也是一项民主挑战：那些大都市的人口超过了许多国家的总人口，而且某些城市的市长们拥有巨大的管理职权。因此，城市，特别是那些发展中国家的城市，将成为世界治理所面临的重大挑战之一，尽管目前它们还没有获得足够的分量。

242　看地球2010

统计：
全世界人口有50%住在城市

2009年，所有与城市化有关的政治或经济活动、大型会议、研究计划或新闻报道中，几乎无一例外地会引用一句简短而又令人印象深刻的话："今天，世界上大多数人生活在城市"。甚至还有些人称"自2007年起"就是如此。其他人则更谨慎一些，认为我们其实并不确定确切的日期和50%这个数字。然而，这种说法的影响已经造成，因为人们总是忘不了补充上句：地球上的城市人口比例将不可避免地增加。而这也只不过是个假设而已。

目前被广泛引用的世界城市化率缺乏坚实的基础。事实上，没有一位专家能够解决由各个不同国家统计机构提供数据的异质性问题。关于什么是城市，每个国家都使用自己的定义，许多国家甚至提出几个相互冲突的定义，因此会提供多组不同的数据。

定义决定城市。巴黎的例子很好地说明了这个问题。法国国家统计局（INSEE）提供的数字和1999年人口普查结果显示，巴黎的居民人数分别为 210 万、970 万或 1120 万，这一切取决于人们选择的统计范围是只有 105 平方公里的行政区域，被城市建筑所覆盖的、总面积达 2723 平方公里的城市区域，还是包括每天在居住地和工作地往返的人们所居住的周边大区域（14518 平方公里）。依据的定义不同，得到的结果就大不相同。由此产生的所有指标以及在此基础上所发表的言论都会受影响：人口密度、就业、土地的价格……近半个世纪以来，巴黎市区本身的人口在不断减少，而周边都市区的人口却在不断上

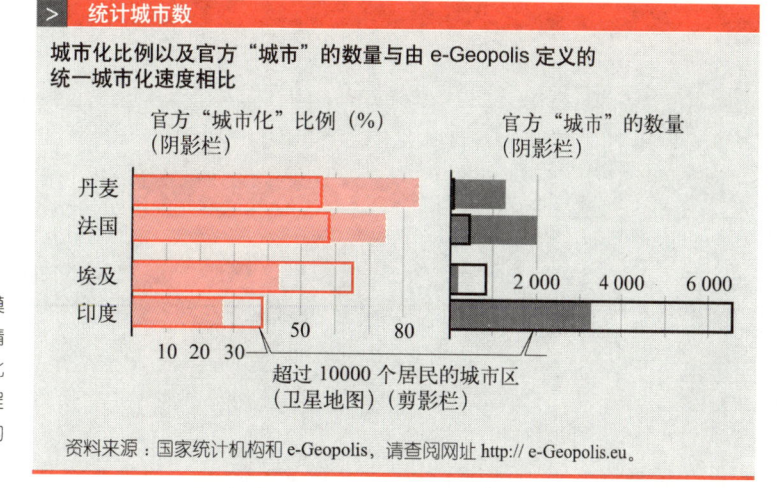

> **统计城市数**
>
> 城市化比例以及官方"城市"的数量与由 e-Geopolis 定义的统一城市化速度相比
>
> 官方"城市化"比例（%）（阴影栏）　　官方"城市"的数量（阴影栏）
>
> 丹麦　法国　埃及　印度
>
> 10 20 30　　50　　80　　2 000　4 000　6 000
>
> 超过 10000 个居民的城市区（卫星地图）（剪影栏）
>
> 资料来源：国家统计机构和 e-Geopolis，请查阅网址 http:// e-Geopolis.eu。

那些用来衡量城市化或城市人口规模的官方数字显示，世界各地统计的精确度与卫星测绘的实际情况不符。比如，丹麦和法国高估它们的城市化程度，而印度和埃及等则低估了它们的城市人口规模。

全球角色，地方挑战　　　　　　　　　　　　　　　5　　　　　　　　参照标准十四

升。自1860年以来，巴黎市的边界并没有改变，而都市区和整个城市圈的边界却在继续扩大。

全球在3/4的国家里，并不存在"都市区"这个概念。而且就算有两个国家在这个概念上的定义是一样的，能够被称得上"城市"的人口最低门槛数也有很大的差别：希腊10000个居民；法国2000个居民；瑞典200个居民……用"行政区域"的标准进行国际比较也是行不通的。

如果将这个标准用于巴黎，那么它所涉及的居民只有整个巴黎大区居民的1/5；而如果用行政区域这个标准来计算的话，那么重庆将成为世界最大的城市，这个拥有3000万的居民城市辖区面积达82000平方公里——相当于奥地利整个国家的面积。重庆市城区的居民还不到400万，其余的都分散在1300多个小城镇和乡村，而且大部分为农村人口。人们还可以把整个奥地利看做一个"城市"，这样用国际标准来统计，这里的人口就100%属于城市人口了。

是不是应该根据居住地和工作地的流量来确定城市区域，才能进行一些国际间的现状和发展趋势的对比？并非如此，因为这类计算所需要的统计资料只有少数发达国家才有。尽管联合国的统计服务部门推荐使用了一个定义，但是只有少数几个国家接受了这一定义。各个国家完全有权制定自己的统计定义，当然"统计"这个词本身就源于意大利语"statistico"，意思是"关乎国家"。

5 参照标准十五

非洲：
非正规城市

应当如何来谈论非洲的"城市"或"城市化"？由个别国家提供的官方统计数字是如此不同以至于将整个非洲大陆的城市归纳在一起显得毫无意义（见参照标准之十四）。有鉴于此，"e-Geopolis"全球研究项目如今正试图将19世纪初第一次人口普查以来所有涉及居民人口在1万人以上的城市的统计资料进行分析。这一研究项目所公布的第一对比成果显示，西非地区对于城市的相关"官方"分类存在着许多局限性。

它们显示出了一些以前未被确认的城市。比如，图巴是塞内加尔继首都达喀尔之后的第二大城市，也是穆里德教派的首都：在103平方公里的面积上居住着50万名居民。相反，在尼日利亚，几十个被认为是城市的地方实际上只不过是没有任何真正市区核心的农村地区。不过，除了这些个别的情况外，按照统一的定义和目前适用于每个城市的详细测绘系统对一个个城市进行人口的量化，会提出一些国家的城市统计数字所无法察觉的新问题。

小城市的非洲。虽然非洲大型城市正在持续增长，但这种增长势头将越来越难以为继。阿比让（科特迪瓦）的人口年增长率从20世纪60年代的8%下降至今天的3.7%，科托努（贝宁）的人口年增长率由8.1%下降至4.4%等。然而，虽然非洲城市爆炸问题正得以控制，但是另外一个同样难以解决的问题又正在出现：新的小型和中型城市的分散和扩散。例如，西部非洲在1980年和2000年间拥有10000～20000居民的城市数量翻了一番。通常这

> **近郊的城市化**

1950～2010年间西非城市的规模

目前西非大多数的城市人口生活在拥有1万～900万居民的城市里。这些城镇和城市的绝大多数在1950年并不存在。拥有1万～10万居民的小城市和小城镇如雨后春笋般冒出，这不仅证明本地人口的增长，而且也表明农村人口向超过1000万居民的大城市流动的现象有所下降。

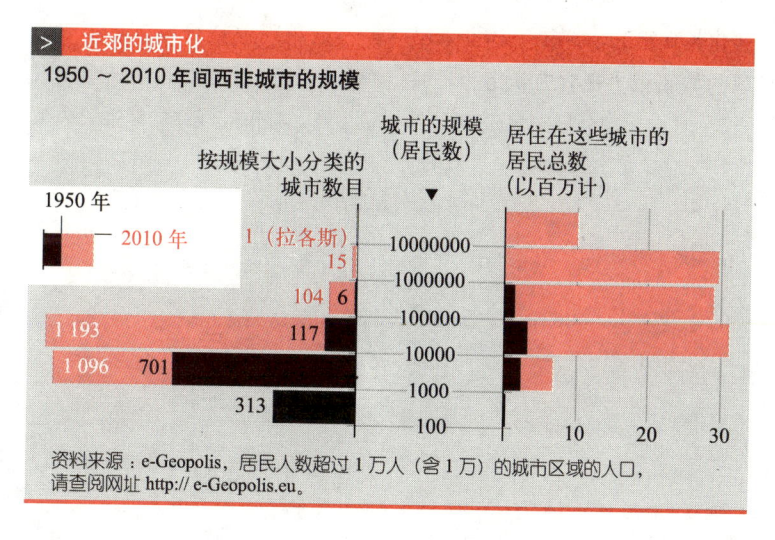

按规模大小分类的城市数目	城市的规模（居民数）	居住在这些城市的居民总数（以百万计）
1950年 / 2010年		
1（拉各斯）	10000000	
15	1000000	
104 / 6	100000	
1 193 / 117	10000	
1 096 / 701	1000	
313	100	
		10 20 30

资料来源：e-Geopolis，居民人数超过1万人（含1万）的城市区域的人口，请查阅网址 http://e-Geopolis.eu。

城市：改变发展轨迹 **245**

些城市都被官方统计排除在"城市"类之外，它们也同样不在国际数据统计之列——国际数据只关注最大的城市。

这种扩散有人口和地域上的原因。非洲的出生率较世界其他地区下降较缓，农村地区的出生率仍然非常高。由于人口很年轻且出生率高，农村外流放缓，从而产生滞留效应，而且在某些情况下还有一些从城市回归乡村的移民。在人口最稠密的地区以及/或者在那些集中定居点区域，一些小镇的年人口增长率甚至可以达到2.5%～3%，它们得以迅速转化为真正的"城市"。这些新出现的城镇很少被官方认定为"城市"。其中大部分城镇既没有一个"城市"的官方地位、没有基础设施，没有服务，也没有适当的治理和运行模式。

这些城市的分散和扩散，增加了交通流量、延长了运输所花费的时间和扩大了道路占用的空间。它们提出了与大城市根本不同的发展问题。这些城市的关键问题是接通医院、大学和机场等一些大型设施所提供的服务。从整个非洲大陆来看，小城市的扩散加大了设施装备齐全的大城市和缺乏基础服务的小城市之间的差距，使居民们感到自己被剥夺了作为城市居民的权利。

这种现象被目前以"城市规模"对其进行分类的做法所掩盖了：当"城市规模"的最低门槛被固定（10000人、20000人等）之后，那些大一点的城市会努力使自己变得更大，使自己很快达到某一标准，城市"爆炸"的感觉也由此产生。相反，通过e-Geophic程序所使用的制图方法提醒我们，城市的物理空间不是无限的：城市的数目增多也意味着城市"斑点"的密度越来越高。换句话说：这种扩散使城市更接近非洲的民众——无论这些人居住在何处。例如，在1960年，整个毛里塔尼亚没有一个人口超过10000人的城市，但到2000年已经有10个了。但是，如果城市化要真正更加贴近非洲人，那么当局就需要对统计数字进行密切跟踪，并努力使之更适合当地的现实情况。

粮食：
南方国家的城市如何反饥饿？

南方国家的城市人口出现了前所未有的高增长（见参照标准之十三）。在这些城市面临的众多挑战中，确保食物供应方面将牵涉许多问题：南方国家的城市能靠国际市场来保障其不断增长的粮食供应吗？郊区农业能够满足粮食需求吗？市场的扩大会带动本地或本区域的发展吗？生活方式的城市化会导致营养失衡吗？这些问题的答案会因为所处的洲或所处地区的不同而不同。目前，非洲和亚洲的粮食形势最为严峻，通过不同的方式[如"农业世界"（Agrimonde）项目计划或世界银行等]对这两个地区进行的观察，可以为人们提供一些思考的方向（见参照标准之六）。

市场的分量越来越重。对大部分国家来说，城市化进程与粮食进口的增加这两者之间是有关系的。进口的增加首先体现出来的是饮食方式的变化：城里人更喜欢那些容易制作、市场上很容易买到的食品。一些进口的粮食（小麦、大米）以及肉类和蔬菜（土豆和洋葱等）的消费量迅速增加。

粮食进口的增加也意味着本地的粮食蔬菜生产很难适应饮食方式的变化。渐渐地，粮食市场出现了碎片化现象：本地生产的粮食、蔬菜主要用于农村和二级城市人口的消费，而大城市的粮食、蔬菜要靠进口来解决。

2007～2008年世界市场粮食价格出现了加速上涨的势头，从中也看出了各国之间存在的差别。例如，如今塞内加尔的城市人口几乎全部依赖进口大米，而马里的城市人口主要吃本地产的粮食（大米、玉米、高粱和黍）。无论消费倾向如何变化，其实城市粮食问题首先是一个供应的问题：很多情况下，生活水平以及国家的经济形势能够在很大程度上抵消粮食的依赖问题。当城市人没钱购买粮食的时候，此时问题才会变得严重起来。

城市化进程使粮食需求出现"大众化"趋势，即要求确保长期的、充足的、高质量的粮食供应。粮食供应体系会通过发展批发贸易来作出调整，但这要求在基础设施和交通领域（市场和道路等）进行投资。规模经济效应还会使一些地区出现专业化分工。市场也开始向区域化发展，以适应城市的需求。例如，喀麦隆西部的高原固定向加蓬和赤道几内亚的沿海城市供应蔬菜。向城市大批量提供和销售蔬菜所面临的物流保障问题，是摆在这些分散的家庭式小农庄面前的最大挑战。

城市是粮食、蔬菜种植业最主要的市场，城市的增长将是促进粮食、蔬菜业技术进步的核心因素。但它并不一定如"人口经济模型"或绿色革命模式所描述的那样，会表现为生产体系的增加或表现为因为工业产品的投入（化肥、农药等）而导致的生产效益提高。在许多情况下，地方农业会通过集约化（农林复合经营或农业合作社体系等）的方式来进行调整。此类战略可以使当地许多传统的农业经验和技术得到发挥，并使本地生态系统的潜力得到合理化利用：生物多样性，以及各种植物、各种不同种植方式和不同种植条件之间形成互补等。尽管此类集约经营的体系拥

全球角色，地方挑战

参照标准十六

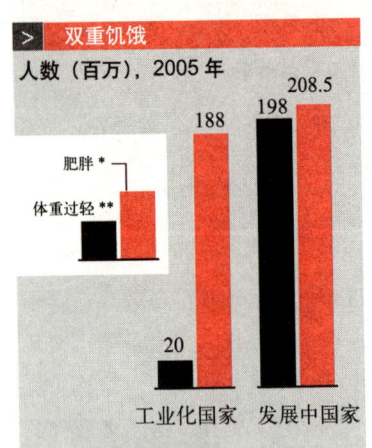

> **双重饥饿**

人数（百万），2005年

- 肥胖 *
- 体重过轻 **

工业化国家：肥胖 20，体重过轻 188
发展中国家：肥胖 198，体重过轻 208.5

* 体重指数超过30者
** 体重指数低于17者

资料来源：弗朗西斯·德尔珀什（Francis Delpeuch）根据世界卫生组织的资料，见以下网站 www.who.int；以及凯利（Kelly）主编的《2005年全球肥胖的负担及2030年展望》（Global Burden of Obesity in 2005 and Projections to 2030），载于《国际肥胖杂志》（International Journal of Obesity），32(9)，2008年。

吃得好，这既是一个量的问题，也是一个质的问题。吃得不好，也同样存在两方面的问题：人们可能既吃不饱，又有营养失衡的问题。研究表明，在很多情况下，这两种情况是相互作用的：吃不饱的人通常营养不良。

背景资料　喀麦隆，玉米的局限性？

谷物是喀麦隆北部地区民众的基本食物，约占其食物开支的60%。这一边境地区人口的增长支撑着城市化进程，同时也支撑了对农产品的需求：该地谷物产量每年增长4.2%，大致与人口的年增长率相当（4.5%）。虽然黍和高粱仍是喀麦隆北部地区有代表性的两种作物，但它们的产量已经不能满足消费需求，因此其他谷物的消费量开始增长：2008年，该地区大米占家庭食物开支的39%，超过了玉米（36%）、黍与高粱（17%）以及面条（8%）。虽然这些谷物中大部分是进口的（小麦、大米和面条），但当地的玉米种植自1990年起因为得到了政府的大量投入而发展，产量从5.7万吨增加到了2007年的50万吨。玉米正在成为该地区城市人口理想的食物，这不仅因其价格全年几乎没有什么波动，而且也因为它可以做出各种花样不同的食品——煮玉米棒、烤玉米、桑加（Sanga）、玉米粥、炸糕、古斯古斯等，但更重要的原因是当局在推广玉米种植方面进行了大量投入。

虽然这一政策符合地方产品多元化的策略，也有利于加强本地的粮食安全，但同时也带来了不少问题：这是解决城市粮食供应问题的长久之计吗？玉米的种植能够解决主要靠进口的大米供应吗？玉米的产量能够多到除了保障人的需求之外，还能满足动物饲料甚至其他方面（能源）的需求吗？玉米的种植会不会增加南方国家对工业化国家在农业技术（种子、资金投入等）方面的依赖？

资料来源：据埃里尔·乔尔·福费里·恩佐西耶（Eric Joël Fofiri Nzossié）主编的《玉米进入喀麦隆北部地区城市家庭的餐桌》（即将出版）。

有丰富的资源，而且也十分灵活，但它们究竟能在多大程度上提高劳动生产率还很难评估，很难量化。

城市地产的压力使得这里的农业逐步消失，只能退到郊区的绿化地带。这里所种植的大多是高附加值的蔬菜，而且这种农业也需要雇用大量人手。由于生产地距离消费地很近，因此这种农业通常被认为能够确保产品的新鲜度及质量。事实上，由于控制植物病害的产品的大量使用，这些作物的质量并没有保障，甚至会影响到消费者的健康，并导致水资源的污染。这些农业之所以能够得以保留，而且会得到公共政策的支持，多半是出于社会方面的原因（如能够给那些被边缘化的穷人带来收入）或是由于环保的原因（至少人们还能见到绿色的植物）。只有某些特殊的菜种，如叶子菜和生菜，不会有此类影响。

城市化与营养。城市定居的生活方式大大减少了人们的体力活动，与此同时食物的供应却更加丰富——其中有的还十分便宜，如糖和肥肉等。由此所导致的营养失衡使非传染性疾病（肥胖、糖尿病以及心血管病等）的患病率大增，而这些疾病与那些"传统"的流行病相比，不仅治疗更加复杂，而且费用更加昂贵。在那些穷困家庭中，营养不良会呈现出一种十分极端的形态：研究表明，这样的家庭中如果有一个肥胖症患者，那一定会有另外的人患有严重的营养不良。

这种大趋势首先在那些经济和营养转型的国家中出现，如拉丁美洲、东南亚、中国或北非马格里布地区等，如今在那些贫穷国家的大城市里也已出现。在这方面，要想实行公共政策并不是件易事，因为它有的时候既意味着要限制某些食物的消费，同时又要实现消费的多元化；而在另一种通常比较困难的经济背景下，却要求某些人增加消费。

因此，从质和量上满足城市居民的食物需求是一个全球性的需要，但每个地方的具体做法却需要由各地自己去探索。然而，由于这一过程要求掌握各方面的信息（国际行情、本地区拥有的资源、当地的需求等），让地方政府独自应对这一挑战显然不是件容易的事。

全球角色，地方挑战　　　　　　　5　　　　　参照标准十七

城市交通：
控制供应与需求

1850年，地球上每个人平均每年行走1500公里，而且主要靠两条腿行走。今天全世界人均每年出行4500公里，而坐车几乎占了一半。如今的货运量是150年前的1000倍。这些货运量所消耗的能源占了全球石油消费量的一半以上。城市聚集了世界上主要的物质财富和全球一半的人口，也是人们出行最集中的地方。城市居民使用的车辆数量取决于他们的收入水平和他们的城市形态。

在发展中国家的城市中，汽车拥有率通常低于每千名居民300辆，而在经合组织国家里，汽车拥有率一般在每千名居民300～800辆之间。然而，国民生产总值（GDP）水平相似的情况下，工业化国家之间的情形会因为城市化发展轨迹与能源价格的不同而呈现不同。面积广阔的美国城市是在19世纪下半叶因为汽车而打造出来的，而欧洲和日本一些古老城市的空间要小得多。那些密集

开阔、低密度的城市，不仅占用大片土地，而且也大量消耗了其居民的日常出行的交通资源。

型的城市通常会导致出行需求和汽车普及率的下降，尽管欧洲目前出现了城市扩张的趋势。发展中国家的城市因其人均收入水平低，限制了在运输方面的能源消耗。这里所面临的挑战是将经济增长与能源消费脱钩，主要是通过设计出一个限制居民交通需求的紧凑型城市来实现的。

步行，公共汽车，或两个轮子？每个城市的经济、地理和历史决定了交通运输系统的具体特点。在达喀尔（塞内加尔），步行仍是出行的主要方式，与大多数非洲城市一样，步行占了全部出行的75%，乘小型巴士的占14%，乘私人机动车辆（汽车、出租车或摩托车）的仅占5%。不过，最后一种交通工具正在迅速增加——每年递增8%。巴士是波哥大（哥伦比亚）的主要交通工具，这一切得益于开通了专用车道的快速公交车，例如Transmilenio(运美)就是在该市的主要通道上行驶。

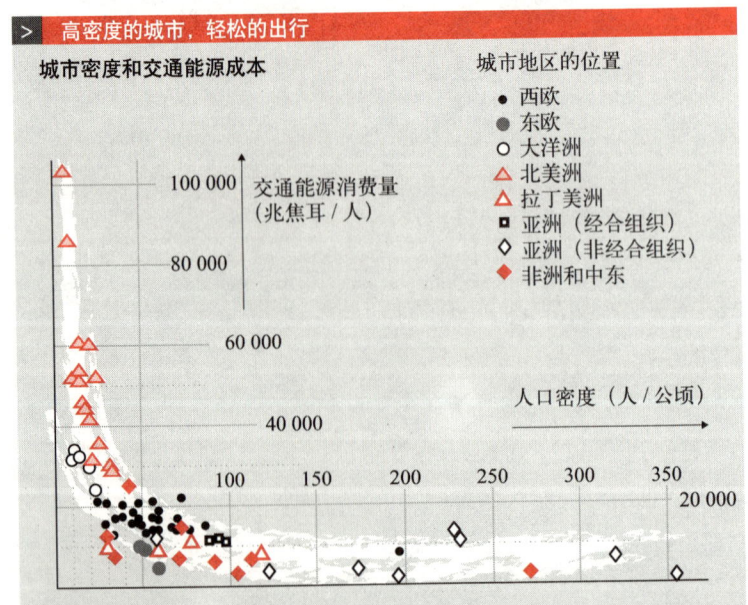

> **高密度的城市，轻松的出行**

城市密度和交通能源成本

城市地区的位置
- ● 西欧
- ● 东欧
- ○ 大洋洲
- △ 北美洲
- △ 拉丁美洲
- ■ 亚洲（经合组织）
- ◇ 亚洲（非经合组织）
- ◆ 非洲和中东

交通能源消费量（兆焦耳/人）

人口密度（人/公顷）

资料来源：法国可持续发展与国际关系研究院（IDDRI）的巴比尔（C. Barbier）根据"千年城市的数据"（UITP 公共运输联合会）编辑，由格勒诺布尔的"生产经济与国际一体化实验室"（LEPII）处理。

只有 10% 的人乘小汽车出行。在班加罗尔（印度），1/3 的行程采用公共交通工具，1/4 采用步行或骑自行车。大多数亚洲国家则越来越多地使用两轮或三轮摩托车。在中国，沿海大城市的出行方式和内地其他地区大不相同。在湖北省省会武汉，所有出行当中有 3/4 是靠步行、骑自行车或坐公共汽车完成的。另一方面，在中国拥有汽车最多的城市北京，开私家车出行的比例从 2000 年的 26% 上升到 2008 年的 35%。

今天的交通运输系统正在受到全球的质疑：一方面是由于石油资源日益短缺，另一方面是为了应对气候变化的需要。重新审视交通运输体系对经合组织国家来说是一个不可回避的要求。对新兴的国家来说，把城市的快速发展与建立低能源的运输体系结合起来则是摆在它们面前的一个重任。

都市人的财富是决定私家车拥有量的重要因素。最不发达国家的城市，其居民拥有最少的汽车和摩托车。然而，在收入水平相当的情况下，城市外形的紧凑与否将决定人们要不要借助机动车来出行。

> **城市交通的三个世界**

拥有私家车和人均国内生产总值（GDP）

机动化比例（每千人）

人均国内生产总值（GDP）（以美元计）

城市地区的位置
- 西欧
- 东欧
- 大洋洲
- 北美洲
- 拉丁美洲
- 亚洲（经合组织）
- 亚洲（非经合组织）
- 非洲和中东

资料来源：法国可持续发展与国际关系研究院（IDDRI）的巴比尔（C. Barbier）根据"千年城市的数据"（UITP 公共运输联合会）编辑，由格勒诺布尔的"生产经济与国际一体化实验室"（LEPII）处理。

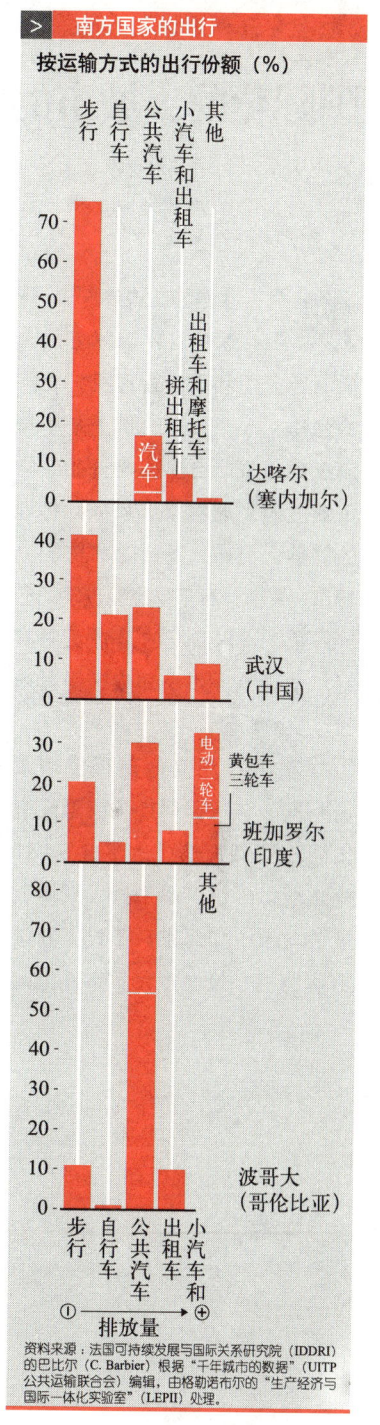

> **南方国家的出行**

按运输方式的出行份额（%）

达喀尔（塞内加尔）

武汉（中国）

班加罗尔（印度）

波哥大（哥伦比亚）

① 排放量

资料来源：法国可持续发展与国际关系研究院（IDDRI）的巴比尔（C. Barbier）根据"千年城市的数据"（UITP 公共运输联合会）编辑，由格勒诺布尔的"生产经济与国际一体化实验室"（LEPII）处理。

城市：改变发展轨迹　**251**

应对危险　　　　　　　　　　　　　　　　　　　5　　　　　　　　　　　　参照标准十八

流行病：
国际化的、城市的治疗方法

疾病不会停留在边界——于是，这就需要国际上的大型制药公司和政府管理机构之间的合作。一个典型的例子是甲型流感的爆发：自墨西哥开始，它迅速蔓延到北美城市和世界各地的其他大城市。墨西哥和美国的城市，大部分当年曾经躲过了"非典"（SARS）爆发的恐惧及对其经济的影响，如今却成了受影响最严重的地区。

与20世纪其他流感疫情爆发不同，这一回H1N1病毒没有出现在亚洲南部，也不像SARS病毒所影响的只是那些发展中国家的城市，如北京。不过，对流行病的担心使许多大都市建立起了非常先进的措施。世界卫生组织和各国管理机构随时通过全面的信息流，监测着病毒的传播：这些来自研究实验室、医院、公共卫生机构、政府机构和制药公司的信息，最终都会反馈给普通大众。

城市的影响。应对此类流行病属于城市安全范畴，并且将对城市的生物医学基础设施（医疗、实验室、研究）规划产生影响。欧洲和北美出现了此类基础设施更靠近居民的倾向。许多私人制药厂宁愿设置在城市和城镇，而不是设在郊区的商务园区，如曼哈顿东河科学园区及多伦多（加拿大）"医疗及相关科学研究区"（The Medical and Related Sciences Discovery District，简称MARS），而且这些制药厂甚至拥有画廊和直达的交通运输网络。阿姆斯特丹的大学医学中心，其建筑物内部全都相连通，它吸引了许多生物技术公司。近期流行病毒（SARS和禽流感）疫情中心的亚洲城市已开发出了不同的城市医疗规划思维逻辑。对传染病的恐惧使它们把医疗中心从市中心搬迁到近郊的园区，如新加坡的"生物谷"（Biopolis）及台湾省的新竹科学生物科技园区。因此健康中心是根据疾病本身与社会对解决这些问题最有效手段而转移的。

危险：
预防的目标

近年来，全球性的自然灾害出现的次数越来越多。这不仅表明有关自然灾害的统计更精确了，而且也表明容易受侵害的人数更多了。那些高风险地区的人口密度越来越高，而且它们缺乏应对天灾（水灾、暴风雨、干旱、地震、流行病、酷热天气以及病虫害等）或人祸（污染、工业危害以及事故等）的手段。因此，任何一种灾害从来都不会只是自然的：它总是某一种危险与相关脆弱人群发生作用的结果。

一种灾害造成损失的大小与它发生在北方国家还是南方国家有很大关系。事实上，许多发展中国家所统计出来的灾害损失并不是实际所遭到的破坏：在损失差不多一样的情况下，发达国家所计算出来的"损失额度"要远远高于发展中国家——发展中国家不仅大部分财产没有保险，而且它对财产的估值远远低于发达国家。

> **对危险的全球治理**

1971年，联合国救灾署 (UNDRO) 正式成立，旨在协调联合国的救援活动。

1989年，联合国大会决定每年10月的第二个星期三为"国际减轻自然灾害日"，并确定1990～2000年在全世界范围内开展一个"国际减轻自然灾害十年"活动。

1991年，联合国人道主义事务部 (DHA) 取代联合国救灾署 (UNDRO)，救援对象扩大至"自然灾害以及其他紧急情况"。

1992年，联合国中央应急基金 (CERF)，向各类救援机构提供援助。

1994年，首届"联合国世界减灾会议"在日本横滨举行，会议通过的《横滨声明》和《减灾行动计划》旨在建立起更安全的生存环境。

1998年，联合国人道主义事务部 (DHA) 变成了联合国人道主义事务协调办公室 (OCHA)，其使命扩展到协调一切人道主义救援行动、制定政策与拥护人道主义事务。

1998年，首届减少自然灾害预警系统国际会议在德国波茨坦举行。

1999年，经社理事会启动自然灾害预防国际战略，国际范围内将在自然灾害预防方面采取协调行动。

2001年，联合国开发计划署成立"危机预防与恢复局"(Bureau of Crisis Prevention and Recovery)，旨在对冲突和自然灾害采取干预行动。

2003年，第二届减少自然灾害预警系统国际会议在波恩举行。

2004年，《国际自然灾害预防战略报告：与危险共处》。

2005年，世界减灾大会在日本神户召开。来自150个国家的代表通过了《兵库行动纲领》，为2005～2015年全球减灾工作确立了战略目标和5个行动重点。

2005年，联合国中央应急基金 (CERF) 决定将提供更多的赠助而不是贷款。

2006年，第三届减少自然灾害预警系统国际会议在波恩举行。

2007年，第一届减轻自然危害全球交流会在日内瓦举行。

2007年，世界银行成立世界银行减灾及灾后重建署。

2009年，第二届减轻自然危害全球交流会在日内瓦举行。

2009年，《国际自然灾害预防战略报告：气候变化中的危险与贫困》。

这一大事记由巴黎政治学院国际问题研究中心的桑德琳·勒弗 (Sandrine Revet) 整理。

城市：改变发展轨迹 **253**

应对危险　　　　　　　　　　　　　　　　　　　　　　5　　参照标准十九

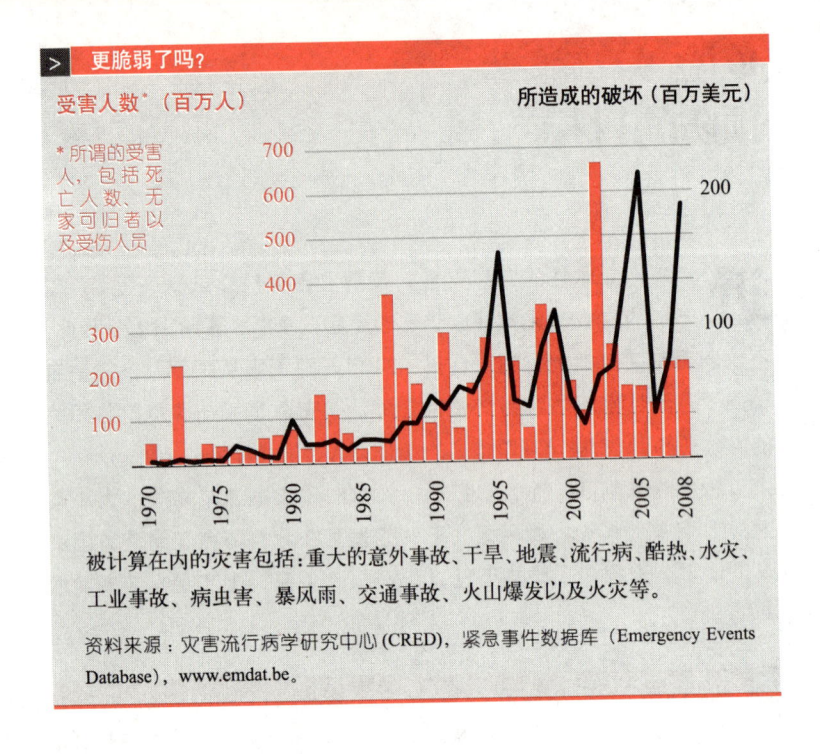

> **更脆弱了吗？**

受害人数*（百万人）　　　　　　　所造成的破坏（百万美元）

*所谓的受害人，包括死亡人数、无家可归者以及受伤人员

被计算在内的灾害包括：重大的意外事故、干旱、地震、流行病、酷热、水灾、工业事故、病虫害、暴风雨、交通事故、火山爆发以及火灾等。

资料来源：灾害流行病学研究中心（CRED），紧急事件数据库（Emergency Events Database），www.emdat.be。

最容易受灾的大陆是亚洲，这里绝大多数民众生活在易受灾区。与所面临的自然灾害相比，相关预防机制以及灾害管理机制更能够影响灾害的破坏程度。据官方统计数字，2008年5月影响缅甸的热带风暴"纳尔吉斯"（Nargis）造成了14.6万人死亡。就在半年前，类似的强热带风暴"锡德"袭击孟加拉国，造成的死亡人数为3400人。孟加拉国粮食与灾害管理部多年来在全国建立起了各种不同的预防机制，包括组织民众向安全的地带转移等。而这一切在缅甸几乎不存在，这里的民众对于热带风暴"纳尔吉斯"毫无对策，只得任其肆虐。

迈向危险治理。长期以来，所谓的灾害治理一直关注对所受破坏的修复上，而没有关注灾害的预防。1987年，联合国宣布20世纪90年代为"国际减轻自然灾害十年"。这一行动的目的之一是把自然危害的预防纳入危机管理当中。它也标志着国际社会在这方面开始了合作，为此各国于1997年（应为1994年，译者注）通过了《横滨宣言》。20世纪90年代的"国际减轻自然灾害十年"之后，国际社会启动了一个长期计划，即"减轻自然灾害国际战略"，它还起草了一个2005～2015年全球减灾工作的战略目标，即《兵库行动纲领》。这一纲领旨在更好地协调国际救援与预防机制。就像人们把对灾害的准备工作放在预防上一样，如今国际社会在危险治理方面正在迈向团结互助阶段。

海平面上升：
对城市的威胁

未来几十年间，沿海城市将成为气候变化最直接的受害者。它们将面临因海平面上升而带来的众多威胁、热带风暴以及暴风雨等。由于这些城市是人口、基础设施和世界投资的集中地，而且密集度正日益上升，因此危险就显得愈加严重。据统计，目前全球有23%的人生活在距海岸不到100公里、海拔高度不到100米的地方。而且在当今世界，城市人口已经超过了农村人口（见参照标准之十三、十四），全球20大城市中，有13个是港口城市。

在暴雨来临时，海水在强风的带动下会将沿海地区淹没，由此造成的水灾将是沿海城市，尤其是港口城市所面临的最大危险。2005年的"卡特里娜"飓风便是此类水灾造成破坏的例子之一。在这方面，气候变化的影响是双重的。海洋温度的上升以及冰雪的融化——它本身就是气候变暖的后果，全球海平面开始上升。此外，气候学家预计，今后出现极端天气（暴风雨和热带风暴等）的概率要高得多，而且程度将更加严重。随着海平面的上升，同样级别的暴风雨所造成的破坏将越大。随着暴风雨出现频率的上升、等级的提高，气候变化将使水灾的危害大大加深。

多种危险。经合组织最近所作的一项研究，列出了当前以及未来60年内（至2070年）面临此类风险最大的20座城市的名单。这种危险既指人的危险，也包括资本的风险。这一研究表明，气候变化并不是唯一的变化因素。海岸线同样因为城市化、人口的增长以及土地的下沉而变得更加脆弱：这些下沉可能是由于自然的原因引起的（地质环境约束），也可能是由于人为因素造成的（抽取地下水、开采石油或天然气、挖掘隧道等）。这项研究还表明，许多大型的港口城市中有很多人已经面临着水灾的威胁，这就意味着应当在气候变化之前未雨绸缪。此外，这一研究还表明，危险正呈现出一种向发展中国家转移的倾向：虽然目前面临此类危险的城市北方国家和南方国家大约各占了一半，但未来全世界面临此类风险最大的20个城市中，将有17个是发展中国家的城市，其中主要在东南亚地区。

> **危险的机理**

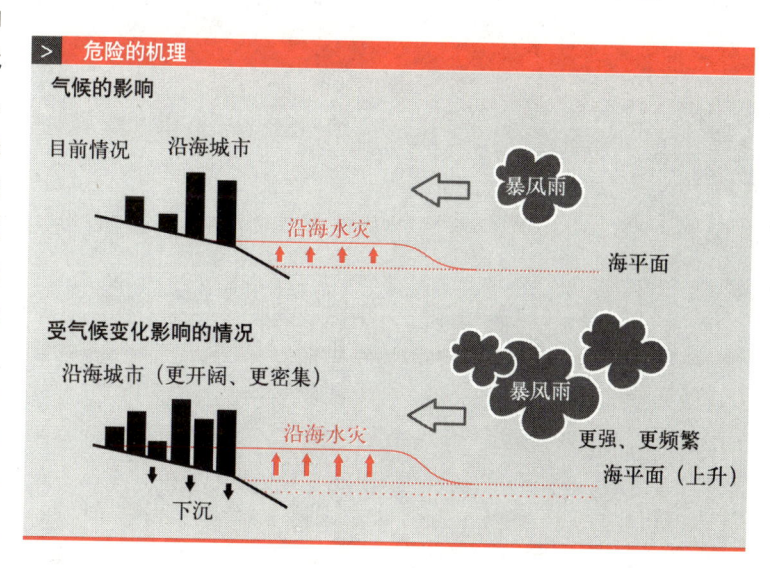

气候的影响

应对危险

不过，这项研究最重要的成果在于，它揭示了城市所面临风险的增加首先是因为城市发展本身所导致的。伴随着人口增长和经济发展所出现的城市扩张，同时也增加了城市所面临的危险，这也意味着数量更多的人，数量更多的、价值更高的财物将面临威胁。气候变化与土地下沉一样，都是导致危险加剧的一个因素。

那么，我们只要为了应对气候变化而作出调整就已足够了呢？还是要从更广泛的角度来思考应对沿海水灾的战略，也就是说是不是应当把人口、社会和经济的变化因素也考虑进去？这一问题的答案是显而易见的。然而，在实际操作中要把这么多约束因素整合在一起将是一件十分复杂的事，也正是由于这一原因，这一问题通常会被人们束之高阁。然而，这却是一个涉及城市未来发展的大问题：把气候问题纳入社会和经济变迁等大框架中加以考虑，要比仅仅考虑天气问题重要得多。

相关链接

更多信息请查询：
www.ssap.com.cn

全球族：新全球经济中的种族、宗教与文化认同

本书是资深都市学者乔尔·科特金的经典之作，在社会各界好评如潮。作者以其宽广的视角，发现全球化部落这一主题的敏感性。全球化部落不仅仅承担了自身繁衍的功能，其全球范围的流动和强烈的族裔意识使其在扎根的同时，传承着人类社会的真谛。《全球化部落》与随后将要出版的《新地理》相辅相成，构成了不折不扣的经典。

ISBN 978-7-5097-0924-5　〔美〕乔尔·科特金/著　王旭 等/译
2010年4月出版　39.00元

新地理：数字经济如何重塑美国地貌

这部《洛杉矶时报》排行榜的畅销书出自美国最有深邃见解的社会思想家之一乔尔·科特金，是关于数字革命如何重塑美国人生活和工作的开山之作。本书对美国资源的重大转变进行了解读，梳理并认定了新型的兴盛社区和衰退的老社区。科特金集中论述了数字革命对城市的惊人影响，进而解释它们如何强化其传统上承担的创新和贸易、文化交流的角色。

ISBN 978-7-5097-1295-5　〔美〕乔尔·科特金/著　王玉平 王洋/译
2010年6月出版　29.00元

全球城市史（第二版）

与其他有关城市方面的著作不同，哈特金的这本书是一本真正的以全球发展为视角的著作。对于哈特金来说，城市不仅仅只是"生活的机器"，而它们还同时折射出这个地区的神韵、安全感以及生机等其内在的品质。从城市生命传承的整体宏观角度看，《全球城市史》一书的惊人价值将在于它是总结人类自身追求的经典。

ISBN 978-7-5097-1299-3　〔美〕乔尔·科特金/著　王旭 等/译
2010年6月出版　35.00元

生态城市：重建与自然平衡的城市（修订版）

本书是理查德·瑞吉斯特继《生态城市伯克利：为一个健康的未来建设城市》一书之后的又一名作——《生态城市》的增订版，作者在原来的基础上增添了对在第一版出版之后的三年里对世界上所发生的重大事件的评论与反思。

ISBN 978-7-5097-1253-5　〔美〕理查德·瑞吉斯特/著　王如松 于占杰/译
2010年5月出版　49.00元

相关链接　更多信息请查询：www.ssap.com.cn

法国城市规划40年

本书是巴黎政治学院城市规划系与清华大学建筑学院联合组织编写的，专门介绍二战后一段时间以来法国的城市规划情况，分13个专题，作者主要是巴黎政治学院城市规划系等机构的教授，是国内城市规划设计专业研究者，尤其是管理部门难得的一份参考资料。本书已经纳入清华大学本科人才培养建设项目教学丛书，相信会对国内建筑学相关专业学生产生影响。

ISBN 978-7-80230-511-3　　米歇尔·米绍　张杰　邹欢/主编
2010年4月出版　　38.00元

全球大变暖：气候经济、政治与伦理

气候变化是21世纪人类面对的最严重的挑战之一，也是当前国际社会关注的焦点议题。本书由24篇文章结集而成，围绕气候变化主题，主要译介国外经济学、政治学、社会学等不同领域研究的最新成果。它们既是管窥西方社会科学界研究气候变化最新理论成果的一面镜子，也是西方学术界本身的风向标，从中可以看到在应对气候变化上经济学的转型、政治学的更新、社会学的扩展等。

ISBN 978-7-5097-1362-4　　曹荣湘/主编
2010年4月出版　　59.00元

气候变化的挑战与民主的失灵

在民主和威权之间存在第三条道路，这就是为了停止或者减缓气候变化带来的破坏，我们必须在自由民主制和专家治理的威权主义政府形式间做出选择。对民主制进行根本改革，减少我们对经济增长的依赖，同时改革法律和金融体系。

ISBN 978-7-5097-1196-5　　〔澳〕大卫·希尔曼　约瑟夫·韦恩·史密斯/著　武锡申　李楠/译
2009年12月出版　　35.00元

气候变化的政治

气候变化正成为西方国家和越来越多的世界其他国家致力解决的问题，还可能成为未来20年地区或者全球政治的主要议题。以美国为首的西方国家还试图以"气候变化新政"来走出当前这场金融危机，并以此来制衡中国等发展中国家。

ISBN 978-7-5097-1162-0　　〔英〕安东尼·吉登斯/著　曹荣湘/译
2009年12月出版　　35.00元

图书在版编目（CIP）数据

城市：改变发展轨迹：看地球2010 /（法）雅克（Jacquet, P.），（印度）帕乔里（Pachauri, R. K.），（法）图比娅娜（Tubiana, L.）主编；潘革平译. ——北京：社会科学文献出版社，2010.7
ISBN 978-7-5097-1607-6

Ⅰ.①城… Ⅱ.①雅…②帕…③图…③潘… Ⅲ.①城市－可持续发展－研究－世界 Ⅳ.① F299.1

中国版本图书馆CIP数据核字（2010）第114162号

城市：改变发展轨迹（看地球2010）

主　　编 / 皮埃尔·雅克　拉金德拉·K. 帕乔里　劳伦斯·图比娅娜
译　　者 / 潘革平

出 版 人 / 谢寿光
总 编 辑 / 邹东涛
出 版 者 / 社会科学文献出版社
地　　址 / 北京市西城区北三环中路甲29号院3号楼华龙大厦
邮政编码 / 100029
网　　址 / http://www.ssap.com.cn
网站支持 /（010）59367077
责任部门 / 编译中心　（010）59367139
电子信箱 / bianyibu@ssap.cn
项目负责 / 祝得彬
责任编辑 / 刘　娟
装帧设计 / 3A设计艺术工作室　马　宁
责任校对 / 苏向蕊
责任印制 / 蔡　静　董　然　米　扬

总 经 销 / 社会科学文献出版社发行部
　　　　　（010）59367080　59367097
经　　销 / 各地书店
读者服务 / 读者服务中心（010）59367028
印　　刷 / 北京画中画印刷有限公司

开　　本 / 787 mm × 970 mm　1/16
印　　张 / 16.25
字　　数 / 400千字
版　　次 / 2010年7月第1版
印　　次 / 2010年7月第1次印刷

书　　号 / ISBN 978-7-5097-1607-6
著作权合同
登 记 号 / 图字01-2010-3671号
定　　价 / 49.00元

本书如有破损、缺页、装订错误，
请与本社读者服务中心联系更换

版权所有　翻印必究